国外
马克思主义
研究
文库

黑龙江大学出版社
HEILONGJIANG UNIVERSITY PRESS

本丛书获得以下基金项目资助：

国家哲学社会科学基金重点项目《东欧新马克思主义理论研究》，10AKS005
黑龙江省社科重大委托项目《东欧新马克思主义研究》，08A-002

本书还获得以下基金项目资助：

国家社科基金青年项目最终成果
四川大学"985工程"、"211项目"成果

新马克思主义研究丛书

衣俊卿 ◆ 主编

宏大叙事批判与多元美学建构

——布达佩斯学派重构美学思想研究

The Critique of Grand Narrative and the Construction of Pluralist Aesthetics
—A Study of Reconstructing Aesthetics of Budapest School

傅其林 ◇ 著

黑龙江大学出版社
HEILONGJIANG UNIVERSITY PRESS

图书在版编目（CIP）数据

宏大叙事批判与多元美学建构：布达佩斯学派重构
美学思想研究 / 傅其林著 . — 哈尔滨 ：黑龙江大学出版
社，2011.3（2021.9 重印）
　（国外马克思主义研究论丛 / 衣俊卿主编）
　ISBN 978-7-81129-366-1

　Ⅰ . ①宏… Ⅱ . ①傅… Ⅲ . ①新马克思主义 - 美学思
想 - 研究 Ⅳ . ① D089 ② B83

中国版本图书馆 CIP 数据核字 (2011) 第 023249 号

宏大叙事批判与多元美学建构——布达佩斯学派重构美学思想研究
HONGDA XUSHI PIPAN YU DUOYUAN MEIXUE JIANGOU——BUDAPEISI XUEPAI CHONGGOU
MEIXUE SIXIANG YANJIU

傅其林　著

责任编辑　李小娟　杜红艳
出版发行　黑龙江大学出版社
地　　址　哈尔滨市南岗区学府三道街 36 号
印　　刷　三河市春园印刷有限公司
开　　本　720 毫米 ×1000 毫米　1/16
印　　张　21.5
字　　数　318 千
版　　次　2011 年 3 月第 1 版
印　　次　2022 年 1 月第 2 次印刷
书　　号　ISBN 978-7-81129-366-1
定　　价　58.00 元

目　　录

1

全面开启国外马克思主义
研究的一个新领域

衣俊卿

经过较长时间的准备,黑龙江大学出版社将从 2010 年起陆续推出"东欧新马克思主义译丛"和"东欧新马克思主义理论研究"。作为主编,我从一开始就赋予这两套丛书以重要的学术使命:在我国学术界全面开启国外马克思主义研究的一个新领域,即东欧新马克思主义研究。

我自知,由于自身学术水平和研究能力的限制,以及所组织的翻译队伍和研究队伍等方面的原因,我们对这两套丛书不能抱过高的学术期待。实际上,我对这两套丛书的定位不是"结果"而是"开端":自觉地、系统地"开启"对东欧新马克思主义的全面研究。

策划这两部关于东欧新马克思主义的大部头丛书,并非我一时心血来潮。可以说,系统地研究东欧新马克思主义是我过去二十多年一直无法释怀的,甚至是最大的学术夙愿。这里还要说的一点是,之所以如此强调开展东欧新马克思主义研究的重要性,并非我个人的某种学术偏好,而是东欧新马克思主义自身的理论地位使然。在某种意义上可以说,全面系统地开展东欧新马克思主义研究,应当是新世纪中国学术界不容忽视的重大学术任务。基于此,我想为这两套丛书写一个较长的总序,为的是给读者和研究者提供某些参考。

一、丛书的由来

我对东欧新马克思主义的兴趣和研究始于 20 世纪 80 年代初，也即在北京大学哲学系就读期间。那时的我虽对南斯拉夫实践派产生了很大的兴趣，但苦于语言与资料的障碍，无法深入探讨。之后，适逢有机会去南斯拉夫贝尔格莱德大学哲学系进修并攻读博士学位，这样就为了却自己的这桩心愿创造了条件。1984 年至 1986 年间，在导师穆尼什奇（Zdravko Munišić）教授的指导下，我直接接触了十几位实践派代表人物以及其他哲学家，从第一手资料到观点方面得到了他们热情而真挚的帮助和指导，用塞尔维亚文完成了博士论文《第二次世界大战后南斯拉夫哲学家建立人道主义马克思主义的尝试》。在此期间，我同时开始了对东欧新马克思主义其他代表人物的初步研究。回国后，我又断断续续地进行东欧新马克思主义研究，并有幸同移居纽约的赫勒教授建立了通信关系，在她真诚的帮助与指导下，翻译出版了她的《日常生活》一书。此外，我还陆续发表了一些关于东欧新马克思主义的研究成果，但主要是进行初步评介的工作。①

纵观国内学界，特别是国外马克思主义研究界，虽然除了本人以外，还有一些学者较早地涉及东欧新马克思主义的某几个代表人物，发表了一些研究成果，并把东欧新马克思主义一些代表人物

---

① 如衣俊卿：《实践派的探索与实践哲学的述评》，台北：台湾森大图书有限公司 1990 年版；衣俊卿：《东欧的新马克思主义》，台北：台湾唐山出版社 1993 年版；衣俊卿：《人道主义批判理论——东欧新马克思主义述评》，北京：中国人民大学出版社 2005 年版；衣俊卿、陈树林主编：《当代学者视野中的马克思主义哲学·东欧和苏联学者卷》（上、下），北京：北京师范大学出版社 2008 年版，以及关于科西克、赫勒、南斯拉夫实践派等的系列论文。

的部分著作陆续翻译成中文①，但是，总体上看，这些研究成果只涉及几位东欧新马克思主义代表人物，并没有建构起一个相对独立的研究领域，人们常常把关于赫勒、科西克等人的研究作为关于某一理论家的个案研究，并没有把他们置于东欧新马克思主义的历史背景和理论视野中加以把握。可以说，东欧新马克思主义研究在我国尚处于起步阶段和自发研究阶段。

我认为，目前我国的东欧新马克思主义研究状况与东欧新马克思主义在 20 世纪哲学社会科学，特别是在马克思主义发展中所具有的重要地位和影响力是不相称的；同时，关于东欧新马克思主义研究的缺位对于我们在全球化背景下发展具有中国特色和世界眼光的马克思主义的理论战略，也是不利的。应当说，过去 30 年，特别是新世纪开始的头十年，国外马克思主义研究在我国学术界已经成为最重要、最受关注的研究领域之一，不仅这一领域本身的学科建设和理论建设取得了长足的进步，而且在一定程度上还引起了哲学社会科学研究范式的改变。正是由于国外马克思主义的研究进展，使得哲学的不同分支学科之间、社会科学的不同学科之间，乃至世界问题和中国问题、世界视野和中国视野之间，开始出现相互融合和相互渗透的趋势。但是，我们必须看到，国外马克思主义研究还处于初始阶段，无论在广度上还是深度上都有很大的拓展空间。

我一直认为，在 20 世纪世界马克思主义研究的总体格局中，从对马克思思想的当代阐发和对当代社会的全方位批判两个方面衡量，真正能够称之为"新马克思主义"的主要有三个领域：一是我

---

① 例如，（波）沙夫：《人的哲学》，林波等译，北京：三联书店 1963 年版；（波）沙夫：《共产主义运动的若干问题》，奚戚等译，北京：人民出版社 1983 年版；（匈）赫勒：《日常生活》，衣俊卿译，重庆：重庆出版社 1990 年版；（匈）赫勒：《现代性理论》，李瑞华译，北京：商务印书馆 2005 年版；（南）马尔科维奇、（南）彼德洛维奇编：《南斯拉夫"实践派"的历史和理论》，郑一明、曲跃厚译，重庆：重庆出版社 1994 年版；（波）柯拉柯夫斯基：《形而上学的恐怖》，唐少杰等译，北京：三联书店 1999 年版；（波）柯拉柯夫斯基：《宗教：如果没有上帝……》，杨德友译，北京：三联书店 1997 年版等，以及黄继峰：《东欧新马克思主义》，北京：中央编译出版社 2002 年版；张一兵、刘怀玉、傅其林、潘宇鹏关于科西克、赫勒等人的研究文章。

们通常所说的西方马克思主义,主要包括以卢卡奇、科尔施、葛兰西、布洛赫为代表的早期西方马克思主义,以霍克海默、阿多诺、马尔库塞、弗洛姆、哈贝马斯等为代表的法兰克福学派,以及萨特的存在主义马克思主义、阿尔都塞的结构主义马克思主义等;二是20世纪70年代之后的新马克思主义流派,主要包括分析的马克思主义、生态学马克思主义、女权主义马克思主义、文化的马克思主义、发展理论的马克思主义、后马克思主义等;三是以南斯拉夫实践派、匈牙利布达佩斯学派、波兰和捷克斯洛伐克等国的新马克思主义者为代表的东欧新马克思主义。就这一基本格局而言,由于学术视野和其他因素的局限,我国的国外马克思主义研究呈现出发展不平衡的状态:大多数研究集中于对卢卡奇、科尔施和葛兰西等人开创的西方马克思主义流派和以生态学马克思主义、女权主义马克思主义等为代表的20世纪70年代至80年代以后的欧美新马克思主义流派的研究,而对于同样具有重要地位的东欧新马克思主义以及其他一些国外新马克思主义流派则较少关注。由此,东欧新马克思主义研究已经成为我国学术界关于世界马克思主义研究中的一个比较严重的"短板"。有鉴于此,我以黑龙江大学文化哲学研究中心、马克思主义哲学专业和国外马克思主义研究专业的研究人员为主,广泛吸纳国内相关领域的专家学者,组织了一个翻译、研究东欧新马克思主义的学术团队,以期在东欧新马克思主义的译介、研究方面做一些开创性的工作,填补国内学界的这一空白。2010—2011年,"译丛"预计出版赫勒的《日常生活》和《卢卡奇再评价》,费赫尔主编的《法国大革命与现代性的诞生》,马尔库什的《马克思主义与人类学》,马尔科维奇与彼得洛维奇主编的《实践——南斯拉夫哲学和社会科学方法论文集》,马尔科维奇的《当代的马克思》等译著;"理论研究"将出版关于科西克、赫勒、马尔库什、马尔科维奇等人的研究著作5~6本。整个研究工程将在未来数年内完成。

以下,我根据多年来的学习、研究,就东欧新马克思主义的界定、历史沿革、理论建树、学术影响等作一简单介绍,以便丛书读者能对东欧新马克思主义有一个整体的了解。

二、东欧新马克思主义的界定

对东欧新马克思主义的范围和主要代表人物作一个基本划界,并非轻而易举的事情。与其他一些在某一国度形成的具体的哲学社会科学理论流派相比,东欧新马克思主义要显得更为复杂,范围更为广泛。西方学术界的一些研究者或理论家从20世纪60年代后期就已经开始关注东欧新马克思主义的一些流派或理论家,并陆续对"实践派"、"布达佩斯学派",以及其他东欧新马克思主义代表人物作了不同的研究,分别出版了其中的某一流派、某一理论家的论文集或对他们进行专题研究。但是,在对东欧新马克思主义的总体梳理和划界上,西方学术界也没有形成公认的观点,而且在对东欧新马克思主义及其代表人物的界定上存在不少差异,在称谓上也各有不同,例如,"东欧的新马克思主义"、"人道主义马克思主义"、"改革主义者"、"异端理论家"、"左翼理论家"等。

近年来,我在使用"东欧新马克思主义"范畴时,特别强调其特定的内涵和规定性。我认为,不能用"东欧新马克思主义"来泛指第二次世界大战后东欧的各种马克思主义研究,我们在划定东欧新马克思主义的范围时,必须严格选取那些从基本理论取向到具体学术活动都基本符合20世纪"新马克思主义"范畴的流派和理论家。具体说来,我认为,最具代表性的东欧新马克思主义理论家应当是:南斯拉夫实践派的彼得洛维奇(Gajo Petrović,1927—1993)、马尔科维奇(Mihailo Marković,1923—)、弗兰尼茨基(Predrag Vranickić,1922—2002)、坎格尔加(Milan Kangrga,1923—)和斯托扬诺维奇(Svetozar Stojanović,1931—)等;匈牙利布达佩斯学派的赫勒(Agnes Heller,1929—)、费赫尔(Ferenc Feher,1933—1994)、马尔库什(György Markus,1934—)和瓦伊达(Mihaly Vajda,1935—)等;波兰的新马克思主义代表人物沙夫（Adam Schaff，1913—2006）、科拉科夫斯基（Leszak Kolakowski，1927—2009）等；捷克斯洛伐克的科西克（Karel Kosik，1926—2003）、斯维塔克（Ivan Svitak，1925—1994）等。应当说，我们可以通过上述理论家的主要理论建树，大体上建立起东欧新马克思主义的研究领域。此外，还有一些理论家，例如，匈牙利布达佩斯学派的安德拉斯·赫格居什（Andras Hegedüs），捷克斯洛伐克哲学家普鲁查（Milan Prúcha），南斯拉夫实践派的考拉奇（Veljko Korać）、日沃基奇（Miladin Životić）、哥鲁波维奇（Zagorka Golubović）、达迪奇（Ljubomir Tadić）、波什尼亚克（Branko Bosnjak）、苏佩克（Rudi Supek）、格尔里奇（Danko Grlić）、苏特里奇（Vanja Sutlić）、别约维奇（Danilo Pejović）等，也是东欧新马克思主义的重要理论家，但是，考虑到其理论活跃度、国际学术影响力和参与度等因素，我们一般没有把他们列为东欧新马克思主义的主要研究对象。

这些哲学家分属不同的国度，各有不同的研究领域，但是，共同的历史背景、共同的理论渊源、共同的文化境遇以及共同的学术活动形成了他们共同的学术追求和理论定位，使他们形成了一个以人道主义批判理论为基本特征的新马克思主义学术群体。

首先，东欧新马克思主义产生于第二次世界大战后东欧各国的社会主义改革进程中，他们在某种意义上都是改革的理论家和积极支持者。众所周知，第二次世界大战后，东欧各国普遍经历了"斯大林化"进程，普遍确立了以高度的计划经济和中央集权体制为特征的苏联社会主义模式或斯大林的社会主义模式，而20世纪五六十年代东欧一些国家的社会主义改革从根本上都是要冲破苏联社会主义模式的束缚，强调社会主义的人道主义和民主的特征，以及工人自治的要求。在这种意义上，东欧新马克思主义主要产生于南斯拉夫、匈牙利、波兰和捷克斯洛伐克四国，就不是偶然的事情了。因为，1948年至1968年的20年间，标志着东欧社会主义改革艰巨历程的苏南冲突、波兹南事件、匈牙利事件、"布拉格之春"几个重大的世界性历史事件刚好在这四个国家中发生,上述东欧新马克思主义者都是这一改革进程中的重要理论家,他们从青年马克思的人道主义实践哲学立场出发,反思和批判苏联高度集权的社会主义模式,强调社会主义改革的必要性。

其次,东欧新马克思主义都具有比较深厚的马克思思想理论传统和开阔的现时代的批判视野。通常我们在使用"东欧新马克思主义"的范畴时是有严格限定条件的,只有那些既具有马克思的思想理论传统,在新的历史条件下对马克思关于人和世界的理论进行新的解释和拓展,同时又具有马克思理论的实践本性和批判维度,对当代社会进程进行深刻反思和批判的理论流派或学说,才能冠之以"新马克思主义"。可以肯定地说,我们上述开列的南斯拉夫、匈牙利、波兰和捷克斯洛伐克四国的十几位著名理论家符合这两个方面的要件。一方面,这些理论家都具有深厚的马克思主义思想传统,特别是青年马克思的实践哲学或者批判的人本主义思想对他们影响很大,例如,实践派的兴起与马克思《1844年经济学哲学手稿》的塞尔维亚文版1953年在南斯拉夫出版有直接的关系。另一方面,绝大多数东欧新马克思主义理论家都直接或间接地受卢卡奇、布洛赫、列菲伏尔、马尔库塞、弗洛姆、哥德曼等人带有人道主义特征的马克思主义理解的影响,其中,布达佩斯学派的主要成员就是由卢卡奇的学生组成的。东欧新马克思主义代表人物像西方马克思主义代表人物一样,高度关注技术理性批判、意识形态批判、大众文化批判、现代性批判等当代重大理论问题和实践问题。

再次,东欧新马克思主义主要代表人物曾经组织了一系列国际性学术活动,这些由东欧新马克思主义代表人物、西方马克思主义代表人物,以及其他一些马克思主义者参加的活动进一步形成了东欧新马克思主义的共同的人道主义理论定向,提升了他们的国际影响力。上述我们划定的十几位理论家分属四个国度,而且所面临的具体处境和社会问题也不尽相同,但是,他们并非彼此孤立、各自独立活动的专家学者。实际上,他们不仅具有相同的或相近的理论立场,而且在相当一段时间内或者在很多场合内共同发起、组织和参与了 20 世纪六七十年代一些重要的世界性马克思主义研究活动。这里特别要提到的是南斯拉夫实践派在组织东欧新马克思主义和西方马克思主义交流和对话中的独特作用。从 20 世纪 60 年代中期到 70 年代中期,南斯拉夫实践派哲学家创办了著名的《实践》杂志(PRAXIS,1964—1974)和科尔丘拉夏令学园(Korčulavska ljetnja Škola,1963—1973)。10 年间他们举办了 10 次国际讨论会,围绕着国家、政党、官僚制、分工、商品生产、技术理性、文化、当代世界的异化、社会主义的民主与自治等一系列重大的现实问题进行深入探讨,百余名东欧新马克思主义者、西方马克思主义理论家和其他东西方马克思主义研究者参加了讨论。特别要提到的是,布洛赫、列菲伏尔、马尔库塞、弗洛姆、哥德曼、马勒、哈贝马斯等西方著名马克思主义者和赫勒、马尔库什、科拉科夫斯基、科西克、实践派哲学家以及其他东欧新马克思主义者成为《实践》杂志国际编委会成员和科尔丘拉夏令学园的国际学术讨论会的积极参加者。卢卡奇未能参加讨论会,但他生前也曾担任《实践》杂志国际编委会成员。20 世纪后期,由于各种原因东欧新马克思主义的主要代表人物或是直接移居西方或是辗转进入国际学术或教学领域,即使在这种情况下,东欧新马克思主义主要流派依旧进行许多合作性的学术活动或学术研究。例如,在《实践》杂志被迫停刊的情况下,以马尔科维奇为代表的一部分实践派代表人物于 1981 年在英国牛津创办了《实践(国际)》(PRAXIS INTERNATIONAL)杂志,布达佩斯学派的主要成员则多次合作推出一些共同的研究成果。① 相近的理论立场和共同活动的开展,使东欧新马克思主义

① 例如,Agnes Heller, *Lukács Revalued*, Oxford:Basil Blackwell Publisher, 1983;Ferenc Feher, Agnes Heller and György Markus, *Dictatorship over Needs*, New York:St. Martin's Press, 1983;Agnes Heller and Ferenc Feher, *Reconstructing Aesthetics – Writings of the Budapest School*, New York:Blackwell, 1986;J. Grumley, P. Crittenden and P Johnson eds., *Culture and Enlightenment:Essays for György Markus*, Hampshire:Ashgate Publishing Limited,2002 等。

宏大叙事批判与多元美学建构

成为一种有机的、类型化的新马克思主义。

三、东欧新马克思主义的历史沿革

我们可以粗略地以20世纪70年代中期为时间点,将东欧新马克思主义的发展历程划分为两大阶段:第一个阶段是东欧新马克思主义主要流派和主要代表人物在东欧各国从事理论活动的时期,第二个阶段是许多东欧新马克思主义者在西欧和英美直接参加国际学术活动的时期。具体情况如下:

20世纪50年代到70年代中期,是东欧新马克思主义主要流派和主要代表人物在东欧各国从事理论活动的时期,也是他们比较集中、比较自觉地建构人道主义的马克思主义的时期。可以说,这一时期的成果相应地构成了东欧新马克思主义的典型的或代表性的理论观点。这一时期的突出特点是东欧新马克思主义主要代表人物的理论活动直接同东欧的社会主义实践交织在一起。他们批判自然辩证法、反映论和经济决定论等观点,打破在社会主义国家中占统治地位的斯大林主义的理论模式,同时,也批判现存的官僚社会主义或国家社会主义关系,以及封闭的和落后的文化,力图在现存社会主义条件下,努力发展自由的创造性的个体,建立民主的、人道的、自治的社会主义。以此为基础,东欧新马克思主义积极发展和弘扬革命的和批判的人道主义马克思主义,他们一方面以独特的方式确立了人本主义马克思主义的立场,如实践派的"实践哲学"或"革命思想"、科西克的"具体辩证法"、布达佩斯学派的需要革命理论等等;另一方面以异化理论为依据,密切关注人类的普遍困境,像西方人本主义思想家一样,对于官僚政治、意识形态、技术理性、大众文化等异化的社会力量进行了深刻的批判。这一时期,东欧新马克思主义代表人物展示出比较强的理论创造力,推出了一批有影响的理论著作,例如,科西克的《具体的辩证法》、沙夫的《人的哲学》和《马克思主义与人类个体》、科拉科夫斯基的

《走向马克思主义的人道主义》、赫勒的《日常生活》和《马克思的需要理论》、马尔库什的《马克思主义与人类学》、彼得洛维奇的《哲学与马克思主义》和《哲学与革命》、马尔科维奇的《人道主义和辩证法》、弗兰尼茨基的《马克思主义和社会主义》等。

20世纪70年代中后期以来，东欧新马克思主义的基本特点是不再作为自觉的学术流派围绕共同的话题而开展学术研究，而是逐步超出东欧的范围，通过移民或学术交流的方式分散在英美、澳大利亚、德国等地，汇入到西方各种新马克思主义流派或左翼激进主义思潮之中，他们作为个体，在不同的国家和地区分别参与国际范围内的学术研究和社会批判，并直接以英文、德文、法文等发表学术著作。大体说来，这一时期，东欧新马克思主义的主要代表人物的理论热点，主要体现在两个大的方面：从一个方面来看，马克思主义和社会主义依旧是东欧新马克思主义理论家关注的重要主题之一。他们在新的语境中继续研究和反思传统马克思主义和苏联模式的社会主义实践，并且陆续出版了一些有影响的学术著作，例如，科拉科夫斯基的三卷本《马克思主义的主要流派》、沙夫的《处在十字路口的共产主义运动》①、斯托扬诺维奇的《南斯拉夫的垮台：为什么共产主义会失败》、马尔科维奇的《民主社会主义：理论与实践》、瓦伊达的《国家和社会主义：政治学论文集》、马尔库什的《困难的过渡：中欧和东欧的社会民主》、费赫尔的《东欧的危机和改革》等。但是，从另一方面看，东欧新马克思主义理论家，特别是以赫勒为代表的布达佩斯学派成员，以及沙夫和科拉科夫斯基等人，把主要注意力越来越多地投向20世纪70年代以来西方其他新马克思主义流派和左翼激进思想家所关注的文化批判和社会批判主题，特别是政治哲学的主题，例如，启蒙与现代性批判、后现代政治状况、生态问题、文化批判、激进哲学等。他们的一些著作具

① 参见该书的中文译本——（波）沙夫：《共产主义运动的若干问题》，奚戚等译，北京：人民出版社1983年版。

有重要的学术影响,例如,沙夫作为罗马俱乐部成员同他人一起主编的《微电子学与社会》和《全球人道主义》、科拉科夫斯基的《经受无穷拷问的现代性》等。这里特别要突出强调的是布达佩斯学派的主要成员,他们的研究已经构成了过去几十年西方左翼激进主义批判理论思潮的重要组成部分,例如,赫勒独自撰写或与他人合写的《现代性理论》、《激进哲学》、《后现代政治状况》、《现代性能够幸存吗?》等,费赫尔主编或撰写的《法国大革命与现代性的诞生》、《生态政治学:公共政策和社会福利》等,马尔库什的《语言与生产———范式批判》等。

四、东欧新马克思主义的理论建树

通过上述历史沿革的描述,我们可以发现一个很有趣的现象:东欧新马克思主义发展的第一个阶段大体上是与典型的西方马克思主义处在同一个时期;而第二个阶段又是与20世纪70年代以后的各种新马克思主义相互交织的时期。这样,东欧新马克思主义就同另外两种主要的新马克思主义构成奇特的交互关系,形成了相互影响的关系。关于东欧新马克思主义的学术建树和理论贡献,不同的研究者有不同的评价,其中有些偶尔从某一个侧面涉猎东欧新马克思主义的研究者,由于无法了解东欧新马克思主义的全貌和理论独特性,片面地断言:东欧新马克思主义不过是以卢卡奇等人为代表的西方马克思主义的一个简单的附属物、衍生产品或边缘性、枝节性的延伸,没有什么独特的理论创造和理论地位。这显然是一种表面化的理论误解,需要加以澄清。

在这里,我想把东欧新马克思主义置于20世纪的新马克思主义的大格局中加以比较研究,主要是将其与西方马克思主义和20世纪70年代之后的新马克思主义流派加以比较,以把握其独特的理论贡献和理论特色。从总体上看,东欧新马克思主义的理论旨趣和实践关怀与其他新马克思主义在基本方向上大体一致,然而,东欧新马克思主义具有东欧社会主义进程和世界历史进程的双重背景,这种历史体验的独特性使他们在理论层面上既有比较坚实的马克思思想传统,又有对当今世界和人的生存的现实思考,在实践层面上,既有对社会主义建立及其改革进程的亲历,又有对现代性语境中的社会文化问题的批判分析。基于这种定位,我认为,研究东欧新马克思主义,在总体上要特别关注其三个理论特色。

其一,对马克思思想独特的、深刻的阐述。虽然所有新马克思主义都不可否认具有马克思的思想传统,但是,如果我们细分析,就会发现,除了卢卡奇的主客体统一的辩证法、葛兰西的实践哲学等,大多数西方马克思主义者并没有对马克思的思想、更不要说20世纪70年代以后的新马克思主义流派作出集中的、系统的和独特的阐述。他们的主要兴奋点是结合当今世界的问题和人的生存困境去补充、修正或重新解释马克思的某些论点。相比之下,东欧新马克思主义理论家对马克思思想的阐述最为系统和集中,这一方面得益于这些理论家的马克思主义理论基础,包括早期的传统马克思主义的知识积累和20世纪50年代之后对青年马克思思想的系统研究,另一方面得益于东欧理论家和思想家特有的理论思维能力和悟性。关于东欧新马克思主义理论家在马克思思想及马克思主义理论方面的功底和功力,我们可以提及两套尽管引起很大争议,但是产生了很大影响的研究马克思主义历史的著作,一是弗兰尼茨基的三卷本《马克思主义史》①,二是科拉科夫斯基的三卷本《马克思主义的主要流派》②。甚至当科拉科夫斯基在晚年宣布"放弃了马克思"后,我们依旧不难在他的理论中看到马克思思想的深刻影响。

---

① Predrag Vranicki, *Historija Marksizma*, I, II, III, Zagreb: Naprijed, 1978. 参见(南)普雷德拉格·弗兰尼茨基:《马克思主义史》(I、II、III),李嘉恩等译,北京:人民出版社1986、1988、1992年版。

② Leszek Kolakowski, *Main Currents of Marxism*, 3 vols., Oxford: Clarendon Press, 1978.

宏大叙事批判与多元美学建构

12

在这一点上,可以说,差不多大多数东欧新马克思主义理论家都曾集中精力对马克思的思想作系统的研究和新的阐释。其中特别要提到的应当是如下几种关于马克思思想的独特阐述:一是科西克在《具体的辩证法》中对马克思实践哲学的独特解读和理论建构,其理论深度和哲学视野在 20 世纪关于实践哲学的各种理论建构中毫无疑问应当占有重要的地位;二是沙夫在《人的哲学》、《马克思主义与人类个体》和《作为社会现象的异化》几部著作中通过对异化、物化和对象化问题的细致分析,建立起一种以人的问题为核心的人道主义马克思主义理解;三是南斯拉夫实践派关于马克思实践哲学的阐述,尤其是彼得洛维奇的《哲学与马克思主义》、《哲学与革命》和《革命思想》,马尔科维奇的《人道主义和辩证法》,坎格尔加的《卡尔·马克思著作中的伦理学问题》等著作从不同侧面提供了当代关于马克思实践哲学最为系统的建构与表述;四是赫勒的《马克思的需要理论》、《日常生活》和马尔库什的《马克思主义与人类学》在宏观视角与微观视角相结合的视域中,围绕着人类学生存结构、需要的革命和日常生活的人道化,对马克思关于人的问题作了深刻而独特的阐述,并探讨了关于人的解放的独特思路。正如赫勒所言:"社会变革无法仅仅在宏观尺度上得以实现,进而,人的态度上的改变无论好坏都是所有变革的内在组成部分。"①

其二,对社会主义理论和实践、历史和命运的反思,特别是对社会主义改革的理论设计。社会主义理论与实践是所有新马克思主义以不同方式共同关注的课题,因为它代表了马克思思想的最重要的实践维度。但坦率地讲,西方马克思主义理论家和 20 世纪70 年代之后的新马克思主义流派在社会主义问题上并不具有最有说服力的发言权,他们对以苏联为代表的现存社会主义体制的批

① Agnes Heller, *Everyday Life*, London and New York: Routledge and Kegan Paul, 1984, p. x.

判往往表现为外在的观照和反思，而他们所设想的民主社会主义、生态社会主义等模式，也主要局限于西方发达社会中的某些社会历史现象。毫无疑问，探讨社会主义的理论和实践问题，如果不把几乎贯穿于整个 20 世纪的社会主义实践纳入视野，加以深刻分析，是很难形成有说服力的见解的。在这方面，东欧新马克思主义理论家具有独特的优势，他们大多是苏南冲突、波兹南事件、匈牙利事件、"布拉格之春"这些重大历史事件的亲历者，也是社会主义自治实践、"具有人道特征的社会主义"等改革实践的直接参与者，甚至在某种意义上是理论设计者。东欧新马克思主义理论家对社会主义的理论探讨是多方面的，首先值得特别关注的是他们结合社会主义的改革实践，对社会主义的本质特征的阐述。从总体上看，他们大多致力于批判当时东欧国家的官僚社会主义或国家社会主义，以及封闭的和落后的文化，力图在当时的社会主义条件下，努力发展自由的创造性的个体，建立民主的、人道的、自治的社会主义。在这方面，弗兰尼茨基的理论建树最具影响力，在《马克思主义和社会主义》和《作为不断革命的自治》两部代表作中，他从一般到个别、从理论到实践，深刻地批判了国家社会主义模式，表述了社会主义异化论思想，揭示了社会主义的人道主义性质。他认为，以生产者自治为特征的社会主义"本质上是一种历史的、新型民主的发展和加深"[1]。此外，从 20 世纪 80 年代起，特别是在 20 世纪 90 年代后，很多东欧新马克思主义理论家对苏联解体和东欧剧变作了多视角的、近距离的反思，例如，沙夫的《处在十字路口的共产主义运动》，费赫尔的《戈尔巴乔夫时期苏联体制的危机和危机的解决》，马尔库什的《困难的过渡：中欧和东欧的社会民主》，斯托扬诺维奇的《南斯拉夫的垮台：为什么共产主义会失败》、《塞尔维亚：民主的革命》等。

① Predrag Vranicki, Socijalistička revolucija——Očemu je riječ? *Kulturni radnik*, No. 1, 1987, p. 19.

其三,对于现代性的独特的理论反思。如前所述,20世纪80年代以来,东欧新马克思主义理论家把主要注意力越来越多地投向20世纪70年代以来西方其他新马克思主义流派和左翼激进思想家所关注的文化批判和社会批判主题。在这一研究领域中,东欧新马克思主义理论家的独特性在于,他们在阐释马克思思想时所形成的理论视野,以及对社会主义历史命运和发达工业社会进行综合思考时所形成的社会批判视野,构成了特有的深刻的理论内涵。例如,赫勒在《激进哲学》,以及她与费赫尔、马尔库什等合写的《对需要的专政》等著作中,用他们对马克思的需要理论的理解为背景,以需要结构贯穿对发达工业社会和现存社会主义社会的分析,形成了以激进需要为核心的政治哲学视野。赫勒在《历史理论》、《现代性理论》、《现代性能够幸存吗?》以及她与费赫尔合著的《后现代政治状况》等著作中,建立了一种独特的现代性理论。同一般的后现代理论的现代性批判相比,这一现代性理论具有比较厚重的理论内涵,用赫勒的话来说,它既包含对各种关于现代性的理论的反思维度,也包括作者个人以及其他现代人关于"大屠杀"、"极权主义独裁"等事件的体验和其他"现代性经验"①,在我看来,其理论厚度和深刻性只有像哈贝马斯这样的少数理论家才能达到。

从上述理论特色的分析可以看出,无论从对马克思思想的当代阐发、对社会主义改革的理论探索,还是对当代社会的全方位批判等方面来看,东欧新马克思主义都是20世纪一种典型意义上的新马克思主义,在某种意义上可以断言,它是西方马克思主义之外一种最有影响力的新马克思主义类型。相比之下,20世纪许多与马克思思想或马克思主义有某种关联的理论流派或实践方案都不具备像东欧新马克思主义这样的学术地位和理论影响力,它们甚

---

① 参见(匈)阿格尼丝·赫勒:《现代性理论》,李瑞华译,北京:商务印书馆2005年版,第1、3、4页。

至构不成一种典型的"新马克思主义"。例如，欧洲共产主义等社会主义探索，它们主要涉及实践层面的具体操作，而缺少比较系统的马克思主义理论传统；再如，一些偶尔涉猎马克思思想或对马克思表达敬意的理论家，他们只是把马克思思想作为自己的某一方面的理论资源，而不是马克思理论的传人；甚至包括日本、美国等一些国家的学院派学者，他们对马克思的文本进行了细微的解读，虽然人们也常常在宽泛的意义上称他们为"新马克思主义者"，但是，同具有理论和实践双重维度的马克思主义传统的理论流派相比，他们还不能称做严格意义上的"新马克思主义者"。

五、东欧新马克思主义的学术影响

在分析了东欧新马克思主义的理论建树和理论特色之后，我们还可以从一些重要思想家对东欧新马克思主义的关注和评价的视角把握它的学术影响力。在这里，我们不准备作有关东欧新马克思主义研究的详细文献分析，而只是简要地提及一下弗洛姆、哈贝马斯等重要思想家对东欧新马克思主义的重视。

应该说，大约在 20 世纪 60 年代中期，即东欧新马克思主义形成并产生影响的时期，其理论已经开始受到国际学术界的关注。20 世纪 70 年代之前东欧新马克思主义者主要在本国从事学术研究，他们深受卢卡奇、布洛赫、马尔库塞、弗洛姆、哥德曼等西方马克思主义者的影响。然而，即使在这一时期，东欧新马克思主义同西方马克思主义，特别是同法兰克福学派的关系也带有明显的交互性。如上所述，从 20 世纪 60 年代中期到 70 年代中期，由《实践》杂志和科尔丘拉夏令学园所搭建的学术论坛是当时世界上最大的、最有影响力的东欧新马克思主义和西方马克思主义的学术活动平台。这个平台改变了东欧新马克思主义者单纯受西方人本主义马克思主义者影响的局面，推动了东欧新马克思主义和西方马克思主义者的相互影响与合作。布洛赫、列菲伏尔、马尔库塞、弗洛姆、哥德曼等一些著名西方马克思主义者不仅参加了实践派所组织的重要学术活动，而且开始高度重视实践派等东欧新马克思主义理论家。这里特别要提到的是弗洛姆，他对东欧新马克思主义给予高度重视和评价。1965 年弗洛姆主编出版了哲学论文集《社会主义的人道主义》，在所收录的包括布洛赫、马尔库塞、弗洛姆、哥德曼、德拉·沃尔佩等著名西方马克思主义代表人物文章在内的共 35 篇论文中，东欧新马克思主义理论家的文章就占了 10 篇——包括波兰的沙夫，捷克斯洛伐克的科西克、斯维塔克、普鲁查，南斯拉夫的考拉奇、马尔科维奇、别约维奇、彼得洛维奇、苏佩克和弗兰尼茨基等哲学家的论文。① 1970 年，弗洛姆为沙夫的《马克思主义与人类个体》作序，他指出，沙夫在这本书中，探讨了人、个体主义、生存的意义、生活规范等被传统马克思主义忽略的问题，因此，这本书的问世无论对于波兰还是对于西方学术界正确理解马克思的思想，都是"一件重大的事情"②。1974 年，弗洛姆为马尔科维奇关于哲学和社会批判的论文集写了序言，他特别肯定和赞扬了马尔科维奇和南斯拉夫实践派其他成员在反对教条主义、"回到真正的马克思"方面所作的努力和贡献。弗洛姆强调，在南斯拉夫、波兰、匈牙利和捷克斯洛伐克都有一些人道主义马克思主义理论家，而南斯拉夫的突出特点在于："对真正的马克思主义的重建和发展不只是个别的哲学家的关注点，而且已经成为由南斯拉夫不同大学的教授所形成的一个比较大的学术团体的关切和一生的工作。"③

20 世纪 70 年代后期以来，汇入国际学术研究之中的东欧新马克思主义代表人物（包括继续留在本国的科西克和一部分实践派

---

① Erich Fromm, ed., *Socialist Humanism: An International Symposium*, New York: Doubleday, 1965.

② Adam Schaff, *Marxism and the Human Individual*, New York: McGraw-Hill Book Company, 1970, p. ix.

③ Mihailo Marković, *From Affluence to Praxis: Philosophy and Social Criticism*, Ann Arbor: The University of Michigan Press, 1974, p. vi.

哲学家),在国际学术领域,特别是国际马克思主义研究中,具有越来越大的影响,占据独特的地位。他们于 20 世纪 60 年代至 70 年代创作的一些重要著作陆续翻译成西方文字出版,有些著作,如科西克的《具体的辩证法》等,甚至被翻译成十几国语言。一些研究者还通过编撰论文集等方式集中推介东欧新马克思主义的研究成果。例如,美国学者谢尔 1978 年翻译和编辑出版了《马克思主义人道主义和实践》,这是精选的南斯拉夫实践派哲学家的论文集,收录了彼得洛维奇、马尔科维奇、弗兰尼茨基、斯托扬诺维奇、达迪奇、苏佩克、格尔里奇、坎格尔加、日沃基奇、哥鲁波维奇等 10 名实践派代表人物的论文。① 英国著名马克思主义社会学家波塔默 1988 年主编了《对马克思的解释》一书,其中收录了卢卡奇、葛兰西、阿尔都塞、哥德曼、哈贝马斯等西方马克思主义著名代表人物的论文,同时收录了彼得洛维奇、斯托扬诺维奇、赫勒、赫格居什、科拉科夫斯基等 5 位东欧新马克思主义著名代表人物的论文。② 此外,一些专门研究东欧新马克思主义某一代表人物的专著也陆续出版。③ 同时,东欧新马克思主义代表人物陆续发表了许多在国际学术领域产生重大影响的学术著作,例如,科拉科夫斯基的三卷本《马克思主义的主要流派》④于 20 世纪 70 年代末在英国发表后,很快就被翻译成多种语言,在国际学术界产生很大反响,迅速成为最有影响的马克思主义哲学史研究成果之一。布达佩斯学派的赫勒、费赫尔、马尔库什和瓦伊达,实践派的马尔科维奇、斯托扬诺维奇等人,都与科拉科夫斯基、沙夫等人一样,是 20 世纪 80 年代以后

---

① Gerson S. Sher, ed., *Marxist Humanism and Praxis*, New York: Prometheus Books, 1978.

② Tom Bottomore, ed., *Interpretations of Marx*, Oxford UK, New York USA: Basil Blackwell, 1988.

③ 例如,John Burnheim, *The Social Philosophy of Agnes Heller*, Amsterdam-Atlanta: Rodopi B. V., 1994; John Grumley, *Agnes Heller: A Moralist in the Vortex of History*, London: Pluto Press, 2005,等等。

④ Leszek Kolakowski, *Main Currents of Marxism*, 3 vols., Oxford: Clarendon Press, 1978.

国际学术界十分有影响的新马克思主义理论家,而且一直活跃到目前。① 其中,赫勒尤其活跃,20 世纪 80 年代后陆续发表了关于历史哲学、道德哲学、审美哲学、政治哲学、现代性和后现代性问题等方面的著作十余部,于 1981 年在联邦德国获莱辛奖,1995 年在不莱梅获汉娜·阿伦特政治哲学奖(Hannah Arendt Prize for Political Philosophy),2006 年在丹麦哥本哈根大学获松宁奖(Sonning Prize)。

应当说,过去 30 多年,一些东欧新马克思主义主要代表人物已经得到国际学术界的广泛承认。限于篇幅,我们在这里无法一一梳理关于东欧新马克思主义的研究状况,可以举一个例子加以说明:从 20 世纪 60 年代末起,哈贝马斯就在自己的多部著作中引用东欧新马克思主义理论家的观点,例如,他在《认识与兴趣》中提到了科西克、彼得洛维奇等人所代表的东欧社会主义国家中的"马克思主义的现象学"倾向②,在《交往行动理论》中引用了赫勒和马尔库什的观点③,在《现代性的哲学话语》中讨论了赫勒的日常生活批判思想和马尔库什关于人的对象世界的论述④,在《后形而上学思想》中提到了科拉科夫斯基关于哲学的理解⑤,等等。这些都说明东欧新马克思主义的理论建树已经真正进入到 20 世纪(包括新世纪)国际学术研究和学术交流领域。

---

① 其中,沙夫于 2006 年去世,科拉科夫斯基刚刚于 2009 年去世。

② 参见(德)哈贝马斯:《认识与兴趣》,郭官义、李黎译,上海:学林出版社 1999 年版,第 24、59 页。

③ 参见(德)哈贝马斯:《交往行动理论》第 2 卷,洪佩郁、蔺青译,重庆:重庆出版社 1994 年版,第 545、552 页,即"人名索引"中的信息,其中马尔库什被译作"马尔库斯"(按照匈牙利语的发音,译作"马尔库什"更为准确)。

④ 参见(德)哈贝马斯:《现代性的哲学话语》,曹卫东等译,南京:译林出版社 2004 年版,第 88、90~95 页,这里马尔库什同样被译作"马尔库斯"。

⑤ 参见(德)哈贝马斯:《后形而上学思想》,曹卫东、付德根译,南京:译林出版社 2001 年版,第 36~37 页。

六、东欧新马克思主义研究的思路

通过上述关于东欧新马克思主义的多维度分析,不难看出,在我国学术界全面开启东欧新马克思主义研究领域的意义已经不言自明了。应当看到,在全球一体化的进程中,中国的综合实力和国际地位不断提升,但所面临的发展压力和困难也越来越大。在此背景下,中国的马克思主义理论研究者进一步丰富和发展马克思主义的任务越来越重,情况也越来越复杂。无论是发展中国特色、中国风格、中国气派的马克思主义,还是"大力推进马克思主义中国化、时代化、大众化",都不能停留于中国的语境中,不能停留于一般地坚持马克思主义立场,而必须学会在纷繁复杂的国际形势中,在应对人类所面临的日益复杂的理论问题和实践问题中,坚持和发展具有世界眼光和时代特色的马克思主义,以争得理论和学术上的制高点和话语权。

在丰富和发展马克思主义的过程中,世界眼光和时代特色的形成不仅需要我们对人类所面临的各种重大问题进行深刻分析,还需要我们自觉地、勇敢地、主动地同国际上各种有影响的学术观点和理论思想展开积极的对话、交流和交锋。这其中,要特别重视各种新马克思主义流派所提供的重要的理论资源和思想资源。我们知道,马克思主义诞生后的一百多年来,人类社会经历了两次世界大战的浩劫,经历了资本主义和社会主义跌宕起伏的发展历程,经历了科学技术日新月异的进步。但是,无论人类历史经历了怎样的变化,马克思主义始终是世界思想界难以回避的强大"磁场"。当代各种新马克思主义流派的不断涌现,从一个重要的方面证明了马克思主义的生命力和创造力。尽管这些新马克思主义的理论存在很多局限性,甚至存在着偏离马克思主义的失误和错误,需要我们去认真甄别和批判,但是,同其他各种哲学社会科学思潮相比,各种新马克思主义对发达资本主义的批判,对当代人类的生存困境和发展难题的揭示最为深刻、最为全面、最为彻底，这些理论资源和思想资源对于我们的借鉴意义和价值也最大。其中，我们应该特别关注东欧新马克思主义。众所周知，中国曾照搬苏联的社会主义模式，接受苏联哲学教科书的马克思主义理论体系；在社会主义的改革实践中，也曾经与东欧各国有着共同的或者相关的经历，因此，从东欧新马克思主义的理论探索中我们可以吸收的理论资源、可以借鉴的经验教训会更多。

鉴于我们所推出的"东欧新马克思主义译丛"和"东欧新马克思主义理论研究"尚属于这一研究领域的基础性工作，因此，我们的基本研究思路，或者说，我们坚持的研究原则主要有两点。一是坚持全面准确地了解的原则，即是说，通过这两套丛书，要尽可能准确地展示东欧新马克思主义的全貌。具体说来，由于东欧新马克思主义理论家人数众多，著述十分丰富，"译丛"不可能全部翻译，只能集中于上述所划定的十几位主要代表人物的代表作。在这里，要确保东欧新马克思主义主要代表人物最有影响的著作不被遗漏，不仅要包括与我们的观点接近的著作，也要包括那些与我们的观点相左的著作。以科拉科夫斯基《马克思主义的主要流派》为例，他在这部著作中对不同阶段的马克思主义发展进行了很多批评和批判，其中有一些观点是我们所不能接受的，必须加以分析批判。尽管如此，它是东欧新马克思主义影响最为广泛的著作之一，如果不把这样的著作纳入"译丛"之中，如果不直接同这样有影响的理论成果进行对话和交锋，那么我们对东欧新马克思主义的理解将会有很大的片面性。二是坚持分析、批判、借鉴的原则，即是说，要把东欧新马克思主义的理论观点置于马克思主义的理论发展进程中，置于社会主义实践探索中，置于20世纪人类所面临的重大问题中，置于同其他新马克思主义和其他哲学社会科学理论的比较中，加以理解、把握、分析、批判和借鉴。因此，我们将在每一本译著的译序中尽量引入理论分析的视野，而在"理论研究"中，更要引入批判性分析的视野。只有这种积极对话的态度，才能使我们对东欧新马克思主义的研究不是为了研究而研究、为了翻译而翻译,而是真正成为我国在新世纪实施的马克思主义理论研究和建设工程的有机组成部分。

在结束这篇略显冗长的"总序"时,我非但没有一种释然和轻松,反而平添了更多的沉重和压力。开辟东欧新马克思主义研究这样一个全新的学术领域,对我本人有限的能力和精力来说是一个前所未有的考验,而我组织的翻译队伍和研究队伍,虽然包括一些有经验的翻译人才,但主要是依托黑龙江大学文化哲学研究中心、马克思主义哲学专业和国外马克思主义研究专业博士学位点等学术平台而形成的一支年轻的队伍,带领这样一支队伍去打一场学术研究和理论探索的硬仗,我感到一种悲壮和痛苦。我深知,随着这两套丛书的陆续问世,我们将面对的不会是掌声,可能是批评和质疑,因为,无论是"译丛"还是"理论研究",错误和局限都在所难免。好在我从一开始就把对这两套丛书的学术期待定位于一种"开端"(开始)而不是"结果"(结束)——我始终相信,一旦东欧新马克思主义研究领域被自觉地开启,肯定会有更多更具才华更有实力的研究者进入这个领域;好在我一直坚信,哲学总在途中,是一条永走不尽的生存之路,哲学之路是一条充盈着生命冲动的创新之路,也是一条上下求索的艰辛之路,踏上哲学之路的人们不仅要挑战智慧的极限,而且要有执著的、痛苦的生命意识,要有对生命的挚爱和勇于奉献的热忱。因此,既然选择了理论,选择了精神,无论是万水千山,还是千难万险,在哲学之路上我们都将义无反顾地跋涉……

导论 布达佩斯学派的
后马克思主义之路

布达佩斯学派（Budapest School）是 20 世纪 60 年代活跃在匈牙利首都布达佩斯，围绕着卢卡奇而形成的一支具有重要影响的马克思主义哲学流派，它的成员绝大多数属于犹太人的后代，有着对东欧社会主义和法西斯极权主义的切身体验，因而对社会现实问题持有独特的理论态度。该学派的代表学者有阿格妮丝·赫勒（Agnes Heller, 1929— ）、费伦茨·费赫尔（Ferenc Fehér, 1933—1994）、乔治·马尔库什（György Márkus, 1934— ）、玛丽亚·马尔库什（Maria Márkus, 1936— ）、米哈里·瓦伊达（Mihály Vajda, 1935— ）、安德拉斯·赫格居什（András Hegedüs, 1922—1999）、乔治·本斯（György Bence, 1941—2006）、亚诺斯·基斯（Janos Kis, 1943— ）、G. M. 托马斯（Gáspár Mikos Tamás, 1948— ）、热扎·弗多尔（Géza Fodor, 1943— ）、山多尔·拉德洛蒂（Sándor Radnóti, 1946— ）等。[①] 布达佩斯学派建立的宗旨是复兴社会主义，其成员涉及领域颇为广泛，政治家赫格居什 1955—1956 年期间担任匈牙利总理，主要研究社会学、经济学；托马斯关注政治学，在 1989 年和 1990 年被选举为匈牙利国会成员；赫勒、费赫尔、乔治·马尔库

[①] 这些成员的确定是根据布达佩斯学派成员编辑的"布达佩斯学派著述"列举的，也有一些学者把布达佩斯学派成员列为赫勒、费赫尔、瓦伊达、马尔库什四人。参见 Margit Köves, Ferenc Fehér（1933—1994）, Reflections on a Member of the Lukács School, in *Social Scientist*, Vol. 23、No. 4/6（Apr. – Jun., 1995）, pp. 98 – 107；Judit Hell, Ferenc L. Lendvai and László Perecz, György Lukács, Die Lukács-Schule und die Budapester Schule, http://www.lukacs-gesellschaft.de/forum/online/gyorgy_lukacs.html。

什、玛丽亚·马尔库什和瓦伊达为重要的哲学家和社会学家。该学派在 20 世纪 60 年代起被官方称之为"匈牙利新左派",该学派成员也以此名发表著述《匈牙利新左派》(Die neue Linke in Ungarn)[①]。西门·托梅(Simon Tormey)认为:"布达佩斯学派是一个松散聚集的个人的群体,他们喜欢彼此聚会,分享某种政治信仰以及关于'批判'必须发挥与应该发挥作用的某些观念。"[②]在 40 多年的发展过程中,该学派成员主要活动于匈牙利、澳大利亚、美国等国家,逐步从马克思主义的"文艺复兴"向后马克思主义[③]嬗变,形成了独具特色的当代社会批判理论。

一、布达佩斯学派的形成与发展

布达佩斯学派 1964 年,形成于匈牙利首都布达佩斯,其形成与 20 世纪 60 年代中欧、东欧的文化政治相关,与"科尔丘拉夏令学园"(Korčula Summer Schools)的建立、《实践》杂志的创刊密不可分。不过,其形成最核心的因素是卢卡奇的直接影响。根据福尔克(Falk)的研究,卢卡奇在最后几十年的生活中,回到了青年时期的主题,特别是审美理论和社会本体论,从而完成《审美特性》、《社会存在本体论》两部重要著述,掀起了"马克思主义的文艺复兴"的浪潮。同时,他培养并支持一群具有献身精神且训练有素的学生,他也因此成为布达佩斯学派所谓的非正式的奠基者和领袖。卢卡奇在 1971 年 3 月 15 日给《时代文学补充》的信中写道,他自己把注意力投向了"一小群匈牙利马克思主义哲学家的成就,他们是自

① A. Hegedus, M. Markus and Others, Die neue Linke in Ungarn, in *Internationale Marxistische Diskussion* No. 45, [West] Berlin: Merve Verlag, 1974; A. Hegedus, M. Vajda and others, Die neue Linke in Ungarn, Vol. 2., in *Internationale Marxistische Diskussion* No. 53, [West] Berlin: Merve Verlag, 1976; Charles Andras, New Left in Hungary Attracts Attention of Western Marxists, in *RAD Background Report*/91, (East – West), 23 April 1976.

② Simon Tormey, *Agnes Heller: Socialism, Autonomy and the Postmodern*, Manchester and New York: Manchester University Press, 2001, p. 9.

③ 瓦伊达和阿拉托在 1980 年就把匈牙利的异端知识分子称为"新马克思主义者"、"后马克思主义者"。参见 Andrew Arato and Mihály Vajda, The Limits of the Leninist Opposition: Reply to David Bathrick, in *New German Critique*, No. 19, 1980, pp. 167 – 175。有学者指出,布达佩斯学派的思想在两个阶段展开,一是进行马克思主义社会人类学探索阶段,二是后马克思主义转向阶段。参见 André Tosel, Az idös Lukács és a Budapesti Iskola, http://eszmelet.freeweb.hu/60/tosel60.html。

己的弟子,就是自己称之为的'布达佩斯学派'"①。20 世纪 60 年代初期,卢卡奇的这些弟子不仅可以在有限政治干涉下发展他们的观念,而且事实上成为当时思想界充满活力的学者,得到青年学生们的追随。赫勒和费赫尔是卢卡奇的学生和最忠诚的弟子,也是他亲密的同事和朋友,按照卢卡奇对正统马克思主义批判的方式,他们"从卢卡奇的马克思主义人道主义转移到对异化和人类本质问题的更广泛的哲学探求。他们不满足于单纯地评论现存社会主义和社会主义理念的明显的差异,而是超越了这种对立走向了一种新的批判理论"②。乔治·马尔库什作为布达佩斯大学的教师尤其影响了 20 世纪 60 年代的年轻人,产生了如卢卡奇对他自己那代人所产生的同样的作用。此学派的成员把马克思主义作为一种方法论,从政治经济学、社会学和哲学的角度来批判地分析现存体制的悖论,重估马克思主义的经典信条。因此,卢卡奇的弟子通过使用马克思主义的方法论来对国家社会主义现象进行马克思主义解释,以实现"马克思主义的文艺复兴",转移到舍勒尼(Szelényi)所谓的"否定之否定"的东西。20 世纪 60 年代,布达佩斯学派在世界马克思主义研究中影响颇大,赫勒完成了《道德社会学》、《文艺复兴的人》、《日常生活》等专著,马尔库什完成了《青年马克思的认识论》、《马克思主义与人类学》、《语言、逻辑与现实》等专著,费赫尔发表了关于陀思妥耶夫斯基(Dostoyevsky)、萨特(Satre)、诗人贝拉(Bela)与卢卡奇的美学思想的论文,赫格居什写作了《现代资产阶级的社会学和社会现实》、《论社会学》,瓦伊达撰写了《胡塞尔现象学研究》等著作,他们在卢卡奇影响下形成了新的实践理论。

布达佩斯学派提出的对东欧社会主义的人道主义批判最初没有受当时政治制度的镇压。它之所以能够被后者容忍,是因为在

① Barbara J. Falk, *The Dilemmas of Dissidence in East-Central Europe: Citizen Intellectuals and Philosopher Kings*, Budapest: Central European University Press, 2003, p. 122. 卢卡奇曾谈及,瓦伊达实际上是赫勒的学生,赫勒当时还在大学教书,"我把瓦伊达从她那里要了过来……实际上不能把他叫做我的学生,因为他到我这里来已经是或多或少成熟了"。伊什特万·沃尔西(István Eörsi)、伊丽莎白·维泽尔(Eezsébet Vezérs):《自传对话录》,"杜章智编:《卢卡契自传》"李渚清、莫立知译,台湾:桂冠图书股份有限公司 1990 年版,第 200 页。

② Barbara J. Falk, *The Dilemmas of Dissidence in East - Central Europe: Citizen Intellectuals and Philosopher Kings*, Budapest: Central European University Press, 2003, p. 123.

早期阶段,它还没有对国家社会主义进行结构性的批判。随着对经济改革的攻击,尤其是对日益蔓延的社会不公的关注和对未来技术统治的恐惧,他们开始跨越界线,认为当时没有政治改革的匈牙利经济改革是注定失败的。该学派意识形态的违规最终达到了不能被容忍的地步,成为政权体制的"问题孩子"。1968年苏联侵占捷克斯洛伐克事件发生后,布达佩斯学派对苏联军事行动进行了批判,这导致了严重的后果,赫格居什被免去了在马克思经济大学的教职,赫勒与马尔库什的职业与学术地位也被剥夺,他们过着极为不安、受压抑的生活。但是他们的哲学思想却处于活跃状态之中,根据赫勒所说,在1968—1973年期间是"布达佩斯学派最美好、最和谐、最友好的时期"①。1973年5月在布达佩斯举行的关于骚乱、宣传和文化会议上,匈牙利政党最后发起了反对布达佩斯学派7名成员②的运动,批判他们是"小资产阶级的浪漫主义者"、"伪革命者"、"新左派的无政府主义者"、"反马克思主义者",要求他们抛弃其观点并取得年轻人的饶恕,否则不能被雇佣。布达佩斯学派成员拒绝了这些要求,之后5年内不断受到警察骚扰,多数成员没有工作机会,学术著述也被匈牙利政府禁止出版。不过,布达佩斯学派的某些代表论文集《匈牙利新左派》第1卷、第2卷和《个体与实践:布达佩斯学派的观点》分别在1974、1976、1975年以德文的形式在德国出版,表达了他们对真正的马克思人道主义与社会主义的诉求,弗多尔1974年出版了音乐美学专著《音乐与戏剧》,托马斯1975年出版了《理论的机遇》。

20世纪70年代后期,由于各种限制,布达佩斯学派成员出现生存困境。这个学派开始分化解散,其最突出的成员移民到国外,这就形成了匈牙利与澳大利亚两个地理空间。1977年乔治·马尔库什、玛丽亚·马尔库什重新在西柏林找到位置,然后转到悉尼大学教授哲学。同年,赫勒和费赫尔移民至墨尔本,分别担任拉托堡

---

① János Kóbányai, *Ágnes Heller: Het Levensverhaal Van de Hongaars-joodse Filosofe*, Amsterdam: Boom, 2002, p. 315.

② 这7人是指阿格妮丝·赫勒、乔治·马尔库什、玛丽亚·马尔库什、米哈里·瓦伊达、安德拉斯·赫格居什、乔治·本斯、亚诺斯·基斯。参见 William F. Robinson, Hegedus, Two Other Scholars Expelled from Hungarian Communist Party, In *Radio Free Europe Research*, 1973-6-25。

大学政治学和社会学教职。布达佩斯学派主要成员重新在澳大利亚找到了学术思想的土壤与生存之空间。当时的匈牙利文化部长勃斯盖(Imre Poszgay)对这四人组合致以颂词,说如此令人敬仰的知识分子的离开是这个国家的文化损失。但他也承认考虑到社会主义的政治与经济基础,对他们的著作的禁止也是必要的。布达佩斯学派成员在西方仍然关注着卡塔尔共产主义与匈牙利政治形势的特殊性。这个学派的其他成员留在布达佩斯,成为官方没有雇佣的教师与翻译者、经济顾问员等,瓦伊达、托马斯、弗多尔、拉德洛蒂仍然没有被官方雇佣,成为"内部的流亡者"。弗多尔1986年才成为布达佩斯音乐学院的音乐理论教师,拉德洛蒂直到1989年的政治变化才重新开始学术生涯。尽管有学者认为,20世纪70年代后期布达佩斯学派解散了,卢卡奇的去世也使得这个学派失去了核心力量,"这个学派也就消解了"①,各个成员发展所谓的"个人之思"。但是,这个学派的成员之间并没有中断联系,而是在不同学科领域的研究中进行对话,形成了长期的朋友关系,不约而同地思考某些类似的问题,持有一些相似的思想文化观点,主要就是对东欧现存社会主义进行批判性反思,对社会主义的民主政治进行重新探讨,对卢卡奇思想进行重新评价,对现代审美文化进行重构。1976年赫格居什、赫勒、玛丽亚·马尔库什、瓦伊达出版了《社会主义的人道化:论布达佩斯学派》。1977年,赫勒、费赫尔、乔治·马尔库什、拉德洛蒂出版了《心灵与形式:青年卢卡奇研究》(*Die Seele und das Leben. Studien zum frühen Lukács*),1978年在西班牙再版,名为《布达佩斯学派》(*La Scuola di Budapest:sul giovane Lukács*)。1983年,赫勒、费赫尔与马尔库什在澳大利亚共同写作了《对需要的专政:关于苏维埃社会的分析》,分别从政治学、体制的动力学与经济学方面抨击了东欧社会主义的严重问题②,以不同的方式来解决体制的组织原则的问题,对新的社会主义理念进行探究。1983年,赫勒编辑出版了《卢卡奇再评价》一书,其中的论文都是布达佩斯学派成员所著,论文对青年卢卡奇到晚年卢卡奇的

① Simon Tormey, *Agnes Heller:Socialism, Autonomy and the Postmodern*, Manchester and New York:Manchester University Press, 2001,p. 14.

② Andrew Arato, The Budapest School and Actually Existing Socialism, In *Theory and Society*, no. 16, 1987,pp. 593 – 619.

思想进行了重新评价,在肯定卢卡奇的成就之同时认识到其理论的困境。1986 年赫勒与费赫尔编辑出版了《美学的重建——布达佩斯学派论文集》,其中的副标题就是"布达佩斯学派论文集",按照瓦伊达所说"这卷的目的是聚集以前的布达佩斯学派的美学著述"①,所选论文表现出构成主义与激进主义特征,在保持人道主义模式的同时开始具备解构主义与后现代主义特征。1986 年托马斯、拉德洛蒂等人在纪念 1956 年匈牙利革命 30 周年的《陈述文本》上签名,主张"独立、民主、中立"②。这表明,在文化全球化与信息便捷化的西方社会,虽然布达佩斯学派成员彼此身在遥远之地,心灵却可以不断地对话,进行自由的思想创造与共享、合作。移居澳大利亚的布达佩斯学派成员与当代西方文化哲学思想,尤其是后现代思想相击相荡,视野不断开阔,思想更为精进,取得了一些重要的成就,如赫勒的《情感理论》、《历史理论》、《激进哲学》、《羞愧的力量》,马尔库什的《语言与生产》等著述相继问世。我们在差异性中仍然能够触摸到这个学派一些共同的命题,仍然可以用"布达佩斯学派"来进行宽泛的概括,1986 年赫勒和费赫尔在《东方左派和西方左派》的序言中明确地论述了匈牙利左派在1968 年以来存在的共同的倾向,"东方理论家现在创造了许多在东方有用的新方法,这些方法可以作为西方左派的备忘录,因为它们奠定了一种新的现代性理论",这种共同的倾向被称为具有象征意义的"布达佩斯之思"③。

　　1986 年,布达佩斯学派主要成员赫勒与费赫尔离开澳大利亚,移民于美国纽约社会研究新学院,赫勒就任阿伦特哲学与政治学教授职位。布达佩斯学派也随之主要分散于布达佩斯、悉尼、纽约三个地方。赫勒与费赫尔作为多年夫妻关系共同思考着现代性问题,形成了具有后现代特征的文化现代性理论,玛丽亚·马尔库什和乔治·马尔库什也是在青年时就成为亲密的朋友以及夫妻,也

　　① Mihály Vajda, *Aesthetic Judgment and the World View in Painting*, In *Reconstructing Aesthetics*, Agnes Heller and F. Fehér eds. ,Oxford: Basil Blackwell,1986, p. 149.

　　② Vladimir V. Kusin,East European Dissidents' Appeal on Hungarian Revolution Anniversary, In *RAD Background Report*/151 ,1986 – 10 – 28.

　　③ Ferenc Feher and Agnes Heller, *Eastern Left-Western Left*, Cambridge, New York: Polity Press,1987, p. 39.

宏大叙事批判与多元美学建构

在思想上彼此对话。虽然布达佩斯学派在这之后在地理空间上更为分散,各自的思想也更自由地发展,甚至出现分歧,但是随着1989年东欧政治形式的变化,布达佩斯学派成员更频繁地展开了深入的学术对话与交往,友谊与恋根情结也在突显:一是他们相互讨论发表的学术著述,关注各个成员的最新著述,并整合到自身的研究之中;二是国外的成员频繁回到布达佩斯,重新融入布达佩斯的文化建构之中。赫勒每年有一半的时间在布达佩斯,在匈牙利科学院进行研究工作,1995年在匈牙利获得塞壬伊(Szechenyi)国家奖。事实上,1986年之后的布达佩斯学派在思想政治趋向和研究领域方面仍然具有诸多共同点,仍然带着学派的影子,虽然作为一个学派实体不再存在,虽然诸如赫勒持有否定"学派"的后现代言词,但是在某种意义上这些成员仍然可以归属为一个知识共同体。1987年,费赫尔、赫勒、托马斯、瓦伊达共同写作出版了《形式的辩证法:布达佩斯学派著述》(*Dialéctica de las formas. El pesamiento de la escuele de Budapecy*),同年他们还编辑出版了《激进美学》。1995年出版了拉德洛蒂与费赫尔编辑的关于纪念瓦伊达诞辰60周年的研究著作,1997年出版了瓦伊达和马尔库什合著的《布达佩斯学派之二:论乔治·卢卡奇的论文》,1999年出版了瓦伊达、拉德洛蒂等编辑的关于纪念赫勒诞辰70周年的著作,2000年发表了赫勒、拉德洛蒂与亚诺斯(Kalmár János)的访谈。在2002年出版的《文化与启蒙:论马尔库什的论文》中,赫勒、瓦伊达、拉德洛蒂等布达佩斯学派成员与马尔库什的思想进行深入对话。这些事实表明,布达佩斯学派成员仍然是一个亲密的思想共同体。尤其是,赫勒、费赫尔、马尔库什、拉德洛蒂等成员以不同的话语方式在现代性与文化现代性方面形成了一些共同的倾向,有着类似的文化政治学理想。就个人成果而言,这个阶段出版了赫勒的《碎片化的历史哲学》、《个性伦理学》、《美的概念》、《现代性理论》、《时间是断裂的》、《永恒的喜剧》,费赫尔的《被冻结的法国大革命》,赫勒与费赫尔的论文集《激进普遍主义的辉煌与衰落》、《后现代政治状况》以及赫勒的论文集《现代性能够幸存吗?》,马尔库什的《文化和启蒙》、《形而上学的终结》、《"文化"的悖论》,瓦伊达的《后现代的海德格尔》、《日益变化的迹象:走向后现代之路》,拉德洛蒂的《赝品:造假及其在艺术中的地位》、《信条与顺从:瓦尔特·本雅明

的审美 – 政治研究》，弗多尔的《音乐与剧场》等诸多著述。事实上，1989 年之后，布达佩斯学派成员各自重新焕发出学术活力，形成了又一个思想的高潮，在当代批判理论中占据着独特的位置，至今仍然在不断发表著述。

在 40 余年的学术生涯中，布达佩斯学派成员对匈牙利乃至世界的哲学思想与文化构想作出了重要贡献，他们在反思现存社会主义、法西斯极权主义、欧洲文化哲学方面均取得了辉煌的成就，也得到普遍的认可。赫勒 1981 年获得莱辛奖、1995 年获得阿伦特奖、2006 年获得丹麦的松宁奖，这些正是对他们近半个世纪的思想探讨所取得的成果的确证。

二、国内外布达佩斯学派研究现状

布达佩斯学派在 40 余年的发展中形成了跨学科的研究范式，在哲学、伦理学、社会学、政治学、经济学、美学、文化理论等领域发表了丰富的著述，引起了国内外学界，尤其是国外学界日益广泛的关注。他们的某些思想在 20 世纪 60 年代就已经产生了影响，在 20 世纪 70 年代曾成为法国《现代》(*Les Temps Modernes*) 杂志的焦点。法国《人类与社会》(*L' Homme et la Société*)、美国《目的论》(*Telos*)①杂志在当时发表了一些有关布达佩斯学派的讨论文章。1976 年罗伊 (Michael Lowy) 就谈到，布达佩斯学派已经为西方所知晓，他们对斯大林教条主义和官僚性扭曲的批判超越了东欧特有问题的边界线，从而"具有普遍的意义，使他们成为当代马克思主义中最有趣的群体"②。其思想的发展伴随着学界的回应与探讨，这就形成了不少布达佩斯学派研究的文献。这些研究可以分为两个层次：一是对布达佩斯学派的整体性研究；二是对此派的单个成员的思想研究。

第一个层次研究主要是概括性的、评述性的，这在 20 世纪 70 年代就出现了一系列探讨。卢卡奇本人就在 1971 年写给英国伦敦《时代文学补充》的信《布达佩斯学派的发展》中概括了布达佩斯

① Serge Frankel and Daniel Martin, The Budapest School, In *Telos*, 17 (Fall, 1973).

② Michael Lowy, Individuum und Praxis. Positionen der "Budapester Schule" by Georg Lukács, Agnes Heller, Ferenc Feher, In *New German Critique*, No. 7 (Winter, 1976), pp. 153 – 156.

学派已经取得的理论成果,他描述了赫勒、费赫尔、马尔库什、瓦伊达的著述,认为马克思主义的布达佩斯学派同他具有内在一致性的意识形态框架。这种思想潮流承载着未来的希望,因为在重构本真的马克思方式中超越了美国生活方式的新的实证主义精神控制与扭曲的斯大林式的马克思主义解释,他们的著作是"未来哲学文学的先行者"①。1973 年弗兰克尔和马丁(Serge Frankel and Daniel Martin)发表了一些文章探讨了布达佩斯学派的社会学和革命的思想。②1973 年罗宾逊(William F. Robinson)撰文《赫格居什以及其他两位学者被开除共产党》③,分析了布达佩斯学派三位成员的马克思主义多元主义理论。安德拉斯(Charles Andras) 1974 年的文章《匈牙利新左派》、《新左派及其社会主义概念》,思考了此学派的新左派特征与卢卡奇的关系,认为它强调了"马克思主义的多元主义"。④ 他 1976 年的文章《匈牙利新左派引起西方马克思主义的注意》通过评述 1974 年、1975 年出版的《匈牙利新左派》概括了布达佩斯学派与西方新左派的共同点以及差异,指出前者注重对东欧社会主义的官僚化的马克思主义的批判,重新思考真正的马克思主义的伟大理想与社会主义结构形式,强调个体性与日常生活的重要性。他评论了赫勒的代表性论文《马克思的革命理论与日常生活的革命》,总结了赫勒的观点,即革命的马克思主义建立的制度不仅保证个体的自由,而且要创造直接联系的社会活动的条件,"要通过去中心化和自我管理实现'革命化'",没有日常生活的深层次转型,社会主义的历史使命不可能完成。⑤ 赫格居什也涉及玛丽亚·马尔库什等人的论文《现代化与社会进步的选择模

---

① George Lukács, The Development of the Budapest School, In *The Times Literary Supplement*, No. 3615 (June 11, 1971).

② Serge Frankel and Daniel Martin, The Budapest School: Sociology and Revolution, in *Wiener Tagebuch*, 6 June 1973 ; and MTI in English, 16 June 1973 ; Serge Frankel and Daniel Martin, The Budapest School, In *Telos*, 17 (Fall, 1973).

③ William F. Robinson, Hegedus, Two Other Scholars Expelled from Hungarian Communist Party, In *Radio Free Europe Research*, 1973 – 6 – 25.

④ Charles Andras, New Left in Hungary, In *Radio Free Europe Research*, 1974 – 1 – 16 ; The New Left in Hungary and Its Concept of Socialism, In *Radio Free Europe* Research, 1974 – 11 – 18.

⑤ Charles Andras, New Left in Hungary Attracts Attention of Western Marxists, In *RAD Background Report*/91, (East – West), 23 April 1976.

式》,指出他们试图超越东欧社会的"静态模式"和"大街模式",设想第三种模式,即革命的社会主义模式。这种模式对经济效益和人道化加以协调,逐步消除异化,主张个人可以选择自己的需要等级与生活方式,没有真实人格的自我完善就没有真正的社会主义。罗伊1976年撰文评述卢卡奇写给《时代文学补充》的信,认为虽然卢卡奇与布达佩斯学派存在着差异,但是这信显示出他们的共同性,卢卡奇"拒绝所有试图把他的著作和他的学生分割开来的尝试"①。尽管如此,布达佩斯学派的著作具有原创性,并对当前的社会问题保持开放的研究。基于此,罗伊对1975年的选集《个体与实践:布达佩斯学派的观点》展开了论述,尤其揭示了布达佩斯学派的共同倾向:"尽管在学科方面有形式差异——哲学史、社会哲学、社会学、政治科学、美学、文学——但是,布达佩斯学派的著作带有方法统一、思想共同体、'亲和力'的特征。在他们中间,不同的知识分支彼此相关,像是由装有相同的精神液体的传播管道连接着。这种统一的理论和伦理的社会基础是一种共同的世界观,马克思主义人道主义。"②因此,布达佩斯学派的思想体现出"多样的统一"。费赫尔关于陀思妥耶夫斯基的研究纠正了卢卡奇的《小说理论》的认识,肯定了小说样式在现代社会文化中的重要意义,体现了价值的多元性。马尔库什通过青年马克思的人类学的思考提出,狭窄共同体的消解与未来世界的社会和文化的建立是个体能力扩展的人类条件。赫勒在青年马克思和新左派的影响下通过历史的考察,思考异化的形成与人类本真性、个体的代沟问题。罗伊的论文还涉及瓦伊达和赫勒关于家庭、共产主义的认识,赫格居什和玛丽亚·马尔库什关于集体与个体的对立以及未来之消解的思考。罗伊对布达佩斯学派的整体研究概括了他们对马克思主义人道主义的新思考。莫拉维奇(Peter Moravets)在20世纪70年代发表了一些论东欧异端者的文章,指出了布达佩斯学派的产生背

---

① Michael Lowy, Individuum und Praxis. Positionen der "Budapester Schule" by Georg Lukács, Agnes Heller, Ferenc Feher, In *New German Critique*, No. 7 (Winter, 1976), pp. 153 – 156.

② Michael Lowy, Individuum und Praxis. Positionen der "Budapester Schule" by Georg Lukács, Agnes Heller, Ferenc Feher, In *New German Critique*, No. 7 (Winter, 1976), pp. 153 – 156.

景以及初期的发展情况,指出他们作为匈牙利的左派,其"意识形态的视野最类似于西方的新左派"①。罗塞克(Joseph S. Roucek)在 1978 年、瓦尔迪斯(V. Stanley Vardys)在 1979 年分别评述了1976 年出版的《社会主义的人道化:论布达佩斯学派》,前者指出布达佩斯学派成员对东欧社会主义教条化的反思与新的人道化的改革思路②;后者认为布达佩斯学派思考的社会主义应该体现人类的存在,而不是表现出官僚化的现象③。阿拉图(Andrew Arato)在1987 年深入分析了布达佩斯学派与现存社会主义的关系,探讨了赫勒、费赫尔和马尔库什在《对需要的专政》中对社会主义政治、经济与结构动力机制的解读,认为他们三人处于"批判社会理论的传统之中"④。同年,舒斯特曼(Richard Susterman)在《把艺术从美学中挽救出来》一文中详细地评述了赫勒和费赫尔 1986 年编辑出版的《美学的重建——布达佩斯学派论文集》,指出此书是马克思主义美学的布达佩斯学派的论文,尤其分析了两位编者关于宏大的史学美学思想,但是评论者认为,他们的美学思想是渴求宏大叙事与总体性,具有"对抗多元主义"的保守主义特征⑤,这是对该学派美学思想的误读。1988 年布朗(Douglas M. Brown)在专著《走向激进民主:布达佩斯学派的政治经济学》中,探讨了布达佩斯学派的新马克思主义思想,主要是合并了马克思的市场不断扩展的理论和波兰尼(Karl Polanyi)的市场的保护性反应(protective response)理论,主张一种混合的经济理论,认为"市场创造了一种自发的运动来保护公民成为市民的权利,以避免受市场的日益扩大的影响"⑥。因而,市场在激进民主的社会主义中具有重要的地位,

① Peter Moravets ,Criticism and Dissent in Hungary, In *RAD Background Report*/185 , 1978 – 8 – 23.

② Joseph S. Roucek,The Humanization of Socialism:Writings of the Budapest School, In *Social Forces*, Vol. 56 , No. 3(Mar. 1978) p. 959.

③ V. Stanley Vardys, The Humanization of Socialism: Writings of the Budapest School, In *The American Political Science Review*, Vol. 73 , No. 2(Jun. 1979).

④ Andrew Arato, The Budapest School and Actually Existing Socialism, In *Theory and Society*, Vol. 16 , No. 4(Jul. 1987) ,pp. 593 – 619.

⑤ Richard Susterman, Saving Art from Aesthetics, In *Poetics Today*, Vol. 8 , No. 3/4 , (1987) ,pp. 651 – 660.

⑥ William Waller, Towards a Radical Democracy: The Political Economy of the Budapest School by Douglas M. Brown, In *Social Science Journal*, 1991, Vol. 28.

具有多元政治特征的形式民主就是来自保护性反应理论。1994
年,菲利普·德斯波瓦(Phillippe Despoix)探讨了布达佩斯学派各
个成员的理论观点,指出其共同性的同时分析了各自的差异性。
他指出,这个学派不是在制度意义上的,而是试图"超越社会科学
学科的分离与等级,这种目标回响着第一代法兰克福学派的精
神"①。他的理论涉及布达佩斯学派不同成员对卢卡奇思想从不同
角度所进行的批判,赫勒从日常生活角度、费赫尔从美学角度、马
尔库什从哲学人类学角度、瓦伊达从胡塞尔现象学角度重新思考
了马克思主义。1997年布达佩斯学派成员马尔库什和瓦伊达发表
了《布达佩斯学派》②一书,诺德逖斯特(J. Nordquist)在2000年发
表了赫勒与布达佩斯学派的关系,涉及相关的布达佩斯学派著述,
托瑟尔(André Tosel)探讨了晚年卢卡奇与布达佩斯学派的关系,
尤其指出晚年卢卡奇的《社会存在本体论》对此学派的重要影响,
还有学者探讨了卢卡奇、卢卡奇学派和布达佩斯学派的关系。③
2002年科巴尼埃(János Kóbányai)记录赫勒的自传性著作《阿格妮
丝·赫勒:匈牙利犹太哲学家的人生旅程》,涉及赫勒自己与布达
佩斯学派其他成员从20世纪60年代到20世纪90年代中期的发
展历程,对布达佩斯学派的思想尤其是20世纪六七十年代的思想
与生活道路作出了详细的描述。④这些整体性的评述与研究有助
于把握布达佩斯学派的整体思想倾向,理解布达佩斯学派的政治
学和社会主义观念,尤其是布达佩斯学派与卢卡奇的思想的复杂
关系,但绝大多数研究缺乏深度与系统性,尤其是随着布达佩斯学

---

① Phillippe Despoix, *On the Possibility of a Philosophy of Values: A Dialogue Within the Budapest School*, In *The Social Philosophy of Agnes Heller*, John Burnheim, ed. Amsterdam: Rodopi, 1994.

② Márkus György, Mihály Vajda, *A Budapesti Iskola In Tanylmányok Lukács Györgyröl*, Budapest: Argumentum: Lukács archivum, 1997.

③ J. Nordquist, Agnes Heller and the Budapest School: A Bibliography, In *Social Theory*, n. 59(2000); André Tosel, Az idös Lukács és a Budapesti Iskola, http://eszmelet. free-web. hu/60/tosel60. html; Judit Hell, Ferenc L. Lendvai, and László Perecz; György Lukács, Die Lukács-Schule und Die Budapester Schule, http://www. lukacs-gesellschaft. de/forum/online/gyorgy_lukacs. html.

④ János Kóbányai, *Ágnes Heller: Het Levensverhaal Van de Hongaars-joodse Filosofe*, Amsterdam: Boom, 2002. 此书是匈牙利科巴尼埃编辑的赫勒自传,是建立在他对赫勒一系列访谈基础上编写的。

派的思想发展,某些研究具有一定的片面性。

第二个层次展开的对布达佩斯学派主要代表思想家的研究就避免了这些缺陷,深入地触及到布达佩斯学派的核心问题。其中主要是对此学派最重要、影响最大、卢卡奇最看重的学生阿格妮丝·赫勒的思想的研究。赫勒的思想在20世纪50年代末就引起了人们的注意,不过当时是以僵化的、机械的马克思主义来衡量她的伦理学观点,并对其进行"伦理修正主义"批判,如玛利亚·马凯(Maria Makai)于1960年就出版了《对阿格妮丝·赫勒的伦理修正主义的批判》。卢卡奇在1963年的《审美特性》"前言"中专门提到赫勒对本书的讨论,在《自传对话录》中他明确地把赫勒作为最看重的学生,并说她"真正从一开始就是我的学生"①。20世纪70年代末,赫勒的需要理论得到一些学者研究,这体现在加姆皮尔罗·斯达比勒(Giampiero Stabile)于1979年编辑了关于赫勒需要理论的一书,即《主体与需要:赫勒及其需要理论的评论》。到了20世纪80年代,赫勒的思想日益丰富、深化,也进一步引起了学者的关注,这主要体现在几本著作中:一是波林·约翰逊(Pauline Johnson)1984年出版的《马克思主义美学》,在此书中,作者从日常生活的视角出发,梳理了卢卡奇、本雅明、布莱希特、阿尔都塞、马舍雷、伊格尔顿等西方马克思主义者的美学艺术思想。在论述中,约翰逊大量引述了赫勒的著作,这足见后者思想的价值与意义;二是克劳斯·普勒吉泽(Claus Pregizer)于1987年写成的关于赫勒需要理论的著作《规划与需要》;三是彼特·里希登堡(Perter Lichtenberg)在1988年出版的《日常生活社会学之路:关于阿格妮丝·赫勒"日常生活"与阿尔弗雷德·许茨"日常生活世界"概念的研究》。这些著作侧重于对赫勒的需要理论与日常生活理论研究,更多关注的是赫勒离开匈牙利以前即1977年前发表的著作。

赫勒的思想真正多层面引起学界的兴趣并被不同角度地研究,应该是20世纪90年代以来的事,这表现在以下几方面:首先,她出版的著作几乎都被评论,书评增多,有时一本书有几篇书评。其次,对她的思想研究的论文增多,涉及哲学、政治、伦理、社会哲

---

① 伊什特万·沃尔西(István Eörsi)、伊丽莎白·维泽尔(Eezsébet Vezérs):《自传对话录》,"杜章智编:《卢卡奇自传》"李渚清、莫立知译,台湾:桂冠图书股份有限公司1990年版,第200页。

学等方面。1994 年约翰·伯恩海姆(John Burnheim)编辑了《阿格妮丝·赫勒的社会哲学》一书。此书的特点在于:它不仅对赫勒的实践哲学、日常生活、政治哲学、现代性、道德哲学等方面进行了较为全面的研究,而且这些论文多为当代较有影响的学者撰写,如著名的马克思主义研究者马丁·杰伊(Matin Jay),现代性理论家齐格蒙特·鲍曼(Zygmunt Bauman),布达佩斯学派另一重要成员乔治·马尔库什,《存在的政治学——海德格尔的政治思想》的作者理查德·沃林(Richard Wolin),等等。彼特·墨菲(Peter Murphy)在 1999 年《论题十一》(Thesis Eleven)第 59 卷第 1 号上组织刊载了关于赫勒思想研究的系列论文。除墨菲的《导论》外,其他 7 篇论文都是对赫勒的思想所作的专题研究。安格尔·里夫罗(Ángel Rivero)考察了赫勒政治哲学,追述了她从马克思主义到改革的共产主义,以及与西方左派、后现代自由主义学潮流遭遇的历程。约翰·格鲁姆雷(John Grumley)研究了赫勒的需要的辩证法以及激进需要的理论。与以往对赫勒需要理论研究不同的是,他注重从赫勒整个思想历程,即从马克思主义到反思的后现代主义的历程来审视需要理论,这种研究很有开拓性。马里奥·康斯坦丁弩(Marios Constantinou)则从古代哲学,尤其是赫拉克利特、斯多葛、伊壁鸠鲁哲学与现代哲学的视角来阐释赫勒的道德人类学思想,尤其关注她的道德美学。他认为,赫勒的道德美学应该被视为一种试图修正在康德与马克思的著作中明显反思的过分放纵的现代性人类学。因此,在某种意义上,赫勒已经用道德美学与敏锐的意识来调和现代性的人类学想象。彼得·墨菲在论文中结合斯多葛哲学进行分析,认为赫勒的存在选择的哲学目的,在于要重新建构的一种幸福的斯多葛理论与在现代职业伦理日趋败坏背景下的一种充满灵气的伦理学。另外,他在《导论》中谈到了赫勒受卢卡奇美学框架的影响,但是笔者还未见到这方面的研究。阿提米斯·里昂提斯(Artemis Leontis)的《原始的家,难忘的家》把赫勒 1995 年发表的论文《我们在哪儿在家?》(Where Are We at Home?)与小说家墨尔波·阿格赛提(Melpo Axioti)的《我的家》(My Home)进行比较,从而来蠡测前现代、现代、后现代"在家"概念的演化,从而切入赫勒的美学文化问题。戴维德·罗伯茨(David Roberts)就赫勒的匈牙利语书稿《美的概念》进行了分析评论。他对书中关于美的概念之变迁、美的概念在现代的困境以及新的可能性作了剖析,并总结了赫勒的观点,即美在现代变成无家之后的居处只能在日常世界。这些研究与以往的著述相比,拓展面更广,把赫勒的著作与其思想根源结合了起来,显得颇为厚重,并且愈来愈注意到赫勒的美学思想。格雷姆雷从 2000 年以来在一系列论文中,集中探讨了赫勒文化现代性的悖论,涉及赫勒的高雅艺术、大众文化等美学理论。

再者,专题研究的著作不断出现。皮罗·阿·卡塔纳(Pino A Quartana)1990 年出版了《改革与需要》,1991 年阿俄方索·伊巴雷兹·伊(Alfonso Ibáñez I)出版了《阿格妮丝·赫勒:激进需要的满足》,1997 年加西亚·波洛(García Polo)与马里亚·热苏斯(María Jesús)撰写了《赫勒对日常生活社会学的贡献》,2001 年西门·托梅(Simon Tormey)出版了专著《阿格妮丝·赫勒:社会主义、自律与后现代》(Agnes Heller: Socialism, Autonomy and the Postmodern),2002 年科巴尼埃(János Kóbányai)编辑出版了关于赫勒自传的著作《阿格妮丝·赫勒:匈牙利犹太哲学家的人生旅程》,2005 年格鲁姆雷(Grumley)出版了专著《阿格妮丝·赫勒:历史旋涡中的道德家》。托梅从政治哲学的角度思考了赫勒社会主义思想观念的演变,探讨了她从现代性向后现代性的转变,涉及马克思主义的“文艺复兴”与日常生活的革命,社会主义的人道主义,激进哲学的理念以及后现代政治状况,试图“评价阿格妮丝·赫勒从 1968 年的《日常生活》到 1999 年的《现代性理论》著述的政治思想”[1]。格鲁姆雷作为赫勒著述多年的研究者,全面梳理了她的道德哲学思想,涉及 20 世纪 60 年代到 2004 年的著述,还关注到了她即将出版的《美的哲学》的手稿。他认为:“在几乎 30 年的时间中,阿格妮丝·赫勒被认定为从西方马克思主义批判理论传统中崭露头角的主要思想家之一。自从科拉科夫斯基(Leszek Kolakowski)之后,她是从失调的东欧共产主义政体中冒出来的最著名的哲学家。”[2]此外,2000 年米夏埃尔·伽丁纳(Michael E. Gardiner)出版的《日常生活

① Simon Tormey, *Agnes Heller: Socialism, Autonomy and the Postmodern*, Manchester and New York: Manchester University Press, 2001, p. 1.

② John Grumley, *Agnes Heller: A Moralist in the Vortex of History*, London: Pluto Press, 2005, p. 1.

的批判》(*Critiques of Everyday Life*)是一部较为重要的著作。虽然此书是对超现实主义、列斐伏尔、巴赫金(Bakhtin)、国际主义情景派、鲍德里亚等有关日常生活的批判加以分析论述,但也单列一章,对赫勒的日常生活理论进行了较系统的研究。与以前对日常生活的研究不同,著者十分注意20世纪80年代到20世纪90年代赫勒深化并拓展了的日常生活理论,从而把日常生活与个性伦理学结合起来考察,这对了解赫勒思想的发展轨迹颇有启发。托梅(Tormey)和汤森(Jules Townshend)在2006年出版的专著《从批判理论到后马克思主义的主要思想家》中,专门用一章探讨了赫勒从激进人道主义到后马克思主义的政治理论。自20世纪90年代起,国外陆续完成并出版了几篇研究赫勒思想的博士论文,涉及赫勒的政治理论、多元化与道德、人种学、矛盾的自由等思想。可以说,20世纪90年代以后,赫勒的伦理哲学、政治哲学、历史哲学、现代性理论得到了深入的研究。

国外学界对马尔库什的思想也有所关注,这集中体现为2002年由格雷姆雷、克里坦登(Paul Crittenden)和约翰逊(Pouline John-son)编的论文集《文化和启蒙:关于马尔库什的论文集》(*Culture and enlightnment: essays for György Markus*)。此论文集探讨了马尔库什的文化现代性理论,尤其关注文化与启蒙的辩证关系。格鲁姆雷在导论中探讨了马尔库什对哲学悖论的关注,认为:"如果人们仅仅选择两个词语来概括乔治的哲学人格的本质特征,那么这就是'文化'和'启蒙'……他至少用了最近20年的时间献身于仍然没有完成的文化对象化理论。"①赫勒探讨了马尔库什的规范性怀疑主义及其与艺术的危机,现代高雅艺术与科学的二元对立等问题。瓦伊达分析了马尔库什作为哲学家的精神分裂问题,思考了艺术家与哲学家、小说与哲学话语之差异性。基斯(Janos Kis)探讨了马尔库什的自由理论,琼斯研究了威廉斯和马尔库什的生产理论,对二者的文化生产思想进行了比较,伯恩海姆(John Burn-heim)分析了马尔库什对哲学与文化理论的伪造的研究,弗雷泽(Nancy Fraser)探讨了马尔库什关于当代社会的阶级与角色思想,

① John Grumley, The Paradoxes of Philosophy: György Markus at Sydney University, In *Culture and Enlightment: Essays for György Markus*, John Grumley, Paul Crittenden and Pauline Johnson, eds., England: Ashgate Publishing Limited, 2002, p. 10.

思考了文化现代性的特有的理论范式,认为他从社会实践角度公正地对待了社会关系的文化意义,"从而发展了一种非文化主义者的文化哲学"①。此选集的论文是对马尔库什的文化现代性理论的思考,但是只有一部分文章与马尔库什的思想直接有关,有的文章却不是专门研究他的思想的。布达佩斯学派其他成员的思想,如瓦伊达的阐释学思想、拉德洛蒂的大众文化理论与赝品美学理论都引起了一些学者的兴趣与注意,不过都没有达到对赫勒研究的深度与广度。

在国内,学界对布达佩斯学派的思想研究多数是概括性的、介绍性的。随着赫勒的著作《人的本能》(1988)、《日常生活》(1990)、《现代性理论》(2005)的翻译,尤其是衣俊卿对日常生活理论、需要理论的介绍,并结合国内日常生活之现状所推出的创造性研究,人们对赫勒开始加以关注。这集中在对赫勒《日常生活》的引述与阐释方面。张政文和杜桂萍在《文艺研究》1997年第6期上发表的《艺术:日常与非日常的对话——A.赫勒的日常生活艺术哲学》也仅仅依据此书。他们认为,赫勒的日常生活艺术理论旨在从日常生活框架中发现和理解艺术,发展了马克思主义实践美学。② 还有一些学者从赫勒的日常生活理论出发来阐释美学和文艺问题。另外,冯宪光1997年出版的《"西方马克思主义"美学》概要地论及了赫勒的解构美学,揭示了布达佩斯学派运用"后结构主义方法将美学向日常生活总体扩展的解构美学"③。王杰在2000年的著作《马克思主义与现代美学问题》中对赫勒的需要理论进行了美学阐释,近年周宪在《作为地方性概念的审美现代性》等论文中涉及赫勒现代性的动力学思想。

虽然国外对布达佩斯学派的政治哲学、伦理哲学、社会哲学的研究取得了一些有价值的成果,但是在美学领域,目前国内外学者还没有对此学派进行系统而全面的研究。目前所见的大都是对赫

---

① Nancy Fraser, Integrating Redistribution and Recognition: On Class and Status in Contemporary Society, In *Culture and Enlightment: Essays for György Markus*, John Grumley, Paul Crittenden and Pauline Johnson, eds., England: Ashgate Publishing Limited, 2002, p. 149.

② 张政文、杜桂萍:《艺术:日常与非日常的对话——A.赫勒的日常生活艺术哲学》,载《文艺研究》1997年第6期。

③ 冯宪光:《"西方马克思主义"美学研究》,重庆:重庆出版社1997年版,第56页。

勒、费赫尔、马尔库什等文艺美学著述的零碎研究，尤其关注这个学派对日常生活与艺术哲学的理论、文化现代性、道德美学等问题的思考。这些研究主要集中于布达佩斯学派个别成员或者单篇美学著述，还缺乏较为系统的深入考察，更没有学者系统地思考布达佩斯学派的重构美学思想。

三、本书的研究思路和框架

本书试图研究布达佩斯学派的重构美学思想，考量其美学思想的后现代转向以及在后现代语境中的马克思主义美学的新发展即新马克思主义或者后马克思主义美学思想，揭示其美学与文学理论建构的伦理学的价值基础。

此研究的设想主要基于以下两方面：一是布达佩斯学派作为一支具有世界性影响的马克思主义流派，其美学和文艺理论思想异常丰富，发表了一系列相关著述。主要哲学家赫勒第一篇学术论文就是关于美学的，这篇名为《别林斯基美学研究》(Bjelinszkij esztétikai tanulmányai)的论文刊载于1950年布达佩斯的《论坛》第2号上。之后，她发表了《奥尼尔与美国戏剧》、《克尔恺郭尔的美学与音乐》、《卢卡奇美学》、《美学的必然性与不可改革》、《不为人知的杰作》、《奥斯维辛之后能写诗吗？》、《一个正直人的伦理与审美的生活形式》、《友谊之美》等文艺美学论文，其《文艺复兴的人》、《日常生活》、《激进哲学》、《情感理论》等专著都涉及重要的文艺美学问题。20世纪90年代后期以来赫勒思想开始了美学与艺术转向，发表了《美的概念》、《个性伦理学》、《时间是断裂的：作为历史哲学家的莎士比亚》、《永恒的喜剧》等著述。① 费赫尔发表了《卢卡奇海德堡艺术哲学中对康德问题的转型》、《悖论的诗人：陀思妥耶夫斯基与个体性危机》、《小说是充满问题的吗？》、《魏玛时期的卢卡奇》、《超越艺术是什么：论后现代性理论》、《否定性音乐哲学》、《卢卡奇与本雅明》等美学理论与文艺批评著述。马尔库什发表了《马克思主义与人类学》、《生活与心灵》、《文化和启蒙》、

① 阿格妮丝·赫勒在《阿格妮丝·赫勒审美现代性思想研究》的"序言"中说："审美维度的确在我的著作中无处不在，对它的分析可以很好地理解历史、社会、政治和哲学维度。不过，在过去几年里，我越来越直接地转向美学和艺术的问题。"见拙著：《阿格妮丝·赫勒审美现代性思想研究》，成都：巴蜀书社2006年版。

《黑格尔与艺术的终结》、《论意识形态批判》、《"文化"的悖论》、《阿多诺的瓦格纳》、《语言与生产》等著述。瓦伊达发表了《绘画中的审美判断与世界观》、《后现代的海德格尔》等著述;拉德洛蒂发表了《大众文化》、《赝品》等著述。弗多尔发表了《音乐与戏剧》、《莫扎特歌剧的世界观》、《音乐与剧场》等著述。这些著述涉及美学的根本问题、艺术类别理论与文艺现象批评等维度,但是还没有得到系统的清理与考察。二是布达佩斯学派的美学思想历经了马克思主义美学向后马克思主义美学的嬗变,从卢卡奇的"马克思主义文艺复兴"不断向后现代主义位移。但是,他们又没有走向激进的后现代主义,而是在多元化文化语境中重新思考美学与文化价值的规范基础,思考现代性与文化现代性的潜在性,从而表现出对当代文化与存在的建设性的思路,这是重构现代性的思想。从重构美学的思路考察布达佩斯学派的诸多著述,我们能够获得一种清晰的思路,也能够切入其美学思想的核心问题,在看似纷繁复杂的布达佩斯学派各成员的思想中探询某种共同的思想旨趣。

基于以上思考,本书主要分为三部分:第一部分论析布达佩斯学派对作为历史哲学范式的现代美学的批判。现代重要的美学范式都是一种历史哲学,具有宏大叙事、救赎与希望、总体性特征。布达佩斯学派对黑格尔、卢卡奇、本雅明、阿多诺、戈德曼等美学形态进行了批判,认为这些美学研究者都是"神圣家族"的成员,表现出激进普遍主义的特征,他们根据哲学体系演绎出对文学艺术的认识,并排列不同艺术样式的等级,或者是追忆古希腊的艺术理想,或者迷恋未来的跳跃,形成弥赛亚式的美学,充满悖论。本书分析此学派对现代哲学美学范式的批判与反哲学美学的艺术批评的批判,揭示出其重建现代性与后现代性的美学范式。第二部分研究布达佩斯学派对审美自律的批判与重构。审美自律与现代艺术观念或高雅艺术概念的确立密切关联,与大众文化、日常生活、制度领域、科学构成了结构性的关系。布达佩斯学派对现代审美自律的历史出现及其因素进行了具体分析,指出了艺术自律的悖论。他们一方面揭示了现代以趣味为中心的高雅艺术的悖论,另一方面又认识到高雅艺术存在的合理性。同时,审美自律的高雅艺术在现代仇视大众文化、赝品,但是后者同样具有积极意义。赝品是具有审美价值的,它挑战了现代审美自律,同时与审美自律不可分割,与高雅艺术共同演绎着现代文化结构。布达佩斯学派通过韦伯的文化现代性领域分化理论思考了人类－社会结构中的审美自律性特征,对审美自律进行重构。布达佩斯学派对审美自律问题的反思不仅是美学本身的问题,而且联系着其文化政治学。第三部分思考布达佩斯学派多元主义美学建构。这种美学是他们对抗极权主义所设想的新型社会主义美学模式,主要涉及阐释美学、交往美学、审美现象的后现代阐释等方面。多元主义真理观念导致了多元主义的阐释学与艺术观念,后现代阐释学是开放的,艺术概念也具有差异性与个体性。这种阐释学建立于康德审美判断的交往美学的后现代理解基础之上,赋予平等互惠的伦理价值原则。基于此,本书分析了布达佩斯学派对美的概念和人格以及喜剧现象的后现代主义阐释。多元主义是此学派美学的价值根基,也是其民主政治模式的体现。这些思想正是布达佩斯学派的后马克思主义或新马克思主义的基本内容。布达佩斯学派这些重构美学思想对当代马克思主义美学建设有着重要的启示意义,不过其理论也暴露了自身的悖论。

第一章　对作为历史哲学范式的
现代美学的批判

　　布达佩斯学派对现代美学研究范式进行了批判，指出其根本的哲学形态是大写的历史哲学的话语形态。费赫尔与赫勒认为，从黑格尔、谢林、克尔恺郭尔到卢卡奇，"所有重要的美学都同时是一种历史哲学"[①]。立足于这种话语范式之上的美学具有显著的宏大叙事（grand narrative）、救赎范式（redemptive paradigm）与形而上学（metaphysics）的特征。布达佩斯学派对这些特征进行了深入揭示，以透视出其根本性的悖论，从而探究重建美学的可能性，实现了向后马克思主义美学的转向。所以，要切入他们对现代美学的批判，就必须理解他们对历史哲学的话语范式的论析。

第一节　历史哲学的话语范式

一、历史哲学的宏大叙事

　　布达佩斯学派对历史哲学是持有浓厚的学术兴趣的，他们发表了一系列关于历史哲学的著述，诸如《历史理论》[②]、《碎片化的

---

　　①　Ferenc Fehér and Agnes Heller, The Necessity and the Irreformability of Aesthetics, In *Reconstructing Aesthetics*, Agnes Heller and F. Feher, eds., Oxford: Basil Blackwell, 1986, p. 5.

　　②　根据托梅（Simon Tormey），赫勒在 1977 年秋天离开匈牙利就写好了这本书的手稿，但因为她想为讲英语的读者重写，所以直到 1982 年这本书才得以问世。见 Simon Tormey, *Agnes Heller: Socialism, Autonomy and the Postmodern*, Manchester and New York: Manchester University Press, 2001, p. 104.

历史哲学》、《时间是断裂的：作为历史哲学家的莎士比亚》等。他们把对历史与时间的思考融入到其具体的文化、政治、经济、社会理论之中。尽管他们各自的学术领域有所差异，但是都认同历史哲学实质上是一种宏大叙事。

宏大叙事是后现代哲学家思考现代知识学的重要范畴。利奥塔尔（现通常译为利奥塔）在《后现代状态》中如是表述：现代科学就是指依靠元话语使自身合法化的科学，元话语求助于精神辩证法、意义阐释学、理性主体等宏大叙事。在启蒙叙事中，知识英雄为了高尚的伦理政治目的而奋斗，即为了宇宙的安宁而奋斗，这是"用一个包含历史哲学的元叙事来使知识合法化"①。利奥塔尔清楚地道出了宏大叙事与历史哲学的内在关联。布达佩斯学派，尤其是其中主要哲学家赫勒对历史哲学的宏大叙事模式进行了深入的话语分析，从人类历史演进中来挖掘历史哲学的普遍性特征。

赫勒在《历史理论》中第一次根据维柯（Vico）和柯林伍德（Collingwood）的历史理论区分了人类从前现代到后现代时期历史意识发展的六个阶段。第一个阶段是未反思的普泛性（unreflected generality），时间是无限回溯的，无限性是视为一种图像，没有被概念化，现在、过去、未来也没有区别，神话是这种历史意识的集中的对象化表现。第二个阶段是在特殊性中反映出来的普泛性意识（generality reflected in particularity），这是对历史变化的一种意识，主要以古希腊的文化为典型，神话不再是封闭的集体世界观的体系，而是成为日益变化的个体化的世界观得以表达的中介，古希腊的悲剧成为其主要对象化表现之一。第三个阶段是中世纪神学世界体现出来的未反思的普遍性意识（unreflected universality），特殊性被相对化，普泛性不再能在特殊性中反映出来，人类不能提出关于自己真正是什么的问题，因为神学提供了全部答案，人类的本质根据上帝的意愿被创造出来，这个上帝本身就是普遍性，这种意识就是同一性意识，不涉及经验问题。第四个阶段是在普泛性中反映特殊性的意识（particularity reflected in generality），历史不再是救赎的历史，人类的本质是世界建构的焦点，人自出生就被赋予了自

① 让-弗朗索瓦·利奥塔尔：《后现代状态》，车槿山译，北京：生活·读书·新知三联书店1997年版，第2页。

宏大叙事批判与多元美学建构

由理性,这实质上是现代社会初期的历史意识,在文艺复兴艺术家、康德等那儿得到诸多表现,艺术在现在的深度中旅行。第五个阶段是19世纪开始成为主导的世界历史的意识(world-history)或者反思的普遍性意识(reflected universality)。第六个阶段是第一次世界大战之后成为主流的反思的普泛性意识(reflected generality),即后现代意识。

赫勒是在第五个阶段来讨论历史哲学范式的,并揭示其普遍性的宏大叙事特征。[①] 在1999年出版的《现代性理论》中,赫勒在梳理人类历史意识的阶段时,直接把反思的普遍性即普遍的历史等同于宏大叙事。在这个阶段,我们微小的私人事件根据世界历史的巨大范围来进行估量,不再存在带有复数的历史,只有大写的历史,即普遍的意识。这是绝对的意识:"所有人类的历史在包含过去、现在和未来的普遍化的概念下被统一起来,未来不再是这种或那种文化的未来,而是人类的未来。它也不是被认为是对现存秩序的常年的呈现。不同的东西只有这样:拯救的世界,末日的世界或者永远完善的过程。在所有这些方面,存在着不断重复的救赎图像。"[②]在赫勒看来,世界历史意识就如基督教那样构建世界,最后的问题是历史或者前历史的终结,或者是永恒完善的无限性。但是这是反思性的,并注意现在的状况因为现在确证着未来,正如市民社会的分析确证了世界-精神的自我发展,因而对资本主义的批判确证了联合生产者的社会的重要意义;对大众文化的批判确证了超人,对社会的批判确证了共同体的优越性。赫勒认为,反思的普遍性意识一方面包含了文化批判,另一方面包含了社会科学。这种历史意识从根本上来说不是宗教也不是神话,而主要是历史哲学,它以自由作为价值观念。反思的普遍性与历史哲学是内在相关的,人的本质不再是个人的问题,对人的反思应归属于对世界普遍的历史进程的评价,人类是普遍的。偶然的个人只有成为历史的主体或者完全顺从历史才能够成为所谓"人类"的普遍

---

① 在1993年出版的《碎片化的历史哲学》中,赫勒在序言中明确地概括了现代历史哲学与宏大叙事的内在联系,参见 Agnes Heller, *A Philosophy of History in Fragments*, Oxford and Cambridge, MA: Blackwell, 1993, p. vi。

② Agnes Heller, *A Theory of History*, London: Routledge and Kegan Paul, 1982, p. 21.

性,特殊性成为普遍性的载体,国家成为世界历史国家,阶级成为世界历史阶级。艺术成为一种历史的产品,也是普遍性意识的产物。

赫勒从特性、普遍发展与普遍规律等方面揭示了历史哲学的宏大叙事特征。她归纳出了历史哲学话语的九个主要特征:第一,历史哲学的核心范畴是大写的历史,所有人类的历史都归属于这个特别的历史,是大写历史之树的分支,或者视为大写历史的同一本质的呈现。第二,大写的历史被理解为一种变化,这种变化具有普遍的趋势,这种普遍的趋势被设想为在大写历史的所有分支中的进步或者退化或者同一发展模式的重复。第三,就作为整体的大写历史而言,普遍的陈述被表达,甚至"在历史中没有普遍的规律"这种陈述也是关于大写历史的一种普遍的陈述。第四,因果关系的解说没有使我们得到对特殊的事件、结构或者特殊社会的理解,因为大写的历史本身就是被因果性关系的解说来解释的,所以像历史是个体决定的结果以及历史发展是纯粹偶然因素的结果这样的陈述正是大写历史的解说,这些陈述与大写的历史是世界精神的自我发展的陈述是一样的。第五,存在的起源等同于历史的起源,宇宙或者根本没有被主题化,或者作为历史的前历史。在赫勒看来,历史哲学与韦伯所谓的"世界的祛魅"是同时产生的,和自然科学从哲学的解放是同时进行的,与把自然建构为一种纯粹的客体的趋向是同时进行的。第六,历史哲学把现在理解为过去历史的产物,人的本质也被设想为大写历史的产物,人的存在的历史性成为历史哲学的人类学的焦点。第七,历史哲学同所有普遍的哲学一样,把"应该"(ought)与"所是"(is)对立起来,从"所是"中推出"应该","应该"被理解为真和善,理论与实践的统一体,理解为真理。哲学的理想始终是最高的价值,所是根据最高的价值的标准来衡量。所以赫勒认为:"在历史哲学中,最高的价值通向大写的历史或者历史性的未来或者过去。在这种情况下,真理与最高的价值都被时间化。"[①]这就引出了历史哲学第八、九个特征:即历史真理在未来揭示自己,即使投向过去也是如此;现在被视为一

---

① Agnes Heller, *A Theory of History*, London: Routledge and Kegan Paul, 1982, p. 215.

种转折点,它体现了过去,也是未来的摇篮。赫勒对历史哲学九个特性的概括表明历史哲学是普遍性的,最终归结为大写的历史,它通过因果关系和过去、现在、未来的辩证关系预示了一种普遍的发展趋势与最高的价值理想,这些话语模式正是利奥塔所谓的宏大叙事。

赫勒进一步探究了作为历史哲学的基本范畴的普遍发展观念的三种模式:一是进步理论,相信大写的历史具有进步的趋势,存在从低级阶段向高级阶段的持续发展,康德、黑格尔、马克思、胡塞尔、布洛赫、卢卡奇与萨特都共同地强调大写的历史的进步,走向自由的进步;二是退步理论,大写的历史具有退步的趋向,历史有着从高级向低级、自由不断减少的持续发展,所以发展不重要,因为进一步发展意味着进一步的自由的减少,意味着我们物种的自我毁坏,这样原始社会成为"黄金时代",各种形式的浪漫主义属于这种模式,在现代性中海德格尔是这种模式最伟大的哲学代表;三是永恒重复的理论,大写的历史被理解为同一发展过程的重复,汤因比、列维-斯特劳斯、弗洛伊德是这种模式的代表。尽管历史哲学存在不同的模式与不同模式的具体不同的观点,但是在赫勒看来,它都是试图把历史本体化,"所有的历史哲学把'进步'、'退步'与'永恒的重复'本体化了"①。这种本体化共同导向了普遍发展,导向历史哲学作为整体的大写历史的发展图式:"所有发展理论,不论是特殊化的抑或是普遍化的,都不得不安排所有的事件和结构,把这些事件与结构理解为同一社会过程的因素,并且不得不根据这些事件和结构在时间序列中,即是说根据在社会整体生活中所占有的'位置'来进行评价。"②这样,所有的历史哲学都试图把握对过去、现在与未来的根本性的理解,都宣称对未来的历史构建了真实的陈述,这是一种"总体的(总体化的)未来"③。人类的意志也就在这种陈述中成为纯粹的普遍的历史规律的呈现,而服从于普遍的规律。这种规律或者是逻辑必然性的结果,或者是普

---

① Agnes Heller, *A Theory of History*, London: Routledge and Kegan Paul, 1982, p. 230.

② Agnes Heller, *A Theory of History*, London: Routledge and Kegan Paul, 1982, p. 224.

③ Agnes Heller, *A Theory of Modernity*, UK: Blackwell Publishers, 1999, p. 3.

遍的目的论的结果,或者是普遍的决定主义的结果,或者是历史范畴根据其内在逻辑的展开。这些结果都表明:"所有普遍发展的理论本质上是目的论的。它们把现在和未来建构为过去的结果,因而结果一开始就必定已经在'那儿'。"①并且这种普遍的规律是用科学来进行证实的,"它们把自己表述为科学的规律"②。

带有目的论特征的历史哲学事实上是整体论(holism),包含着对相同之物的总体的自我反思。在赫勒看来,历史哲学的整体论与个体主义同古代哲学中的整体与部分的问题没有联系,而是涉及实体(substance)范畴。实体是人类的本质,而且始终被理解为总体性。这种总体性或者是普遍的历史、人类,或者是特殊的文化、民族、阶级,或者是单一的个体。不过,所有主要的历史哲学都兼并了这三种总体性。历史哲学形成了总体性的等级,最终指向最高的总体性。赫勒把黑格尔的哲学视为历史哲学最完美的代表,特殊的文化总体性仅仅是世界精神的局部性表达,体现了世界精神展开的阶段,只是作为目的的手段,个体只是被视为实现高级总体性的手段,所以最后特殊性文化都消除了,被更高级的文化总体性所取代:"特殊总体性在某种程度预先编织出了高级总体性的某些范畴,这是所有范畴的总体化。"③不少人对黑格尔的历史哲学加以质疑,以个体总体性代替世界精神的总体性,但是这种质疑也是建立在历史哲学的基础上的。费尔巴哈和克尔恺郭尔是第一批代表。对费尔巴哈来说,个体性本身成为最高的总体性,个体成为人类物种本质的载体。这种理论无疑也是一种历史哲学,因为它包含了人类本质的异化的观念并支持在现在与未来消除异化。克尔恺郭尔以绝望的激进主义取代乐观的激进主义,在《非此即彼》第二部分,他遵循着历史哲学的逻辑,寻求个体与物种统一的可能性。康德和马克思带着更恢弘的意图来协调普遍总体性与个体总体性,但是最终仍然是走向总体性的历史哲学。

① Agnes Heller, *A Theory of History*, London: Routledge and Kegan Paul, 1982, p. 242.

② Agnes Heller, *A Theory of History*, London: Routledge and Kegan Paul, 1982, p. 244.

③ Agnes Heller, *A Theory of History*, London: Routledge and Kegan Paul, 1982, pp. 249 – 250.

赫勒不仅揭示了历史哲学的宏大叙事的话语特征，而且对这种范式进行了批判，透视出此范式内在的矛盾与失误。历史哲学的第一个困境可以归结为必然与自由、主观与客观的困境。在赫勒看来，历史哲学要通过标志物（indicator）来确定历史的进步、退步和重复。这个标志物一旦确立就不得不运用于所有的社会与文化，或者以生产为标志，或者以工业为标志，或者以语言为标志，但最终都可以还原到知识和自由两个标志物。标志物的选择在赫勒看来并不是客观的标准，"哪种标志物才从众多标志物中选择出来，始终取决于历史哲学家的主要的价值"①，取决于他们对历史的主观看法。历史哲学家都需求他们自己上帝的存在的本体论证据，通过把进步的标志物当做其独立的变量获得了这种本体论的证据，对赫勒来说，他们通过这种运作使自己陷于严重的困难之中。一方面他们把历史置于人类行为的结果，另一方面他们把历史从人类行为中分离出来，把历史视为纯粹的对象。如果历史取决于人类的行为，显然就没有独立的变量来归属于人类行为，更不用说归属于大写的历史。历史哲学的悖论在于它们把一种主观的选择作为一种客观的发展标准，而最后建构起来的客观发展又脱离了发展的对象，所以赫勒把历史哲学的困境归结为必然性与自由的困境，"这个困境在历史哲学的框架内是不可能解决的"②。黑格尔的历史哲学似乎从理论上解决了这内在的矛盾，因为他认为历史的发展等同于世界精神的发展，最终走向主体与客体的统一。但是他的代价是消除了超越现在的意志，最终达到与现实的调和。所以在赫勒看来，历史哲学家最终没有能够消除其困境。历史哲学的第二个困境在于偶然性与必然性的矛盾。在历史哲学中，历史的动力或者被视为偶然性或者必然性。在第一种情况下，在大写的历史中，一切事情都是偶然发生的。偶然性在否定的意义上等同于历史发展的普遍规律：历史的普遍规律是在历史上没有规律，没有规则，甚至没有一种典型的相互作用的行为。赫勒指出，如果在历史上只有偶然性，那么事实上就没有偶然性，因为偶然性

① Agnes Heller, *A Theory of History*, London: Routledge and Kegan Paul, 1982, p. 234.

② Agnes Heller, *A Theory of History*, London: Routledge and Kegan Paul, 1982, p. 242.

只有相对于不是偶然性的东西才具有意义。而且，就人类自由而言，在总体必然性与总体偶然性之间不存在任何差异，在两种情况下，人类自由显然是不存在的。在第二种情况下，必然性通过偶然性来实现，黑格尔把偶然性归属于普通的人类的意志。但是把人类意志视为偶然性的因素与偶然性的基本概念相矛盾，因为偶然性是没有被有意设想的东西。但是这种没有设想的东西不是被黑格尔等同于偶然性而是等同于必然性。偶然性的意义完全被颠倒了。从现实主体的角度理解为偶然性的东西，从神秘主体即大写历史的角度被设想为必然性。因而现实主体本身被理解为偶然性，但是当人类直接设想必然性的实现时，人类就不再是历史的偶然因素。在完成必然性的同时，人类成为自由的，必然性的认识与自由获得同一。在赫勒看来："康德之后，没有历史哲学能够完全避免这种陷阱。"①他们的自由等同于从偶然性中解放，缺乏道德决定的内容。第三个困境在于整体论的困境，不论是普遍的总体，还是特殊总体性，还是单一总体性来形成历史哲学的整体，都是充满问题的："结果是没有激进主义的现实主义，或者没有现实主义的激进主义。"②可见，赫勒对历史哲学的批判在于，历史哲学根本上说没有解决事实与伦理价值的问题，它两个主要的失误在于：一是曼海姆所说的从非历史的角度来历史地反思人类的本质，二是在最高价值即自由与自由价值的本体论化之间的矛盾，不同历史哲学通过各种不同的路径追求自由，但最终消除了自由，所以在赫勒那里"历史哲学超越了善恶"③。从政治学角度看，历史哲学把改变历史的人类主体视为世界意识的主体，或者是具有伟大人格的个人主体，或者是集体的主体，这最终把事实和应该视为历史逻辑的产物，而忽视了人类行为的选择，按格鲁姆雷的总结所说："历史哲学已经遮蔽了政治行为中伦理选择的时机。"④这些宏大模式都是

① Agnes Heller, *A Theory of History*, London: Routledge and Kegan Paul, 1982, p. 247.

② Agnes Heller, *A Theory of History*, London: Routledge and Kegan Paul, 1982, p. 253.

③ Agnes Heller, *A Theory of History*, London: Routledge and Kegan Paul, 1982, p. 263.

④ John Grumley, *Agnes Heller: A Moralist in the Vortex of History*, London: Pluto Press, 2005, p. 100.

赫勒与布达佩斯学派其他成员所不认同的,所以赫勒主张以历史理论取代历史哲学①,以克服历史哲学的悖论,但是赫勒在后现代意识视野下并没有否定历史哲学,认为仍然存在着历史哲学的需要,这就是包括她在内的整个布达佩斯学派的重建态度。

二、宏大叙事的救赎范式

历史哲学体现出宏大叙事的话语特征,它重新思考了过去、现在和未来的辩证关系,预示普遍发展的动力机制,现在是重要的,而未来更重要,现在成为未来的手段。不论是悲观抑或乐观,宏大叙事存在着救赎、希望、乌托邦的特征。正如赫勒所指出的:"传统的宏大叙事笃信虚假的弥赛亚,因为他们宣称知道谁(什么)是弥赛亚,甚至更糟糕的是,他们宣称知道什么使弥赛亚降临。"②布达佩斯学派对历史哲学的救赎范式进行了剖析与批判,下面主要集中论述费赫尔和赫勒对救赎范式的批判。

费赫尔在 1985 年发表的论文《激进政治学中的救赎的与民主的范式》中对救赎范式进行了历史的清理,这与赫勒的历史哲学的历史意识属于同步的研究,不过费赫尔更侧重从政治哲学的角度来思考。在他看来,救赎政治学产生于 18 世纪末期,以拿破仑的出现为标志,拿破仑成为他的时代以及后来许多时代的救赎者。救赎范式的产生来自两种社会因素:一是胜利的资产阶级缺乏管理社会能力,不断累积的社会矛盾呼吁一个救赎者,这是较为狭窄的因素;二是更为宽泛的因素,就是现代社会不彻底的世俗化。救赎范式是自由与民主范式的敌对者,它的第一个特征是把现代性的内在复杂性过分减少,这意味着在社会网络中的冲突可以通过一种简单的中介被解决与超越,这个中介就是救赎者个人与非理性的权威。它的第二个特征是不断地把现代性的异质性因素同质化,"把市民社会归属于一种同质化的政治国家,这或多或少是救

---

① 格鲁姆雷认为,赫勒 1982 年出版的《历史理论》最后突破了作为历史哲学的宏大叙事的特有形式的马克思主义,《历史理论》标志着她著作的较早的后马克思主义阶段,"她试图在历史哲学之后对历史进行理论化"。参见 C. F. John Grumley, *Agnes Heller: A Moralist in the Vortex of History*, London: Pluto Press, 2005, p. 96。

② Agnes Heller, *A Theory of Modernity*, UK: Blackwell Publishers, 1999, p. 11.

赎范式的标志"①。第三个特征是,不像自由的和民主的范式,它不包含一系列可以理性预测的制度。救赎制度从一个救赎者到另一个救赎者发生变化,而且这些制度是从救赎者的人格、策略,经常是从他的异想天开的设想中被推论出来的。第四个特征就是在本质上的宗教的或者伪宗教的特征,救赎范式的确是社会领域的宗教内聚力的替代者。

现代救赎范式的形成对费赫尔来说涉及更为深入的问题,他借助于曼海姆的"自由漂浮的知识分子"理论分析了救赎范式形成的社会机制。在 19 世纪末期,知识分子拥有新的社会地位与新的意识,这个阶层把自己置于复兴救赎范式的地位之中,使自己承担起建构救赎范式的理论的任务。这样,这个知识分子阶层就获得了双重的形势:一方面,先锋派知识分子在政治学或艺术中不再是中产阶级的纯粹的依附者;另一方面,知识分子不得不以无根性和波西米亚的悲剧性的形式来为解放付出代价,这种代价反过来为新颖的集体精神所补偿。即他们都怀着自豪的共同信念:知识分子是改变社会的蓄水池,是未来的救赎。所以这些知识分子以元伦理学,最重要是以美学的方式拒绝自由的范式,认为这种范式是粗疏的、可恶的、非本真的,所以在费赫尔看来,救赎范式带有明显的审美特征。救赎范式认为,现在的世界不得不被重新创造,从虚无中重新创造,正如尼采所说,古代的神的确死了,一个祛魅世界的原材料被玷污了,宇宙应该从骚乱中被创造。这些都使神与神化的艺术家充满生气,这就是施莱格尔所指出的,艺术家的神圣的自我主义只是他自己的神化。救赎范式事实上是追求一种现代社会的神圣性,这种神圣性成为救赎的中介。费赫尔对现代典型的救赎知识分子进行了分析,探究救赎范式载体典型的形态学。托洛茨基(Trotsky)在参加中央委员的最后几年里在各个方面是救赎范式的知识分子,他是大众的化身,是"群众"、大众的宗教的崇拜者,是另一种神学实体即大写的历史的神学代理人的崇拜者。作为一个严格意义的自由漂浮的知识分子,他把自己阶层的职业能力提炼到完美的程度:在职业政治家能够感受之前预测事件的能

————————
① Ferenc Fehér,Redemptive and Democratic Paradigms in Radical Politics, In *Eastern Left-Western Left*, Ferenc Fehér and Agnes Heller,Cambridge, New York:Polity Press,1987,p.63.

宏大叙事批判与多元美学建构

力。他感受到自己是救赎范式的载体,一直喜欢救赎的工作而不喜欢野心与统治。在费赫尔看来,墨索里尼同样是救赎者,试图通过政治美学化来实现其救赎方案。卢卡奇、海德格尔、根梯勒(Gentile)都是救赎范式的代表者。

费赫尔对救赎范式的特征的揭示透视出救赎范式的危机与问题,这是一种集体性的、神学式的范式,这是一种与民主政治相对的政治学范式,是一种宏大叙事。这是现代性政治学的主要形态,也是现代美学与文化的形态。费赫尔宣告了这种激进普遍主义的政治学范式的死亡:"宏大叙事的政治学,救赎政治学或者阶级政治学无论在哪儿都死亡了。"①费赫尔与赫勒在1991年出版的《激进普遍主义的辉煌与衰落》的"导论"中明确地把自己定位为后马克思主义者,并抛弃马克思主义的宏大的救赎政治学。他们说:"激进普遍主义的野心已经崩溃,这甚至在其辉煌的时代就是真实的,不仅是在它衰落的时代。"②"1968年以后,激进普遍主义成为了历史。"③哈里森(Paul. R. Harrison)在评论此书时指出:"对作者们而言,现代性被救赎的政治学所统治,他们所抛弃的马克思主义恰恰是这样的救赎政治学。"④在批判救赎范式的政治学的基础上,他们确立了自由的民主政治范式,认同阿伦特(Arendt)、施米特(Schmidt)、罗蒂(Rorty)的政治学。这意味着拒绝各种形式的救赎范式,因为它认可的不是权威而是履行话语的过程,将之视为立法的公正的程序,这意味着资本主义的转型,每个人成为社会再生产的条件的推动器。

就历史哲学的救赎范式特征,赫勒同样进行了深入的思考。从前面的论述已经知道,她在探讨历史哲学的宏大叙事话语特征时就蕴涵了对救赎的维度的思考,因为历史哲学是从未来进行思

① Ferenc Fehér, *Biopolitics on the Ruins of Communism*, In *Biopolitics: The Politics of the Body*, *Race and Nature*, Agnes Heller, Sonja Puntscher Riekmann, eds., Aldershot: Avebury, 1996, p.67.

② Ferenc Fehér and Agnes Heller, *The Grandeur and Twilight of Radical Universalism*, "Introduction", New Brunswick, NJ: Transaction, 1990, p.2.

③ Ferenc Fehér and Agnes Heller, *The Grandeur and Twilight of Radical Universalism*, "Introduction", New Brunswick, NJ: Transaction, 1990, p.5.

④ Paul. R. Harrison, Review of The Grandeur and Twilight of Radical Universalism, In *Contemporary Sociology A Journal of Review*, vol. 21, Issue. 4(1992), pp. 539–540.

考,强调的是希望与乌托邦,也强调现在,但是最终是消失了现在。赫勒把历史哲学的救赎范式纳入到她的现代性理论框架之中,也可以说她所指的现代性就是历史哲学意识的体现:"现代主义把'处于现在'体验为生存在过渡的状态、阶段或者世界,被挤压在过去与未来之间。通常被视为'必然的'(因为它不能改变)过去,必然走向现在——作为一种限制,作为'此时'的现在,这是一种不重要的时刻,它始终上升到无限的未来,被视为自由的领域。"①在现代主义看来,现在像一个火车站,现代人赶上在此停留片刻的快速列车,这些列车把他们带到未来,因而赫勒认为现代主义者通过回忆过去与投射未来把现在边缘化了,"通过未来将现代性合法化"②。作为宏大叙事的现代性迷醉于乌托邦、希望、启示等救赎范畴,这实质上是犹太主义 – 基督教的想象制度的表现,是这种想象制度世俗化的结果。赫勒指出,现代人需要救赎,"只要存在着大写的历史,就一直有对救赎的需求"。虽然现代人的自我感知不是特有的犹太 – 基督教者,但是"现代世界彻头彻尾是一个犹太 – 基督教世界"。③

乌托邦涉及未来与希望。对古人而言,希望是一种纯粹的信念(doxa)现象,甚至有时被视为性格脆弱与卑鄙的表现,一些理性主义者与启蒙人士说,希望与恐惧都是负面性的,是心灵无序的激情,这是对把希望提升到最高地位的犹太主义与基督教的抗议。犹太主义 – 基督教赋予未来的意识:"希望被注入未来。弥赛亚的首次(或者再次)到来、基督复临、启示、最后救赎、最后审判以及所有附属的意象与神话都是期盼。人们期盼'还不在这里'的事物。"④现代性意识事实上把希望抬高到原型(arché)的地位,布洛赫将希望视为一种原则,认为人类始终希望一些东西害怕一些东西。历史哲学是历史的感知,而历史是由希望编制的或者说希望是历史的原则,所以历史哲学必然存在希望的原则。黑格尔与马

① Agnes Heller, *A Theory of Modernity*, UK: Blackwell Publishers, 1999, p. 7.

② Agnes Heller, *A Theory of Modernity*, UK: Blackwell Publishers, 1999, p. 8.

③ Agnes Heller, *A Philosophy of History in Fragments*, Oxford and Cambridge, MA: Blackwell, 1993, p. 62.

④ Agnes Heller, *A Philosophy of History in Fragments*, Oxford and Cambridge, MA: Blackwell, 1993, p. 50.

克思都体现出弥赛亚的救赎的希望原则。海德格尔也是如此,虽然他引入了古希腊的想象,以命运照亮了存在,思考存在之真理的命运,但是他把犹太－基督教想象的东西重新导入古希腊的哲学神话之中,救赎力量再次以荷尔德林的救赎力量的形式出现了。所有终结的理论也是如此表现①,"宏大叙事是从终结的远景来讲述世界的故事(尤其是人类种族的故事)"②。在赫勒看来,20世纪欧洲的激进想象,包括激进哲学想象,都彻底是启示的。就此而言,马克思主义与反马克思主义,宏大叙事与反宏大叙事都没有什么区别。

　　赫勒对现代性的救赎范式进行了批判,指出了其深刻的悖论:把希望作为原型,但只有确定性的东西才能成为原型因为它是最高的确定性,而希望是存在非确定性的地方。并且希望原则忽视了现在的生存与价值,由于其许诺未来,最终是对人的具体存在的淡忘,最终没有把我们引向幸福之乡,而是导致了历史的灾难。历史的火车没有拯救人类,天堂没有降临到地球,相反地球被转变成为地狱:"快速列车跑到了最后目的地——终点站就是奥斯维辛和古拉格——灭绝的车站。"所以赫勒指出:"到现在,通过未来使现代性合法化,这已经失败了。"③现代的启示只是对启示的一种滑稽模仿,是对现代人神化的最后完成。欧洲极权主义的表演也是对启示的滑稽模仿,无意义取代了意义。叫做门格勒(Mengele)的天使选择了注定要死的人们,以挽救他们,但是被挽救的人们也注定在暴力的无限性的偶然性中死亡。在滑稽模仿的启示之中,不存在地狱和黄金王国的区别。正如本雅明所说,在集中营中,时间停止了,在煤气室里,现在时刻没有过渡。赫勒在大屠杀的历史背景下思考了历史哲学的救赎范式的负面效应,在其对历史哲学的批判中,寄寓着她自己的文化政治想象。

　　布达佩斯学派对救赎范式的批判都有着政治背景,挖掘宏大叙事与极权主义的内在关联,从而透视出他们新的文化政治的抉

　　① 费赫尔与赫勒对终结理论进行了深入的分析与批判,具体请参见拙著《阿格妮丝·赫勒的审美现代性思想研究》,成都:巴蜀书社2006年版,第187～204页。

　　② Agnes Heller, *A Philosophy of History in Fragments*, Oxford and Cambridge, MA: Blackwell, 1993, p. 67.

　　③ Agnes Heller, *A Theory of Modernity*, UK: Blackwell Publishers, 1999, p. 8.

择,重新建构其非救赎性的文化政治学,对当下性的关注,而不是对未来的希冀,这正是其反思的后现代意识的表现。赫勒认为:"后现代人接受在火车站的生活。即是说,他们认同生活在绝对的现在。"①这也就为选择性、多元性打开了通道,而不是迷醉于总体化的未来,不是充满激情地建构一种宏大叙事,不是建构一种完美无缺的体系,更多的是碎片化存在。如果还有一种历史哲学的话,那么这也是一种"宏大叙事的死亡之后的历史哲学"②,如果使用赫勒的书名来命名则是一种"碎片化的历史哲学"。一个破碎的世界忍受着破碎的乌托邦,只要弥赛亚没有从天国降临到我们这些凡夫之辈,那么这些碎片始终在此是不被救赎的。赫勒提出以历史理论来取代历史哲学是一种"不完善的历史哲学",消除了"救赎的工程"。③

此外,历史哲学作为一种宏大叙事,体现出与形而上学的关联。赫勒把宏大叙事看做是形而上学的完成,这涉及整体论、同一性、本质主义与真理等具体问题。在赫勒看来,"形而上学体系是等级秩序的复制。它们不必然如此设想,然而事实上是如此。形而上学空间被按照等级排列。处于顶端的是真实的:真理、理性、命令、不朽、无限、永恒、全知、全能、精神性等。处于底层的是物质、服从、感性、死亡、有限等。处于顶端的是大写的真理,处于底层的是纯粹的意见"④。赫勒指出,黑格尔哲学回到柏拉图和亚里士多德,通过柏拉图的方式来描述现代民族国家,履行着传统的形而上学的任务,完成了一个系统的哲学框架。在社会等级受到解构的现代社会,形而上学也面临着破产。而黑格尔体系就是真正地通过重新组织形而上学的空间来营救形而上学,用时间取代空间,因而从开始就把绝对引向了结果。尽管赫勒认为形而上学范畴对理解前现代的世界具有价值,仍然肯定波普尔(Karl Popper)对宏大叙事的形而上学的历史哲学的批判。赫勒这些思想与她接

① Agnes Heller, *A Theory of Modernity*, UK: Blackwell Publishers, 1999, p. 9.

② Agnes Heller, *A Philosophy of History in Fragments*, Oxford and Cambridge, MA: Blackwell, 1993, p. viii.

③ John Grumley, *Agnes Heller: A Moralist in the Vortex of History*, London: Pluto Press, 2005, p. 103.

④ Agnes Heller, The Unmasking of the Metaphysicians or the Deconstructing of Metaphysics, In *Critical Horizons*, Vol. 5, Num. 1(2004), pp. 401−418.

受莱辛的思想相关,这也是她与阿伦特哲学的相似之处。马丁·杰伊(Martin Jay)认为,赫勒与阿伦特都受到莱辛的吸引,阿伦特在1959 年获得莱辛奖,赫勒在 1981 年获得莱辛奖,"以她们各自不同的接受语言,她们以多样真理的名义颂扬莱辛对绝对真理的拒绝以及他对基础主义道德的批判"①。

历史哲学体现出宏大叙事的特征,彰显出救赎范式的特征,也在履行等级价值体系的形而上学的建构。而现代美学研究范式正是在历史哲学的框架下形成的。布达佩斯学派从历史哲学的上述话语特征入手对现代美学研究范式进行了深入的解析。

三、作为历史哲学的现代美学范式

美学作为一门学科是现代性的结果,体现出普遍性的历史意识的特征。不论就趣味或者艺术观念来说,都存在着普遍性的问题,存在着对历史的时间意识的感知。赫勒是如此来界定现代大写的艺术观念的出现的:"在文艺复兴期间,市场的扩大、经济的货币化以及认知剩余的积累导致各种'自在'对象化领域(spheres of objectivation 'in itself')的'规范 – 与 – 规则'('norms-and-rules')与统一的(主要的)世界观丧失活力。既然金钱是财富的一种普遍的对等物(马克思),那么货币化就打破了生活世界的特殊而具体的'规范与规则'的顺利的功利性。这种张力产生的增加了的文化剩余(cultural surplus)是如此实质性的,以至于当它被'自为'对象化领域(objectivations 'for itself')吸收时,它就把所有对象化转向了普遍性,这是不足为奇的。因而各种'自为'对象化第一次宣告诞生。艺术(大写的单数的)就是这种普遍化的产物。"②世界历史意识使趣味普遍化,并使之成为趣味判断的主题,艺术作品根据其在时间中沉浸的能力进行考察,艺术被视为历史的产物,"一种特殊的历史过去的选择决定着世界的特有艺术样式、风格、创造观的

① Martin Jay, *Women in Dark Times*: *Agnes Heller and Hannah Arendt*, In *The Social Philosophy of Agnes Heller*, John Burnheim, eds., Amsterdam: Rodopi, 1994, p. 44.

② Agnes Heller, *A Power of Shame*, London: Routledge and Kegan Paul, 1985, p. 140.

选择。它表达了对一种生活方式的偏爱"①。可以说,现代艺术观念是大写历史的意识的具体对象化表现。艺术在现代社会如此繁盛与重要,也是现代人的一种历史的渴求与期待,是现代人的乌托邦。"对现代人而言,艺术成为幸福、乌托邦化身的首要源泉与供给者。"②当某人沉溺于读一本小说,听一曲音乐,看一幅画时,她不是在这儿,而是在"那儿",这人在别处,在另一个世界,另一个现实,因此"作品是现实的否定"③。赫勒与费赫尔在历史哲学的话语背景中对现代美学进行分析,指出了其悖论。④

现代哲学美学首先是普遍性的话语。其诞生是普遍化的结果,涉及建立在目的理性优先性基础上的资产阶级活动的普遍化。从诞生开始,"美学就已经成为一种普遍哲学,它根据自己的体系推论出来的普遍意识形态和普遍理论的偏爱来评价和阐释'审美领域'、'美学'、'客观化的美'以及在这个框架之内的艺术。对'(客观化的美、艺术、各种艺术)的审美在生活、历史中的地位是什么'的回答,不可分割地联系着第二个问题'审美在哲学体系中的地位是什么'的回应"⑤。因此,美学首先关注的并不是审美本身,而是哲学上的普遍的意识形态。美学不是仅仅关注艺术作品与愉悦的审美感受,而是联系着更为普遍性的本质问题。在他们看来,演绎美学或者哲学美学的最伟大功绩是它为自己的界限,为它的普遍化的基础选择人类物种,提出普遍上说艺术是什么,普遍上说艺术的任务是什么,它在人类活动的体系中占据什么样的地位等问题。这无疑是历史哲学的宏大叙事的话语。如果说美学家也可以归属于知识分子,那么他们就履行着现代知识分子的普遍性功

① Agnes Heller, *A Theory of History*, London: Routledge and Kegan Paul, 1982, p. 24.

② Agnes Heller, *A Philosophy of History in Fragments*, Oxford and Cambridge, MA: Blackwell, 1993, p. 54.

③ Agnes Heller, *A Philosophy of History in Fragments*, Oxford and Cambridge, MA: Blackwell, 1993, p. 55.

④ 对赫勒与费赫尔对现代美学体系的具体批判,请参见拙著《阿格妮丝·赫勒的审美现代性思想研究》,成都:巴蜀书社2006年版,第245~272页。这里集中从历史哲学的角度探讨现代美学研究范式问题。

⑤ Ferenc Fehér and Agnes Heller, *The Necessity and the Irreformability of Aesthetics*, In *Reconstructing Aesthetics*, Agnes Heller and F. Feher, eds., Oxford: Basil Blackwell, 1986, p. 5.

能。赫勒探讨了历史哲学意识下的知识分子的功能,她说现代知识分子不属于阶级,他们没有建构自己的阶级,他们是知识分子是由于他们拥有知识,由于他们履行劳动分工的任务,履行在更加实用的时代创造充满意义的世界观的任务。在知识普遍化,能够被任何人利用的世界,生产知识的工作创造了社会的身份,但不是阶级身份,所以"知识分子成为普遍性意识的载体"①。没有同一性,普遍的知识就是无能的,所以知识分子把普遍性牵连到各种同一性。

现代哲学美学都是历史哲学,这不是说历史的基础外在于美学体系的有机体,而是成为其核心的因素,史学的特征内在于美学体系之中。现代重要的美学都是世界历史意识的对象化表达。历史意识决定着美学的话语形式。在赫勒与费赫尔看来,这种历史哲学的特征就是对资产阶级现在充满问题的特征的辨识。这样,史学的特征为现代美学体系与现代艺术作品的两种实质性功能特征即历史性与为物种价值(Gattungsmässige Werte)辩护的任务奠定了基础。艺术作品维护了物种价值。艺术作为物种价值的蓄水池,取代了没有价值的生活,成为世界历史时期的很有问题的成果,这需要在哲学美学的帮助下确证这些蓄水池存在的理由。同时,现代艺术存在着历史性与有效性的困境,艺术作品成为价值有效性最重要的战场。现代哲学美学都对这些问题进行了回应。这就必然使现代哲学美学带有历史哲学的话语特征。美学一直把艺术及其活动"置于"活动与对象化类型等级之中,并且这种"置于"是这种思想家与资产阶级社会现实的关系的功能,青年谢林把美学置于哲学等级的顶端连接着他哲学之外发生的巨大实验,这种实验试图超越资产阶级等级,建立一个有机的集体主义社会。每一种史学特征的美学把艺术置于人类活动的体系之中。虽然不是每一种理论都在体系中创造一种等级,因为等级或非等级特征取决于史学的视角。目前采纳审美巫术的立场或者支持审美退化的立场的视角认为,等级本身是令人反感的。但是赫勒与费赫尔认

① Agnes Heller, *A Theory of History*, London: Routledge and Kegan Paul, 1982, p. 25.

为：“在美学自身的世界中，等级是不可避免的。”①赫勒说：“历史哲学以一种统治支配的方式排列文化。”②对艺术是什么，它有什么用的普遍问题的回答都要求在艺术作品中选择，创造一个等级的答案。如果美学作为一种历史学的学科忠实于它自己的原则，那么它不得不根据它曾经给定的概念来把各种艺术整理成一个等级。也就是说，各种艺术的审美价值最终将取决于哲学体系。所以具有史学起源与特征的美学不仅仅意味着价值中立的和社会学的陈述与阐释，根据这些陈述与阐释，某个时期能够创造体现历史有效价值的艺术作品样式，而在另外的时期不能在艺术样式中创造这样的作品。它也不是纯粹地列举时代发展变化而导致的对立的艺术样式。重要的是，“真正充满历史学精神的美学是足够傲慢的，就是说，仅通过创立一个历史时期的等级，它就足够地确信其创造一个艺术等级和艺术分支的普遍排列原则的价值”③。黑格尔、卢卡奇、阿多诺、克尔恺郭尔等哲学家的美学理论都体现出价值等级设置，并根据这种价值等级来安排艺术，形成艺术的等级。无疑这就出现了哲学美学的困境及其审美判断的较高的错误率，因为哲学美学的等级决定不仅根据历史哲学的前提来处置各种艺术及其艺术分支，正是历史原则在艺术家中起决定性作用，而且历史哲学的变化通常意味着对具体艺术作品的评价的改变。莱辛对古典悲剧的断然拒绝来自他的理论的设想。克尔恺郭尔把莫扎特（Mozart）的《唐璜·乔万尼》（*Don Giovanni*）视为所有音乐的王子和模范，这种判断系于其历史学的决定；正是一种历史学的预设概念，驱动着诺瓦利斯对《威廉·迈斯特》（*wilhelm meister*）进行不公正的评价；也正是历史性概念的改变推动施莱格尔改变对这部作品的评价。

　　而且，赫勒与费赫尔还通过哲学美学与前现代的艺术理论的

　　① Ferenc Fehér and Agnes Heller, *The Necessity and the Irreformability of Aesthetics*, In *Reconstructing Aesthetics*, Agnes Heller and F. Feher, eds., Oxford：Basil Blackwell, 1986, p. 6.

　　② Agnes Heller, *A Theory of History*, London：Routledge and Kegan Paul, 1982, p. 226.

　　③ Ferenc Fehér and Agnes Heller, *The Necessity and the Irreformability of Aesthetics*, In *Reconstructing Aesthetics*, Agnes Heller and F. Feher, eds., Oxford：Basil Blackwell, 1986, p. 7.

比较来思考作为历史哲学的美学特征。前现代的艺术理论绝大多数把艺术能力视为一种特殊的能力，但是不把艺术赋予特殊功能的生活领域，因为美内在于生活之中，与道德、宗教是不可分的，因此不存在一种理论的需要来为艺术奠定哲学基础，这种基础也是多余的，"审美判断在经验上奠基于一种普遍存在的并被普遍承认的共通感基础之上"①。这样，对经验的共通感的价值判断没有意识到它自己的哲学基础，也不需要这种基础，但是它与共通感有深层的基础。这种传统的判断不存在错误，具有持久性，而且价值等级也是被先辈接受的，即使已经变化，但是价值的领域从来不会改变。所以赫勒与费赫尔认为："我们知道的已经被共通感考虑过的每个人都在既定的先辈中找到追随者。"②但是，资产阶级时代的艺术理论完全不同。由于传统社会的自然共同体的瓦解，审美判断就不再是传统社会的普遍而占据支配地位的共通感的完美表达，而是"一种个体意识形态的决定的结果和一个特殊的哲学体系设想的结果"③。在日益发达的高度组织化的现代社会，审美选择日益被"鉴赏家"进行。并且，由于这种共同体的丧失，艺术作品的"题材内容"成为过时的，"真理内容"就出现了，这使得对艺术的许多判断被人们拒绝。因此，现代哲学美学如果包含真理，那么它也包含同样多的错误。这说明历史哲学的真理内容是普遍的物种价值的设定，并根据这种设定建立艺术的阐释方式，但根本上说是一种主观意识形态的表达，是"对世界历史经验的理智的生产"。每一个对超越作品"题材内容"的"真理内容"的判断就冒着一种普遍的危险："没有保证被建构的连续性将会是一个拥有现实存在的连续性，没有保证它被发现的'真理内容'将进入艺术快感的未破裂的连续性中，并且存在一种保证，这种'真理内容'将仅仅是接受者

①　Ferenc Fehér and Agnes Heller, *The Necessity and the Irreformability of Aesthetics*, In *Reconstructing Aesthetics*, Agnes Heller and F. Feher, eds., Oxford: Basil Blackwell, 1986, p. 8.

②　Ferenc Fehér and Agnes Heller, *The Necessity and the Irreformability of Aesthetics*, In *Reconstructing Aesthetics*, Agnes Heller and F. Feher, eds., Oxford: Basil Blackwell, 1986, pp. 9 – 10.

③　Ferenc Fehér and Agnes Heller, *The Necessity and the Irreformability of Aesthetics*, In *Reconstructing Aesthetics*, Agnes Heller and F. Feher, eds., Oxford: Basil Blackwell, 1986, p. 10.

的主观的暂时的趣味判断。"①正如阿多诺谈及的尼采对瓦格纳的批判一样，尼采的批判"只是从文化哲学的角度来看待真理性内容，而未顾及到内在于审美真理性中的历史方面的因素"②。这意味着，现代哲学美学从主观的立场，摆脱了"题材内容"，强调对"真理内容"进行主观的建构，从而使现代哲学美学出现意识形态的、宗教的、伦理学的偏见。在古代艺术理论中也存在这些偏见，但是是与共同体联系在一起的，不是哲学的设想，而现代哲学美学却是个体性的意识形态偏见。

这样哲学美学的宏大的体系性与等级结构特性使得哲学美学只是一种设想，而且这种设想曾经多次被证明是没有根据的，哲学美学仍然在它自己的立场和一个阶层的特殊性或者艺术品的特殊性之间创造一个巨大的鸿沟。在此，赫勒与费赫尔又回到了本雅明，认为本雅明"是审美的'体系性'最激烈的反对者，他把哲学体系本身作为世界等级异化的代表。他把这些体系视为粗暴地使活生生的个体或者艺术品屈服于体系的要求"③。就现代接受者而言，虽然演绎美学的意识形态的偏爱对深入考察现代艺术是必要的，这是现代艺术的内在结构的必然，但是我们也要认识到它不能构成纯粹的审美判断，因为纯粹审美判断的前提是脱离生活、共通感、集体性的世界观或立场，而这些哲学美学都不能做到。

在他们看来，在19世纪，哲学美学持续不断的较高"错误率"逐步激起了一股反对"抽象审美视角"的全面浪潮。对反对者来说，"错误"的主要源泉在于"演绎推理程序"。哲学美学家从他的历史概念，从单一历史时代的肯定或否定的评价中，根据世界历史时期等级中更高或更低的地位，来演绎出他关于单一的艺术、艺术分支、艺术作品的价值判断。他们用一个预先决定的空间框定人类的对象化活动，包括审美。这就是为什么从19世纪末开始，反

---

① Ferenc Fehér and Agnes Heller, *The Necessity and the Irreformability of Aesthetics*, In *Reconstructing Aesthetics*, Agnes Heller and F. Feher. eds. , Oxford: Basil Blackwell, 1986, p. 10.

② （德）阿多诺：《美学理论》，王柯平译，成都：四川人民出版社1998年版，第226页。

③ Ferenc Fehér and Agnes Heller, *The Necessity and the Irreformability of Aesthetics*, In *Reconstructing Aesthetics*, Agnes Heller and F. Feher, eds. , Oxford: Basil Blackwell, 1986, p. 17.

哲学美学的倾向呈现出来,逐渐酝酿成为一场支配整个民族文化特别是法国文化,并渗透到了那种拒绝哲学美学本身的精神运动中。这种反抗哲学美学的体系化的权威是多方面的,并且不是艺术家的一种自发性的反抗。法国从波德莱尔以来,包括后现代主义都是以反哲学美学的体系特征而著名的。另一个更有影响的反哲学美学的主要口号是,以艺术批评取代哲学美学。艺术批评强调归纳方式,它没有在任何专制的体系中包括单一作品的企图。它主张艺术分析应该集中于艺术作品的具体存在和特征,应该独立于所有哲学"前提"或者至少独立于整个艺术功能的欣赏。赫勒与费赫尔认为,归纳批评从反哲学美学开始,但它有意无意地同化了后者的逻辑。印象主义批判宣称纯粹的趣味判断,但是正如康德所说的,它也意味着一种设想的普遍的因素,即共通感。这样,由于趣味判断主张审美的有效性,所以它就被扩展为一种规范,从而削弱了它自己的主观性,"立足于主观的趣味判断的归纳批评,由于被扩展成一种规范,就陷入自我欺骗的状态"①。归纳批评的错误在于,它虽然反哲学体系,但是自己却带着哲学前提的影子,艺术的"归纳"概念也脱离不了哲学的前提。现代的趣味判断表达了某种共通感,努力领会审美经验的整个领域,虽然它与演绎的艺术概念没有任何相同的,因为"它受控于不断的既定的特殊态度与模式,即'新的永恒旋转'的态度与模式"②。但是,归纳的艺术批评并没有超越哲学美学的局限。所有哲学美学的错误发生在对杰作的判断,它或者根据哲学偏爱低估杰出的现象,或者把艺术方面糟糕的作品视为杰出的艺术作品。印象主义的归纳的艺术批评"运动于日常的、时尚的领域",其范畴也来自时尚的领域,即"感受或者纯粹的新颖性"。反哲学美学的归纳批评也存在着判断错误。这样,现代美学存在着不可消除的矛盾性结构。

可见,正是在历史哲学的话语分析的基础上,布达佩斯学派对

---

① Ferenc Fehér and Agnes Heller, *The Necessity and the Irreformability of Aesthetics*, In *Reconstructing Aesthetics*, Agnes Heller and F. Feher, eds., Oxford: Basil Blackwell, 1986, p. 15.

② Ferenc Fehér and Agnes Heller, *The Necessity and the Irreformability of Aesthetics*, In *Reconstructing Aesthetics*, Agnes Heller and F. Feher, eds., Oxford: Basil Blackwell, 1986, p. 17.

现代典型的美学进行了批判,其中涉及康德、莱辛、卢梭、谢林、黑格尔、马克思、克尔恺郭尔、卢卡奇、本雅明、阿多诺、海德格尔、德里达等一系列的美学家的理论。只有切入这些具体的研究领域,我们才能更为深入地理解布达佩斯学派对历史哲学的美学范式的批判以及其批判的最终目的。我们主要分析他们对黑格尔美学范式与西方马克思主义美学范式的探讨。

第二节　对黑格尔历史哲学的美学范式的批判

布达佩斯学派对黑格尔的美学进行了深入解读,将之纳入历史哲学的宏大叙事之中进行考察,以揭示其理论的困境。在赫勒看来,黑格尔、马克思、韦伯都是现代性理论三大重要的理论家,都试图建构宏大叙事的理论体系。黑格尔虽然激进地促进了形而上学的解构,但是他"设计了第一个完美的宏大叙事"。① 宏大叙事是他解构前现代社会结构以及赋予现代世界合法性的工具。黑格尔的世界历史是现代性的起源,现代性是世界历史的完成,是世界历史隐藏的最终目的。黑格尔设置了最高的现代价值即自由,这是历史中的真理,他通过历史哲学构建了这种历史的真理。赫勒对历史哲学的范式的理解在很大程度上是建立在对黑格尔历史哲学之上的。黑格尔的历史哲学成功地把陈述的意义与行为的意义结合起来,建立历史的感知,把历史建构为一个设置自己目标并实行这个目标的主体,同时建构为一种逻辑的演绎,因此可以说在过去两个世纪兴起的普遍的历史哲学倾向中,黑格尔的历史哲学可以说是一种范型,一种理想类型。

一、艺术的历史哲学特征

无疑,黑格尔的历史哲学具备前述的历史哲学的普遍性特征及其困境,但是黑格尔以自己的特有的理论话语来表现的,这主要是对"绝对精神"的阐释。绝对精神是黑格尔历史哲学的核心,也可以说是其美学的根本,一切偶然性与感性,一切个别性与特殊

① Agnes Heller, *A Theory of Modernity*, UK: Blackwell Publishers, 1999, p. 19.

性,都在历史的辩证运动中走向最终的自由领域,这就是艺术、宗教、哲学所体现的绝对精神领域。现代性的动力不断地捣毁限制,走向无限性,但是最终信仰与洞见彼此被扬弃,思想与主体在蜜月之床上交融。① 黑格尔在《哲学全书》的绝对精神对赫勒意味着:"绝对精神永远是自在地不断回归的同一性:它是一种普遍的精神实体。"②宗教也是从这种最高的领域流泻出来。在赫勒看来,上帝必定被理解为绝对精神之圣会(congregation)中的精神。黑格尔的绝对精神理念是神性的体现:"黑格尔肯定把宗教归属于人类种族的所有文化,因为只有这样绝对精神才可能被描述为无所不在的。"③绝对的东西是普遍的。在黑格尔看来,在古希腊人之前不存在普遍性,在基督教之前不存在启示。因而黑格尔的绝对精神是在西方欧洲文化中出现的,是不断的启示。正是从古希腊艺术与宗教开始,精神呈现为绝对的精神,呈现为逻辑的绝对理念的历史的现实化。精神在这种现实化的过程中是自我决定的,经历了三个重要的时期:古希腊艺术、启示的宗教与现代哲学。直觉、再现与概念这三种形式使精神的绝对性具体化。但是只有当自由的理智的决定成为理念的内容的时候,绝对精神才是为着精神的,完成的过程才是走向精神的。绝对的理念是大写的整体,是大写的真理,它包含着真实的和善的观念,也包括生活的观念,是普遍、特殊与个别的统一,它是矛盾的统一,是最终的自由,精神与自然的分离被扬弃。赫勒这些分析是对黑格尔哲学的准确理解。在《精神现象学》中,黑格尔逻辑性地论述了精神的动态性的环节,即从意识、自我意识、理性、精神,到绝对精神的过程。每一个环节有着自己本身的特殊性,但是后一个环节是在前一个环节的基础上形成的,经历了从低级向高级的进化与提升,最后回到宗教信仰与真理高度融合的绝对精神,精神自己"意识到自己是一个自由独立的现实性,又能在现实性中意识到它自身"④。虽然他从柏拉图的理念

① Agnes Heller, *A Theory of Modernity*, UK: Blackwell Publishers, 1999, p. 44.

② Agnes Heller, *A Philosophy of History in Fragments*, Oxford and Cambridge, MA: Blackwell, 1993, p. 176.

③ Agnes Heller, *A Philosophy of History in Fragments*, Oxford and Cambridge, MA: Blackwell, 1993, p. 176.

④ (德)黑格尔:《精神现象学》(下),贺麟、王玖兴译,北京:商务印书馆1983年版,第182页。

哲学中吸取了诸多思想，但是是从现代想象的角度重新建构历史过程中的信仰与理智的绝对精神，一种自由的上帝，或者赫勒所谓的"可以忍受的宗教"。虽然一个人不可能认识一切事物，但是黑格尔的绝对的认识在于自我认识，通过精神对精神的认识，它知道最后的命运。这种绝对原则的绝对认识正是黑格尔时代的社团精神，是一个历史哲学时代的历史意识。

黑格尔这种历史哲学渗透到他对美学的理解与建构以及对审美活动的价值评价。在赫勒与费赫尔看来，黑格尔是把美学投向普遍的历史哲学的典型哲学家，认为在最充分表达了人类活动的历史时期产生了审美领域。他把希腊古代视为别具一格的审美时期，因为在黑格尔区分的三大艺术类型即象征艺术、古典艺术与浪漫艺术中，古希腊的古典艺术体现了内容与形式的完美统一，"它把理念自由地妥当地体现于本质上就特别适合这理念的形象，因此理念就可以和形象形成自由而完满的协调"①。但是古典艺术不能表现绝对永恒的心灵从而使其归于瓦解，而是过渡到更高的浪漫艺术类型，因为浪漫艺术对象征艺术、古典艺术进行了扬弃，自由的无限的内心世界成为艺术的内容，心灵性的情绪与情感成为重要对象，这样诗歌成为透视黑格尔的绝对精神的最高级形式。按照黑格尔所言，诗的特征在于它能够使音乐和绘画已经开始使艺术从其中解放出来的感性因素隶属于心灵和它的观念，这个心灵本身是自由的，不受外在感性材料的束缚，"只在思想和情感的内在空间与内在时间里逍遥游荡"②。费赫尔与赫勒认为："抒情诗在黑格尔体系中最重要的等级恰恰因为它是发达的主体性、完美的内在性即资产阶级社会的产儿。并且黑格尔——尽管所有批判的重视，尽管对这个世界清晰而尖锐的洞见——是一个进化论者，他认为资产阶级社会是绝对精神回家的恰当的空间。"③黑格尔的历史哲学是进化论的，其在哲学基础上对美学的历史精神的演进

宏
大
叙
事
批
判
与
多
元
美
学
建
构

44

---

　　① （德）黑格尔：《美学》（第一卷），朱光潜译，北京：商务印书馆1997年版，第97页。

　　② （德）黑格尔：《美学》（第一卷），朱光潜译，北京：商务印书馆1997年版，第113页。

　　③ Ferenc Fehér and Agnes Heller, *Necessity and Irreformability of Aesthetics*, In Reconstructing Aesthetics, Heller, Agnes and F. Fehér, eds., Oxford: Basil Blackwell. 1986, p.7.

也是进化论的。所以赫勒认为,黑格尔的《美学演讲录》(即《美学》)与卢卡奇的《小说理论》都"适合于一种进化论的阅读"①。不过,对赫勒来说,黑格尔的进化论并不是在强调时间的直线型的发展,她在论述卢卡奇的历史小说与历史的问题时借助保罗·德曼对卢卡奇的《小说理论》的分析,谈到了这一问题。德曼在《盲目与洞见》中说:在卢卡奇的论文中,时间取代了有机的连续性,"这样一种直线型的时间概念事实上已经出现在所有论文之中。因而必然把小说的发展叙述为一种持续不断的事件,叙述为原型的古希腊史诗的堕落形式"②。卢卡奇后来小说理论的发展都与这种观念相关。在赫勒看来,德曼的认识存在严重失误,"把小说的发展作为一种连续的事件进行叙述本身与直线型的时间概念毫无关系。虽然黑格尔的体系充满连续的叙述,但是他的时间概念不是直线型的,而是圆形的"③。具体地说,黑格尔体系的时间概念是螺旋式演进的上升的时间概念。显然,黑格尔的美学存在着历史哲学的价值等级与艺术样式的等级结构,艺术的进程和等级与其绝对精神的动态发展、等级价值存在着内在的关系。黑格尔从绝对精神的最高价值的视点选择了诗歌,同时就贬低了其他艺术样式,对小说样式采取敌视的态度。所以费赫尔认为:"虽然不可能把歌德、席勒、黑格尔与卢卡奇置于浪漫主义者的相同行列,但是他们的共同模式就是对小说敌视。"④纵然黑格尔分析了小说样式,也是在绝对精神的视野下进行分析的,认为小说是市民社会的产物,体现出个体的自我冒险与成长。可见,黑格尔的美学最终涉及绝对精神的宏大体系,涉及普遍的自由观念,涉及绝对精神的神化的逻辑。马尔库什也是从这个视角来思考黑格尔的文化概念的,虽然黑格

① Agnes Heller, *Historical Novel and History in Lukács*, In *The Grandeur and Twilight of Radical Universalism*, Ferenc Fehér and Agnes Heller, New Brunswick, NJ: Transaction, 1990, p. 276.

② Paul De Man, *Blindness and Insight: Essays in the Rhetoric of Contemporary Criticism*, Minnesota: University of Minnesota Press, 1983, pp. 58 – 59.

③ Agnes Heller, *Historical Novel and History in Lukács*, In *The Grandeur and Twilight of Radical Universalism*, Ferenc Fehér and Agnes Heller, New Brunswick, NJ: Transaction, 1990, p. 275.

④ Ferenc Fehér, Is *the Novel Problematic? A Contribution to the Theory of the Novel*, In *Reconstructing Aesthetics*, Heller, Agnes and F. Fehér, eds., Oxford: Basil Blackwell, 1986, p. 25.

尔没有过多地使用文化（culture）概念，但是使用了意义更为复杂的文化（Bildung）概念。对黑格尔来说，后者意味着个体的教育，是个体的培育。但不限于此，而是联系着更为宽广的语境，这就是历史的语境："被用来提供给自由个体的教育的普遍概念的东西结果证明同时是这种语境的历史上的特殊形式（顺便说一下，这完全是与黑格尔关于这个概念的历史化的目的论是一致的）。文化（Bildung）只有在历史的文化世界之内，只有在培养（cultivation）的世界时代，才得以可能与必要。"[1]因而文化的世界在黑格尔的《精神现象学》中用了长长的篇幅被分析，这包含了现代性构建的整个历史过程。黑格尔的文化概念包括教育、培育、适应，存在着一种价值等级标准，具体的文化制度与对象化根据普遍的标准来进行判定，这就是在精神文化，在作为绝对精神的文化中被断定。精神文化被黑格尔称为"绝对精神的形式：艺术、宗教、被理解为哲学的科学。这些形式具有相同的内容和基本的原则：是绝对的和神圣的东西的表达与呈现；以普遍有效的形式再现人们的终极意义和最高的目的"[2]。因此，精神文化是文化价值的王国，既有历史性又有非历史性，具有形而上学的意义。

二、对绝对精神神化的批判

这就涉及赫勒对黑格尔关于现代美学活动神化的批判，也就是对绝对精神神化的批判，对这种批判进一步延伸到对现代高雅文化尤其是高雅艺术观念的批判。[3] 在赫勒看来，黑格尔的绝对精神包含着艺术、宗教、哲学与科学，属于自为对象化领域。赫勒对绝对精神进行了多方面的界定，以确定其神圣性。其界定主要涉及三个方面：意义的强度、共享性、日常生活的脱离。所谓"高雅"暗示着高于日常生活与日常思维的空间。它意味着，如果某人进入高雅文化的领域，那么他就提升了自己。所以，高雅文化在某种

① György Márkus, The Hegelian concept of culture, In *praxis international*, vol. 6, no. 2, 1986, pp. 113 – 123.

② György Márkus, The Hegelian concept of culture, In *praxis international*, vol. 6, no. 2, 1986, pp. 113 – 123.

③ 这里的论述参照了拙著《阿格妮丝·赫勒的审美现代性思想研究》，成都：巴蜀书社 2006 年版，第 208～216 页。

意义上被理解为本质现实（virtual reality，又译为"虚拟现实"），一种比日常现实更加真实的本质现实，人们虽然不是一直生活在这个世界中，但是通过采取一种不同于日常生活的态度就能够并且真正生活在那里。在赫勒看来："高雅文化表述中的'高'显示出艺术与形而上学的想象的密切性。"①就意义而言，高雅文化或者艺术不是给自己而是给日常生活提供意义，是在精神上的高级，意味着意义的浓密性。"如果一个世界的意义是如此模糊的、多面的以至于人们无论在什么情况下都能够回到它那儿，人们一直能够以新的方式理解它以及以情感上的新方式体验它，那么这种意义就是浓密的。"②因此，在绝对精神的领域，人们就像赫拉克利特（Heraclitus）所说的不能两次踏进同一条河流中，虽然绝对精神可以重复，但是"每一次重复突出了它不可重复的唯一性"③。由于高雅文化或者绝对精神领域能够给人们提供一个可以居住的世界，所以不同的人都可以进入，具有共享性，这是现代社会的特性的要求，因为现代社会捣毁了传统社会的共同体。

这个绝对精神的领域在现代性社会通过思的虔诚与崇拜来维持。虽然黑格尔在1831年结束了宗教哲学的演讲，认识到宗教最终在现代性的境况中会离开黑格尔所设置的社团，但是这不意味着上帝的缺失，上帝的王国是永恒的。哲学承担起营救这种精神的使命。赫勒指出："思辨哲学履行着协调哲学和启示宗教的任务。换句话说，它必须使绝对精神的绝对性和精神性保持活力。它必须保持一种提供意义的思辨，一种崇拜。"④所以，哲学是一个世俗的圣所，其中安放着普遍的自由。作为高雅文化或者绝对精神领域的艺术也是完成着与哲学同样的神圣使命，在黑格尔的宏大体系中成为走向自由的重要阶梯，艺术的美成为一种联系绝对理念的中介。按照赫勒的理解，"哲学是绝对精神因为它是虔诚。

① Agnes Heller, *A Theory of Modernity*, London：Blackwell Publishers, 1999, p. 116.

② Agnes Heller, *A Philosophy of History in Fragments*, Oxford and Cambridge, MA：Blackwell, 1993, p. 205.

③ Agnes Heller, *A Philosophy of History in Fragments*, Oxford and Cambridge, MA：Blackwell, 1993, p. 205.

④ Agnes Heller, *A Philosophy of History in Fragments*, Oxford and Cambridge, MA：Blackwell, 1993, p. 181.

虔诚是把哲学、宗教和艺术联系在一起的线；每当'社团的精神'同情地联系着艺术、宗教与哲学而不是它们的分离的时候，精神的特性就能够作为'活生生的精神'得以现实化"①。不是它们各自的对象化形式建立起差异的统一，而是它们的接受的模式，我们现代人接近它们的方式。艺术作品、宗教与哲学的接受不是消极的，而是积极的。就艺术而言，接受的最初阶段是直接的，人们带着对美的愉悦的羡慕姿态沉浸于高雅艺术的领域。在虔诚之思中，最遥远的变成最近的，没有了空间也没有了时间，我们处于在场，是永恒的在场，这对赫勒来说就是弥赛亚的降临。我们获得的一切成为不朽，实践这种虔诚之思的那些人也成为不朽的，这种虔诚之思改变了主体，深化了主体性，无疑也导致了艺术的神化。

在希伯来圣经里，耶和华（Jahweh）是一个生活在人民群体之中的人物形象，而在后来的文本中他成为大写宇宙的一个遥远的、神圣的、公正的、具有权力的国王。在古希腊也存在类似的情况，奥林匹斯神纵然不朽但是出现在群众之中，与常人相混同。柏拉图发明了脱离世俗生活的非时间的神，非时间性成为高级事物的标志。新柏拉图主义把高级区分为较低的高级和较高的高级，神秘哲学更是把绝对的高级与世俗领域的区分推向极端。黑格尔所称为的虔诚之思也是迷恋于高级的事物。赫勒认为，在现代性的黎明，客观精神与绝对精神变成了矛盾，两者充满了张力，现代人更喜爱实用的精神，那些更有用的此岸之事物，正是这种世俗化的趣味使得琐碎的、平庸的、散文式的无意义能够适合艺术性的表现，但"正是他们开始崇拜天才与原创性，正是他们把艺术品转变为神圣崇拜的自律的对象。他们就是人的神化的代言人。他们宣称，战胜了所有神灵的人拥有最高的地位"②。他们在时间与空间中旅行，沉迷于不断地挖掘过去，以走向"地球上最遥远的领地"③。因此，在现代性的黎明，"绝对精神是上帝居住的领域；它是高雅领

　　① Agnes Heller, *A Philosophy of History in Fragments*, Oxford and Cambridge, MA: Blackwell, 1993, p. 184.

　　② Agnes Heller, *A Philosophy of History in Fragments*, Oxford and Cambridge, MA: Blackwell, 1993, p. 200.

　　③ Agnes Heller, Where are We at Home? In *Thesis Eleven*, no. 41(1995), pp. 1 - 18.

域,更准确地说是最高的领域"①。此时,原初性的宗教想象很薄弱,但是哲学幻象与创作各种艺术形式的能力很丰富,特别是基督教出现以来,艺术形式与哲学不断为宗教所接受,所以随着它们自律性的形成,"它们在文艺复兴与启蒙运动时期成功地占据了绝对精神王国的最高位置","真与美这些独立之神因而就被加冕了"。② 如果哲学的宗旨在于服侍真理,那么艺术的宗旨就是侍奉美。可以说,作为绝对精神的高雅艺术在现代社会中从创造、存在到接受三个方面都成为神圣崇拜的对象,虽然上帝如尼采所说的已经死了,是我们亲手杀死的,但是我们又亲手把它从后门引了进来。高雅艺术是独立于或者高于日常生活的审美领域,正是这种高雅,使现代艺术成为神圣的东西,成为宗教的代用品,也成为自律的一个领域。而在古代社会,艺术没有被神化。根据赫勒的思想,虽然古代塑像表现了诸神,但是古希腊人几乎不认为艺术家是"神圣的",他们甚至没有"艺术家"这个词语,而且"诗性或者技艺都是创造与创造技巧的行为,并通常被认为是属于人类的"③。

在赫勒看来,黑格尔确定了"艺术的宗教"观念,认为古代诸神的大理石与青铜塑像表现了"美的宗教",把艺术家命名为"上帝的主人"。④ 这意味着艺术家像一个信徒一样是在神圣命令下的主人,或者说艺术家创造上帝。赫勒认为即使按照后一种理解,艺术的宗教也从来不是艺术天才而是上帝的文化。所以黑格尔认为:"美的艺术只能属于宗教。"⑤这种把艺术神化的认识是黑格尔时代的主流。舍费尔(Jean-Marice Schaeffer)对这种主流进行了具体考察,认为在诺瓦利斯(Novalis)、施莱格尔(schlegel)、黑格尔等人的思想中表现得十分明显,黑格尔所谓"美是理念的感性显现"正是

---

① Agnes Heller, *A Philosophy of History in Fragments*, Oxford and Cambridge, MA: Blackwell, 1993, p. 200.

② Agnes Heller, *A Philosophy of History in Fragments*, Oxford and Cambridge, MA: Blackwell, 1993, p. 201.

③ Agnes Heller, *A Theory of Modernity*, London: Blackwell Publishers, 1999, p. 275.

④ Agnes Heller, *A Theory of Modernity*, London: Blackwell Publishers, 1999, pp. 275 – 276.

⑤ 转引自 Jean-Marice Schaeffer, *Art of the Modern Age: Philosophy of Art from Kant to Heidegger*. Steven Rendall. Princeton, trans. , New Jersey: Princeton University Press, 2000, p. 149。

艺术神化的典型表现,这种"理念"就是神圣宗教的理念,就是"神圣的内在性"。① 克尔恺郭尔对信徒与天才进行了区别,认为,天才与信徒实质上是不同的,各自属于不同的质性领域,前者属于内在性,后者属于超验性,也就是说一个是现代审美领域,一个是基督教领域,"一个天才是来自其独自所是的东西,即是他自己中的东西;一位信徒来自他神圣的权威性"②。但是,随着宗教被消除或者被解释进入了审美,两者获得了同一性,一个信徒成为了一个天才,"辉煌与精神,启示与原初性,对上帝呼吁与对天才的呼吁,信徒与天才——所有这些最终是一样的"③。可以说,两者的同一使得天才取代了信徒。在赫勒看来,神圣的"高雅艺术"需要一个天才,而不需要一个信徒。信徒是不自由的,这意味着他作为一位捎信者,调和神圣的信息,所以是谦卑的。相反,"天才应该成为——像上帝一样——从虚无中进行创造的自由的创造者。如果人们崇拜高雅的艺术作品,那么他们就要在一位人类的创造者面前,在人类的权力面前,在人类的自由面前鞠躬哈腰"④。也就是说,艺术家、创造力、自由成为了现代社会的上帝,它们表现出傲慢的姿态,接受者只能谦卑地仰视。赫勒认为:"民族诗人、作曲家与画家的狂热在市民社会中被发现,随之还有天才的神话。民族天才的房屋、坟墓与财产成为寻求一种准宗教的朝圣的神圣遗址,如卢梭的偏僻的寺院、歌德在魏玛的房屋或者肖邦的钢琴。"⑤艺术的神化形成了现代性的文化记忆与意识形态。可以说,黑格尔的艺术神化观念是现代艺术哲学的一个典型。

① Jean-Marice Schaeffer, *Art of the Modern Age*: *Philosophy of Art from Kant to Heidegger*. Steven Rendall. Princeton, trans. , New Jersey: Princeton University Press, 2000, p. 149.

② Soren Kierkegaard, *The Difference between a Genius and an Apostle*, In *Without Authority*, Howard V. Hong and Edna H. Hong, eds. and trans. , Princeton: Princeton University press, 1997, p. 94.

③ Soren Kierkegaard, *The Difference between a Genius and an Apostle*, In *Without Authority*, Howard V. Hong and Edna H. Hong, eds. and trans. , Princeton: Princeton University press, 1997, p. 93.

④ Agnes Heller, *A Theory of Modernity*, London: Blackwell Publishers, 1999, p. 116.

⑤ Agnes Heller, A Tentative Answer to the Question: Has Civil Society Cultural Memory? In *Social Research*, vol. 68, Issue. 4(2001), pp. 1031 – 1040.

现代这种神化的高雅艺术一开始就面临困境。赫勒对黑格尔的高雅文化领域的绝对精神进行了批判。她指出黑格尔的绝对精神最终是回到精神自己认识自己的现实性,预想了绝对的绝对性(absoluteness of the absolute),但是思辨哲学体现的绝对精神没有真正回归到自己,也没有在现代世界回归到自己。古希腊人没有城邦制就没有自由的生活,基督教徒没有基督教就没有自由,但是现代人没有黑格尔哲学或者没有任何哲学却可以有自由的生活。黑格尔的体系试图包括一切事物的真理,不过所有的真理作为总体性的大写真理仅仅为挑选的少数人所获得,不是为整体所获得:"考虑到在黑格尔术语中不存在像'不可辨认的'大写真理的东西,所以作为整体的大写真理仅仅是思辨哲学家的大写真理。它不是为我们的大写真理,如果'我们'代表现代性的典型个体(主体)的话。"①赫勒对比了康德的午餐聚会(Tischgesellschaft)与黑格尔的绝对精神的社团(Gemeinde),认为康德思考的是戏剧而不是崇拜,是主客体之间的差异而不是它们的统一,是本雅明所谓的星座化而不是和平,是伦理与身体的平衡而不是纯粹的精神性,是幸福而不是祝福。康德能够设置文化问题的多元性,因为文化不属于世界结构的领域。午餐聚会的成员拥有一个世界,也认识这个世界,然而不构建这个世界。然而黑格尔的起点是对所有这些区别的总体的拒绝,这成为其困境的源泉:"绝对精神,即文化的核心,即提供意义的核心,即大写的真理(真 + 善 + 生活)所有最后不得不调和。然而这个世界容不下这个宏大的设计。"②

正是由于神化,艺术远离日常生活与制度领域,成为一块飞地。这样,神化了的艺术家就感到被疏离、被抛弃,感觉到被扔进在空虚的天空下的无助的焦虑中。所以,赫勒认为:"五个世纪来,绝对精神一直处于这种矛盾性中;现在它仍然如此。"③这种矛盾正是审美现代性自身的悖论。艺术是世俗化的结果,文艺复兴的世

① Agnes Heller, *A Philosophy of History in Fragments*, Oxford and Cambridge, MA: Blackwell, 1993, p. 183.

② Agnes Heller, *A Philosophy of History in Fragments*, Oxford and Cambridge, MA: Blackwell, 1993, p. 183.

③ Agnes Heller, *A Philosophy of History in Fragments*, Oxford and Cambridge, MA: Blackwell, 1993, p. 200.

俗化进程产生了审美领域，"当《圣母怜子图》（Pietà）的艺术价值开始显得重要时，就不再是宗教狂热，而是审美欣赏使资产阶级来沉思《圣母怜子图》"①。但是艺术在现代性进程中走向了神化的宗教领域，这体现了启蒙辩证法。② 在赫勒看来，在后现代社会，绝对精神是否还能占据它自现代性黎明以来的最高位置是一个严肃的问题，因为许多文明没有令人崇拜的绝对精神也生存下来了，而且繁荣昌盛了，那些古代人没有面临来自渴求对人的神化与私人的麻醉的神化的危险。心理需要没有一个高雅的领域也能够得到满足。一个人能够在药物中达到高雅，而且没有产生持久的意义。高雅领域的共享性也是一种欺骗，也不会产生共享记忆的经验，而人们能够共享一起喝香槟酒的记忆，不过这种共享没有赋予人的生活以意义。赫勒结合崇拜来加以认识，"称为崇拜的东西甚至在艺术中比在哲学中更加被制度化。艺术批评与审美话语的被制度化的崇拜联结着艺术市场制度的被制度化的设想"③。在现代，绝对精神的领域愈来愈薄弱，意义的集中愈来愈不强烈，可解释性的范围愈来愈狭窄，无时间性愈来愈值得质疑。客观精神吞噬绝对精神，文化吞噬艺术创造性。不论对欧洲人还是对北美人来说，作为第三种家④的绝对精神受到挑战。赫勒认为许多高浓度的作品不能充分满足人们对新颖性与重复的渴求，而且它们由于被成千上万的人拜访，面临着崩溃的危险。她说："从尼采到阿多诺的文化批评家预示了第三种家在太多的家具与太多的拜访者的重负下的崩溃。他们的焦虑是有根据的。"⑤尤其是对北美人来说，这些欧

---

　　① Agnes Heller, *Renaissance Man*, Richard E. Allen Trans., London, Boston, Henley: Routledge and Kegan Paul, 1978, p. 68.

　　② 霍克海默与阿多诺认为，启蒙以摧毁神话为目的却又沦为神话，"神话已经进行了启蒙，启蒙精神也随着神话学的前进，越来越深地与神话学交织在一起。启蒙精神从神话中吸取了一切原料，以便摧毁神话，并作为审判者进入神话领域"。参见（联邦德国）霍克海默、阿多尔诺：《启蒙辩证法》，洪佩郁、蔺月峰译，重庆：重庆出版社1990年版，第9页。

　　③ Agnes Heller, *A Philosophy of History in Fragments*, Oxford and Cambridge, MA: Blackwell, 1993, p. 210.

　　④ 赫勒谈及了四种在家的经验，即空间的家、绝对现在的时间家、绝对精神的家、民主文化的家。请参见 Agnes Heller, Where are We at Home? In *Thesis Eleven*, no. 41 (1995), pp. 1 – 18.

　　⑤ Agnes Heller, Where are We at Home? In *Thesis Eleven*, no. 41(1995), pp. 1 – 18.

洲式的高雅领域受到了否定。宗教只是在宗教共同体背上的一个文化行囊,哲学尽管辉煌但只是一位演员,"艺术除了联系欧洲的艺术家的作品外,都深深地扎根于日常的空间中。即使在实践了优秀的哲学与艺术的地方和时候,北美人也从来没有想起在绝对精神的'高处'寻找他们真正的家园"①。欧洲人两个世纪以来在绝对精神中寻找自己的家园,这是一种宏大叙事的模式,"它看来结束了"②。

费赫尔与赫勒在《激进普遍主义的辉煌与衰落》的序言中认为,黑格尔的普遍主义是:"历史正向自由挺进;对最佳的社会安排来说,只有一种单一的普遍模式;只存在一种普遍的科学(wissenschaft),等等。黑格尔的普遍主义本身是激进的,因为它包罗万象。"③但是这种普遍的激进主义在布达佩斯学派看来已经崩溃了。瓦伊达在20世纪70年代写作、于1981年出版的《国家与社会主义》一书的导言中明确地表达了对黑格尔的宏大叙事的拒绝:"让我以哲学的语言表达我自己:我已经逐步地脱离了黑格尔,有时以非常不公正的方式误断他。"④世界精神的最后实现只是宗教的幻想,只是一种希望原则,一种救赎。黑格尔的美学也在这个历史哲学的崩溃中瓦解了。但是布达佩斯学派没有完全抛弃黑格尔的历史哲学及其美学,而是在后现代的语境与精神视野中重新思考历史性与美学建构的问题,黑格尔的"绝对精神"以一种"自为对象化领域"成为布达佩斯学派重构美学的重要关键词,绝对精神的自由价值观念与文化意义问题也在布达佩斯学派的美学思想中得到进一步延伸。

第三节　对西方马克思主义美学范式的批判

西方马克思主义以其跨学科特性、现实精神与批判姿态对20世纪人文科学研究产生了巨大的冲击,它形成的批判理论话语至

① Agnes Heller, Where are We at Home? In *Thesis Eleven*, no. 41(1995), pp. 1 - 18.
② Agnes Heller, Where are We at Home? In *Thesis Eleven*, no. 41(1995), pp. 1 - 18.
③ Ferenc Fehér and Agnes Heller, *The Grandeur and Twilight of Radical Universalism*, "Introduction", New Brunswick, NJ: Transaction, 1990, p. 1.
④ Mihaly Vajda, *The State and Socialism*, London: Allision & Busby, 1981, p. 2.

今仍在激发人们的理论热情,推进人们对当代社会与文化现象的理解。布达佩斯学派与西方马克思主义保持着意味深长的联系,其精神导师卢卡奇被认为是西方马克思主义的创始人,1923 年的《历史和阶级意识》也被视为西方马克思主义的"圣经"。布达佩斯学派不同程度地受到西方马克思主义主要哲学家知识话语的影响,诸如葛兰西的"文化霸权"、本雅明的反体系思想、哈贝马斯的"交往行为理论"等。但是,作为萌自现存东欧社会主义思想文化语境下的"东方左派",其知识背景、话语类型与理论意指都与"西方左派",与西方马克思主义有所区别。这种定位是布达佩斯学派所清醒认识到的。马尔库什与费赫尔、赫勒认为,虽然东方左派与西方左派存在着相互对话,但是"在东方与西方,成为一个马克思主义者事实上意味着不同的事情:在西方,这涉及马克思主义提供的批判理论是否仍然存在或者充分,而在'现存'社会主义的框架中,这涉及马克思主义是否能够从根本上履行批判理论的功能"①。费赫尔与赫勒在 1987 年出版的《东方左派和西方左派:自由、极权主义、民主》一书中详细地阐发了东欧左派与西方左派的异同,认为"东方理论家试图开拓许多新型的能够运用于东方的路径,并可以作为西方左派的告诫,因为这些路径为一种新的现代性理论奠定了基础"②。瓦伊达也解构了"西方马克思主义","强调了批判理论必然面临的悖论"③,鲜明地表达了西方马克思主义文化批评的问题及其危机,指出其存在的哲学上的唯心主义特征:"意识的改变对他们来说不仅是革命的基本前提,而且是革命本身。"④布达佩斯学派有意识地与西方马克思主义相区分,这种区别在于前者不认同后者的美学范式,这种范式就是作为宏大叙事与救赎范式的历史哲学的理论设定。他们从这个视角展开了对卢卡奇、本雅明、阿多诺、戈德曼等西方马克思主义美学的批判,这种批判表明

① Ferenc Fehér, Agnes Heller and György Markus, *Dictatorship over Needs*, Oxford: Basil Blackwell, 1983, p. 7.

② Ferenc Fehér and Agnes Heller, *Eastern Left-Western Left*, Cambridge, New York: Polity Press, 1987, p. 39.

③ Phillippe Despoix, On the Possibility of a Philosophy of Values: A dialogue within the Budapest School, In *the Social Philosophy of Agnes Heller*, Burnheim, John, eds., Amsterdam: Rodopi, 1994, p. 36.

④ Mihaly Vajda, *The State and Socialism*, London: Allision & Busby, 1981, p. 25.

了布达佩斯学派的后现代转向,逐步走向了后马克思主义。但是后马克思主义并非脱离了马克思主义,"后马克思主义的立场不意味着敌视马克思"①,因此他们在批判中也辩证地认识到批判对象的价值,并根据自己的文化政治视角进行新的美学范式的建构。

一、对卢卡奇总体性美学范式的批判

布达佩斯学派是围绕卢卡奇而形成的一个哲学流派,他们把卢卡奇哲学美学的重要理论命题与概念范畴作为哲学美学之根基,但同时又对卢卡奇进行批判,这似乎形成了一种反讽。不过,这个学派不是简单地阐发、遵循其精神导师的思想,而是不断与卢卡奇及其著述进行对话,在对话中指出其思想的悖论。布达佩斯学派的主要成员们共同表达了对卢卡奇的态度,他们自 20 世纪 60 年代起就与卢卡奇进行了对话。在 1975 年他们就明确地说:"我们作为卢卡奇的学生,一直很认可和重视他,今天他已经充满问题。"②虽然一些人仍然在分享卢卡奇的伟大著作《审美特性》,但是它"在过去五年已经被我们所有人抛弃了"③。伊斯特万(Fehér M. István)指出,布达佩斯学派从卢卡奇那里接受了重要影响与激励,但是这些影响与激励逐步伴有越来越多的批判色彩,"甚至逐步被消除了"④。布达佩斯学派对卢卡奇美学的重新解读与批判是多方面的,也是较为复杂的。最突出一点就是把卢卡奇置于现代美学研究话语中,认为卢卡奇的美学与黑格尔、谢林、克尔恺郭尔的美学均是一种历史哲学。⑤墨菲在评价赫勒与费赫尔的关于卢卡奇的美学的著述时指出:"卢卡奇把对悲剧的美学偏爱与 19 世纪的历史哲学、共产主义的宏大叙事以及马克思激进普遍主义的某些方面融合了起来。""卢卡奇流露出对宏大叙事的热切的承诺,

① Ferenc Fehér and Agnes Heller, *The Grandeur and Twilight of Radical Universalism*, New Brunswick, NJ: Transaction, 1990, p.5.

② Ferenc Fehér, Agnes Heller, *György Markus and Mihály Vajda*, *Notes on Lukács' Ontology*, In *Lukács Revalued*, Agnes Heller. eds., Oxford: Basil Blackwell, 1983, p.130.

③ Ferenc Fehér, Agnes Heller, *György Markus and Mihály Vajda*, *Notes on Lukács' Ontology*, In *Lukács Revalued*, Agnes Heller. eds., Oxford: Basil Blackwell, 1983, p.128.

④ Fehér M. István, Lukács egzisztenciális döntöse, *Világosság*, 2005/9.

⑤ Ferenc Fehér and Agnes Heller, *Necessity and Irreformability of Aesthetics*, In *Reconstructing Aesthetics*, Heller, Agnes and F. Fehér, eds., Oxford: Basil Blackwell. 1986, p.5.

认为大写的历史正沿着一个特定的方向移动。"①卢卡奇美学具有历史性、宏大叙事、救赎范式等历史哲学的特征。布达佩斯学派对卢卡奇美学的批判就是建立在这种历史哲学话语的分析之上的。

费赫尔与赫勒在1977年发表的论文《美学的必要性与不可改革》中探讨了卢卡奇的作为历史哲学的美学研究范式。由于把美学奠定在历史哲学基础之上,青年、成熟期、老年卢卡奇把史诗作为最完美的理想类型,而对抒情诗是冷淡的。他把客观化的艺术类型史诗和戏剧放到很高的位置,正因为史诗和戏剧是一个世界危机形势的体现,同时是这种形势的受害者,它们通过自己的命运来证实哲学家最重要的目的之一的论题:资本主义是文化对象化的死敌。这无疑是历史哲学的等级模式的体现。也就是说史诗成为卢卡奇的最高的希望与历史的最高点。

青年卢卡奇的《小说理论》正是从黑格尔的历史哲学的基础上来有意识地审视小说的存在形态及其价值。虽然卢卡奇当时还受到新康德主义、"理智科学"学派的影响,但是他已经处于"从康德到黑格尔"的过程中,黑格尔的历史哲学被具体地运用到美学问题:"此书的最初的普遍的部分本质上是被黑格尔所决定的,例如史诗与戏剧艺术中总体性模式的比较,史诗与小说共同性与差异性的历史哲学的视角,等等。"②《小说理论》的基本命题是突出历史哲学的视角的,该著作的副标题是"论伟大史诗文学形式的历史－哲学的论文",具体的框架有古希腊世界结构的"历史哲学的发展"、"形式的历史哲学的问题"、"小说的及其意义的历史哲学的控制"、"托尔斯泰在史诗形式的历史哲学中的双重位置"等。卢卡奇在1915年完成的对陀思妥耶夫斯基的小说的研究也是立足于历史哲学之上的,根据费赫尔与赫勒整理的笔记,在1915年3月,卢卡奇对保罗·恩斯特写信说:"最后我已经开始我的新书的工作——论陀思妥耶夫斯基。美学不得不等了。不过它包含的不仅仅是陀思妥耶夫斯基:我的形而上学的－伦理学与历史哲学的重大部分……当我有或多或少已经完成了手稿的时候,我将寄给你

① Peter Murphy, Review of The Grandeur and Twilight of Radical Universalism, In *Theory and Society*, Vol. 22, No. 4(Aug., 1993), pp. 569–575.

② Georg Lukács, *The Theory of the Novel*, Anna Bostock trans., London: Merlin Press, 1971, p. 15.

征求你的意见。"①费赫尔对卢卡奇这种历史哲学的小说理论进行了分析。他认为卢卡奇的《小说理论》具有浪漫的反资本主义特征,也包含着特有的革命视角,该作品重新发现了异化观念并将其重新整合到欧洲哲学中。在费赫尔看来,"《小说理论》的基本主题(既在美学的层面又在历史哲学层面)是,史诗时代及其艺术生产比资本主义及其史诗即小说拥有更高的等级、更重要的价值"②。卢卡奇的评价标准完全是哲学的,它立足于黑格尔与生命哲学(Lebensphilosophie)基础上,探索马克思在《巴黎手稿》所称做"人的本质"的东西。史诗的时代是具有"自我确证"的特征,生活与本质是同一的观念,史诗的世界也是同质的。相反,小说形式是超验的无家可归的表达,它是总体性遇到问题的时代的史诗。因而小说在双重的意义上充满问题:首先,它表达了它的时代的结构与人充满问题的特征;其次,它的表达模式,其整体的建构充满着不可能完成的任务或者问题。费赫尔认为,从《唐吉诃德》到《情感教育》的不调和的判断不是由于批评的精确性而是卢卡奇的历史哲学的逻辑结果。

费赫尔提出质疑的不仅仅是它的基本概念,还有其价值批判。首先是质疑并修正卢卡奇的判断标准。认为小说是充满问题的,这意味着我们拥有一个没有问题的标准,就乌托邦的灵感而言,这在某种意义上把我们带到过去。卢卡奇对小说敌视,而把未调和的共同的有机的和同质的世界理想化地视为"完美"样式即史诗的源泉。而这种史诗都不可能再复兴,卢卡奇也是确定其必然消失。马克思也不例外,马克思在《〈政治经济学〉导言》中谈及了荷马史诗的规范性特征,因为它涉及不可企及的模式,是人类正常儿童时代的人类基础。这同样是其历史哲学的表达。费赫尔认识到:在马克思的历史哲学中,这种模式被具体化。一方面,他理性地根据"人的本质"范畴来解释这种"正常",设想为从人类社会开始赋予

① Ferenc Fehér and Jerold Wikoff, The Last Phase of Romantic Anti-Capitalism: Lukács' Response to the War, In *New German Critique*, No. 10(Winter, 1977), pp. 139 – 154.

② Ferenc Fehér, *Is the Novel Problematic? A Contribution to the Theory of the Novel*, In *Reconstructing Aesthetics*, Heller, Agnes and F. Fehér, eds., Oxford: Basil Blackwell, 1986, pp. 23 – 24.

的动态的历史的潜力。因而人类与艺术的标准作为理性创造的一种模式不再漂浮在历史之上,而是成为历史的整体的产物。另一方面,虽然马克思主张历史中存在着各种选择的可能性,但是他是一个进化论者,他把发展物种的力量的每一种进化的结果思考为价值的基础。虽然史诗不可能再在现代社会中出现,但仍然能够为现代社会所体验与欣赏,成为人类的价值理想所在。基于对马克思的历史哲学的理解,费赫尔具体阐释了《小说理论》的研究范式。卢卡奇始终在史诗与小说的对比中认识到小说不如史诗,史诗表达了集体性、有机性,史诗的主人公是"集体性的模式,超越了纯粹的个体性"①。而小说在卢卡奇看来体现的是充满问题的个体。在资本主义社会,异化日趋突出,社会日益充满问题,小说的充满问题的个体正是这种社会的再现。小说的主人公一直渴求着无限性。小说的本质是"无形式"、"散文的",缺乏固定的规则,在涉及人类实质性的艺术形式中没有一席之地。费赫尔的理解是正确的,卢卡奇事实上对史诗时代给予了非常理想的勾画,他在《小说理论》开篇就写道:"星空是一切可能道路的地图,这时代是幸福的。在这个时代,道路被星光照亮。一切是新的、熟悉的,充满冒险,然而是自己的冒险。世界是宽广的,然而像一个家,因为心灵燃烧的火与星星具有同样的本质,世界与自我、星光与火很不同,但从不是彼此陌生,因为火是所有星光的心灵,所有火以星光表达自己。"②这时代就是史诗时代,人与自然,内在心灵与外在形式交融于一体,因此,"它是一种同质的世界,甚至人与世界,'我'与'你'的分离也不能打破这种同质性"③。相反,小说的形式是对一种超验的无家可归状态的表达,是总体性成为问题与渴求总体性的时代的史诗。因此,对卢卡奇来说,小说是费希特所说的一个绝对罪孽时代的形式。小说是在形成过程中呈现出的某种东西,"这就是为什么小说是最危险的类型,这就是为什么它被许多人已经描

① Ferenc Fehér, *Is the Novel Problematic? A Contribution to the Theory of the Novel*, In *Reconstructing Aesthetics*, Heller, Agnes and F. Fehér, eds., Oxford: Basil Blackwell, 1986, p. 44.

② Georg Lukacs, *The Theory of The Novel*, Aanna Bostock trans., London: Merlin Press, 1971, p. 29.

③ Georg Lukacs, *The Theory of The Novel*, Aanna Bostock trans., London: Merlin Press, 1971, p. 32.

述为半艺术(half an art；half-art)"①。小说有堕入其姐妹艺术即娱乐小说之中的危险,其主人公的心理学是恶魔的,充满"坏的无限性"。卢卡奇在历史哲学的基础上对小说样式作出了否定性评价。

费赫尔不认同卢卡奇的小说理论基础,认为小说与人类物种价值有重要的关联,他在揭示了小说类型的矛盾性特征的基础上认识到小说的积极价值。小说的无形式与散文式特征在结构上与无形式和骚乱的社会发展是一致的。不断发展的资本主义社会毁坏了人类实质性的第一个岛屿,然而也产生了物种力量,这种社会的诞生是一种丰富,即使我们看到了它产生的不平等的进化。费赫尔认为:"小说不仅在它的'内容',在由它的范畴构成的集体性的观念上,而且在它形式上,表达了人类解放的一个阶段。"②费赫尔颠倒了卢卡奇的价值等级,因为他认为现代小说比古代史诗具有更大的价值与意义。现代小说揭示了不为史诗所知的可能性,但同时也充满着悖论。费赫尔具体从自我与外在世界的特征出发比较了小说与史诗的优劣。如果说上帝已经抛弃了小说的主人公,那么他也赋予了主人公以自由,纯粹社会性的史诗比古代史诗包含更高水准的解放。并且,这种史诗的世界－历史的定向在不断出现的资产阶级实践的动力影响下变化着。小说的主人公不像古代史诗的主人公那样行为被共同体所决定,而是根据自己的目的决定行为,这样他竭力构成自己的宇宙。然而,随着资产阶级世界的不断提高的物化,自我与其环境的二重性日益成为小说结构的支配因素,小说的人物愈来愈少地支配宇宙,小说的解放的征服者拥有与普遍的资产阶级解放同样的命运。不断提高的物化把市民社会的高贵产品即自由的资产阶级个体降到一种自由的幻象的主体,这是剥夺了与他自己世界的客观化的正常关系交往的主体,小说的再现领域就缩小了。因此,小说充满着悖论。

就生产与经济的再现来说,小说比史诗优越。费赫尔认为,史诗能够再现市场的观点是不正确的。英雄时代的史诗的主题主要

① Georg Lukacs, *The Theory of The Novel*, Aanna Bostock trans. , London：Merlin Press, 1971, p. 73.

② Ferenc Fehér, *Is the Novel Problematic? A Contribution to the Theory of the Novel*, In *Reconstructing Aesthetics*, Heller, Agnes and F. Fehér, eds. , Oxford：Basil Blackwell, 1986, p. 26.

是战争或者与自然斗争,相反,小说一开始就有更多的机会再现人类的生产能力。自巴尔扎克之后,由于人类生产的制度与过程如此物化以至于它们与活生生的呈现的原则不一致,于是就出现了新的史诗。这就呈现出了小说的矛盾特征,制度的再现与小说的关系也呈现出类似的倾向,也发现小说在解放方面体现更高的阶段。在英雄时代,史诗与既定的制度融为一体,这种制度是普遍性的,是决定个体的不可改变的秩序,最终受制于神圣的东西,卢卡奇与黑格尔均对此进行了肯定。相反,费赫尔认为,小说本质是拒绝每一个奥林匹斯神的权威性,并把好的或者坏的人类制度理解为人类的创造,因而小说扩大了再现的可能性,它不仅能够理解并专断地解决封建制度的结构,而且能够在历史小说中记录它自己制度的重要方面,这种对人类制度的起源的全景式的描述是史诗所不可能完成的。就此,费赫尔肯定了卢卡奇拒绝把历史小说视为一种特殊的小说的观点。对费赫尔来说,历史小说这种再现具有积极的意义:"历史小说以完全不同的方式提供审美的快感。每一次当我们看见人类制度,明显由于独特的个体的激情与行为,消解或者出现时,我们重新历经解放的经验,人类自己创造自己的制度,不管这些制度被他控制,不管我们感到关于作者对这些制度的判断。人类空间的人化与自然社会向纯粹社会性的社会转变形成了历史小说的主要氛围。这就是这种形式比史诗真正改进的源泉。"[1]不过,费赫尔看到,自滑铁卢战争以来,巴尔扎克一旦被迫把斯格特(Scott)的方法转变为主人公的私人战场,这种小说发展的巨大过程就停止了,这个运动也逐渐被颠倒。小说的人物不再知道如何处置他的世界的制度,完全以自己的经验存在,把制度视为日益超验的东西,人物纯粹以忘记或者试图忘记制度而结束,卡夫卡的小说就是如此。在此意义上说,现代小说也出现了矛盾。

小说的主人公被迫捣毁亲密领域的价值,以便成为他时代的原型。对费赫尔来说,"家庭纽带的破裂同时是人类解放的一个阶段。马克思认为扩展的资本主义社会对血缘-纽带权力的捣毁是一个普遍的积极的成就。只有这样,才能从'人类动物物种的动物

① Ferenc Fehér, *Is the Novel Problematic? A Contribution to the Theory of the Novel*, In *Reconstructing Aesthetics*, Heller, Agnes and F. Fehér, eds., Oxford: Basil Blackwell, 1986, p. 33.

宏大叙事批判与多元美学建构

学中'创造人类物种的意识"。① 不过,一夫一妻制的资产阶级家庭本身已经成为一种伪血缘纽带,因而成了人类解放的障碍。并且,脱离传统的生活方式与继承的体系几乎没有导致自由选择的创造,事实上绝大多数时候出现了不断增多的匿名主人公的小说。费赫尔认为,当最后一个人物是 K. 或者 A. G. 时,这只是一个漫长发展的终结。这最终意味着小说公共维度的消解,因此对费赫尔来说这是一种退步。但是他又认为:"我们已经达到了'消解'过程的具有积极的价值 – 内容的终点:小说已经从它所有的自然与准自然的联系中把自己解放了出来。它已经撕裂了自由的幻象,并且现在的问题涉及真正自由的创造。"②费赫尔认为:"正是价值的多元性是这种样式的形式的与结构的实质,它表达了与激励了这个新时代的伟大胜利:个体的价值选择。同样,这种多元性在原则上在人类心灵的刻画中考虑了一种丰富而广泛的标准,这是在史诗的严格的价值等级中不可能获得的。"③所以费赫尔就此肯定了戈德曼所强调的小说就其结构的本质而言是一种对立的样式。"即使小说与市场结构一致,但它从来不接受市场的价值概念。金钱发挥小说中交换的普遍手段的作用,但是它从来不能置于价值体系的顶点:它不能被置于那儿因为那会导致一种'活生生'的再现的可能性的破坏。"④由于商品拜物化,人与人的关系被物化,但是小说必须,至少相对地解构这种物化结构。但是这种解构愈来愈不成功,这是小说危机的决定性因素。不过,在费赫尔看来,小说不与市场体系的结构同构,它能够带来本真性的人类价值,指向"人类实质"的丰富。它具有一种导向未来的无限性。并且,真

① Ferenc Fehér, *Is the Novel Problematic? A Contribution to the Theory of the Novel*, In *Reconstructing Aesthetics*, Heller, Agnes and F. Fehér, eds., Oxford: Basil Blackwell, 1986, p. 37.

② Ferenc Fehér, *Is the Novel Problematic? A Contribution to the Theory of the Novel*, In *Reconstructing Aesthetics*, Heller, Agnes and F. Fehér, eds., Oxford: Basil Blackwell, 1986, p. 37.

③ Ferenc Fehér, *Is the Novel Problematic? A Contribution to the Theory of the Novel*, In *Reconstructing Aesthetics*, Heller, Agnes and F. Fehér, eds., Oxford: Basil Blackwell, 1986, p. 42.

④ Ferenc Fehér, *Is the Novel Problematic? A Contribution to the Theory of the Novel*, In *Reconstructing Aesthetics*, Heller, Agnes and F. Fehér, eds., Oxford: Basil Blackwell, 1986, p. 42.

正重要的小说一直在物种意识水平上移动,它不仅知道客观化的提高与延展意味着人的力量的延展。

费赫尔通过卢卡奇在《小说理论》所涉及的主要框架,通过小说与史诗的对比解读,尤其通过两种艺术样式的社会特征的分析,看到了小说相对于史诗的优越性,同时也透视出现代小说的矛盾性特征。然而从分析可知,费赫尔尤其重视小说对个体解放,对物种形成水平的提高的积极价值,虽然它具有资产阶级社会的不能超越的局限性。基于此,他拒绝了其老师卢卡奇关于现代小说的充满问题的认识,他说:"我们已经发掘了这种新的史诗样式的矛盾性,事实是它产生于第一个'纯粹社会的'社会(资本主义)中,它又依靠这个社会;因而它在维护它的原初结构与获得充分发展中,不得不与所有资本主义拜物化问题抗争。"[1]任何古代史诗的复兴之梦只是一个浪漫的幻象,因为产生与传播史诗的有机共同体永远消失了。最后他认为:"未来的道路在于资产阶级史诗的成绩的保存,在于它的成绩的转变。结构的本质与一种功能的使命一致:甚至在小说最物化的样品中,小说也强化了读者成为社会性社会的产物的意识;在所有它的非拜物化的实例中,小说传达给读者这种社会能够人化的最大可能性的认识。作为一种形式,小说非常清楚地显示了人化在这个社会所到达的范围,这对理解了的读者来说,是最有益的净化。"[2]费赫尔对卢卡奇的《小说理论》的阐释透视出其历史哲学的特征以及导致的问题。

不仅卢卡奇的《小说理论》立足于历史哲学基础之上,他的《现代戏剧发展史》、《历史和阶级意识》、《审美特性》等重要著述都是如此。马尔库什、赫勒对这些著述进行了分析。马尔库什在解读青年卢卡奇的文化问题时,强调了卢卡奇对文化的分析阐释是从历史哲学或者历史阐释的视角进行的:"在这种分析中,文化的危机看来是现代资产阶级社会的本质特征,这被其经济与阶级结构

---

① Ferenc Fehér, *Is the Novel Problematic? A Contribution to the Theory of the Novel*, In *Reconstructing Aesthetics*, Heller, Agnes and F. Fehér, eds. , Oxford: Basil Blackwell, 1986, pp. 57 – 58.

② Ferenc Fehér, *Is the Novel Problematic? A Contribution to the Theory of the Novel*, In *Reconstructing Aesthetics*, Heller, Agnes and F. Fehér, eds. , Oxford: Basil Blackwell, 1986, p. 58.

所决定。"①一方面是封闭的有机的社会,以古希腊社会为典型,另一方面是开放然而机械的资产阶级社会。其《小说理论》与《现代戏剧发展史》都是从同样的历史比较中开始的,后者的整个基础是对比古代与现代戏剧,卢卡奇把古希腊城邦视为文化成为日常现实的社会的历史范例,一种"绝对的意识形态"统治着所有的世界观,古希腊的"一神论"渗透并组织日常生活与人的意识,这种社会不知道现代资产阶级社会的理智的与物质生产的持续发展,也不知道个体性程度。现代社会消解了这些特征和人与人之间的自然纽带,个体充满问题,这意味着这个世界也是充满问题的。文化危机是必然的,在资本主义社会,真正意义上的文化从主观上与客观上都是不可能的。

赫勒对卢卡奇美学范式的历史哲学的特征的分析是全面的。在她看来,只要卢卡奇从事哲学美学思考,就必然创建宏大叙事的历史哲学的范式:"他要么重建他自己的哲学以便创造一种新的哲学大厦或者完全抛弃哲学。如果他选择第一条道路,根据他的存在选择,他被迫接受并实践 diamat 的普遍的形而上学。"②在赫勒看来,卢卡奇的《青年黑格尔》、《历史和阶级意识》、《理性的毁灭》等著作与阿多诺、霍克海默的《启蒙辩证法》、波普尔的《开放社会及其敌人》都具有魔鬼学的特征,因为它们把哲学分割为好的哲学与坏的哲学,一种历史 - 哲学的神学论与目的论从一种合法的人类态度被构建。认为这个世界的所有问题能够被理性地提出并得到解决,所有提出并解决这些问题的行为也将会被所有人理解,这是对绝对真理的诉求。对卢卡奇来说,"反对神话与支持理性的斗争是从神话的立场被建构的"③,体现了摩尼教的思维方式。基于对卢卡奇的历史哲学的神学思维的分析,赫勒深入地分析了晚年卢卡奇的《审美特性》的历史哲学特征。在她看来,晚年卢卡奇的美学与青年卢卡奇的美学《海德堡美学》在思维方式上具有相同之

① Győrgy Mákus, *Life and the Soul: the Young Lukács and the Problem of Culture*, In *Lukács Revalued*, Agnes Heller eds., Oxford: Basil Blackwell, 1983, p. 16.

② Agnes Heller, *Lukács' Later Philosophy*, In *Lukaács Revalued*, Agnes Heller eds., Oxford: Basil Blackwell, 1983, p. 178.

③ Agnes Heller, *Lukács' Later Philosophy*, In *Lukács Revalued*, Agnes Heller eds., Oxford: Basil Blackwell, 1983, p. 179.

处,但是在本质上是有差异的。青年卢卡奇思考的核心问题是康德的问题的颠倒:"艺术作品存在,它怎么可能呢?"这是类似于现代存在主义者关于存在先于本质的思考方式,其实际上是形成一种交往美学理论,而不是一种历史哲学,而晚年的美学恰恰不是交往美学而是一种历史哲学:"恰恰因为本质问题的提出,青年卢卡奇的美学结果证明是一种交往理论。从存在先于本质的角度触及艺术消除了这个问题:无论什么先于本质的存在,就是最终存在的。根据卢卡奇,艺术的本质是一种结果,是发展的结果。正是因为他采纳这种方式,他的晚年的美学不是一种交往理论而是一种历史哲学。"①卢卡奇在《审美特性》中认为,艺术是人类的记忆,其本质是个体性与物种的统一,个体与物种的统一呈现为历史的真理。这种历史哲学在《历史和阶级意识》中没有得到实现,因为在此书中物种与个体的范畴都缺失了,代之的是阶级的概念。20 世纪三四十年代,他在人格理论中去寻找,人格全面发展等同于"物种特征",但是这种解决对他来说没有历史哲学的意义。他最终在审美的形式中找到了。艺术的解拜物化功能也是来自艺术作为个体与物种统一的观念。这带有一种天真的乐观主义,在对艺术作品的理解与接受的过程之中,人被提升到物种水平,这种提升的可能性对卢卡奇而言从来没有被直接地质疑。"他果断地作出判断,所有非同一性的人类的各种现实具有同一性,在人类创造世界的所有领域中,同一个存在的范畴在起作用。这个世界的范畴的同一性确保了所有接受的可能性、完美性与权力平等。"②在审美过程中,特殊性、主观性、时间性都被转变了,艺术获得了客观性。通过时间的主观体验,接受者达到了物种水平,这种时间体验被取消同时也被保存着,它构建了波德莱尔所谓的瞬间的永恒性,在历史的"此时此地"中呈现出普遍有效性,这样,个体经验被提升到物种水平,变成了形式。这是青年卢卡奇的《心灵与形式》的问题的延伸。因此,在艺术中并通过艺术,历史真理的问题才出现,并得到解决。赫勒对《审美特性》的历史哲学的挖掘事实上表明了它的宏大叙事

---

    ①   Agnes Heller, *Lukács' Later Philosophy*, In *Lukács Revalued*, Agnes Heller eds., Oxford: Basil Blackwell, 1983, p. 183.

    ②   Agnes Heller, *Lukács' Later Philosophy*, In *Lukács Revalued*, Agnes Heller eds., Oxford: Basil Blackwell, 1983, p. 187.

特征①,追求绝对之真理,在某种程度上包含了"斯大林主义",同时也有进化论的历史哲学的特征:"唯一自由的世界也是一个进化的世界。艺术表明,个体与物种的统一是可能的,它的本质确保了在'物种特性'水平上进化的可能性",赫勒阐释了这种进化的历史特征,每一部艺术作品浓缩了人性、人类发展的本质阶段,所以每个人在每一部成功创造的艺术作品中认出自己的本质与自己的历史,"这样,艺术——每一部艺术作品——就成为人类的记忆,艺术作品的欣赏也是征服过去、人类的过去的过程"②。这也是一种救赎的范式:"内在于这种美学中的历史哲学是以希望的精神被设想的。"③按照费赫尔理解的,"只有在美学中,主体与客体的统一才被意识到","唯一未异化的领域就是审美"。④ 所以,审美成为救赎的领域。布达佩斯学派不仅揭示《审美特性》的历史哲学的特征,而且揭示中显示了其宏大叙事的悖论。对费赫尔而言,卢卡奇从20世纪30年代到去世时的美学是理性主义的体现,是启蒙运动方案的过分的延展,是反弗洛伊德的。理性主义在卢卡奇的思想中具有多种含义,其中一种就是作为"历史哲学的普遍的进化概念"⑤,因而不像阿多诺与波普尔的悲观主义,而是具有乐观主义精神之特征。虽然《审美特性》发生了转型,理性主义与非理性主义的区别崩溃了,但是其理性主义模式的历史哲学特征仍然保持着,卢卡奇理性主义两个成分即拜物化与进化仍然支配着《审美特性》。在审美中,主体与客体统一,接受者从整体的人到人的整体,卢卡奇的美学理论事实上描述了人格的动力学,它建立了一种普

---

① 这是布达佩斯学派的一种共识,他们认为《审美特性》的哲学思想的核心是对象化理论,这部著作有着辉煌的意图,就是在一体化的概念框架中,从日常实践与思维中形成对象化的伟大的类领域。见 Ferenc Fehér, Agnes Heller, *György Markus and Mihály Vajda*, *Notes on Lukács' Ontology*, In *Lukács Revalued*, Agnes Heller eds., Oxford: Basil Blackwell, 1983, p. 130。

② Agnes Heller, Lukács' Aesthetics, In *The New Hungary Quarterly*, Vol. VII. No. 24 (Winter, 1966), pp. 84 – 94.

③ Agnes Heller, *Lukács' Later Philosophy*, In *Lukács Revalued*, Agnes Heller eds., Oxford: Basil Blackwell, 1983, p. 188.

④ Ferenc Fehér, *Lukács in Weimar*, In *The Grandeur and Twilight of Radical Universalism*, Agnes Heller, Ferenc Feher, New Brunswick, NJ: Transaction, 1990, p. 269.

⑤ Ferenc Fehér, *Lukács in Weimar*, In *The Grandeur and Twilight of Radical Universalism*, Agnes Heller, Ferenc Feher, New Brunswick, NJ: Transaction, 1990, p. 259.

遍的社会历史的范例,这就是从骚乱中说明宇宙的发展,从劳动、巫术、前科学、前艺术模仿的因素的混合体中通过更高的、更精致的对象化(物种对象化)来说明人类物种的进化。所以费赫尔认为:"读者面临着完全进化论的历史哲学,这种历史哲学完美地履行马克思表述为普遍原则的神秘任务:种系发育与个体发育的统一。"①卢卡奇的这种进化论是黑格尔的绝对精神的变体形式,被一种内在的目的论所引导,不断地向上行走。《审美特性》这部著作维护着历史哲学的等级价值视角,科学比前科学的知识被评价得更高,宗教比巫术狂热被评价得更高,艺术比联系着巫术的原初的模仿结构被评价得更高。根据真正的黑格尔的精神,每一个发展阶段在前一个阶段找到其真理,即高级阶段来自低级阶段。甚至语言也是如此,存在着所谓的"语言进化"。卢卡奇的美学仍然是本质主义的宏大叙事的体现。

布达佩斯学派对卢卡奇美学范式的批判主要是从其历史哲学的建构中进行的,这种历史哲学以物种特性为根基,追求审美的反拜物化功能,以超越资本主义时代的异化个体与文化形式,以获得一种新的文化形式的可能性。这是一种希望的救赎美学,这是一种带有神学特征的美学,赫勒像1968年后现代主义者②所声称的那样把卢卡奇与戈德曼、阿多诺都视为"神圣家族"的成员,"神圣家族代表了规范与标准;它代表了自律与人格。从这个角度来看,这个家族的成员能够作为模范"③。托马斯从卢卡奇与中世纪安塞姆的神学关系揭示了《社会存在本体论》的救赎范式的历史哲学,

---

① Ferenc Fehér, Lukács in Weimar, In *The Grandeur and Twilight of Radical Universalism*, Agnes Heller, Ferenc Feher, New Brunswick, NJ: Transaction, 1990, pp. 270 – 271.

② 在1968年1月,戈德曼在法国的罗亚蒙(Royaumont)组织了一次关于审美理论的会议。阿多诺是主要发言者之一,赫勒作了关于卢卡奇的当时人们仍然不太了解的《审美特性》的演讲。他们立即卷入激烈的讨论来为三种不同的、明显不可调和的观点进行论证。然后,完全不可预料的事情发生了。一个年轻人登上讲台,愤怒地说:卢卡奇、戈德曼和阿多诺如出一辙。他们都是神圣家族的成员。通过主张艺术作品的自律,他们在世界的神圣图像中寻求拯救。参见 Agnes Heller, *Lukács and the Holy Family*, In *The Grandeur and Twilight of Radical Universalism*, Agnes Heller, Ferenc Feher, New Brunswick, NJ: Transaction, 1990, p. 319。更详细的内容参见关于赫勒的思想历程的著作 János Kóbányai, *Ágnes Heller: Het Levensverhaal Van de Hongaars-joodse Filosofer*, Amsterdam: Boom, 2002, p. 274。

③ Agnes Heller, Lukács and the Holy Family, In *The Grandeur and Twilight of Radical Universalism*, Agnes Heller, Ferenc Feher, New Brunswick, NJ: Transaction, 1990, p. 329.

认为卢卡奇以历史哲学的名义探寻人类社会的独立存在,以对象化吞噬个体,追求物种 – 存在的价值,回到前笛卡儿的思想方式,重新整合了中世纪神学的普遍性而又消除了神学对在世性的拒绝:"只有被中世纪哲学视为关于上帝与永恒真理的客观性的东西,才被卢卡奇作为一个偶像,一个不可超越的内在性,通过某些现代经验的(可能无意识的)内在化,重新整合到'在世性'。"①所以,卢卡奇的哲学美学与中世纪神学一样,追求着绝对之真理,带着解放之希望的救赎范式之特征。

这种救赎范式与布洛赫的希望范式是类似的。赫勒认识到:"接受者从卢卡奇那里领会到的东西是他在青年时从恩斯特·布洛赫那里领会的东西:哲学没有死。"②费赫尔也分析了青年卢卡奇与布洛赫的亲缘性,他们分歧的真正核心能够在布洛赫的真诚宗教精神与青年卢卡奇的方向的并置中找到,在这种并置中,宗教对他的历史哲学视角仅仅是作为一个阿基米德点。他们的分歧也意味着关于悲剧的激烈的争论:对布洛赫而言,正是人类痛苦与死亡才体现了悲剧的充足的主题,斯特林堡是这个时代的表现主义戏剧家。对卢卡奇而言,悲剧是内在性理念的载体:在死亡行为中的本真人类人格的提升与完善的载体。在第二种维度方面,布洛赫的民主的个体主义与青年卢卡奇的贵族式精神是对立的,不过这种贵族主义不断地追求其合适的共同性。他们道路之分歧导致了布洛赫走向音乐哲学,这是他的详细的人格理论的载体,而卢卡奇沉溺于小说哲学。费赫尔认为,尽管他们之间存在诸多的差异,但是都是现代文化、资产阶级社会的一部分,这种基本的共同性使他们必然敌视第一次世界大战爆发就出现的国家主义热潮,成为"浪漫主义的反资本主义的最后阶段"的代表:"在他们的选择中存在共同的因素,既然只有社会主义才能引导人类走出大灾难,那么它事实上被赋予了'形而上学的深度'。'神秘的革命'与激进表现主

---

① Gáspár M. Tamás, *Lukács' Ontology: A Metacritical Letter*, In *Lukács Revalued*, Agnes Heller eds., Oxford: Basil Blackwell, 1983, p. 158.

② Agnes Heller, *Lukács' Later Philosophy*, In *Lukács Revalued*, Agnes Heller eds., Oxford: Basil Blackwell, 1983, p. 190.

义的启示的'捣蛋者'肯定地期待了日益接近的社会革命。"[1]在评述马丁·吉伊的著作《马克思主义与总体性》中,费赫尔认为,卢卡奇与布洛赫都是强调从纵向的维度来理解总体性,在他们的哲学中,"'总体性'概念扮演着核心的、突出的、神秘的角色"[2]。

　　拉德洛蒂具体地探讨了青年卢卡奇美学与青年布洛赫《希望哲学》的关系。在拉德洛蒂看来,卢卡奇的思想视域不能消除信仰与上帝,伦理学与宗教不能割离,因为宗教只能被某些伦理或者元伦理学传达。卢卡奇在1907年关于匈牙利诗人的论文中就表现出神秘主义的倾向,他区别了巴拉日(Béla Balázs)的凝神专注的神秘主义与恩德尔(Ady Endre)的好战的神秘主义,把伟大诗人恩德尔的神秘主义与社会主义联系起来,认为"恩德尔的社会主义是宗教,是沙漠里传教士的声音,是对溺水之人给予帮助的呼吁,是神秘的而且是唯一的现实"[3]。对布洛赫来说,"手中拿着旋转体的绝对命令"是现在世界形势恰当的伦理基础,也就是被爱护人类的耶稣所英明地引导。这与1919年卢卡奇的道德哲学的主张类似。黑贝尔(Hebbel)的《犹滴传》(Judith)所说的"如果上帝在我与我必须做的事情之间设置了罪孽——我从中偷偷逃走我是谁呢?"对布洛赫是有效的,也是卢卡奇《策略与伦理学》的伦理内容的概要。他的《小说理论》用费希特的话来说是对这个世界所作出的判断,即世界进入到"绝对罪孽的时代",这在卢卡奇整个早期都是有效的。我们可以在《心灵与形式》中看到,卢卡奇试图建立的悲剧的形而上学实际上是一种悲剧神学。在卢卡奇看来,在上帝面前只有奇迹是真实的,"对上帝而言,没有相对性,没有过渡,没有细微差别。他的闪烁夺取了所有暂时的、局部的一切事件。上帝之前,

　　① Ferenc Fehér and Jerold Wikoff, The Last Phase of Romantic Anti-Capitalism: Lukács' Response to the War, In *New German Critique*, No. 10(Winter, 1977), pp. 139 – 154.

　　② Ferenc Fehér ,Grandeur and Decline of a Holistic Philosophy, In *Theory and Society*, Vol. 14, No. 6(Nov. , 1985), PP. 863 – 876.

　　③ Georg Lukács, *Ady Endre*, In *Uj Magyar Lira*, *Magyar irodalom*, *Magyar kultura*, Budapest: Gondolat, 1970, p. 46. 转引自 Sándor Rádnóti, Lukács and Bloch, In *Lukács Revalued*, Agnes Heller eds. , Oxford: Basil Blackwell, 1983, pp. 65 – 66。在奇嘎尼(Lóránt Czigány)看来,恩德尔的诗歌是卢卡奇灵感之源,随着岁月的流逝,卢卡奇对他的诗歌的尊重仍然没有减弱。参见 Lóránt Czigány, Magyar Irodalom——Magyar Cultura, In *Slavic Review*, Vol. 30. no. 3(Sep. , 1971), pp. 688 – 689。

表象与实体,现象与理念,事件与命运之间没有区别。价值与现实的问题完全丧失了意义:在上帝面前,价值创造现实,不必被梦想或者虚构成现实。所以每一种真正的悲剧都是神秘剧。它的真实的、核心的意义就是在上帝面前对上帝的揭示"①。在拉德洛蒂看来,卢卡奇的《形而上学的悲剧》是充满悖论的,悲剧的形而上学的基础是对人类心灵最深层的渴求,人渴求自我,渴求着把意义转变为日常现实,因而上帝被排除在外,被还原为一个纯粹的旁观者,但是"人类成为上帝——他的孤独、选择,他用干枯的脚淌过生命的水域,这些都重新引入了宗教意识的诸多因素"②。卢卡奇的《小说理论》的宗教的救赎模式持续着《形而上学的悲剧》的范式,在《小说理论》中,卢卡奇重新进行了思考,中心问题不再是自我,不是对生活的断言,而是"支持生活的积极意义——总体性","《小说理论》寻求转变整个生活建立新的总体性的视角",其结尾留住希望,"当一个人意识到希望而不是历史的力量时,救赎的理念必然就回来了"③。因而人的自由对卢卡奇而言最终在于救赎,在于完美的上帝。当然,卢卡奇与布洛赫也是不同的,卢卡奇还是在寻求人的实践力量,在《历史和阶级意识》中探寻作为无产阶级伦理学的阶级意识,而布洛赫一直追寻上帝的启示,从而对卢卡奇的《小说理论》与《形而上学的悲剧》进行批判。拉德洛蒂认为,尽管卢卡奇与布洛赫存在分歧,但是"两位哲学家的最终的基础——对现存世界的拒绝(以直接的悔罪的方式)与必然超越这个世界——是相同的"④。这就是说,两者都是体现出救赎范式的历史哲学的特征。费赫尔在剖析救赎范式时认为,卢卡奇与海德格尔、Gentile 都是救赎范式的代表者:"卢卡奇的哲学首先设想了一个集体主义的救赎

① Georg Lukács, *Soul and Form*, Anna Bostock trans., Cambridge, Massachusetts: The MIT Press, 1974, pp. 153 – 154.

② Sándor Rádnóti, *Lukács and Bloch*, In *Lukács Revalued*, Agnes Heller eds., Oxford: Basil Blackwell, 1983, p. 64.

③ Sándor Rádnóti, *Lukács and Bloch*, In *Lukács Revalued*, Agnes Heller eds., Oxford: Basil Blackwell, 1983, p. 64.

④ Sándor Rádnóti, *Lukács and Bloch*, In *Lukács Revalued*, Agnes Heller eds., Oxford: Basil Blackwell, 1983, p. 72.

者,世界无产阶级。"①在瓦伊达看来,卢卡奇提出的无产阶级意识与神话结构是同构的,它是超验的,神话学诞生于两个终点所指的地方,或者说至少有运动中的一些阶段必须被视为终点,在终点与运动之间不可能发现任何具体的中介,"这个陈述恰恰适合于《历史和阶级意识》,适合于阶级意识的神话"②。

卢卡奇美学的救赎范式受克尔恺郭尔的宗教哲学影响,布达佩斯学派也对此进行了探讨。费赫尔揭示了卢卡奇的《形而上学的悲剧》的总体悲剧观与克尔恺郭尔的关系,《形而上学的悲剧》是一篇元历史论文,其哲学主题是通过一个系统奠定人类存在的悲剧的基础,形成了康德主义与生命哲学的融合,这些观念与克尔恺郭尔的哲学观点有关,表现出对宗教神秘主义的迷恋。在卢卡奇看来,戏剧是一场游戏,是人类与命运的游戏,上帝只是一个观众,从来不把他自己的语言与姿态同演员的语言与姿态混同。这是反神论的,但是费赫尔认为,从生命哲学视角来看,这些观点说明了悲剧的神圣特征,"这种游戏是在'隐蔽的上帝'的眼前扮演的"③。事实上,青年卢卡奇很重视克尔恺郭尔,专门写作了关于后者的论文,他认为:"克尔恺郭尔哲学的整体实质就是要在对生活的不信任中找到固定点,在生活的骚乱的、紊乱的琐屑中建立绝对的、质性的区别。"他提出的审美、伦理与宗教三阶段的连接是"奇迹、跳跃,是人的整个存在的突变"④。可以说,卢卡奇的历史哲学是与宗教形而上学相协调的。

布达佩斯学派对卢卡奇的历史哲学的批判是较为切实的,不论是青年卢卡奇还是中年、晚年的卢卡奇,其哲学美学思想都与"总体性"问题相关,对古希腊史诗的整体性的怀旧,对无产阶级的阶级意识的诉求,对个体性与物种相统一的"人的整体"的终极价值取向,都是如此。这是一种救赎美学范式,是宏大叙事的话语,是大写的历史哲学的表征。这根本上说是现代社会中的自由漂浮

① Ferenc Fehér and Agnes Heller, *Eastern Left-Western Left*, Cambridge, New York: Polity Press,1987, p.69.

② Mihaly Vajda, *The State and Socialism*, London: Allision & Busby, 1981, p.30.

③ Ferenc Feher, The Pan-Tragic Vision: The Metaphysics of Tragedy, In *New Literary History*, Vol.11. no.2. (Winter,1980), pp.245 –254.

④ Georg Lukács, *Soren Kiergaard and Regine Olsen*, In *The Lukács Reader*, Arpad Kadarkay eds., Oxford&Cambridge, USA: Blackwell, 1995, p.15.

宏大叙事批判与多元美学建构

的知识分子的产物,在费赫尔看来,卢卡奇与本雅明一样都是"自由漂浮的知识分子的典型,想进入体制但都失败了,分别带着一本著作《悲苦剧》、《海德堡美学》。本雅明与卢卡奇都不能适应任何类型的组织。他们承认自己的边缘化。忍受厄运、贫困、安全与认可的缺乏这种斯多葛的个人伦理学属于这种典范的自由漂浮的知识分子的自我采纳的生活方式"①。正是从后现代视角出发,从后马克思主义出发,这种历史哲学的美学是充满悖论的。费赫尔与赫勒认识到卢卡奇的历史哲学的转变就导致了文学评价的转变,正如卢卡奇自己所说:"既然我的历史哲学已经改变,那么在我的艺术评价中,托尔斯泰就代替了陀思妥耶夫斯基,菲尔丁(Fielding)代替了斯特恩(Sterne),巴尔扎克代替了费尔巴哈。"②神学的救赎美学是有问题的,赫勒揭示了戈德曼(Goldmann)对卢卡奇的启示的神秘特征的批判。③ 同时,赫勒认识到卢卡奇等"神圣家族"不是足够神圣的,其成员有时神圣却走错了道路,他们或者是获得最少主义者或者是最大主义者支持:"他们不能表达在生活、政治与人际交往中的规范性问题。他们神圣却走错了道路,因为他们没有认可生活方式、文化与人格的多样性。在目前的十字路口有不同颜色与芳香的玫瑰花,它们都展露出真的、善的、美的东西。"④托马斯也认识到这种局限性与悖论,卢卡奇追求极端的真理,并与"存在相协调,这样就形成了同质性与选择的不可能"⑤。卢卡奇以客观性的名义消解了主体性。其物种－价值的总体性也在理论上陷入困境,这些困境根本上说就是卢卡奇以物种－存在为绝对价值标准,但又不能区别非物种－存在与物种存在:一方面说物种存在是人类的内在固有的,另一方面又说只有某些人才能获得这种物

① Ferenc Fehér, Lukács and Benjamin: Parallels and Contrasts, In *New German Critique*, No. 34 (Winter, 1985) pp. 125 - 138.

② Ferenc Fehér and Agnes Heller, *Necessity and Irreformability of Aesthetics*, In *Reconstructing Aesthetics*, Heller, Agnes and F. Fehér, eds., Oxford: Basil Blackwell, 1986, p. 8.

③ Agnes Heller, *Group Interest, Collective Consciousness, and the Role of the Intellectual in Lukács and Goldmann*, In *The Grandeur and Twilight of Radical Universalism*, Agnes Heller, Ferenc Feher, New Brunswick, NJ: Transaction, 1990, p. 368.

④ Anges Heller, Lukács and the Holy Family in The Grandeur and Twilight of Radical Vniversalism, Agnes Heller, Ferenc Feher, New BrunSwick, NJ: Transaction, 1990, p. 329.

⑤ Gáspár M. Tamás, *Lukács' Ontology: A Metacritical Letter*, In *Lukács Revalued*, Agnes Heller eds., Oxford: Basil Blackwell, 1983, p. 160.

种存在;一方面说物种存在是先在的,另一方面又说它是被发展形成的;一方面说物种 - 存在是有意识的,另一方面又说它是无意识地隐藏在每个人的特殊性的内核之中。卢卡奇试图解决这些困境,但是这些困境不可能解决,其原因在于"'非 - 物种存在'也是'物种存在':在这种哲学中,只有这种矛盾一直是原初的马克思主义价值选择的痕迹,是解放的希望的痕迹"①。艺术自我解物化的对象化形式无疑是希望的痕迹,卢卡奇艺术理论的悖论亦可如是观之。

布达佩斯学派对卢卡奇的哲学美学的批判是立足于政治哲学的,卢卡奇的美学的宏大叙事是集体主义的,是一种没有选择的政治,这是斯大林主义的镜像,也是法西斯主义的镜像。费赫尔在评价罗伊(Michael Löwy)的专著《乔治·卢卡奇:从浪漫主义到布尔什维克主义》和阿拉托(Andrew Arato)和布赖内斯(Paul Breines)的专著《青年卢卡奇与西方马克思主义的起源》时阐明了这点。在他看来,罗伊知道卢卡奇的《小说理论》带有神秘主义的救赎范式,是一种神秘的浪漫主义,浪漫主义渴求共同性与有机性,试图以活生生的文明对抗垂死的机械的文明,"这能够导致解放的集体主义或者血统、神话与种族的共同性。早年的卢卡奇的确是浪漫主义的造访者。因而,他能够成为纳夫塔(Naphta)的模型,或者作为原初的布尔什维克或者原初的法西斯主义者。这里唯一的困境在于,罗伊看来没有意识到这也是对索莱尔(Sorel)既敬仰列宁也敬仰墨索里尼的间接的确证"②。布达佩斯学派对卢卡奇总体性美学的批判透视出后马克思主义美学范式特征,开始从马克思主义的"文艺复兴"转向后现代主义。但是,布达佩斯学派始终没有脱离卢卡奇思想的影响,尤其是他晚年的哲学和美学思想的影响。有学者指出,此学派每个成员通过不同的研究尝试着卢卡奇的"社会存在本体论的试验"③。

---

① Gáspár M. Tamás, *Lukács' Ontology*: *A Metacritical Letter*, In *Lukács Revalued*, Agnes Heller eds. , Oxford: Basil Blackwell, 1983, p. 169.

② Ferenc Fehér, Arato-Breines and Löwy on Lukács, In *New German Critique*, No. 23 (Spring-Summer, 1981), pp. 131 – 139.

③ André Tosel, Az idös Lukács és a Budapesti Iskola, http://eszmelet. freeweb. hu/60/tosel60. html.

二、对本雅明的美学救赎范式的批判

本雅明的美学思想在 20 世纪 60 年代以来成为西方马克思主义美学研究的热点,其思想与话语范畴的独特性,开创了一种波希米亚式的美学,他在某种程度上连接着后现代主义。正如伊格尔顿所言:"在某种意义上,本雅明预设了当代的解构的批评实践。"①布达佩斯学派对本雅明的美学是较为重视的。拉德洛蒂写作了《本雅明的政治学》(1978)、《瓦尔特·本雅明的早期美学》(1977)、《本雅明的艺术与社会的辩证法》(1983)等论文②,1999 年出版了专著《信条与顺从:关于本雅明》。费赫尔发表了《沃林论本雅明》(1983)、《卢卡奇与本雅明》(1985)、《卢卡奇、本雅明、剧场》(1985)等著述。马尔库什发表了《本雅明或者作为幻影的商品》(2001)③。赫勒与费赫尔认识到本雅明的后现代性特征,并肯定了他对体系性的哲学美学的批判,认为本雅明"是审美的'体系性'最激烈的反对者,他把哲学体系本身作为世界等级异化的代表。他把这些体系视为粗暴地使活生生的个体或者艺术品屈服于体系的要求"④。但是布达佩斯学派对本雅明的美学范式进行了分析,这种美学范式就是救赎范式,彰显出宏大叙事的特征,这与卢卡奇的美学范式一样受到了质疑。在费赫尔与赫勒看来,迷恋激进普遍主义的马克思主义者不仅是卢卡奇,也包括本雅明,后者"通过他迂回的道路从犹太神秘主义到非正统的救赎的马克思主义"⑤。费赫尔认为,本雅明 1940 年写的《历史哲学论纲》通过有趣地把《历史和阶级意识》转变为他自己的神秘－救赎语言,支持了救赎的希

---

① Terry Eagleton, *Walter Benjamin or Towards a Revolutionary Criticism*, London: Verso Editions and NLB, 1981, p. 131.

② Sándor Rádnóti, Benjamin's politics, In *telos*, 37 (Fall, 1978), 63 – 81; The Early Aesthetics of Walter Benjamin, In *International Journal of Sociology*, no. 7 (Spring, 1977); Benjamin' Dialectic of Art and Society, In *Philosophical forum*, No. 1 – 2. (1983), pp. 158 – 187.

③ Gyorgy Markus, Walter Benjamin or the Commodity as Phantasmagoria, In *New German Critique*, Spring/Summer2001 Issue 83, pp. 3 – 42.

④ Ferenc Fehér and Agnes Heller, *Necessity and Irreformability of Aesthetics*, In *Reconstructing Aesthetics*, Heller, Agnes and F. Fehér, eds., Oxford: Basil Blackwell, 1986, p. 21.

⑤ Ferenc Feher and Agnes Heller, *The Grandeur and Twilight of Radical Universalism*, New Brunswick, NJ: Transaction, 1990, p. 7.

望。"救赎以不同的形式,在不同的星星之下始终是没有改变的原则,这是他的城堡以及他的主要缺陷。"①

　　费赫尔具体考察了本雅明与卢卡奇的美学范式的同一性特征,1986 年出版了专著《卢卡奇与本雅明》②,此研究在出版之前已经通过论文发表出来了。他首先考察了青年卢卡奇思想对本雅明的《悲苦剧》的影响。卢卡奇的《小说理论》是本雅明很了解的,并获得了后者极大的尊敬,此书作为激励与方法论支持使他写作《悲苦剧》,即《德国悲剧的起源》来维护特有的现代戏剧的存在权力,以反对尼采的势不可挡的权威性。卢卡奇与本雅明都对尼采的悲剧美学进行了批判。对尼采来说,唯一具有合法性的戏剧是古希腊悲剧,它在苏格拉底时代,在启蒙工程第一个历史出现的时期被消解了。批判精神破坏了古希腊剧本中的狄奥尼索斯与阿波罗精神的因素,辩证法与激情取代了直觉与狂热。若干世纪之后,对神话的渴求再一次回归了。德国音乐,尤其是瓦格纳的作品正是古代悲剧的再生。瓦格纳的神话在某种程度上与弗洛伊德神话一样,是韦伯祛魅世界的再度加魅。本雅明与尼采的思想构成了鲜明对比。虽然他也批判启蒙工程,但是没有回到古希腊悲剧与神话之中,而是为现代艺术与文学进行辩护性思考。虽然《悲苦剧》中没有直接地引述《小说理论》,但是后者为前者提供了一种范式。虽然卢卡奇也偏爱古希腊史诗,但是他受黑格尔哲学的影响也是现代小说这种充满问题的艺术样式的支持者。早年的本雅明思想没有涉及黑格尔,但是他极为拥护《小说理论》的建议。这部著作是导向本雅明肯定现代非悲剧的戏剧即悲苦剧的维吉尔。本雅明把悲苦剧视为上帝缺失的世界的充分的自我表达。上帝缺失是与尼采的上帝的世界是对立的。这个世界变得空虚与破碎。尼采把路德视为一个准神,而本雅明把他视为现代世俗化进程中充满问题的个体。所以人在现代充满忧郁的作家的剧本中呈现为创造者,他们没有古希腊悲剧主人公的自由与决定因素,他们归属的艺术样式的确又是戏剧,但不是悲剧。在悲苦剧中,神话被历史所取

　　① Ferenc Fehér, Lukács and Benjamin: Parallels and Contrasts, In *New German Critique*, No. 34 (Winter, 1985), pp. 125 – 138.

　　② Ferenc Fehér , *Lukács und Benjamin. Affinitäten und Divergenzen* (*Sonderdruck aus: Georg Lukács. Jenseits der Polemiken*), Frankfurt, 1986.

代,费赫尔认为,"本雅明的理念直接来自卢卡奇"[1],来自卢卡奇的《现代戏剧史》。"自然历史"在寓言中找到了充分的表达,从而非合法性地预示了救赎。卢卡奇的《形而上学的悲剧》也影响着本雅明的《悲苦剧》。上帝抛弃的世界也是无意义的垂死的物化世界,这对本雅明来说意味着历史的虚假连续性的有意的断裂。如果说尼采认为悲剧主人公是迷狂神性的面罩,观众、乐队与主要人物共同出现于狄奥尼索斯的精神之中,那么民主的时代是敌视悲剧的。本雅明通过卢卡奇著述促进了对尼采的古希腊神话解释的批判,他批判的主要目的在于,尼采把神话与悲剧性人物转变成为没有道德思考的纯粹审美的现象。费赫尔不仅揭示了本雅明与卢卡奇有意的相遇,揭示两者美学范式的类似性,而且还展示了两者的无意的邂逅。这就是卢卡奇死后被发现的,本雅明没有涉及的德文手稿《"传奇"的美学》。此手稿主要思考非悲剧的戏剧出现的可能性,其论述的对象正是本雅明《悲苦剧》所要处理的。在卢卡奇看来,传奇不是悲剧,也不是喜剧,而是非悲剧性的戏剧,其突出的特征就是大团圆的结尾方式,它重新获得了形而上学的深度,不像悲剧提供理性的解释,而是提供非理性的解释,它也不像悲剧那样建立在必然性基础之上。"传奇、非悲剧性戏剧、悲苦剧始终是非理性的、超验的和寓言的。"[2]在悲剧中,激情是核心的事情,使主人公从经验导向其形而上学的存在及其悲剧的自我确证。在传奇中,激情是病理式的,因为它扭曲悲剧主人公的目的,给这种目的赋予新的意义与结果。传奇的典型人物是智者、殉难者与救赎的女性,这些人虽然在真正的悲剧中被视为庸俗之辈,但表现出独特的伦理学。这些人物成为本雅明悲苦剧赋予救赎意义的对象。事实上本雅明在《德国悲剧的起源》一书中对救赎范式的采纳是一种有目的的行为,他的寓言美学就蕴涵了救赎范式的哲学基础,永恒的理

---

[1] Ferenc Fehér, Lukács and Benjamin: Parallels and Contrasts, In *New German Critique*, No. 34 (Winter, 1985), pp. 125 – 138. 费赫尔在另一篇文章中说:"阿多诺竭力抛去卢卡奇的影响痕迹,而本雅明回到从《小说理论》、《历史和阶级意识》、《形而上学的悲剧》的作者那里,借用并吸取了其核心观念,'努力为现代性剧场设计新形式'。"参见 Ferenc Fehér, Lukacs, Benjamin, Theatre, In *Theatre Journal*, Vol. 37. no. 4 (Dec., 1985), pp. 415 – 425。

[2] Ferenc Fehér, Lukács and Benjamin: Parallels and Contrasts, In *New German Critique*, No. 34 (Winter, 1985), pp. 125 – 138.

念与真理内容不在直接的认识之中，而是在断裂的细缝中获得："真理－内容只有通过沉浸于题材的最小细节之中才能掌握。"①悲苦剧所表现的形象都具有寓意的，包含着救赎的东西。悲苦剧致力于世俗状况的绝望无助，其救赎不是像宗教剧把世俗世界的徒劳无益和造物的无常变化表现为救赎路上的驿站，而是"救赎寓于这种命运自身的深处，而非在于神圣的救赎计划的完成"②。悲苦剧对废墟的重视也是思想领域对寓言的重视，"寓言在思想领域里就如同物种领域里的废墟"③。寓言美学事实上就是救赎美学，正如本雅明自己解读的："是的，当上帝从坟墓里带来了收获的时候，那么，我象征死亡的骷髅，也成为天使的面容。"④虽然本雅明反对神学，但是他的《悲苦剧》无疑是神学与唯物主义的奇特的融合。

在费赫尔看来，一般认为卢卡奇与本雅明的美学思想是截然对立的。尤其是 20 世纪 30 年代，卢卡奇最彻底地为马克思主义所沉醉，写作了关于现实主义的研究。本雅明这时在巴黎写作了他的著名论文《机械复制时代的艺术作品》。本雅明的写作方式和卢卡奇的笨拙尝试构成了区别：前者的写作方式是优美的、简洁的、机智的，真正具有先锋性，支持超现实主义运动，就那时刚刚萌芽的电影美学而言，这种方式带来了一个完全没有预料的领域，追求不确定性；卢卡奇笨拙地试图"被迫地调和"权威与文化保守主义，反对日益出现的相对主义，关心规定、经典与标准。面对这些广泛认同的观点，费赫尔却对本雅明的主要美学论文《机械复制时代的艺术作品》进行完全不同的解读。

《机械复制时代的艺术作品》带有进化论与集体性特征。费赫尔认为，本雅明不可接受地把伐木、印刷、摄影与电影这些完全异质的技术融合起来。在他的描述中，有一种确定无疑的"进化论"的支持，在艺术复制技术的进步与运用到日常生活中的技术进步

---

① （德）瓦尔特·本雅明：《德国悲剧的起源》，陈永国译，北京：文化艺术出版社 2001 年版，第 3 页。

② （德）瓦尔特·本雅明：《德国悲剧的起源》，陈永国译，北京：文化艺术出版社 2001 年版，第 49 页。

③ （德）瓦尔特·本雅明：《德国悲剧的起源》，陈永国译，北京：文化艺术出版社 2001 年版，第 146 页。

④ （德）瓦尔特·本雅明：《德国悲剧的起源》，陈永国译，北京：文化艺术出版社 2001 年版，第 178 页。

之间还存在着明显的类比关系。他同情地引述瓦莱里：艺术上形成和机械复制的声音、图像等现象与现代日常生活中煤气、自来水、电力现象没有区别。马尔库什也认识到本雅明的技术进步的观念："本雅明肯定了大众文化尤其是电影的批判的解放的潜能，这种潜能被进步的技术与生产手段所赋予。"①在费赫尔看来，本雅明试图从现代艺术中消除"灵韵"。"灵韵"就是原初的艺术作品流泻出来的东西，是唯一的本真的人格的标志，这种不可忍受的自律的符号不得不被消除。《机械复制时代的艺术作品》是本雅明所称之为对抗"反动的个体艺术作品"的"进步的大众文化"的有意识的宣言。"灵韵"消除的进一步功能是废除传统。应该通过宗教狂热或者仪式的破坏进行。因为个体艺术作品几千年通过这种仪式被整合到艺术的文化传统之中。仪式原初是魔术的，后来成为宗教。在世俗化的时代，它形成了为美而美的仪式。但是它一直问题丛丛，当"大众"需要把艺术作品"更接近"自己，正如他们把洗手间、电炉、煤气热水器带到"更接近"日常实践那样时，它在现代就成为完全反动的了。在这种意义上，"灵韵"的消除是解放。正是摄影在以展示价值取代膜拜价值中迈出了关键的步伐。电影这种现代性的核心艺术完成了这种转向。电影履行了许多解放的行动。但是费赫尔认为："电影把舞台演员的原初意义上的'灵韵的'人格以及原初意义上的'阐释上自由的'接受者归属于一个核心的严格的意志：电影导演的意志。在荧屏演员的表演中，不能够存在'灵韵的'因素，男女演员不再在任何传统意义上演戏，而是在严格意义上遵循与'表演'。这就是为什么演员需要外在的'展示价值'即明星图像来作为他们'非灵韵'人格的必然补充。同时，本雅明好像没有认识到，虽然对演员的灵韵人格或者阐释上自由的接受者是不可容忍的，但正是这种'集中意志'，成为众所周知的、广泛讨论而从来没有挖掘的现象的主要原因：曾经有影响的电影的令人吃

————————

　　① Gyorgy Markus, Walter Benjamin or the Commodity as Phantasmagoria, In *New German Critique*, Spring/Summer2001 Issue 83, pp. 3 –42. 马尔库什在文中比较了本雅明与布莱希特关于艺术进步的思想，布莱希特认为艺术成为商品是一种进步，本雅明以一种激进主义的方式超越了布莱希特的认识。正如弗劳（John Frow）所说，本雅明的观点必然导致"技术的拜物化"。

惊的急剧的总体萎缩。"①而且,电影把接受者转变为专家,此外它消除了普遍的创作者与接受者的传统区分。反讽的是,本雅明的主要证据是苏联,在苏联非职业的演员占据了电影院世界,然而对资本主义西方电影世界加以拒绝。在电影院的影响下,对艺术作品传统的"反动的"态度就让位于一种兼有娱乐与事业的"进步的"态度,这种态度是专家大众的"自我组织的聚合",而不是原子化的独属于在艺术走廊里绘画接受者的闲逛。虽然阿多诺以文化工业的解读对本雅明的美学范式进行了批判,但是费赫尔认为这种批判是片面的,阿多诺忽视了本雅明的这些问题:没有批判地沉醉于技术过程以及其断然的"进步的"趋势;本雅明对自律个体性(作者、接受者、艺术作品等)的敌视;他对演员和接受者都服从的匿名的"核心意志"的礼赞(这种意志在本雅明积极地涉及斯大林主义的俄国中获得了如此难以预料的政治扭曲);以及本雅明对艺术接受中的技术态度的赞美式的图绘:"事业"。本雅明这种对技术过程的未加批判的礼赞,消除自律个体的目的与对控制每个人的"核心意志"的主张对费赫尔来说呈现为"社会主义现实主义的宣言"。在本雅明看来,电影观众是受控于集体的,而不是现代小说的私人阅读,"关键在于看电影时,个人的反应较之别种场合更易先决地受制于观众集体"②。本雅明在《摄影小史》中对摄影的艺术价值的肯定也是带有集体意识特征的,复制技术的训练对人们感受规模巨大的艺术作品已造成了很大的改变,"人们已不再将艺术品视为个人创造的私有物,因为它们已经变成强大的集体产物"③。"俄罗斯导演的伟大成就只有在一个摄影不凭冲动及暗示而是依赖经验和学习为基础的国家才可能产生。"④本雅明的美学事实上与卢卡奇的美学一样都是渴求一种普遍性或者总体性。在费赫尔看来,"卢卡奇一直偏爱普遍,首先偏爱共产主义,后来偏爱'解放的

① Ferenc Fehér, Lukács and Benjamin: Parallels and Contrasts, In *New German Critique*, No. 34(Winter, 1985), pp. 125 – 138.

② (德)瓦尔特·本雅明:《迎向灵光消逝的年代:本雅明论艺术》,许绮玲、林志明译,桂林:广西师范大学出版社 2004 年版,第 84 页。

③ (德)瓦尔特·本雅明:《迎向灵光消逝的年代:本雅明论艺术》,许绮玲、林志明译,桂林:广西师范大学出版社 2004 年版,第 44 页。

④ (德)瓦尔特·本雅明:《迎向灵光消逝的年代:本雅明论艺术》,许绮玲、林志明译,桂林:广西师范大学出版社 2004 年版,第 50 页。

宏大叙事批判与多元美学建构

人类'。本雅明也热衷于普遍,从《悲苦剧》到 1940 年的哲学碎片,普遍一直是人热情的关注之点。不过他以比卢卡奇更'自然'的方式追求其根基,他最后对犹太神秘主义的兴趣说明他追求同一性"①。这是宏大叙事的解放的救赎范式。他与卢卡奇都在寻求革命的总体性,正如莫斯所认识到的:"通过确认一个集体的革命主体,本雅明表达与无产阶级(与共产党)的团结"②,甚至是"模仿共产党的官方路线"③。马尔库什也揭示了本雅明在电影中对集体性的诉求而坚决地反个体性。本雅明通过强调经验中的重复性与暂时性因素,试图克服"唯一性与永恒性"④,这事实上试图挑战神化的现代个体创作者及其作品。马尔库什也揭示了本雅明模式的进化论特征,认为《机械复制时代的艺术作品》与《拱廊计划》以及与之相关的作品在理论上有断裂,这就是强调了艺术生产的技术条件下的累积性变化。这正是本雅明所激进地拒绝的"正统马克思主义"的特征。马尔库什认为:"这表现了本雅明后期著作的基本的不可解决的理论困惑(这不充分地暗示的经常遇到的'技术决定主义'的指责)。"⑤电影中灵韵的消退具有进步的历史意义,它以艺术的政治化对抗着法西斯主义的政治审美化。

本雅明与卢卡奇美学思想的连续性与同一性也表现在对布莱希特的评价上。本雅明成为布莱希特文艺复兴的先辈,这被视为布莱希特激情史诗剧场的阐释者。卢卡奇在 20 世纪 30 年代关于布莱希特的陈述是最糟糕风格的奔泻,这种风格被后来阿多诺称为"身体锻炼教室的语言"。但是费赫尔把布莱希特的阐释者本雅明视为卢卡奇的学生,认为他继承了卢卡奇的许多东西。事实上本雅明对布莱希特的阐释也是带着救赎范式的特征的。费赫尔认

① Ferenc Fehér, Lukács and Benjamin: Parallels and Contrasts, In *New German Critique*, No. 34(Winter, 1985), pp. 125 – 138.

② Susan Buck-Morss, *The Origin of Negative Dialectics*: *Theodor W. Adorno*, *Walter Benjamin*, *and the Frankfurt Institute*, New York: The Free Press, 1977, p. 144.

③ Susan Buck-Morss, *The Origin of Negative Dialectics*: *Theodor W. Adorno*, *Walter Benjamin*, *and the Frankfurt Institute*, New York: The Free Press, 1977, p. 148.

④ Gyorgy Markus, Walter Benjamin or the Commodity as Phantasmagoria, In *New German Critique*, Spring/Summer2001 Issue 83, pp. 3 – 42.

⑤ Gyorgy Markus, Walter Benjamin or the Commodity as Phantasmagoria, In *New German Critique*, Spring/Summer2001 Issue 83, pp. 3 – 42.

为,就布莱希特和本雅明而言,最初一步是强调史诗剧的非亚里士多德本质,最重要的是强调净化的缺席,它被震惊与"惊讶"所取代。费赫尔看到:"本雅明这种革新具有两个直接的意义。首先,代替净化的震惊,含蓄地拒绝了环绕在戏剧周围的道德世界的存在,拒绝了构建从亚里士多德到莱辛所有净化理论的基本假设的观念。不过,如果净化被震惊取代,我们就面临本雅明的著名的范畴:'静止的辩证法',这个术语被沃林详细地分析。'静止的辩证法'是一种星座化,在星座化中,尽管'历史'没有通过某些自动力量向最终目标移动,但是能够洞察到整个世界的悲哀与复杂性,以及准备'救赎'的地面。"①布莱希特的陌生化戏剧在本雅明看来仍然是切合卢卡奇的总体性诉求的。本雅明借助于震惊与"惊讶"重新构建舞台与观众被丧失的统一体。在这点上,就观众的类型几乎没有谈及的本雅明紧密地跟随青年卢卡奇与布莱希特对"娱乐剧场"的赞助人进行强有力的批判。在本雅明的描述中尤其可以看到"聚会词汇"。舞台将成为一个展示空间,在此"公开的真理"将被展示;观众将从一"群人",都寻求快感的独立的观者的聚集者转变为具有很好确定的兴趣与政治意识的集体。所以费赫尔认为:"本雅明理解到,史诗剧场的关键范畴,'静止的辩证法'仍然是思想家渴求弥赛亚与救赎。"②

　　费赫尔还进一步挖掘本雅明救赎美学的形成因素。本雅明对《悲苦剧》的写作,试图以美学来救赎,根本上是他作为现代自由漂浮的知识分子的体现。他与卢卡奇都顽固积极地相信知识分子的救赎的弥赛亚的角色。知识分子的职责不是"散播光明",在抛弃上帝的世界历史赋予知识分子的任务就是成为救赎的人。本雅明与卢卡奇以不同的方式怀疑启蒙工程。他们作为知识分子的任务就是要成为救赎的工具。"从何处救赎?""以何种形式救赎?"是卢卡奇和本雅明所要回答的问题。对卢卡奇而言,现代性的非本真性与机械的毫无生命的文化是他冷酷的激情的主要对象。本雅明的更温和精神被瞄准到非特有的人类痛苦,某一天死者应该从这

　　① Ferenc Fehér, Lukacs, Benjamin, Theatre, In *Theatre Journal*, Vol. 37. no. 4 (Dec. , 1985),pp.415 –425.

　　② Ferenc Fehér, Lukacs, Benjamin, Theatre, In *Theatre Journal*, Vol. 37. no. 4 (Dec. , 1985),pp.415 –425.

种痛苦中得到救赎。卢卡奇进行几次实践救赎的尝试，但是都失败了。对本雅明而言，实践的救赎纯粹不是知识分子的任务。尽管有这种区别，但是卢卡奇与本雅明都相信救赎。首先，救赎不必与统治相混淆。虽然卢卡奇几次涉及实践的救赎者或者统治哲学家，但是都没有实现其梦想。本雅明太清楚了，根本没有怀着这种自我幻想的观念。第二，他们都相信，文化主要是艺术与文学不仅仅是"更重要的"生活层面的"上层结构的附加剂"，它们是普遍意义的基础，在这个基础上，支持与反对救赎的战役才得以开始。"文化"的概念被他们完全不同地阐释。卢卡奇一直追求古典主义的和谐，建构主义的秩序以及尴尬的脱离身体的柏拉图的超然。本雅明逐渐成为后现代主义的前辈，他对各种新的事物开放，以至于今天的女性主义者在他那里分析了女性原则的倡导者。但是"他们对作为救赎的文化的信念直到他们死仍然是没有动摇，无懈可击"①。本雅明与卢卡奇都带有相同的最终的幸福观念："救赎要么以最后审判的形式到来，那儿只有单一的衡量尺度，坐在厅堂上的人是一个最高权威；要么以救赎所有饱受无限人类痛苦的共同体的人们的安抚行动的形式到来。"②虽然卢卡奇与本雅明都是散文家，本雅明在《悲苦剧》中把散文与马赛克视为西方文化的最高成就。但是，"救赎根本上不是散文式的。它或者是整体论的，或者是一个没有完成的希望"③。不过与卢卡奇的救赎范式不同，本雅明的救赎不是有意地认同进化论，而是在断裂中寻找意义，在短暂性中获得永恒性。正如本雅明所说，应该从"题材内容"获得"真理内容"，"由于作品中的永恒之物只能凭借那些现实而存在，所以当代批判不管如何出色，只能抓住作品中的运动而非静止的真理，只能抓住暂时的效果而非永恒的存在"④。

　　费赫尔对本雅明救赎美学研究体现了西方研究本雅明思想的

　　① Ferenc Fehér, Lukács and Benjamin: Parallels and Contrasts, In *New German Critique*, No. 34(Winter,1985), pp. 125 – 138.

　　② Ferenc Fehér, Lukács and Benjamin: Parallels and Contrasts, In *New German Critique*, No. 34(Winter,1985), pp. 125 – 138.

　　③ Ferenc Fehér, Lukács and Benjamin: Parallels and Contrasts, In *New German Critique*, No. 34(Winter,1985), pp. 125 – 138.

　　④ （德）瓦尔特·本雅明:《歌德的〈亲和力〉——献给尤拉·科恩》,"陈永国、马海良编:《本雅明文选》",北京:中国社会科学出版社1999年版,第44页。

普遍倾向,尤其受到了沃林的著作《瓦尔特·本雅明:救赎的美学》的影响。费赫尔在 1983 年发表了关于此书的长篇的研究性评论。在他看来,尽管本雅明的思想对沃林来说充满分歧与多样性,杂糅着文学、神学、马克思主义,"它具有一系列矛盾的形式,是极端断裂的网络,它的确具有废墟的形式"①,但是沃林认识到本雅明文本中的内在连续性,并突出了"救赎"范畴。这是沃林从哈贝马斯那里借来的概念,并进行了扩展性界定。费赫尔认为:"这个世界的救赎,不论是公开或者隐蔽的,积极的或者消极的焦点,都是历史哲学的核心主题",这是 20 世纪早期"所有左派理论的立足点"②。三种经验形成了本雅明时代的左派的宗教末世论的激进主义:进化论的觉醒,第一次世界大战与苏联革命。所有左派不接受改革,只接受符合他们信条的激进的革命。马克思的"前历史"观念在卢卡奇的思想中成为一种弥赛亚。布洛赫的希望哲学也是把马克思主义置于救赎范式之下的。费赫尔还引述了沃林关于本雅明与索伦(Gershom Scholem)的友谊以揭示本雅明的救赎范式:"对本雅明而言,历史哲学变成了拯救的历史,批评家的任务——或者以后历史唯物主义的任务——就是营救几乎没有的独特的超验图像,这种图像照亮了历史的连续性、现时代,它不断从遗忘之命运中遭受耗尽的危险。……本雅明后来在历史唯物主义的影响下把他的方式视为静止的辩证法……借助这个概念他毅然突破了启蒙运动(与社会民主)的历史进步观念。这种观念只认可无限的空洞的、数量的过渡,这种过渡是始终同质的时间,其鲜明的特征就是不断地在'废墟上对废墟'进行堆积。静止的辩证法的方式是主要集于在那些在历史上充满现在时间的焦点……在 20 多年的文学活动中,本雅明始终对文化历史虔诚地保持这种态度。"③本雅明类似于辛格(Singer)的重要小说《摩斯卡特之家》(Family Moskart)的主人公黑塞勒(Asa Heshel),是一个犹太神秘主义者,追求神秘的真理,

① Richard Wolin, *Walter Benjamin : An Aesthetic of Redemption*, New York : Columbia University Press, 1982, p. 251.

② Ferenc Fehér, Wolin on Benjamin, In *New German Critique*, No. 28 (Winter, 1983), pp. 170 – 180.

③ Richard Wolin, *Walter Benjamin : An Aesthetic of Redemption*, New York : Columbia University Press, 1982, pp. 48 – 49.

但是当弥赛亚在大屠杀的废墟中降临时,他觉醒了。

正是对救赎范畴的关注,沃林论述了文学与艺术的社会功能。这涉及本雅明三个阶段的美学思想。在《悲苦剧》阶段,艺术超越了纯粹审美的维度,成为神学救赎的侍从。这种宗教 - 神学的激进主义与布洛赫的美学相类似。第二个阶段是文学与艺术的政治功能,是《机械复制时代的艺术作品》所论述的。这受到了布莱希特的影响,同时也带着本雅明自己的"审美 - 政治"的共产主义实验。这种新概念为艺术与生活提供了互惠。幸福的诺言是生活将直接会在政治化的艺术作品的影响下被改变,政治化的艺术作品鼓励我们的情感与思想,以对抗着法西斯主义的攻击。同时,艺术作品通过两种明显的方式从其新的自我理解中得到好处:一方面艺术深深地融入新技术,在本雅明对文学与艺术的新的感知中打开了意想不到的远景,所以,本雅明对电影与大众文化持有浓厚的兴趣;另一方面,艺术作品的激进的政治化散播到每种事物之中,这对本雅明来说呈现为不仅仅是应急的东西,它是艺术与生活新的融合的预示。在费赫尔看来,沃林通过阿多诺对本雅明的拒绝来怀疑本雅明这种幸福的融和。在第三个阶段,本雅明克服理论上与政治上功能概念的局限性,以彻底挖掘辩证图像的解放潜能。这体现在本雅明对波德莱尔的分析中,波德莱尔的审美现代性预示了新的解放潜能与希望。沃林认为:"从现代性的废墟中……在'集体意识'中出现了愿望 - 图像,这些图像是新秩序的预示;然而这些最初来自新颖性的图像 - 幻觉最终返回到原初过去的因素之中,这些因素几个世纪以来已经储存到集体无意识之中。这些集体图像是没有阶级的社会的图像,在新旧交互作用的过程中,这些图像从潜伏状态解放出来……结果,波德莱尔的诗歌突出展示的现代性的废墟,对本雅明来说暗示了与前历史的沟通网络,他视之为走向乌托邦或者没有阶级的社会的最终的刺激物。因为,随着资本主义生产力的巨大解放,乌托邦已经成为一种现实的可能性;然而进入自由王国的跳跃又同时被资本主义的生产关系的衰退所妨碍。因而,人类乌托邦之梦想第一次不再是纯粹的梦想;它具体的足迹布满现时代,可以说乌托邦正急切地以社会主义社会的理性形式复活。"①费赫尔没有具体阐释这点,事实上,本雅明通过对意象与关键词语的分析,认识到断裂、忧郁、拾垃圾者、妓女、赌徒等废墟意象的救赎性意义,波德莱尔的诗歌以震惊的体验而消散了传统艺术的灵韵:"他的诗歌在第二帝国的天空上闪耀,像'一颗没有氛围的星星'。"②比格尔解释说,本雅明论波德莱尔的著作是"带着救赎艺术作品的历史真理内容的意图","救赎的批判强调了过去客观文化形式的历史真理内容"③。本雅明对审美现代性的迷恋也因为它具有集体意识的特征。事实上,布达佩斯学派的另一成员马尔库什也对此进行了分析。他认为,本雅明试图消除艺术作品的灵韵,颠覆私人化、自律性的艺术作品,以追求震惊体验。波德莱尔的诗歌与电影一样表现出震惊的效果,虽然波德莱尔的诗歌体现出个体的意象与情绪,但是蕴涵着集体的解放的救赎功能:真正的艺术所赋予的任务就是把个人化经验体现的东西转变为"能够辨认与考察的潜在的集体意识的对象"④。本雅明也明确地表明了这点,波德莱尔已经赋予了私人的、主观的经验以"集体经验的分量"⑤。在异化的社会中,波德莱尔的诗歌就获得了潜在的政治批判的功能。

沃林对本雅明关于艺术三种功能的论述透视出本雅明美学的救赎特征。费赫尔认同沃林的分析,但是他也指出了沃林的缺陷,尤其是没有从知识分子的文化身份来理解本雅明的救赎美学。所以费赫尔认同曼海姆的"自由漂浮的知识分子"与桑塔格(Suan Sontag)的"最后的知识分子"的理论,"如果人们需要为本雅明的故事进行社会学的确定,那么将在这种规定中找到现代知识分子的'自由 – 漂浮的',因而能够轻易激进化的特征。这样的结论没

① Richard Wolin, *Walter Benjamin: An Aesthetic of Redemption*, New York: Columbia University Press, 1982, pp. 175 – 176.

② (德)本雅明:《发达资本主义时代的抒情诗人》,张旭东、魏文生译,北京:生活·读书·新知三联书店 1989 年版,第 168 页。

③ Perter Bürger, *The Decline of Modernism*, trans. by Nicholas Walker, Cambridge: Polity Press, 1992, p. 25.

④ Gyorgy Markus, Walter Benjamin or the Commodity as Phantasmagoria, In *New German Critique*, Spring/Summer2001 Issue 83, pp. 3 – 42.

⑤ Gyorgy Markus, Walter Benjamin or the Commodity as Phantasmagoria, In *New German Critique*, Spring/Summer2001 Issue 83, pp. 3 – 42.

有被沃林所获得,但是他的书正确地指向了这里"①。

布达佩斯学派的成员拉德洛蒂对本雅明的救赎美学也进行了深入研究,发表了一系列著述。他研究的视角与费赫尔的具有相同之处,就是强调本雅明美学的救赎范式特征与集体意识特征,但是也侧重于不同的话语层面。他通过本雅明美学与伽达默尔阐释学的比较,从本雅明论歌德的《亲和力》中获得的"题材内容"与"真理内容"话语来阐释本雅明的救赎美学,尤其是《德国悲剧的起源》中的救赎范式,探究本雅明对传统美学的转变与新型美学的建构。

拉德洛蒂指出,本雅明与伽达默尔具有共同的目标。这两位思想家的作品是其世界观的产物,都试图突破以杰作为范式的美学,脱离规范性思考,从而追求真理内容。他们主张审美意识的解放,以瞬时的非确定性的趣味反对一致性的趣味。真理内容只能在阐释的情景中,在创作者、作品、作品所涉及的每一个人与整个历史世界共同参与的理解对话中才能够得以设想。但是本雅明的思考与伽达默尔的思考仍然存在差异,前者在《亲和力》的论文中区别了材料内容(material content)和真理内容(truth-content),并相应确定了评注(commentary)与批判(critique)两种接近艺术作品的方式。在拉德洛蒂看来,每一部作品对其共同体或者公众来说都是由共同的材料内容组成的网络,这使得它能够影响它同时代的人。如果这种影响效果的语境被时间打碎了,它就必须被重构(re-construction)。只有在重构工作之后,才能够提出关于作品的真理内容的问题,即是真理内容有助于材料内容,还是材料内容有助于作品的真理内容。这样就存在着双重的任务。一是批判的任务,也就是评注。评注是面向过去的,它使过去的效果内容成为有意识的,把它呈现出来。二是重构的任务,也就是建构(construction)。只有建构才能使在评注活动中起作用的选择原则成为有意识的,因为它不是停留于过去,而是停留在现在。这种带入意识与合法性问题是一致的,涉及接受的规范基础,正是这种规范基础把重构改变为建构,这种真理内容在拉德洛蒂看来最终是本雅明的历史

① Ferenc Fehér, Wolin on Benjamin, In *New German Critique*, No. 28 (Winter, 1983), pp. 170 – 180.

哲学,这就是本雅明的救赎美学。对本雅明来说,对真理内容的理解不存在不断的进步。现在的图像是静止的和封闭的,现在不是被理解为因果链条的展开而是理解为时间,过去的某种东西恰恰是现在对这种时间的问题提供了答案。这意味着巨大的断裂。在拉德洛蒂看来,本雅明在他整个职业生涯所使用的各种单子的建构与其哲学意义都实用于断裂,它们与历史主义的方式相矛盾。但拉德洛蒂认为,本雅明的这种断裂也从历史持续的材料中得到发展,他也把历史视为是持续的,但不是作为进步的发展。这也是伽达默尔所主张的,但是两者的区别在于,伽达默尔谈及的是过去与现在的融合,而本雅明谈及的是这种持续的爆裂。在本雅明那里,历史的持续是一种同质的丑闻,人们必须从这些丑闻中被救赎,因而突破的尝试一直被从外注入一种也许太强烈的光线,"对他来说,救赎向接受和革命许诺"。如果说伽达默尔的历史是在海德格尔的关爱天空下改变了,那么,"布洛赫的希望之星友好地照亮了本雅明的历史概念。只有被救赎的人类才能引述人类的整个历史,但是引述的收集,把它们合并成为一个单子,以及对之微小的批判救赎,恰恰是宇宙的裂隙中的真理的避难所。这就是本雅明收藏热,作为收藏家的本质的深层基础"①。拉德洛蒂通过伽达默尔的阐释学视野挖掘出本雅明整个美学的实质,就是在现在的碎片中获得希望,在题材内容的重构中获得真理内容。这事实上也是效果(effect)与接受(reception)的问题。批判是接受的模式,是已经成为意识并被确证了的效果,是对对象的一种积极的关联。效果是沉浸于传统之中的,而接受产生一种新的传统,所以哈贝马斯把本雅明视为保守－革命的力量。就效果而言,作品、样式或者时代是封闭的,因此对效果的发现成为对当时的材料内容的评注。不过,就接受而言,重构更新了作品,它询问它的内容是什么,它特有的形式是什么,借助这些答案,接受者就能够参与建构。作为自我容纳的评注,重构必然建立在一种没有确证的判断或者偏见之上。而本雅明突破了评注的限制,这也是他内在的偏见,他评注的对象不适合任何传统,而是创作了新传统。

宏大叙事批判与多元美学建构

---

① Sándor Rádnóti, Benjamin' Dialectic of Art and Society, In *Philosophical forum*, No. 1 – 2. (1983 – 84), pp. 158 – 187.

通过对本雅明的美学研究范式的把握,拉德洛蒂深入地分析了本雅明的《悲苦剧》。在他看来,本雅明的《悲苦剧》立足于两种视野:一是巴洛克悲剧与古代悲剧截然不同,这种差异的实质是古代悲剧整合公众,而悲苦剧或巴洛克悲剧被观众整合;二是超越美学限制的视野,形式在形式中是缺乏的。悲苦剧是碎片似的,是粗俗的,无形式成为它的形式。这存在着矛盾,而只有普遍有效性的重新整合才能够消除这个矛盾。这个最高的领域就是神学。这样,本雅明为了推倒美学的庙宇,突破了传统美学的两个支柱:形式的整体与艺术作品的特有价值。拉德洛蒂分两个阶段对本雅明的这些思想进行了考察:一是历史的重构,二是批判的接受。历史的重构意味着对新传统(第二传统)的阐述。与新亚里士多德的古典悲剧相对照的一种特有的戏剧文学,就是德国的巴洛克戏剧,被指责为是粗俗、失衡的。而本雅明提出了一个历史主义的问题,就是考察这个时代所期盼的东西是否是这个时代的规范,巴洛克所对抗的经典艺术是否为这个时代所要求的。考察的结果是出现了一种新的参照系,作为非悲剧的戏剧的悲苦剧是如此的脱离悲剧,以至于悲剧与古代相隔离,而悲苦剧紧密地联系着史诗,涉及寓言符号、神秘剧等。悲苦剧被处于上风的文化理想所压抑,但是在表现主义戏剧中得到了表达。这形成了第二传统。此传统超越了戏剧的样式以及它的意义,即使这个传统脱离了非悲剧性戏剧,人们也能够找到它的连接点,如寓言,这在波德莱尔的抒情诗中处于主导地位。悲苦剧的史诗材料、描述、传说与寓言的亲密性,为其与史诗的样式和叙述提供了联系的基础。在《悲苦剧》中,这第二传统体现为对人类本质的痛苦的记录与寓言,从而与象征－古典主义传统形成对照,这涉及本雅明的神学的救赎:"这个传统体现的堕落的历史铭刻着与拯救的关联,但是这种关联是一种超验的关联,因而只能从神学的视角才能够得以理解。"[1]

本雅明的审美的这种转向意味着拯救历史的世俗化。这或者意味着永恒的堕落,或者意味着此岸的基督降临的终止。非悲剧性的戏剧的主人公不是悲剧的,因为他的命运不是被他的性格决

---

① Sándor Rádnóti, Benjamin' Dialectic of Art and Society, In *Philosophical forum*, no. 1 – 2. (1983 – 84), pp. 158 – 187.

定,而是暴露于外在的决定物。或者他颇有理智地反思社会的矛盾,这就是本雅明在布莱希特的戏剧中洞察到的。在布莱希特的戏剧中,主人公看破红尘,能够把讲故事的样式与第二传统连接起来,因为在讲故事的时候能够插入普遍化的经验与生活的智慧。这是对史诗的回归。根据本雅明的观点,这种循环的回归是历史的空无的持续性的特征。它回归的模式是一种把新的东西带回到旧的东西的时尚模式。然而拉德洛蒂指出,这是矛盾的,他在永恒回环中探索救赎的动力。在《论历史的概念》中,本雅明使用时尚的跳跃的模式来阐明革命的辩证的跳跃。拉德洛蒂指出,在本雅明那里,拯救的可能性建立在一种辩证的原则的基础上,即"借助困难的累积来征服困难"[1]。他回到评注是为了逃避它的内在的偏见与威严,他把希望安置于非悲剧性的戏剧上,目的是为了通过阐明内在于其中的兽性的人类生活来把他从兽性中挽救自己。这也是青年卢卡奇与本雅明的美学的类似性。拉德洛蒂指出,本雅明这种在旧与新之间的关系设想为永恒的跳跃,这种关系对历史的普遍化提出了困难,过去与现在只能在某一点上发生关系,因为只有被救赎的人才能执行整体的重构,所以第二传统没有任何的持续,过程最多意味着到处可见的秘密路径,或者更准确地说是一种星座化。这样,在艺术史上形成了巨大的鸿沟。悲剧事实上处于孤立中,其目前的接受被消除了,因为它不再有曾经整合它的公众。而德国悲苦剧以其未完美性比其他戏剧杰作更好地表达了那个时代的艺术心愿(artistic will)。这些戏剧杰作具有完美的形式与封闭的本质,产生了它们自己的限制与虚假的救赎。拉德洛蒂对本雅明的历史的重构的分析,透视出本雅明的对评注的关注,对碎片与寓言的关注,这事实上揭示出了悲苦剧的材料内容的特征和历史性的特征以及与救赎的独特联系。

在处置古代艺术时,单个作品的持续性、有效性成为审美的意义。不过,本雅明没有把这种观念视为不可改变的事实。因而他沿着两条相关的道路前进:一是美学的转型,二是美学的超越即艺术时代的终结。第一条路是体现在《悲苦剧》以及对布莱希特、卡

---

[1] Sándor Rádnóti, Benjamin' Dialectic of Art and Society, In *Philosophical forum*, no. 1 - 2. (1983 - 84) , pp. 158 - 187.

夫卡、波德莱尔的阐释方面,第二条路体现在他的《机械复制时代的艺术作品》中。在拉德洛蒂看来,本雅明通过灵韵这个范畴对艺术作品进行了批判。艺术作品的世界透视出恶魔的灾难性的表情,"它提供了不能实现的诺言,救赎的虚假的表象"①。本雅明对审美价值的批判联系着对艺术的重新整合。根本问题涉及普遍在艺术之前还是在艺术之后。拉德洛蒂对本雅明没有对此回答的问题进行了阐释,如果普遍在艺术之前,艺术作品来自理念,理论的任务就是把艺术作品回溯到它的形而上学的或者神学的理念,这样艺术作品的存在、意义与内容比任何成形的艺术作品更直接、更特别,但是它的存在直接被普遍所决定,作品也从普遍中获得意义。因而悲苦剧或者寓言不是一种形式的理想,不是一种风格化模式,而是一种形而上学的超验的理想。或者更加准确地说,它是存在与理想的直接的统一。这不必然消除美学,因为超验对寓言的形式原则和悲苦剧的风格化只是一种决定因素。这样,本雅明必定反对美学,反对作为艺术的艺术,目的在于把艺术重新整合到形而上学之中,以产生信仰的艺术,或者说普遍的美学。但是拉德洛蒂指出,既然这种形而上学的内容表现了没有救赎的动物性的境况,一种普遍的美学对本雅明来说也是不可能的。这意味着把艺术的功能激进地视为对生命的直接表达。在本雅明后期著作中,这种普遍的历史哲学的框架置于了艺术作品之前。艺术被重新整合到政治社会的普遍的庞然大物之中。他对传统艺术的膜拜价值的批判在于它是宗教狂热的,巫术的。在《作为生产者的作者》中,他不仅批判了现存的艺术作品与流派,而且从一开始以普遍的名义就规定了,哪种艺术能够是革命的,哪种艺术必然是反革命的。拉德洛蒂认为,这种思想背后就是神学。但是本雅明这种从神学获得的艺术政治的结论没有同现存的趋势相协调,他对被控制的和被组织的艺术的预言也是不正确的,因为"左"倾先锋派没有成为支撑国家的共产主义大众运动的普遍认可的艺术,右倾先锋派也没有成为法西斯大众运动的合适的艺术。

在拉德洛蒂看来,本雅明的第二条路也与《悲苦剧》相关。第

---

① Sándor Rádnóti, Benjamin' Dialectic of Art and Society, In *Philosophical forum*, no. 1 - 2. (1983 - 84), pp. 158 - 187.

一条路是美学的转型,最终超越了艺术走向上帝,第二条路走向了公众。上帝是站在作品之前的普遍,而公众是站在作品之后的普遍。这两条路都不能和平地分享作品。就前者而言,超验的解决有两种模式:首先,是整合公众的狂热的悲剧模式,但是由于缺乏当代的意义不能设想它自己的内在的审美理论;其次,目前的重要的模式意味着艺术与艺术时代的终结。第一种模式是封闭的作品,不能向当代的接受者敞开自己,它只能是个体的经验,但从来不是集体的经验。第二种模式不是作品而是痛苦的表达,或者后来的政治手段。前者有立足于普遍上的先验共通感,后者在救赎的时代设置了共通感。在拉德洛蒂看来,不论哪种路径,本雅明最终思考的是普遍的共识问题,艺术与共同体的关系。但是这不意味着美学的消除,而是意味着美学的转型,提出一个广泛的艺术风格的概念,因为对封闭的作品的内在性解释不是对标准的阐释。本雅明在破碎的形式与问题丛丛的对象化中辨认出了艺术意图的重要问题。他充满激情地探索这个任务,而不是追求答案,因为"他的目的是坚持把作品整合进赋予任务的更宏大的领域:目前的共同体和新的艺术概念——第二传统——这是把艺术以前的特权的共同体和现在的共同体联系起来"①。本雅明坚持认为,构建艺术王国的不是精选的个体的艺术杰作,他所挽救的不是对象化本身,而是对象化形式的语境、起源、中介与共同体。他不仅认为作品是实质的,而且也考虑分类的概念,不仅考虑具体作品,也考虑形式的理想。正是在这种意义上,悲苦剧与寓言是一种形式,联系着特有共同体的世界观。本雅明强调 17 世纪的寓言不是表达的惯例,而是惯例的表达。艺术是一个共同体的意愿与产物,艺术作品向共同体敞开。这样,完美的个体的艺术作品的总体性必然处于危机之中,艺术方面美的象征真理必然被艺术作品的真理内容所取代,作品为了成为世界的表达必须不再成为世界。这些都是对美学的另一种选择,也就是意味着美学的转型。通过拉德洛蒂的分析,本雅明的美学转型恰恰有着神学与普遍的宏大叙事的特征。

① Sándor Rádnóti,Benjamin' Dialectic of Art and Society, In *Philosophical forum*, no. 1 – 2. (1983 –84) ,pp. 158 –187.

宏大叙事批判与多元美学建构

与普遍性相关的,拉德洛蒂探讨本雅明美学的集体经验意识。本雅明把建筑视为范式性的艺术,就是因为它的实用性更紧密地联系着集体艺术的效果与社会使命。在建筑中甚至可以找到集体社会的可能性。拉德洛蒂探讨了本雅明对新的经验概念的阐释,本雅明把里格尔的感知经验扩展成为社会经验、世界观,这种经验是面向传统的、群体性的,而个体接受的经验是 Erlebnis,这种个体经验不能交流,只是可以交流的信息的补充。评注成为信息,批判形成个人经验,这导致了历史的空无的持续。非原子化的有机公众的群体经验是反对连续性的,而正是堕落的经验、偶然性、震惊、梦幻与模糊的梦象的符号把整个公众与第二传统联系起来。所以拉德洛蒂认为:"集体经验集中于《德国悲苦剧的起源》的理念和拱廊街的辩证图像之中。不像个体性艺术作品,材料内容没有被抛弃而是通过第一个传统的观众 - 公众和第二个传统的漫游的公众得到保持。"①收集既定经验的方式显示出两个方面融合。辩证图像的辩证法事实上显示出了这种两重性。首先,个人经验与集体经验的区别变得模棱两可,因为个人经验具有一些共同的因素,具有一些能够普遍化的内容,大众经验就是这种经验,内在经验成为共同的经验时也是如此。其次,集体经验与新、旧内容及其相应的革命的或重构的功能的联系也是模棱两可的。再者,乌托邦的经验也是模棱两可的,它在客观化的梦幻与希望中找到了表达,但是又发现它们转变成为了商品。这些都是与本雅明的理念相交织的,使得其整个思想显得模棱两可。因为他把没有救赎的历史视为灾难的持续,他把救赎的可能性视为过去希望的闪烁。作为过去的未来,记忆中的未来,在第二传统中找到了它们世俗的意义,在没有可支持的语境中,这种意义作为群体形式的意愿。它重新对占主导的第一传统起作用,打碎第一传统,剥夺它的统一性,赋予第二种意义,并在新的语境下保护它。所以,拱廊街、大街、钢铁建筑与全景、照片、电影以及它们背后的宏大的共享经验,都被本雅明合并到辩证的图像里,都在原子化的和整合的社会结构之间摆动。本雅明认为共享的经验本质是先验的。救赎意味着解放,

第一章 对作为历史哲学范式的现代美学的批判

① Sándor Rádnóti, Benjamin' Dialectic of Art and Society, In *Philosophical forum*, no. 1 - 2. (1983 - 84), pp. 158 - 187.

因为中产阶级的两种形式,原子化的社会和不可还原的群体生活都是群体经验的疾病。本雅明的解放设置了捣毁的辩证法和唤醒的辩证法:一是捣毁作为商品的文化,捣毁个人经验的文化,捣毁经验的原子化与卑俗;二是唤醒作为希望之梦的文化的人们,消除中产阶级社会作为梦幻世界的群体因素和参照物。这仍然是在困难的累积中去征服困难,但是在捣毁的辩证法里,退缩体现出累积的困难,而在唤醒的辩证法里,退缩是提升到更高的水平。这在某种程度上也是捣毁,因为提到更高水平的东西从语境中撕裂,并以碎片的形式被永恒化。悲苦剧就是如此整合了作为共同体的公众。他也是在这样的理论框架下阐释了波德莱尔、布莱希特、卡夫卡和普鲁斯特的艺术。所以拉德洛蒂认为:"本雅明的文化哲学建立在一种价值选择之上:建立在群体文化而不是个体文化的选择之上。起初,他把共同体视为宗教共同体,后来把共同体视为政治革命解放了的群体社会。"①如果救赎是回归,那么共同体的普遍只能是宗教的,这也是本雅明批判康德的原因,他试图以实质性的宗教先验取代康德的经验的形式先验本质,这是一种形而上学的解决。艺术在本雅明那里成为群体的存在形式。

拉德洛蒂通过本雅明的美学范式以及内在的集体性渴求,揭示了其美学与历史哲学的深入联系,这根本上可以回归到他的救赎美学范式上,回到他的弥赛亚主义。本雅明的美学理论与历史哲学、政治解放哲学都指向了弥赛亚的视角,这种弥赛亚主义尤其被犹太弥赛亚主义传统所强化。这显示出从过去中抓取未来,禁止描绘未来。根据索伦,犹太弥赛亚主义的主要特征是一种灾难的理论。它在启示存在与乌托邦希望的二重性中强调救赎的破坏方面和革命方面。在历史与救赎之间不存在中介,导向救赎的进步因素是缺失的,救赎本质上是无法预料的。拉德洛蒂指出,本雅明美学理论建立在犹太传统的另一个因素是对语言的思考,这种思考的模式不是客体指向的孤独的个体,而是在我与你的话语情景中,这正是《圣经》的模式,上帝与人类对话的模式,这种传统的维持联系着语言意识的共同体。拉德洛蒂指出,海德格尔、阿佩尔

---

① Sándor Rádnóti, Benjamin' Dialectic of Art and Society, In *Philosophical forum*, no. 1 – 2. (1983 – 84), pp. 158 – 187.

等思想家都涉及这一传统。这种传统使得本雅明集中思考接受、共同体、集体意识的问题,试图重构主体间性。所以本雅明始终在思考"移民到巴勒斯坦,沉浸于对希伯来人的语言研究,等等。本雅明紧密地联系着犹太的共同体,这个共同体是他最后在他的朋友格尔索·索伦的思想中才找到的"①。虽然本雅明试图加入共产党,但是党的组织不是一个卢卡奇的正确的阶级意识的体现,而是在于革命,革命才是一种救赎的路径,按照拉德洛蒂所说,他在革命的救赎的跳跃的理念中找到了一个家,但最终不是找到了党。不过这遇到了矛盾,一个指向弥赛亚的期盼的宗派是可能的,但是一个弥赛亚的党是不可能的。

由此拉德洛蒂认为,本雅明的美学充满了诸多的矛盾与悖论,而且悖论以悖论的方式出现,这些问题通过神学才能够得以阐释:"捣毁与拯救的直接的联系,灾难与救赎的彼此敌对的世界观,如果没有神学的确证就不能处置——自然,那是内在世界的神学。"所以拉德洛蒂认为:"文化是隐蔽神学的纠正物。解放神学与解放着的文化哲学构成了本雅明思想的最终矛盾。因为,如果文化哲学利用神学来为其服务,那么它就使文化成为解放的手段;但是这种已经成为手段的文化却是堕落的。"②拉德洛蒂对本雅明的救赎美学的阐释是深刻的,也是切合本雅明思想实际的,本雅明的文本是一个个破碎的文本,迷恋于碎片与瞬间,但是隐藏着宏大的历史哲学的救赎范式,透视出对集体性的、普遍的"他者"的眷念。

事实上,对本雅明的救赎美学的研究也不只是沃林与布达佩斯学派所进行的,哈贝马斯、比格尔等西方马克思主义者也进行了研究。哈贝马斯在 1972 年发表了一篇论文《有意识的救赎批判——瓦尔特·本雅明的重要性》(*Bewusstmachende und rettende Kritik—die Akualität Walter Benjamins*)。这是较早从救赎视角来审视本雅明的美学的文章。哈贝马斯比较了意识形态批判与救赎批判,并认为后者是一种保守主义的批判,马尔库塞的《论肯定文化的特征》是意识形态批判的典范,而本雅明的《机械复制时代的艺

① Sándor Rádnóti, Benjamin' Dialectic of Art and Society, In *Philosophical forum*, no. 1 – 2. (1983 – 84), pp. 158 – 187.

② Sándor Rádnóti, Benjamin' Dialectic of Art and Society, In *Philosophical forum*, no. 1 – 2. (1983 – 84), pp. 158 – 187.

术作品》体现了救赎批判的范式。马尔库塞导向古典艺术与艺术美的概念,而本雅明对巴洛克与先锋派艺术这些"非肯定的艺术形式"感兴趣。① 比格尔 1979 年发表了对本雅明的"救赎的批判",此文后来成为 1992 年出版的《现代性的衰落》的第二章。比格尔的分析建立在哈贝马斯的论文基础上,但是对哈贝马斯的分析提出了质疑,认为本雅明的救赎批判不是保守主义的,不是完全脱离意识形态批判的,而是与意识形态批判相互补充。虽然救赎批判与意识形态批判有着不同的理论渊源与话语特征,虽然本雅明与马尔库塞采用不同的马克思的视角,后者采用马克思的《论犹太人问题》和《〈黑格尔法哲学批判〉导言》作为其范式,试图揭示客观文化形式与社会现实的内在关系,建构起虚假意识的概念范畴,前者采用马克思的生产力发展的理论作为范式,它是指向碎片与破坏的,但是两者是"彼此补充与完善的"②。本雅明的救赎批判是辩证的批判,抓着现实的矛盾性,能够发现它试图捣毁的积极时刻。这与忏悔批判不同,为了揭示波德莱尔著作与辩证唯物主义的关系,本雅明自己就打算以"'救赎'与目前的'忏悔'的对立形式"写一篇导论。忏悔批判迷恋效果历史的连续性,伪造历史过程的连续性,而救赎批判产生了与传统的断裂,这是"一种本身就创造意义的创造批判形式"③。比格尔通过救赎批判对待过去与现在的时间态度,肯定了本雅明的非保守主义政治姿态,正是在现在的,时间停止了,这才可能对待过去的道路,从而现在获得救赎,因为它促进了现在问题的解决。所以本雅明的救赎批判是具有革命意义的,"本雅明是以完全政治的方式设想他的救赎批判的"④。

比较哈贝马斯、比格尔与布达佩斯学派的分析,前两者是从保守与进步的政治角度来解读本雅明的救赎批判的,而布达佩斯学派是从历史哲学的角度来分析的,尤其是认识到宏大叙事与集体

---

① 哈贝马斯的论文,参见郭军编:《论瓦尔特·本雅明:现代性、寓言和语言的种子》,长春:吉林人民出版社 2003 年版。

② Perter Bürger, *The Decline of Modernism*, trans. by Nicholas Walker, Cambridge: Polity Press, 1992, p. 26.

③ Perter Bürger, *The Decline of Modernism*, trans. by Nicholas Walker, Cambridge: Polity Press, 1992, p. 29.

④ Perter Bürger, *The Decline of Modernism*, trans. by Nicholas Walker, Cambridge: Polity Press, 1992, p. 22.

意识的特征，从而对其提出批判。对此，莫斯进行了深入的阐释，"本雅明是从经验碎片本身中建构绝对的东西。最细小的最短暂的特殊成为理念的材料与物种。"对柏拉图来说，作为真理的理念出现在现象中，对本雅明而言，现象呈现为理念中的真理，结果短暂的特殊性的"尊严"得到维护，成为不朽，"本雅明通过把它们的元素置入作为'永恒星座化'的理念结构中，构想了它们的'救赎'（Rettung——这是一个有意识的宗教词语）"①。布达佩斯学派通过与卢卡奇的模式的关系来分析，认识到其救赎范式的激进普遍主义的缺陷与集体主义意义的政治诉求。从这个意义上说，布达佩斯学派的分析与沃林类似，都对法西斯主义与苏联社会主义的极权主义深恶痛绝。在救赎范式中，政治多元主义的选择性丧失了，自律的个体性也以普遍性的名义被合法地剥夺。马尔库什通过本雅明与马克思的商品拜物化理论的分析认为，本雅明与马克思一样试图找到"超越现在地狱的激进的动力"②。他与西方马克思主义一样试图寻找解决所有历史问题的宏大的激进方案，试图在高雅文化缺乏大众社会有效性的语境中，"寻求大众日常经验的形式"③，在经验形式中来找到革命的力量，甚至在时尚中挖掘出"救赎的力量"，把广告视为"乌托邦的日常生活的比喻"。本雅明在人类最终解放的后面隐藏了神学的观念，试图永远解决历史整体困扰的悖论，他与20世纪30年代与40年代所有代表性的西方马克思主义精英一样，"都试图在文化中尤其在艺术中找到一种激励力量，来解决时代的伟大的社会问题与政治问题"④。在这种意义上，他们复兴了启蒙运动的文化方案的期待与希望。但是他们失败了，文化不能够完成他们所赋予的神圣的救赎任务。伊格尔顿在肯定本雅明的政治美学的同时，也批判了本雅明的弥赛亚的救赎美学，这种美学虽然充满智慧，但是在实践方面显得可怜，这

① Susan Buck-Morss, *The Origin of Negative Dialectics: Theodor W. Adorno, Walter Benjamin, and the Frankfurt Institute*, New York: The Free Press, 1977, p.92.

② Gyorgy Markus, Walter Benjamin or the Commodity as Phantasmagoria, In *New German Critique*, Spring/Summer2001 Issue 83, pp. 3 – 42.

③ Gyorgy Markus, Walter Benjamin or the Commodity as Phantasmagoria, In *New German Critique*, Spring/Summer2001 Issue 83, pp. 3 – 42.

④ Gyorgy Markus, Walter Benjamin or the Commodity as Phantasmagoria, In *New German Critique*, Spring/Summer2001 Issue 83, pp. 3 – 42.

是本雅明的唯心主义思想的典型表现："本雅明的弥赛亚主义是他唯心主义的最清楚的呈现，是他革命思想最强有力的源泉之一。"①

三、对阿多诺否定美学范式的批判

布达佩斯学派对阿多诺的美学范式也进行了细致的分析，认为其美学也是一种具有史学特征的哲学美学，并蕴涵着救赎范式。在他们看来，阿多诺的美学正是其否定辩证法的哲学延伸，并因此形成了阿多诺审视现代艺术的规范基础与唯一标准，形成了一种与卢卡奇一样的绝对叙事。区别在于，卢卡奇在理性乐观主义的态度下构建历史哲学的美学，而阿多诺在悲观主义与绝望心绪中建构自己的历史哲学。所以赫勒与费赫尔把阿多诺与卢卡奇、本雅明、韦伯均视为激进普遍主义的著名代表，认为："阿多诺与霍克海默把马克思主义转变成为'批判哲学'，他作为激进普遍主义者，以单一的激进姿态拒绝现存的一切。"②赫勒将阿多诺也视为"神圣家族"的成员，这些成员追求审美的救赎。布达佩斯学派主要从音乐哲学的角度来分析其历史哲学的话语形态。在费赫尔与赫勒看来，阿多诺表现出"音乐中心的"特点并受抒情诗感动，而对伟大的"客观的"艺术种类保持沉默不语。因为他憎恨资本主义，认为试图超越这个既定的世界，超越资产阶级的冷酷，只是一个部分被提高，部分是无用而危险的幻象。因而，"他能够在内在性的伟大艺术种类中找到这个世界产生的理智的和感官的满足，正如找到对这个世界的充满激情的批判一样。这样，抒情诗与音乐的这个被提高等级的观点就是'否定辩证法'的一个历史学的判断"③。费赫尔、马尔库什、赫勒从不同的角度切入到阿多诺的美学范式的特征及其悖论。

费赫尔主要思考的是阿多诺的音乐哲学的历史哲学特征。他发表的《阿多诺与理性化音乐的变迁》、《韦伯与音乐的理性化》等

① Terry Eagleton, *Walter Benjamin or Towards a Revolutionary Criticism*, London: Verson and NLB, 1981, p. 115

② Ferenc Fehér and Agnes Heller, *The Grandeur and Twilight of Radical Universalism*, New Brunswick, NJ: Transaction, 1990, p. 7.

③ Ferenc Fehér and Agnes Heller, Necessity and Irreformability of Aesthetics, In *Reconstructing Aesthetics*, Heller, Agnes and F. Fehér, eds., Oxford: Basil Blackwell. 1986, p. 7.

文章具体地考察了阿多诺的音乐美学理论。在费赫尔看来,阿多诺从来没有写过一部系统的音乐史,但是从他的著述中能够重建其主要的倾向。重建的历史有四块基石:一是不论就创作和接受而言,音乐的声音以及它们构成一部音乐作品的组织结构,都不是自然的,而始终是历史社会的实体,我们听音乐时肯定历史或者否定历史。二是音乐的历史是使音乐物质理性化的进步之直线,这涉及对音乐产品能够得以创造的一系列严格规则的进步阐述,也涉及遵循音乐生产手段的理性规定与技术完善的听力的进步教育。三是共同感或者集体呈现的音乐趣味是与有价值的音乐创造性不相关或者直接敌视的。四是存在着与每一种典型音乐形式与音乐创造的典型原则相匹配的哲学,甚至有每一个音乐时代相匹配的哲学。历史性、进步理性、个体性、哲学性可以说是阿多诺的历史哲学的四块美学基石。

根据这些基石,费赫尔论述了阿多诺对巴赫、海顿、莫扎特、贝多芬、瓦格纳、勋伯格等音乐创造的理解。音乐历史的第一阶段是巴赫等音乐家开始的,尽管巴赫有着深厚的宗教信仰,但是不能将其视为扎根于中世纪的神学音乐,他最伟大的器乐《十二平均律钢琴曲集》(*The Well-Tempered Clavier*)已经指向了他时代以数学精神进行实验的音乐技术的理性化的最高成就,因而是反中世纪化的。阿多诺认为,他是一个杰出的辩证法家,导致了和声的普通低音与复调原则的"音乐思想"的合成。他的赋格曲也体现了这种平衡的合成,其意义表面上看个体完全被融入了无名的音乐集体性。但是由于合成及其张力,这种融入不是现存的或者既定的而仅仅是设想的。无名的集体性是巴赫所拒绝的,因为在巴赫的音乐中,我们或多或少生活在被解放的个体性中。在费赫尔看来,阿多诺低估了宗教对巴赫的影响,因为他怀疑任何形式的集体性。事实上,歌唱者的聚合都是在共同信仰基础上有机而紧密地组织,这是巴赫世界观的核心。在阿多诺看来,海顿、莫扎特与贝多芬等维也纳古典主义音乐是西方音乐的没有问题的高峰。贝多芬是这个时代的最高之神,阿多诺把贝多芬与中产阶级的所谓的英雄时期联系起来,但是忽视了贝多芬作品中的新的雅各宾特征,这些是集体性的神秘的力量。阿多诺也没有注意到,贝多芬作品《葬礼进行曲》(*Trauermarsch*)的核心,古希腊－罗马死亡的主题,这些伴有深层运动但具有结构性的束缚的无名的集体,这是大革命的雅各宾阶段的典型,带有集体的仪式与政治社会死亡的预兆。所以费赫尔认为:"阿多诺没有认识到,在音乐'事实'与社会'事实'之间,在贝多芬独特的音乐与'雅各宾主义的精神'之间存在着联系。"①阿多诺把贝多芬视为在自由与创造性资本主义阶段达到的绝对的最优原则,贝多芬实现了从康德到黑格尔的转移,正如阿多诺所说:"贝多芬与散布在其音乐中的资产阶级自由的亲密关系是动态发展的总体性的关系",贝多芬在社会客观性的位置基本上是"黑格尔哲学"。② 正是黑格尔泛逻辑的辩证法设想的这种动态的自我创造的总体性提供了贝多芬的形式,确立了内在的运动与持续的再生产,人在这个过程中成为自己。这也确保了时间过去、现在与未来的正常位置。但是阿多诺认为这种宏大的时刻是短暂的,接着是停止,伟大音乐的命运被封闭了,贝多芬在个体自由与创造世界的总体性的平衡不能再获得了。

否定的音乐就出现在阿多诺的视野之中。最重要的就是瓦格纳。在阿多诺《论瓦格纳》中,瓦格纳的作品被认为是法西斯主义音乐的先兆,作为拜罗伊特(Bayreuth)的整体理念及其大众的音乐节日,带有法西斯主义节日的妄自尊大的特征。当然阿多诺的职责不是对音乐著作的政治诋毁,而是建立在音乐分析之上的。瓦格纳的音乐完全与维也纳-古典主义相敌对,它不再是自我创造的音乐主题的理性阐释而是带着恢宏的装腔作势对同一主题进行永恒重复。在辉煌之后潜伏着音乐的贫困与无政府主义。再者,这是一种指挥家的音乐,它没有把所有潜在变体与音乐情景相融合,而是带着唯一的可见的目的把一种意志强加在所有乐器之上,这创造了辉煌的现象,但是仅仅是虚假的伟大,因为它不是建立在音乐主题的有机发展之上的。瓦格纳的音乐剧也是充满问题的。费赫尔肯定了阿多诺的深刻分析,同时也看到其局限性,阿多诺提供了太狭窄的个人-社会学解释,他不公正地把瓦格纳的作品同质化。在费赫尔看来,瓦格纳精神分裂症的生活与著作的统一原

① Ferenc Fehér, Adorno and the Vicissitudes of Rationalized Music, In *The Grandeur and Twilight of Radical Universalism*, New Brunswick, NJ: Transaction, 1990, p. 334.

② Ferenc Fehér, Adorno and the Vicissitudes of Rationalized Music, In *The Grandeur and Twilight of Radical Universalism*, New Brunswick, NJ: Transaction, 1990, p. 334.

则和秘密在于是德国左派与右派激进主义的个人化的统一,他从自由革命到恋尸癖革命的所有实验都内在于德国性格之中。瓦格纳音乐所预示的阴森恐怖的未来在很大程度上是胜利的德国革命。无论我们讨厌或者喜欢,费赫尔认为这个事实使瓦格纳成为歌德之后唯一典型的德国艺术家。阿多诺还研究了处于颓废与先锋派之间的梅勒(Gustav Mahler)。在梅勒的音乐情景中存在着一种深层的客观矛盾:一方面,他是一个天生的交响乐作曲家,然而他又不再能够充分利用基本的交响乐传统,他创作了一个神经质的现代个体;另一方面,他渴求"伟大的形式"。这种矛盾为勋伯格所认可,勋伯格歧视现代公众及其趣味,试图从音乐中排除早期作曲家的"动物温暖"。他主张,现代音乐结构必须具有一个基本特征:声音的理性组织的最优化,即12音阶。但是把勋伯格12音体系视为音乐革命的阿多诺仍然对之给予了批判,认为他的音乐追求理性化而丧失了自由与主体性:"屈从于历史辩证法的音乐也参与了这种辩证法。12音体系成为它的命中注定。主体通过理性的体系支配了音乐,仅仅是为了屈从那种理性的体系……从突破调性材料的盲目支配的程序中,另一种盲目的自然通过规则体系出现了。主体屈从于它们并寻求保护与安全,因为它排除了借助音乐获得自我实现的可能性……音乐的总体理性是它的总体的组织。正是借助于组织,解放的音乐试图重建贝多芬迷失的总体性、迷失的权力与束缚之力。但是它在此事的成功仅仅是以自由的代价获得的,因而它失败了。贝多芬从主体的自由中再生产了调性的意义。12音体系的新秩序实质上消除了主体。"[1]在费赫尔看来,这透视出总体上以技术理性最大化管理而丧失个体自由的社会。阿多诺对技术理性给予了深刻的批判,同时他拒绝斯特拉文斯基以非本真的平民集体主义来扼杀自由的主体的做法,也抛弃巴尔托克、蓝色时期的毕加索、晚期布莱希特的新古典主义。这是一种悲剧的选择,绝望的因素交织着对新维也纳音乐的无限制的礼赞。费赫尔认为,阿多诺绝望的原因在于"对阿多诺来说,音乐

① 见 Ferenc Fehér, *Adorno and the Vicissitudes of Rationalized Music*, In *The Grandeur and Twilight of Radical Universalism*, New Brunswick, NJ: Transaction, 1990, p. 339. 此处的翻译也参考了 Theodor W. Adorno, Philosophy of Modern Music. Trans. Anne G. Mitchell and Wesley V. Blomster. Sheed & Ward, London: The Seabury Press, 1994, pp. 68 – 69。

从来不是私人之事或者没有意义的声音的万花筒,而是潜在对每个人都有意义的对象化,他不得不观察到,新音乐的意义没有普遍地被获得"①。这不是意味着新音乐是不可理解的,也不意味着它是理智的而没有心灵,而是意味着新音乐是历史辩证法的最后阶段,在这个阶段,生活的总体组织压制了自由的个体。可以看到,阿多诺的音乐哲学体现了他与霍克海默所开创的"启蒙辩证法"。

费赫尔进一步从阿多诺与韦伯的关系来理解其音乐哲学,认为阿多诺使韦伯的音乐社会学激进化了。韦伯在 1911 年写作了《音乐的理性的和社会的基础》,认为西方音乐是从目的理性行为与传统理性行为进行斗争的战场中出现的,它是目的理性支配传统理性的结果。目的理性是数学理性的产物,它的合法性来自这种环境:新数学与新物理学能够完成把声音的混乱的万花筒还原为数学上可以操控的公式的任务。因而对韦伯来说,数学的理性化是西方音乐的前卫精神:"走向理性的驱动力,即把经验领域归属于可计算的规则,出现[在西方文化中]……这种把艺术创造力简化成为立足于可理解的原则基础上的可计算原则,出现在所有音乐之中。"②费赫尔解释说:"通过同质化音乐作曲的所有因素,通过消除偶然的与冗余的解决办法,通过创造一致的秩序,音乐接近数学的精确与完美。"③更为重要的意义在于,虽然韦伯一生拒绝自己拥有历史哲学,但是研究显示,他的理论就是一种历史哲学:"他的社会行为理论周期性地被转变为西方现代性的历史哲学基础与合理性论证,这种现代性具有各自不同的然而同样是理性的领域,具有它的战神,具有它内在的悲剧的辩证法:它的两极之一方面是理性化的独立领域的胜利步伐,另一方面是整个理性化宇宙的祛魅。"④完全理性化的音乐是一种辩证的结构形式,具有一些辩证的特征:一是系统的理性化把我们带到音乐理性的限制,和弦体系是

① Ferenc Fehér, Adorno and the Vicissitudes of Rationalized Music, In *The Grandeur and Twilight of Radical Universalism*, New Brunswick, NJ: Transaction, 1990, p. 339

② Ferenc Fehér, Weber and the Rationalization of Music, In *The Grandeur and Twilight of Radical Universalism*, New Brunswick, NJ: Transaction, 1990, p. 352.

③ Ferenc Fehér, *What is Beyond Art? On the Theories of Post-Moderenity*, In *Reconstructing Aesthetics*, Heller, Agnes and F. Fehér, Eds. Oxford: Basil Blackwell. 1986, p. 68.

④ Ferenc Fehér, Weber and the Rationalization of Music, In *The Grandeur and Twilight of Radical Universalism*, New Brunswick, NJ: Transaction, 1990, p. 352.

一个理性上封闭的单元。二是它不是像支配规则的人工制品那样行动而是作为一个有机体在行动,这个有机体需要由内在非理性因素引起的张力。三是虽然西方现代音乐建立在前理性音乐的传统规则之上,但传统的规则及其数学的理性化是不足够的,还需奇特的个体乐器手(virtuoso)。在韦伯看来,西方音乐的发展就是理性精神发展的体现,这种发展在巴赫的时代达到了顶峰,虽然后来的音乐追求非理性的创作,试图颠覆这种理性体系并突破调性的限制,但是这是危险的,是自由漂浮的。并且,现代主义音乐利用前现代的原材料,但是浪漫主义的造反没有能够超越理性的限制。费赫尔认为韦伯理论是严格的,一旦多音(polyvocality)的阶段达到了,音乐理性化的领域仍然能够不断深入展开,但是没有哪个地方可以超越那个水平。韦伯的音乐理论具有走向理性化的进步倾向,从而导致了马克思所说的物化。阿多诺与韦伯的音乐理论是紧密相关的,前者既肯定又否定了后者。他们的相同点在于都认识到音乐是资产阶级时代的产物,音乐理性化的时代只是资本主义时代。音乐是属于价值理性的,然而理性技术的发展导致了价值理性的危机,没有万灵药能够解决这个问题,现代性走向了"铁笼"。对阿多诺而言,现代音乐不断走向了物化,昨天的成就逐步成为今天的困境。历史的辩证法暴露了传统音乐世界的限制,创造了新的洪亮的无限自由的领域,创造一个又一个音乐高峰,贝多芬与巴赫是代表,但音乐理性化希望是短暂的,只留下两条路,要么放弃12音体系选择一些不确定的新自由的音乐之路,要么音乐之死。唯一希望就是音乐哲学或者哲学。阿多诺与韦伯的关系正是在历史哲学模式方面相遇,理性成为音乐的支柱,最终成为音乐发展的障碍,这就是启蒙辩证法,理性不再是目的理性行为的结果,本质上不是目的论上的结果,它而是被插入到历史过程之中,其目的是自由,正是自由成为检测理性的尺度。"既然理性占据支配地位,自由从理性化的对象化中消失了,既然第一次或第二次理性化浪潮压制了自律的音乐主体,这个主体仅仅能够欣赏自我解放的单一历史时刻,那么理性化变成了压抑的倾向。它对抗着西方启蒙的工程。并且,西方理性化的辩证法,即韦伯已经发现的但他将它归之为理性化框架的普遍模式的倾向,在阿多诺那里已经被转变成为势不可挡的否定辩证法的神经质的且恢宏的圆圈。这种转变给我们提供了一种充满问题的历史哲学。"①正如阿多诺与霍克海默所说:"神话已经进行了启蒙,启蒙精神也随着神话学的前进,越来越深地与神话学交织在一起。启蒙精神从神话中吸取了一切原料,以便摧毁,并作为审判者进入神话领域。"②

费赫尔还从阿多诺与卢卡奇的关系来论述物化的音乐哲学。阿多诺与霍克海默挪用了卢卡奇物化理论的四个基本理念:一是在资本主义条件下,个人关系呈现为物的关系,这被延伸到整个资本主义文化之中;二是资本主义生活的进步的理性化隐藏着整个体系的无可救药的非理性,所以,物化的理性主义与侵略性-神学的非理性主义都产生于资本主义土壤;三是唯一能够解决哲学与文化悖论的总体性位置要么崩溃了,要么总体性被极权主义神话取代;四是黑格尔哲学的伟大希望,即主体与客体的统一在资本主义是不可能实现的,自由的理性主体被牺牲在客观规律的神坛。所以费赫尔认为:"阿多诺的整个哲学的全套器械是从卢卡奇的物化理论的透镜中看到的黑格尔-马克思的观念。"③但是阿多诺与卢卡奇一开始就存在区别。对卢卡奇而言存在着一种实践-哲学的机制来消除异化,统一主体与客体,揭露非理性世界的神话,并重建总体性。这个机制就是带牵连意识的革命无产阶级。阿多诺虽然也重视牵连意识,但是他从不相信无产阶级的救赎使命,因而他对克尔恺郭尔感兴趣绝不是偶然的。

费赫尔对阿多诺的物化音乐哲学进行了批判。阿多诺的物化音乐哲学与音乐作品的意义进行斗争。但是,如果音乐作品的意图被普遍的物化与特殊的物化的音乐技术所深深地遮蔽,而且意义又不能等同于听众联系既定的音乐作品的随意的理念,那么我们怎么能够理解这些意图呢? 在与意义进行斗争的过程中,阿多诺遇到了音乐语言的充满问题的理念。他像俄国形式主义一样试图区别音乐语言与口头语言或者普通语言,但是结果是音乐语言

① Ferenc Fehér, Weber and the Rationalization of Music, In *The Grandeur and Twilight of Radical Universalism*, New Brunswick, NJ: Transaction, 1990, p. 361.

② (联邦德国)霍克海默、阿多尔诺:《启蒙辩证法》,洪佩郁、蔺承峰译,重庆:重庆出版社1990年版,第9页。

③ Ferenc Fehér, Adorno and the Vicissitudes of Rationalized Music, In *The Grandeur and Twilight of Rationalized Music*, New Brunswick, NJ: Transaction, 1990, p. 341.

不是概念的,也不是与非理性主义者所认为的概念相匹配,它能够是真实的与虚假的,这显示出阿多诺经常混淆语义结构与逻辑结构。并且,音乐语言能够是集体的,也能够是私人的,在现代性中,音乐不断走向个体化。然而语言又是普遍性的。原则上,音乐语言的每一种方言都能够被每一个正常的人所理解,这无疑充满了问题。第二个问题是为什么音乐媒介类似于语言,为什么这是一个理论的必然要求。阿多诺拒绝共同感,而支持个体性。我们现在是生活在原子化的社会,这不是古希腊的民族精神的时代。但是,既然阿多诺拒绝了音乐的共同感,那么他就不可能从理论上来进行目前的原子化的音乐表达与共同感支配的音乐表达的比较研究,也不可能通过比较来阐释神秘的信息。这是一种悖论。所以,费赫尔认为:"批判的音乐物化理论饱受着物化本身之苦。"①他的理论没有涉及音乐接受的情感的地位,是对接受者的地位的忽视。阿多诺是一位精英主义者,带着职业的严格性区分了听众的等级,把最高的视为专家,其次是好的听众,再者是文化消费者,最后是情感的听众。阿多诺的理论的悖论关键在于,如果人类的意识普遍被物化了,不论是不是哲学家能够拥有非物化的意识,那么什么能够保证精英主义者呢?这种理论与前面赫勒对卢卡奇美学的悖论的批判是一致的。阿多诺完全以否定的意义描述情感,最后音乐接受的等级是受虐狂的,因为它排除了艺术作品消除聆听音乐的压抑特征的可能性。低级的听众在挪用最高质性的音乐作品的过程中没有得到改变,是被社会所控制的。所有联系着音乐作品与接受者生活的纽带都被割断了,音乐复兴的希望也丧失了,这样否定辩证法完成了一个圆圈。

启蒙辩证法的历史哲学的必然结果就是艺术之死。虽然阿多诺与韦伯的理性化理论相关,但是他否定了韦伯的进化论观念,悲剧性地洞察到艺术的不可能性。费赫尔认为,"阿多诺的'启蒙辩证法'理论的审美之维"是"艺术终结"论的典型之一。② 理性转变为非理性或者伪理性,正如爱克曼(Eichmannian)所说,理性沦为纯

①　Ferenc Fehér, Adorno and the Vicissitudes of Rationalized Music, In *The Grandeur and Twilight of Radical Universalism*, New Brunswick, NJ: Transaction, 1990, p.344.

②　Ferenc Fehér, What is Beyond Art? On the Theories of Post-Moderenity, In *Reconstructing Aesthetics*, Heller, Agnes and F. Fehér, eds., Oxford: Basil Blackwell. 1986, p.67.

粹的工具,失去了严肃的道德意义,奥斯维辛之后不再有创造艺术的可能性。费赫尔对阿多诺的艺术终结论集中表达三方面的反对意见:一是阿多诺的理论与卢卡奇的美学一样是历史哲学的,而不是来自创作者与艺术接受者的实际生活的观察,他们从历史哲学中获得前提,抛弃所有不符合哲学标准的新作品。二是阿多诺艺术终结理论的伪理性主义特征,毫无批判地同化了韦伯的伪理性主义特征,对理性扩大的狂热抛弃了对艺术的新的需求。事实上,一些非理性的东西表现在姿态中而不是论证中,但是表达了新的需要,只要需要存在着,就没有人能够合法地宣称新的创造性的实验会注定死亡。三是阿多诺的理论排除了运动,排除了带有集体生活动力的接受者。在费赫尔看来,阿多诺不可根除的精英主义必然使他在大众社会中带着悲观主义态度。赫勒也思考了阿多诺的艺术悲观主义理论,集中讨论阿多诺的“奥斯维辛之后能够写诗吗”的问题。在她看来,大屠杀与极权主义是启蒙辩证法的结果,是现代理性化的结果,“没有现代组织与技术就没有煤气室。在大众传媒与现代传播的帮助下,罪恶的散播已经被加速进行,超越了所有以前的方面与可能性”[1]。但是阿多诺在《否定辩证法》中提出,奥斯维辛在历史上是反历史的、非理性的,是唯一的、不可重复的,今后不会再发生,同时也是野蛮的。因而任何写作奥斯维辛是不可能的,“关于奥斯维辛主题而写的诗歌、戏剧与史诗叙事都仅仅是原生事件的副本,都是通过沉默的途径寻求到达绝对隐喻的苍白的隐喻”[2]。对阿多诺来说,受害者有自我表达的权力,但是这个权力仅涉及受害者,而不是幸存者,虽然幸存者也许生活在噩梦、回忆之中,但是他们是观众,幸存者的自我表达不能取代那些沉默死去的人的自我表达。在煤气室里,没有诗歌写出来,除了沉默,没有什么能够写作关于大屠杀的东西。阿多诺以没有类似的事情能够发生作为新的必然律令,并把这种律令比喻成为康德的律令。在他看来,对这种律令进行理论的考察是完全轻浮的。赫勒对阿多诺的绝望美学观念进行了批判,一方面认为不论是奥斯

----

① Agnes Heller, Can Poetry be Written after the Holocaust? In *The Grandeur and Twilight of Radical Universalism*, New Brunswick, NJ: Transaction, 1990, p. 398.

② Agnes Heller, Can Poetry be Written after the Holocaust? In *The Grandeur and Twilight of Radical Universalism*, New Brunswick, NJ: Transaction, 1990, p. 399.

维辛还是古拉格的大屠杀都已经被多次重复,并不是历史上唯一的事件,另一个方面阿多诺的必然律令与康德的律令的比喻也是错误的:"在康德的意义上,即使没有人根据必然律令现实地行动,但是每个人都能够这样做。但是我们不能按照从来不会再发生的类似于奥斯维辛(或者古拉格)的事情去行为或者思考。道德性可以控制法则(它能够赋予自己法则),但是它不能控制事件。"①事实上,在赫勒看来,大屠杀有可能再发生,但是并不意味着艺术表达的不可能。虽然单个人不可能阻止大屠杀再次发生,但是他们能够阻碍忘记大屠杀;虽然人们不能够维持默默死去的受害者的记忆,但是人们能够维护他们的沉默以及所有笼罩其上的沉默。这些沉默应该通过哲学、历史与诗歌不断地表达,因而"人们应该写作关于奥斯维辛的诗歌"②。即是说,奥斯维辛之后,艺术仍然具有必然性。

赫勒与费赫尔不仅认识到阿多诺美学的历史哲学的特征,而且也看到阿多诺以否定的辩证法的方式,以个体性的价值理想对抗概念的反现代启蒙的宏大叙事之特征,也就是对强调具体作品的理解的归纳批评的特征。人们普遍认为,阿多诺的音乐理论是从音乐本身出发的,并顺应了阿多诺的反体系、反确定性的主张,从而体现了注重艺术作品个体性的归纳艺术批评的特征。但是在费赫尔与赫勒看来,阿多诺的批评仍然具有理性主义的哲学基础。阿多诺是反哲学美学与反理性的最伟大的代表,他在他的音乐社会学著作中以作品本身的评价的完全分割来提供对新音乐的"无根"的深层次的洞察,即使他敌视"艺术的演绎推理的概念",但是他对带有新音乐的理性主义特征的"演绎推理"的偏爱和对巴尔托克作曲中的平民主义者特征的反感都扎根于哲学价值的前提。③

马尔库什通过阿多诺对瓦格纳音乐的研究即他第一部音乐专著《瓦格纳的试验》具体地分析了这种哲学基础及其悖论,指出他

① Agnes Heller, Can Poetry be Written after the Holocaust? In *The Grandeur and Twi-light of Radical Universalism*, New Brunswick, NJ: Transaction, 1990, p.399.

② Agnes Heller, Can Poetry be Written after the Holocaust? In *The Grandeur and Twi-light of Radical Universalism*, New Brunswick, NJ: Transaction, 1990, p.400.

③ Ferenc Fehér and Agnes Heller, *Necessity and Irreformability of Aesthetics*, In *Reconstructing Aesthetics*, Heller, Agnes and F. Fehér, eds., Oxford: Basil Blackwell. 1986, pp. 14-15.

试图追求"内在性批判"(immanent critique)以反对意识形态批判(ideology critique),但结果还是陷入意识形态批判及其历史哲学体系之中。

　　德国学术界普遍认为阿多诺对这本专著持以批判的态度,此书是阿多诺怨恨推动的结果,是缺乏合法性的著作,但是马尔库什认为阿多诺在此书中进行救赎瓦格纳音乐的实践,把它从法西斯主义利用中拯救出来。正如阿多诺在20世纪30年代与40年代都谈到的,瓦格纳的音乐属于救赎的文学样式,"它试图从对象的黑暗面费力地获得其真理"①。阿多诺在《瓦格纳的试验》对内在性批判的追求是有意识的,他在1952年谈及这本专著时说:"它不是外在地把一些宏大范畴强加在瓦格纳作品上,而是根据作品自己的设想来估量他的作品,就它的内在连续性来质疑它。仅仅是在审美结构最内在的核里,我才希望发现那些伟大的哲学的和历史的关联,要不然它纯粹是无保留的文化蠢话的对象。"②在马尔库什看来,阿多诺这是反对克拉考尔(Kracauer)对法国作曲家奥芬巴赫(Offenbach)的意识形态批判范式。克拉考尔的研究范式是"社会自传"式的,意在揭示奥芬巴赫在社会移动的方式,注重自传与历史–社会图像的彼此联系,以挖掘作品的社会功能。为避免意识形态批判,阿多诺提出自己的"内在性批判",《瓦格纳的试验》是第一次持续性努力来实现它。这种批判并没有完全抛弃意识形态批判,而是拯救了后者。在马尔库什看来,阿多诺的内在性批判与卢卡奇把审美形式作为社会内容与意指的真正载体的观念相关。当然两者存在差异,对卢卡奇而言,艺术形式的社会分析首先意味着解释艺术样式以及各种样式的历史转型:社会上被加密的现实感知被转变并凝聚成为普遍的审美构形的原则方式,这种原则构成了艺术作品的可理解性的基础并使之获得确定的意义。但是作为艺术现代主义的理论家,阿多诺坚决地支持克罗奇反对卢卡奇,他涉及的不是形式范畴,而是什克洛夫斯基强调的技巧(technique),认为打开艺术拥有的一切意义的钥匙在于艺术的技巧。尽管阿多

---

　　① György Markus, Adorno's Wagner, In *Thesis Eleven*, Num. 56, (February 1999), pp. 25–55.
　　② György Markus, Adorno's Wagner, In *Thesis Eleven*, Num. 56, (February 1999), pp. 25–55.

诺与卢卡奇在美学方面有所区别,但是都认识到艺术形式类型与样式是社会内容的积淀。所以在当代,宣称普遍的艺术是虚伪的,唯一真正的艺术是个体化的与激进主观化的作品。按照马尔库什所说:"审美与社会客观性在今天只能通过彻底的激进的主观化才能够得以获得。"①"内在批判"是根据艺术作品的技巧的细节考察具体结构的内在有机性,这种方式的确定是与所有意识形态批判相对的。阿多诺就是在瓦格纳的作品中实现这种批判范式的,对阿多诺来说,瓦格纳是第一个消解了普遍的艺术样式而支持审美建构个体化的音乐家。尽管阿多诺在此书中批判了瓦格纳音乐虚假的同一性,但是完全认可他激进地从传统歌剧的形式惯例中解放出来,更普遍地从永恒的音乐结构原则中解放出来的做法。阿多诺说:"瓦格纳的总体性是与样式艺术背道而驰的,像波德莱尔一样他也在资本主义高级阶段感受到反资本主义的东西。"晚年阿多诺表达了同样的观念:瓦格纳是第一个审美命名主义者,在他的作品中,"个体作品的至高无上,在个体作品中具体的完全构建的形式的至高无上,作为一种原则被完全实现了,这反对各种图式,反对各种外在先在赋予的形式"②。只有内在批判才能够揭示艺术作品的真理内容,阿多诺把这种批判运用于瓦格纳的作品分析中,并认为瓦格纳实现了美学转型:审美现代性开始出现。也就是说,在阿多诺看来,只有内在性批判才能够揭示审美现代性的作品的真理内容。但是阿多诺也揭示了瓦格纳作品的亚诺斯(Janus)面孔的特征:一方面它开创神秘的本真的现代主义艺术,另一方面它又开创了它的对立面——文化工业。所以瓦格纳既是进步的又是反动的倾向的开创者,真理与虚假性同时诞生。瓦格纳的音乐与勋伯格的有关联,都反对传统艺术,却走向了音乐的反调性,但瓦格纳的音乐是反 12 音体系的德国新古典音乐的主要资源。

马尔库什不是肯定阿多诺的内在批评范式,而是揭示阿多诺美学范式的悖论。这正如罗伯茨所说的,"为了展示阿多诺的方式如何转而反对自己:对象的内在结果领会的矛盾就是阿多诺逻辑

① György Markus, Adorno's Wagner, In *Thesis Eleven*, Num. 56, (February 1999), pp. 25–55.

② György Markus, Adorno's Wagner, In *Thesis Eleven*, Num. 56, (February 1999), pp. 25–55.

的内在矛盾"①。瓦格纳的音乐反传统性,突破了传统规则,这种积极性在阿多诺看来转变成为否定性方面。音色的解放导致了虚假的魅力的生产。管弦乐队的宏大方法的伟大主观－表达可能涉及在活劳动、生产主观性方面所有起源痕迹的消除,管弦乐队的声音的主观化"同时是去主观化",从而被物化。瓦格纳具有丰富细节的管弦艺术表现了在器乐实践中物化的胜利,它阻碍了对音乐的真实再生产的把握。面对物化的对象,它强化了听众的消极态度。因而瓦格纳赋予了其音乐以内在的商品结构,他的作品类似于19世纪的消费商品。它像商品一样产生引诱的幻觉,"具有梦幻的特征"。这就是阿多诺对艺术的商品分析。在马尔库什看来,把瓦格纳的作品视为具有幻觉特征的商品是阿多诺论瓦格纳的核心观念。他的音乐听起来好像来自一个不确定的远方,是遥远的"洪亮的意象","声音不断的时间连续被转变为无限/不确定的理想空间,创造了永恒性的海市蜃楼"。② 它获得了神秘的时间的停止,时间被空间化了,历史也从其作品中消失了。瓦格纳不仅利用神话的主题,而且把音乐神秘化。其音乐取代了传统形而上学的功能。这就是瓦格纳的音乐与商品形式结构上的同一性的最终的基础。但是问题在于,作为普遍范畴的商品形式怎么适合对瓦格纳音乐特殊性的揭示以及对瓦格纳的作品在西方艺术史中的特有位置的揭示呢? 也就是说商品分析怎么进入内在性批判呢? 事实上,马尔库什通过细致的考察显示出,阿多诺仅仅通过把音乐的特殊性消解为古典主义音乐与音乐现代主义都同样适用的普遍的社会审美的特性,才成功地使音乐与商品形式的彼此关联可以理解。因此阿多诺对瓦格纳的批评失败了,他追求的内在性批判却不是内在性批判,而是像谢林那样把审美命名主义转变为最极端形式的审美普遍主义,最终所有的艺术作品都表达同样的真理,它们不可还原地是一个绝对的艺术作品的个体例证。阿多诺成功地找到了相同的最终的真理内容。这是通过每一个真正的艺术作品以其历史特有的方式"解释"的,通过其完全个体化的声音所表达的。他

---

① David Roberts, *Art and Enlightenment: Aesthetic Theory after Adorno*, Lincoln-London: University of Nebraska Press, 1991, p. 85.

② György Markus, Adorno's Wagner, In *Thesis Eleven*, Num. 56, (February 1999), pp. 25–55.

也找到了在它们每一个中发现了同样的不能消除的虚假性的痕迹。所以马尔库什认为："特殊性批判被消解成为抽象的普遍性，摆脱同一性思维导致了最极端的同一化。"阿多诺的艺术商品范式事实上是走向过分的审美普遍主义，这是"内在性批判"的悖论。马尔库什说："阿多诺第一次在《试验》中试图实现内在性批判，根据其自己的逻辑这种尝试最终失败了。"①商品观念特殊的历史条件提供共有的社会基础，这种观念没有扎实的基础。阿多诺的艺术商品分析的方案没有成功，因为他不能把艺术作品的审美特性与更广泛设想的普遍的商品形式结构联系起来，马尔库什认为阿多诺只不过是错误的设想罢了。商品范式证明是极为模糊的，它容许按照历史过去与未来的两个方向几乎武断地延伸，虽然阿多诺的理论具有特有的气质性，但是马尔库什认为他的理论具有病理的意义，阿多诺追求艺术的普遍的商品分析而脱离了具体的艺术作品的特殊性。他不是通过艺术作品内在的技巧结构的有机性来揭示音乐艺术作品的内在历史性的观念，而只能借助于外在强加的陌生的标准来安排瓦格纳的音乐的位置，只能通过与贝多芬交响乐的建构原则的不断比较才能赋予瓦格纳音乐以特征。在阿多诺看来，贝多芬的音乐能够从各种多样性中建立总体性，而瓦格纳的音乐丧失了总体性，缺乏真正动态的建构。马尔库什认同达尔豪斯(Dahlhaus)的主张，即认为阿多诺把与音乐样式相陌生的、原则上不能被普遍的音乐剧作品完成的要求与规范强加给音乐剧。这样，商品分析范式的失败的基本后果是使整个批判阐释重新沦为传统的意识形态批判的框架。所以马尔库什指出，《瓦格纳的试验》的研究范式在《启蒙辩证法》处理文化工业的章节中再次呈现出来，事实上二者都包含了一种悲观主义的艺术发展观念。

　　阿多诺阐释瓦格纳的基础是一种误解的基础，其所追求的内在性批判最终转变成为自己反对的意识形态批判，这也许就是阿多诺所批判的启蒙辩证法的逻辑，如果说现代性在阿多诺看来是充满悖论的，那么阿多诺的美学也是如此，这无疑是一种恶性延伸，充满问题的现代社会导致了充满问题的艺术作品，充满问题的

---

① György Markus, Adorno's Wagner, In *Thesis Eleven*, Num. 56, (February 1999), pp. 25 – 55.

艺术作品导致了充满问题的美学理论。尽管阿多诺的哲学与美学思想显示出创造性与深邃性，能够在不同时代焕发出耀眼的光芒，但是其宏大叙事的特征是清晰的，布达佩斯学派把他的美学视为哲学美学与历史哲学也是有充分的理论根据的。尽管不少学者认为，阿多诺的哲学与美学正是对总体性的捣毁，而主张一种异质性与否定性，但是阿多诺并没有放弃总体性，马丁·杰伊认为："阿多诺对规范总体性的信仰的表达是所有西方马克思主义者中最细密的。"①

对布达佩斯学派来说，卢卡奇、本雅明、阿多诺等西方马克思主义美学范式是试图或明或暗地寻求到达"苏联模式"的路径，这使他们都迷醉于总体性建构，寻求乌托邦的幻象，获得最后审判到来时的拯救，这就构成了他们理论的困境，因为赫勒与费赫尔认为："总体性已经成为极权主义的标志。"②布达佩斯学派的批判思路与马丁·杰伊对西方马克思主义的阐释存在着类似，后者梳理了从卢卡奇到哈贝马斯的西方马克思主义者与总体性的关联，诸如"葛兰西的两种整体论"，马尔库塞的"记忆的总体化"，以戈德曼为例的"总体性与马克思主义美学"，萨特的"从总体性到总体化"，梅洛－庞蒂的整体论，"哈贝马斯与整体论的重构"，等等。他认为，西方马克思主义者主张真正的实践是涉及整个人类的自我解放的集体表达，对这样一个集体主体潜力的重新唤醒是西方马克思主义者的核心的当务之急。

尽管现代美学结构存在着不可根除的悖论，布达佩斯学派仍然提出了对现代美学的重构思路，重新建构价值与事实的统一，建构审美价值与个体性的艺术作品的同一。在费赫尔与赫勒看来，这就是缓和哲学美学与归纳批评两极端的对立，克服各自的内在危机，努力避免各自的立场的内在危险或者至少把这些危险减少到最低限度。演绎批评就艺术品的个体性和特征性来说，不得不质问它的价值判断的有效化的过程。同样，归纳的艺术批评就超越现在的判断价值来说，不得不质问它的特殊判断的有效性。最

① Martin Jay, *Marxism and Totality*, California：University of California Press，1984，p. 242.

② Ferenc Fehér and Agnes Heller, *Eastern Left-Western Left*, Cambridge，New York：Polity Press，1987，p. 39.

后他们认为："艺术品的价值和关于它的审美判断的有效性应该统一。"①正如伯恩海姆(Burnheim)所指出，赫勒"清楚地认识到，道德经验，像美学，甚至感性经验具有超越特有文化形式束缚的有效性"②。虽然布达佩斯学派反历史哲学，但是并没有放弃历史哲学的建构，仍然在重新思考新的历史哲学与美学的关系；虽然他们对黑格尔的历史哲学进行批判，但也从中获得了对审美文化问题的历史性的关注；虽然他们从不同角度瓦解西方马克思主义的激进普遍主义所展示的宏大叙事与救赎模式的悖论，但是仍然从中获得了批判的武器，仍然对批判理论持有共同的旨趣，尤其是从卢卡奇、本雅明、哈贝马斯等西方马克思主义美学中获得了话语范畴与批判精神。马丁·杰伊在《马克思主义与总体性》中认为："西方马克思主义不是模仿资产阶级科学的方式，而是在康德和德国唯心主义开始的哲学批判传统中找到其真正的根源。"③如果以此观之，布达佩斯学派的美学可以归属于西方马克思主义美学传统之中，与西方左派一样具有"共和国维度"④。赫勒也如此认为："布达佩斯学派成员一直是'西方'马克思主义者，因为他们从来不可能接收党派的官方马克思主义－列宁主义观点。"⑤但是布达佩斯学派所建构的新的历史哲学就不再是宏大叙事的、救赎的范式，不再试图建构内在性连贯的"体系"话语，而是关注"碎片式"、"散文式"、

① Ferenc Fehér and Agnes Heller, *The Necessity and the Irreformability of Aesthetics*, In *Reconstructing Aesthetics*, Agnes Heller and F. Feher eds., Oxford: Basil Blackwell, 1986, p. 22.

② John Burnheim, eds., *The Social Philosophy of Agnes Heller*, Amsterdam: Rodopi, 1994, pp. 9 – 10.

③ Martin Jay, *Marxism and Totality*, California: University of California Press, 1984, p. 2.

④ Ferenc Feher and Agnes Heller, *Eastern Left-Western Left*, Cambridge, New York: Polity Press, 1987, p. 46.

⑤ 傅其林：《布达佩斯学派美学——阿格妮丝·赫勒访谈录》，载《东方丛刊》2007年第4期。

"对话式"、"写信式"等话语①,立足于现在的历史哲学或者历史理论的美学构建,在知识谱系学的考辨与历史沧桑体验中,新的美学话语与思想力量开始孕育。

① 　赫勒对这些写作话语有深刻认识并进行了实践,在《不为人知的杰作》中,她对青年卢卡奇写作的散文风格进行哲学意义的辨析,并引述里凯尔特(Rickert)和拉斯克(Emil Lask)对卢卡奇的评价,卢卡奇的天赋与工作本质上是"散文家"。赫勒也认同这种观点,认为卢卡奇的一生的许多著作都是散文,"只要卢卡奇相信,他的时代呼唤着碎片,那么,就不存在他的绝对主义的趣味和他自己天赋的差异。对他来说,星座化是显而易见的。既然我们的时代呼吁碎片,那么正是在散文、碎片中,我们的时代精神才能结出丰硕的果实。因而,碎片是最高级的现代哲学"。参见 Agnes Heller, The Unknown Masterpiece, In *The Grandeur and Twilight of Universalism*, New Brunswick, NJ: Transaction, 1990, p. 215。赫勒在 1993 年出版的《碎片化的历史哲学》就表明了碎片写作的意图,在宏大叙事之后的后现代,"这不是写作体系的良机,相反,这是写作碎片的良机"。参见 Agnes Heller, *A Philosophy of History in Fragments*, Oxford and Cambridge, MA: Blackwell, 1993, p. viii。在 1996 年的《个性伦理学》中,赫勒提出以三种不同的方式探讨个性伦理学,"此书第一部分以大学演讲的风格写作,第二部分是对话,第三部分采取通信的形式"。参见 Agnes Heller, *An Ethics of Personality*, Cambridge: Basil Blackwell, 1996, p. 7。

第二章 对审美自律的批判与重构

　　历史哲学的宏大叙事形成了现代美学学科,也形成现代艺术,尤其是高雅艺术的合法性观念,这事实上为审美自律确立了合法性的根基。审美自律是现代社会特有的文化现象,其萌芽、形成有着复杂的社会背景。如何对这一审美自律观念进行反思,一直是现代美学中的重要问题,从康德到卢卡奇,从文艺复兴艺术创作到20世纪的先锋派艺术实验,它一直占据着理论与文艺活动的重要位置,成为现代乃至后现代一个不可或缺的关键词。尤其是,随着后现代消费文化与大众文化的巨大声浪,审美自律问题出现了前所未有的合法性危机。随着各个学科知识话语对这一术语的阐释,学界已经形成了跨学科的审美自律研究。布达佩斯学派在后现代视野下对审美自律问题进行了多方面的深入思考,从他们各自不同的理论视角切入这个问题的不同方面。本章主要从审美自律的合法性危机、审美自律与艺术赝品理论、人类社会视域下的审美自律的现代性重构、审美自律的文化政治学四个方面来论述布达佩斯学派对审美自律的批判与重构。

第一节　审美自律的合法性危机

　　审美自律是现代社会的现象,可以追溯到文艺复兴时期。在这个最初的时期,随着宗教的世俗化进程,随着现代经验性生活日益占据社会精神生活的重要位置,审美经验及其艺术活动逐步脱离日常生活与社会体制,脱离哲学、伦理等文化价值领域,而成为一个自足的领域。在现代社会,这种自律通过艺术家、作品与接受等环节形成了一个重要的现代文化的独特的部门,成为现代人的精神家园。按照费赫尔与赫勒所说,在现代社会出现了一种面向美及其客观化的特殊活动:"这种活动具有一种独立的功能,就是说,它不是其他活动的一种副产品,不是多种意识形态的协调工具,不是神学与宗教信仰的侍女,并且不是群体的自我意识的一种表达,而是独立于所有这些(虽然也许表达了它们中的一些),是一种自我依存的活动。"[1]这种自我依存,自己赋予自身合法价值,实质上是审美自律。要赋予审美自律以合法性就需要现代美学学科,就需要确立艺术的存在的合法性基础,建构关于艺术的理论。因而一种普遍的艺术观念就是必然要思考的问题。这些艺术概念确定了艺术成为艺术的根据与标准,确立了高雅艺术与低级艺术的标准,只有高雅艺术成为意义与功能的载体,可以说,只有高雅艺术合格地成为艺术,成为审美领域的宠儿。自然美、社会美成为审美领域也是存在着与此类似的逻辑与价值标准,这就形成了艺术对非艺术、高雅艺术对大众文化的敌对态度,也形成严格的雅俗等级结构关系。布达佩斯学派对审美自律的合法性危机的思考就是针对高雅艺术或者严格意义的艺术概念进行的,他们对现代高雅艺术与低级艺术、大众文化的敌视性结构关系进行了批判,其中赫勒、马尔库什、拉德洛蒂的研究最有代表性。

一、赫勒论高雅艺术的悖论

赫勒从高雅艺术观念的标准入手来揭示审美自律的问题。[2]要确定高低文化或者艺术,就必然涉及标准问题,因为正是标准确立了等级的界限,达到了标准的艺术就允许进入高雅艺术的殿堂,否则就沦为低级艺术。赫勒探讨了非现代与现代的高雅文化或者艺术的标准。她认为,低级文化与"原始"没有联系,而是与非精致、陌生、粗野相关。高低等级的区分不一直是文化方面的,这能够建立在一种同质的精神宇宙中上升阶梯的等级之上,如人们创

① Ferenc Fehér and Agnes Heller, *The Necessity and the Irreformability of Aesthetics*, In *Reconstructing Aesthetics*, Agnes Heller and F. Feher eds., Oxford: Basil Blackwell, 1986, pp. 1 – 2.

② 参见傅其林:《阿格妮丝·赫勒的审美现代性思想研究》,成都:巴蜀书社 2006 年版,第 217~225 页。

造的宇宙世界能够进入本质现实或者更高级的、更深邃的、更加真实的现实,但是没有标准选择的可能性,而且进入高雅文化的途径通常能够被传教士或者被神圣的狂热者继承。她所谈及的这种非文化的等级区分正是传统标准的特征,是一种权力与意识形态的区分。在她看来,就具有高低区分的一种文化而言,达到高级王国的途径不会被狂热者继承或者获得,甚至也不被创造的诗性狂热者继承或者获得,而是被形成一种高雅判断的能力继承或者获得。这意味着,不是艺术家"进入"高雅文化,不是他们才能创造艺术作品,而是说只有具备高雅趣味的人才能欣赏伟大的艺术,因此高雅的、精致的趣味取代了祭司的职位、创造或者狂热。赫勒重点从趣味方面来分析进入高雅艺术的标准。

对赫勒来说,进入高雅文化王国的标准在非现代与现代存在一些本质的区别。虽然这些区别是逐渐形成的,但是它们标志着一个新时代的开始。在古希腊与中世纪,存在的是有趣味的人与其他没有趣味的人,因为始终存在一个核心的、精致的、高级现实的模式,别的事物与之相比是平庸的、不精致的、蠢笨的、陌生的。如果他们形成了被认同了的高级与低级、有教养与粗野区别的能力,那么人们就具有了趣味。并且,这种区别能力涉及实践的能力,合并"知道那个"和"知道怎样"的能力。这样,那些具有趣味的人就说明他们能够区别美好的诗歌与原始的节奏,区别精美的与不精美的习俗。非现代的趣味是单一,凡是"与这种趣味相对立的判断就被认为是缺乏趣味的"①。因此,在非现代,趣味的标准或者高雅文化的标准没有选择的可能性,没有自由与开放性。

然而在现代,高雅艺术标准的确立具有一种自由与开放性,因为原则上不仅特别正派的或者特别有能力的人而且许多不同的人群能够发展好的趣味。由于自由与开放性,高雅文化成为能够被学习的东西,否则同化一种高雅的生活方式将是不可能的。赫勒认为,在现代,"具有趣味"与"没有趣味"不再重要,重要的是具有"好的"或者"坏的"趣味。好与坏之间的区分极不同于有趣味与没有趣味之间的区分,这说明"趣味的标准不再是稳定的与固定的,

---

① Agnes Heller, *A Theory of Modernity*, London: Blackwell Publishers, 1999, p. 119.

而是移动的、变化的、暂时的"①。一部艺术作品在今天符合最高的标准,但是明天也许沦为臭名昭著之物。这也适合赫勒自己的现代性理论,因为她认为:"现代性的动力导致了对趣味判断的不断修正。"②在现代性的动力没有出现的文化中,艺术作品的标准是稳定的,埃及艺术在几个世纪甚至上千年中根本没有变化。所以,现代性的动力导致了趣味的动力。虽然目前的主流说这种风格是丑的,某人能够说它更加美。某人能够说:"这幅画不美,虽然其他人认为是美的,依我看,它根本不美。"具有好趣味的人的趣味判断经常不一致,而不像非现代时期具有趣味的人的判断经常是一致的。赫勒在此把握住了现代审美判断的标准的动态性与个体化特征。

赫勒认为,现代这个新时代趣味标准的特征表现出高雅艺术与低级艺术尴尬的关系与趣味判断的矛盾。趣味判断的动态性、个体性导致了关于趣味标准的合法性或者有效性的思考,即她所认为的,提出一种趣味标准是否合理,高雅文化与低级文化的区分是否重要或者有效的问题。正是在这一点,从文艺复兴到 18 世纪,艺术与科学、哲学分道扬镳了。科学一直是在高雅文化的概念中,一个有教养的人懂得关于星座、自然历史、物理运动、艺术与哲学著作等许多东西。没有人相信关于星座或者物理运动的判断是一种趣味判断,并且没有人认为这是主观的。知识被认为是牢固地扎根于最高的存在,扎根于上帝或者自然宇宙的永恒的规律之中。在当代科学中,存在人们称为"结果"的东西。例如,人们能够通过知识的积累与技术,辨认水果树,以至于其他人能够继续别人已经开始的事。在哲学中,人们有资格选择一个基础并且在这个假设的基础上建立一个哲学的准体系。虽然最后的原则能够被证明是不合理的,但是建立在它之上的东西能够是合理的。然而在关于艺术作品的趣味判断中,人们不能为趣味说明别人接受的一个基础,"艺术作品的接受不是一个'结果',因为它能够完全是暂

① Agnes Heller, *A Theory of Modernity*, London: Blackwell Publishers, 1999, p. 119.

② Agnes Heller, *A Theory of Modernity*, London: Blackwell Publishers, 1999, p. 119.

宏大叙事批判与多元美学建构

时的,并且它一直是有关趣味的"①。所以对美的判断成了一个仁者见仁、智者见智的主观趣味的事。在真善美三位一体中,美的位置首先被动摇,立刻充满问题。这是现代审美的矛盾,美面临无家可归的命运。也就是说审美判断的动态性、个体性特征导致了美的问题,传统的永恒的美的理想在现代性中崩溃了,唯有波德莱尔所谓的瞬间美、变化美占据主导地位。

对赫勒来说,笛卡儿、卢梭的哲学表述了现代性的悖论。笛卡儿说每个人产生于好感,但是许多人是愚昧的,没有获得导向真正知识的方法。卢梭声称,人是生而自由的,但却无往不在枷锁之中。赫勒认为:"这两位法国哲学家都精炼地表述了现代生活的基本矛盾之一:它的规范概念与它的现实(经验的事实)的差距。"②就趣味方面而言,休谟(David Hume)表述了现代性的悖论。如果每一个人出生是自由的与具有好感的,那么每个人一出生就具备了区别美丑的能力。没有人有权威告诉一个人什么令人快乐,什么不令人快乐,没有人有资格占有一种客观的趣味判断的角色,因为使我快乐的是美的,不使我快乐的是丑的。这是休谟关于趣味判断的主观性的认识:"美就不是客观存在于任何事物中的内在属性,它只存在于鉴赏者的心里;不同的心会看到不同的美;每个人只应当承认自己的感受,不应当企图纠正他人的感受。"③但是休谟认为真正达到对高级艺术作出判断的人是很少的,因为"只有卓越的智力加上敏锐的感受,由于训练而得到改进,通过比较而进一步完善,最后还清除了一切偏见——只有这样的批评家对上述称号才能当之无愧。这类批评家,不管在哪里找到,如果彼此意见符合,那就是趣味和美的真实标准。"④赫勒认为,在休谟那里,趣味的标准不是立足于一种单一的本质上,不是来自艺术作品的客观的标准,而是被文化精英不断地建构的,从而具有了压倒他人的权威性,同时确立了美丑与高低趣味的等级。因此,休谟在《论趣味的

① Agnes Heller, *A Theory of Modernity*, London: Blackwell Publishers, 1999, p. 278.

② Agnes Heller, *A Theory of Modernity*, London: Blackwell Publishers, 1999, p. 60.

③ (英)休谟:《论趣味的标准》,吴兴华译,"古典文艺理论译丛编辑委员会编:《古典文艺理论译丛》第五册"北京:人民文学出版社1963年版,第4页。

④ (英)休谟:《论趣味的标准》,吴兴华译,"古典文艺理论译丛编辑委员会编:《古典文艺理论译丛》第五册"北京:人民文学出版社1963年版,第12页。

标准》(*Of the Standard of Taste*)中表达了现代趣味的悖论。

赫勒剖析了休谟论述上的循环:"文化精英的趣味决定了什么是好的趣味。但是一个人成为文化精英的成员,在于他具有好的趣味。这里存在一种循环。"①既然在现代,不再像传统社会那样由社会的精英集团提供趣味的标准,那么原则上每个人能够成为这种文化精英的成员。但是如果每一个人能够成为精英集团的一个成员,那么成为一个精英集团的成员的标准就是具有好的趣味。不过,这种循环不是危险的,因为在"社会现实"中,正是一个文化精英集团作为趣味标准的载体而在欧洲出现。这些文化精英支配着趣味的标准,不认同相同的精致水平。对抗好趣味的其他人不再是野蛮人或者陌生人,而是具有坏趣味的隔壁邻居。坏趣味的人不适合成为文化精英集团的代表,也就是说正是现代的文化精英确定了现代的艺术等级。赫勒通过休谟的论述认识到后者关于趣味标准的悖论。休谟试图通过趣味的敏感、精致、培训等因素来确定判断美的普遍的标准,以此来克服趣味的主观性,但是最终又回到主观性上来,一个普遍性的趣味标准不过是少数精英的主观趣味而已,所以休谟是一个文化精英主义的倡导者。格罗瑙(Gronow)的认识可以帮助我们理解:"真正的高雅趣味是不存在的。合法趣味总是装扮成社会中被普遍接受的、公正的趣味,而在现实中,这只不过是特定阶级即统治阶级的趣味而已。"②

并且,随着现代民主化的倾向,休谟的悖论愈来愈不能容忍,他的观念也将面临更加严峻的挑战。就此,赫勒分析了现代民主化倾向对现代趣味等级标准的挑战。民主以平等的观念为核心,并且它有超越政治平等走向实质性平等的倾向,在一个实质决定的民主中,所有人都是平等的,这表明没有人比其他人更好,有更好的能力或更聪明。就趣味而言,"没有人比其他人具有更好的趣味。如果有人主张他的趣味比其他人的更好,那么他就是一个精英主义者,使他不合格地成为一个好的民主主义者"③。在民主的

---

① Agnes Heller, *A Theory of Modernity*, London: Blackwell Publishers, 1999, p. 120.

② (芬)尤卡·格罗瑙:《趣味社会学》,向建华译,南京:南京大学出版社 2002 年版,第 13 页。

③ Agnes Heller, *A Theory of Modernity*, London: Blackwell Publishers, 1999, p. 121.

时代，"'每一个男人'（或者'每一个女人'）怨恨一种区分，即可能把他从那些进入高雅的世界中的群体中排除的区分"①。甚至更加糟糕的是，主张自己趣味优等的人不能证明自己的主张，他不能证明他的趣味更加好，因为如果别人说这个趣味不好，那么他只好求助于艺术家性质的实质性的定义来为其辩护。结果，他只好把他自己的趣味作为趣味的标准。在赫勒看来，艺术的论证与形而上学的或者科学的真理的论证是一样的：人们需要一种原型，即被每个人视为理所当然的东西来证明。在科学中人们通常共享这种原型。但是在艺术中，人们并非如此，所以，"人们一直退回到主体性的问题，退回到作为质性的唯一标准的趣味，并最终回到趣味的标准——这个起点被证明是不可靠的，没有牢固的基础的起点"②。对赫勒来说，趣味标准的悖论正如现代自由的悖论一样，是立足于一个没有基础的基础，这样，"由趣味构建的东西能够被趣味捣毁"③。格鲁姆雷概括说："没有趣味的客观标准，'高雅'与'低级'的理论区别就崩溃了，文化精英的同化也成为问题。在每个人的信念都重要并没有客观标准的环境中，'高雅文化'的基础与作为高雅文化监护人的文化精英的基础都被暗中破坏了。"④以赫勒之见，在现代社会，高雅文化与艺术标准的模式本身是多元化的，并且具有高雅趣味的不同的人能够具有不同的趣味，所以进入高级的本质现实的标准一直是模糊不清的。每个人能够进入他自己的"他者的"世界，并且不时地再进入或者退出来。例如，进入高雅艺术的音乐的世界的条件是完全集中地听。那么一边看电视一边听音乐，他进入了音乐的世界吗？当他不再看电视并意识到背景音乐的声音时，他进入了音乐世界吗？当他重新进入体育新闻的世界，他退出了这个音乐世界吗？

　　赫勒以现代高雅文化的判断标准作为切入口来剖析高雅文化

---

　　① Agnes Heller, *A Theory of Modernity*, London: Blackwell Publishers, 1999, p. 122.

　　② Agnes Heller, *A Theory of Modernity*, London: Blackwell Publishers, 1999, p. 121.

　　③ Agnes Heller, *A Theory of Modernity*, London: Blackwell Publishers, 1999, p. 122.

　　④ John Grumley, Heller's Paradoxical Cultural Modernity, In *The European Legacy*, Vol. 6, No. 1(2001), pp. 25 – 35.

的矛盾,从对判定标准的矛盾的揭示来理解高雅文化的根本性问题,是有批判性的。尤其是她揭示了现代性的动力导致判断标准的动态性与个体化特征,揭示了以平等为核心的民主化与休谟提出的趣味的权威性、高雅性的矛盾,从而展示了现代趣味标准的不可靠性与缺乏基础性。以趣味为标准最后没有一个趣味的标准,这是一个根本性的悖论。休谟自身也认识到趣味标准的困境,正如伊格尔顿所说,虽然休谟"坚信的确有普遍的趣味标准,但他难以说明何处可以找到"①。通过赫勒的论述可知,现代高雅文化是一个人为的精英集团的意识形态的建构,它与现代性第三种逻辑,即不断追求自由与平等的民主逻辑是矛盾的。

　　这样,赫勒解构了现代高雅文化与低级文化的结构关系。如果没有趣味的标准,或者没有在哲学上建立的标准,那么高雅艺术与低级艺术的区别就崩溃了。既然艺术是一个双重的观念,如果没有低级艺术,那么就没有了高雅艺术。倘若如此,"整个第一个文化概念就崩溃了。这种崩溃不仅是一个理论的崩溃,而且是一个实践的崩溃"②。文化之间没有等级,"高雅"这个词已经没有影响力了,这是一个荒谬的传统的概念。它完全是一种形式,是最没有根据的。③ 赫勒一方面分析了高雅文化与现代性的关系,即"文化的第一种概念建立在对现代性的奠基性句子的认可的基础之上:每个人出生于自由并且同样(被上帝)赋予了理性与良心"④。另一方面她又认识到文化的第一种概念即高雅文化或者高雅艺术概念的矛盾:"高雅文化概念的悖论来自它作为两极性的规范性。它不得不排斥低级文化,但是又不能排斥。因为它不得不把趣味承认为在艺术美与特质方面的最终仲裁者,但是又不能把决定性的趣味等同于每个人的趣味或者少数人的趣味。总之,它不可能避免文化相对主义,但是它也不可能接受它。"⑤因此,第一个文化

---

　　① (英)特里·伊格尔顿:《美学意识形态》,王杰等译,桂林:广西师范大学出版1997年版,第39页。

　　② Agnes Heller, *A Theory of Modernity*, London: Blackwell Publishers, 1999, p. 121.

　　③ C. F. Agnes Heller, Elismerés és identitáa, In *TEK20 Konferencia*, 2001. május 13 – 15, p. 48.

　　④ Agnes Heller, *A Theory of Modernity*, London: Blackwell Publishers, 1999, p. 135.

　　⑤ Agnes Heller, *A Theory of Modernity*, London: Blackwell Publishers, 1999, p. 135.

概念产生的矛盾不能被消解或者被去掉。这种判断艺术或者美的标准是有问题的。就现代艺术来说，趣味判断的悖论也就不可根除。同时，赫勒看到："文化的第一个概念被谩骂为不民主的，考虑到每个人的趣味同样重要。这个概念在哲学上也是站不住脚的，不能证明是合理的。"①趣味是高低文化区分的标准，然而这个标准本身是没有根据的，而且是充满矛盾的，因而根据趣味来进行高雅文化的区分是无效的，赫勒就是这样解构了现代高雅文化与低级文化的结构性对立。

赫勒从现代性的逻辑的角度批判了高雅艺术概念的悖论，甚至提出以"艺术尊严"取代"艺术自律"。她认为，艺术自律的概念一开始就模糊不清，首先因为它有时被应用到大写"A"的大写艺术，有时被应用到单一的艺术作品。而艺术的尊严涉及个体性、非功利性，涉及不把他人视为手段而是视为目的本身，所以赫勒认为："'艺术自律'作为一种战斗口号来维护判断的规范的原则，其好处是为高级现代主义辩护，反对大众文化的冲击，防止它被粗俗的趣味、妥协、娱乐的引诱所感染，更准确地说是搞遭和捣毁。这个任务已经完成，不再需要了，支持19世纪的普遍作品反对高级现代主义的最好作品的"中产阶级"（或者社会现实主义）趣味也是如此。用'艺术尊严'取代'艺术自律'口号没有伤害《沃泽克》（*Wozzeck*）、《摩西和艾伦》（*Moses and Aaron*），也没有伤害马勒维奇（Malevitch）和康定斯基。"②

二、拉德洛蒂论普遍的艺术概念的悖论

拉德洛蒂也是立足于现代性的视野批判了普遍的艺术概念，以及艺术与大众文化的结构关系。拉德洛蒂对现代艺术与大众文化关系的思考是颇为深刻的。对他来说，这种关系的形成首先与现代艺术以及艺术的普遍概念的动态发展有关："艺术合法性危机与它为解放而奋斗是同一块硬币的两面。这种复杂过程已经产生

---

① Agnes Heller, *A Theory of Modernity*, London: Blackwell Publishers, 1999, p. 122.

② Agnes Heller, Autonomy of Art or the Dignity the Artwork, 此文系赫勒教授在复旦大学2007年6月30日举办的"马克思主义文艺理论的当代发展：中国与西方"国际学术研讨会上的发言，中文译文《艺术自律或艺术品的尊严》，载《东方丛刊》2007年第4期。

了现代艺术在高与低、流行与精英、平庸艺术或大众文化与艺术的对立。"①艺术的解放就是要突破以往依附宗教、社会伦理地位,而成为一种独立的自律的活动,也表明它不断地要突破以往的艺术规范,这样就体现出观看方式与审美风格的动态的多元化,既有选择的自由,艺术活动范围增多,日益有可能自我决定艺术标准与价值,也可以对传统进行批判性的解释。但是拉德洛蒂认为,这种解放的多元性只有在一种同质的普遍的艺术概念的背景下才是可能的,这就出现了特殊性的多元追求与普遍的同一性的两极态势。

具体说,艺术的普遍概念形成于 18 世纪,它获得了美的自然体系,这与美学在 18 世纪的诞生是相关的。这种艺术概念能够使被选择的传统获得同一性,主张提供真实艺术的唯一的定义。德国浪漫主义就是这样的运动,他们认为艺术的普遍性概念整合几种异质的趋势并形成一种独立的实体,施莱格尔著名的"进步的普遍诗性"就是其一。在艺术哲学中,这种趋势也是明显的。拉德洛蒂看到,谢林假设的艺术概念,即艺术建立于自由概念之上,他以个体性的艺术作品的自由开始,为了这种目的,他不得不创造一个艺术概念,排除不自由的作品,区别审美产品与通常的工艺产品,所以谢林说:"一切美感创造活动就其原则上都是一种绝对自由的活动。"②事实上,对艺术普遍概念的追求对拉德洛蒂来说恰恰是一个新的神学,而在现代,这种新神学都由个体完成,因此就出现了十分荒谬的现象。在拉德洛蒂看来,"如果一种有机的新神学,伟大的浪漫主义的渴求开始存在,那么自律的艺术作品与自律艺术的本体论概念将不再存在。所有艺术的普遍性概念无疑包含了这样自我消解的方面与'自由的专制',包含希望归并或者消除艺术的其他概念,即使被它吸收的基本经验是自由与艺术作品的多样性。"③并且,自由与多样性也意味着人们与艺术活动的关系不再明显,人们在某种程度上脱离了艺术活动,结果"解放的反面就是一

① Sándor Rádnóti, *Mass Culture*, Ferenc Feher and John Fekete trans. , In *Reconstructing Aesthetics*, Agnes Heller and F. Feher eds. , Oxford: Basil Blackwell, 1986, p. 77.

② (德)谢林:《先验唯心论体系》,梁志学、石泉译,北京:商务印书馆 1977 年版,第 271 页。

③ Sándor Rádnóti, *Mass Culture*, Ferenc Feher and John Fekete trans. , In *Reconstructing Aesthetics*, Agnes Heller and F. Feher eds. , Oxford: Basil Blackwell, 1986, p. 78.

宏大叙事批判与多元美学建构

种合法性危机",新的普遍性概念就被引入来确证艺术活动。这事实上构成了现代艺术概念的一个又一个新神学的置换,也导致了一个又一个合法性的危机。拉德洛蒂看到:"就文化史来说,艺术的普遍概念仅仅能够存在于复数中。在过去 200 年间,既定的合法性已经被动态过程的合法性的不断出现所置换,这种出现更准确地赋予一种存在模式以特征,而不是危机。"①这种动态的普遍化事实上导致了艺术概念的自律。

　　另一方面,随着艺术的解放,单个艺术作品宣称自己的自由,它不仅反对古老的非自律的艺术地位,而且也反对所有从历史哲学或者形而上学演绎出的普遍的艺术概念,同时也反对所有通过传统、运动或任何其他艺术作品建立的艺术概念,这形成了现代艺术的自律。拉德洛蒂认为艺术作品的自律、个体化、自由解放与艺术的普遍概念的抽象的对立恰恰是在解放过程中美学的两种基本成分之间形成的一种张力,内在于每一种艺术作品与每一种解释之中。因此,不管从现代艺术概念还是对艺术品来说,一种自律的现象出现了。它们事实上在解放与危机的转化中建构起现代艺术,这种艺术就实质来说是高雅艺术。在这儿,艺术是一个世界,但它对抗现存世界,它是一种新的世界观,一个新的审美国家或者关于一种审美城堡的存在的预告,是人的乌托邦之家,是人类物种,甚至渗透进艺术家的人格:"艺术概念的普遍化与艺术作品的日益个体化已经构成了这种乌托邦大厦。"②结果艺术为自己创立了一个审美的宇宙,与日常生活敌对,与现实隔着一个深渊,也成为少数人而脱离社会大众的事。这就导致了高雅艺术与大众文化的对立,尤其是现代高雅文化对大众文化的排除。艺术从现实中抽离出来,对此,最明显的证据就是艺术作品与人工制品的区分。拉德洛蒂再一次回到了施莱格尔与谢林那里。前者区分了自由理性艺术与有用的和引起快感的机械艺术,后者区分了审美产品与通常的工艺产品,他们都注意到了高级艺术与低级艺术的鲜明对照。可以看到,正是由于艺术的解放与危机导致的艺术个体化与

① Sándor Rádnóti, *Mass Culture*, Ferenc Feher and John Fekete trans., In *Reconstructing Aesthetics*, Agnes Heller and F. Feher eds., Oxford: Basil Blackwell, 1986, p.79.

② Sándor Rádnóti, *Mass Culture*, Ferenc Feher and John Fekete trans., In *Reconstructing Aesthetics*, Agnes Heller and F. Feher eds., Oxford: Basil Blackwell, 1986, p.81.

艺术概念的普遍化,形成了高级艺术与低级艺术的对立,这应该是现代性产生的结果。拉德洛蒂的论述对艺术的自律、解放、个体性、普遍性的阐释正是依循现代性的精神特性展开的。

但是,拉德洛蒂没有局限于这种角度,还结合现代接受结构的激进变化与文化市场的形成进行考察。18 世纪的英国作家奥利弗·哥德史密斯(Oliver Goldsmith)认为:"公众的光顾已经取代了'伟大的保护'。"①也就是说,在现代艺术取决于公众的接受。前现代的文化史证明,艺术的接受在类型上是极为丰富与多样的,每一种类型在精确的社会学意义上是能确定的,相反在现代,"公众"的概念涵盖一切,极为抽象,同时它的构成也是异质的、流动的。拉德洛蒂认为:"纯粹由于公众的定向的不可预计性,公众的这种抽象性解放了艺术家。"②因此,艺术接受结构的变化也有助于艺术的解放。同时,这种解放也与18 世纪出现的文化市场相关,就此,拉德洛蒂涉及了洛文塔尔(Lowenthal)对 18 世纪英国的文化市场的分析。根据洛文塔尔的分析,在 18 世纪,随着资本主义市场体系的形成,文化市场开始形成。在这市场上,艺术家作为生产者,公众作为消费者,中介制度也发展起来,这就是出版商、书商、可借的图书馆、趣味导向的杂志。基于此,拉德洛蒂看到,艺术与公众的文化接受行为都是市场机制,它们的组织原则也同于市场,并且是抽象的,因为创造与接受都主张自由,强调彼此独立,"脱离它们传统的语境,并且是集中的大众化。"③正是资本主义导致了群体性,尤其在城市,即使在资本主义以前,公众也一直出现于市场发展的地方。文化市场的自由的、有钱的劳动也为艺术打开了不同类型的自由,打开了不参与这种生产的自由。显然这种拒绝参与有助于艺术普遍概念的出现。所以现代的艺术家不同于传统的艺术家,他站在市场诱惑与自己独特灵感的十字路口。正因为市场提供的自由,一个艺术家能够对现存世界说不,因为在这世界他找

---

① 转引自 Sándor Rádnóti,*Mass Culture*,Ferenc Feher and John Fekete trans. , In *Reconstructing Aesthetics*, Agnes Heller and F. Feher eds. , Oxford:Basil Blackwell, 1986, p. 79。

② Sándor Rádnóti,*Mass Culture*,Ferenc Feher and John Fekete trans. , In *Reconstructing Aesthetics*,Agnes Heller and F. Feher eds. , Oxford:Basil Blackwell, 1986, pp. 79－80.

③ Sándor Rádnóti,*Mass Culture*,Ferenc Feher and John Fekete trans. , In *Reconstructing Aesthetics*,Agnes Heller and F. Feher eds. , Oxford:Basil Blackwell, 1986,p. 80.

不到家，并且他能够说不，因为他能够创造一个新的世界。可以看到，对拉德洛蒂来说，文化市场的出现既准备了艺术接受的群体公众，使得艺术能够大量生产，同时也为艺术的多样性的自由创造和艺术概念的普遍化创造了条件。这也形成了现代高雅艺术与大众文化的对立，"只有在现代，高级文化与一种工业的低级文化（目的在大众生产）彼此对立"①。两者都是资产阶级的时代的产儿，前者否定而后者肯定大众文化与文化工业的出现。

拉德洛蒂对这种对立形成的问题或者矛盾逻辑进行了深入分析。他认为，现代自律的高级文化（艺术）的概念实际上是一种普遍的意识形态，"一种艺术的普遍概念的意识形态的产婆帮助了所有现代艺术作品的诞生。无论是悲剧的、弥赛亚的、古典主义的或是自然主义教育的形式，它一直包含社会乌托邦的王国"②。在现代，艺术的反概念就是大众文化，因此正是现代艺术的普遍概念的意识形态的特征造就了现代大众文化神化意识形态特征。这样，通过拒绝大众文化，艺术解释大众文化，反之亦然，通过拒绝艺术，大众文化解释艺术。拉德洛蒂认为，如果在高雅文化与大众文化对立开始的18世纪的德国，文化工业没有起作用，那么，高雅艺术的概念不仅仅是在资本化过程中对文化的一种理论性反映，不仅仅是对艺术商品化以及就利润而言的理性化的一种反应，而且是对作为"自由理性艺术"前提的那些机制进行概念的整合。高雅文化的整合功能也导致了大众文化的普遍性与统一。所以，拉德洛蒂在谈到高雅艺术与大众文化的对立的逻辑时就首先假设："正是高雅艺术使大众文化产生拜物化。"③这不仅意味着大众文化的神化的问题首先根源于现代高雅艺术及其概念，也意味着现代艺术与概念的自身存在的困境。拉德洛蒂从动态社会与市场机制两方面进行了阐释。

就动态社会来说，不仅形成了艺术与艺术概念的独立与自律，

---

① Sándor Rádnóti, *Mass Culture*, Ferenc Feher and John Fekete trans., In *Reconstructing Aesthetics*, Agnes Heller and F. Feher eds., Oxford: Basil Blackwell, 1986, p.83.

② Sándor Rádnóti, *Mass Culture*, Ferenc Feher and John Fekete trans., In *Reconstructing Aesthetics*, Agnes Heller and F. Feher eds., Oxford: Basil Blackwell, 1986, p.83.

③ Sándor Rádnóti, *Mass Culture*, Ferenc Feher and John Fekete trans., In *Reconstructing Aesthetics*, Agnes Heller and F. Feher eds., Oxford: Basil Blackwell, 1986, p.84.

而且形成了艺术与概念的不断演变,结果导致了艺术与艺术概念的抽象化,文化使自己脱离物质文化,排开了文化的原初的地方性的语境,表现出能够相对自律自由地、有意识地选择的那些理智价值的宇宙,表现出脱离直接的生活关系与它们的现实的可能性。这样,艺术作品在生活的功能变成非决定性的,或者多元决定的,因而艺术家在生活的地位更加抽象,文化、艺术与艺术品变成了为自己的价值,文化本身对立着所有以前的法规与所有的宗教文化,变成了首要的文化权力。基于此,艺术的参照框架就变得能够质问的了,它不能从一个封闭的生活语境与传统的相互联系中采纳一种新的参照点,而不得不适应突破这些联系的新的动力学。艺术通过界定它的概念与在概念上区别自己,成为它自己的参照框架,这就形成了新与旧、高与低的成对抽象概念。事实上高级艺术与概念催生了大众文化及其概念。旧的等同于古代、古老(民俗)、统一一切的宏大风格、天真、自然,而新的等同于非现实、探索、献身的追求、渴求。因而,持续不断的艺术的普遍概念建立于彼此的对立与发现。在真实与虚假、高与低的区别中,首要的价值是原初性、个体性、新颖性,而在新与旧的区别中,旧的必定是模式化的。不过既然模式不是被直接而是被有选择的传统提供的,所以旧的也是新的。拉德洛蒂认为,先锋派的策略也是如此,其把过时的等同于低级的、平庸的、大众的产品,"绝大多数艺术的新概念把它们的直接的前辈推进反概念、大众文化,越激进,它们越提高自己的新颖性"[1]。因此,正是现代动态的社会导致动态的艺术作品与艺术解放,产生了艺术的对立面,即大众文化,高级的沦为低级的,新的成为旧的,成为大众文化。这是现代艺术存在的基本模式,拉德洛蒂说:"这种过时与革新的变化,以前高级艺术沉入低级艺术领域,已经构成了过去150年的'普遍的不断加快的发展'。"[2]从这种存在模式中事实上可以窥测到现代艺术存在的困境或者矛盾。一方面它脱离传统,只有那些现存的独立的艺术与艺术活动才能满足于它们的标准,因为它们逆潮流而动。但是另一方面,现代艺术

① Sándor Rádnóti, *Mass Culture*, Ferenc Feher and John Fekete trans. , In *Reconstructing Aesthetics*, Agnes Heller and F. Feher eds. , Oxford: Basil Blackwell, 1986, p. 85.

② Sándor Rádnóti, *Mass Culture*, Ferenc Feher and John Fekete trans. , In *Reconstructing Aesthetics*, Agnes Heller and F. Feher eds. , Oxford: Basil Blackwell, 1986, p. 86.

又融入了主流的类型,进入了低级的伪审美领域,艺术作品无意识或者违背其意图而服务于现存世界。

拉德洛蒂像赫勒与费赫尔一样,也结合对趣味与形式的观念的关系进行考察,但后者是借此探寻现代美学的结构性的自相矛盾,而前者是分析现代艺术与大众文化的关系。现代艺术以对抗传统为特征,这意味着趣味与形式观念的对立,意味着艺术对抗传统的或者既定的共同体的趣味,结果艺术成了康德所说的天才的观念的创造,表现出无趣味的特征。所以,拉德洛蒂认为:如果我们要获得一种激进而确证的结论,即艺术的普遍概念与趣味本身相冲突,那么,就要调和这种经验,即我们时代的高级艺术不是一种创造文化的艺术。显然,这文化是指群体的或传统的与趣味相关的东西。但是拉德洛蒂看到,一种非创造文化的现代艺术又转变为文化。以他之见,如果与共同体趣味产生不协调真是现代艺术的存在模式,如果本雅明接受波德莱尔期望被渴求娱乐的心不在焉的烦恼,并因此创造了精心设计的震惊效果的分析是有效的话,如果正是在传统与创造的长久争论中才诞生最伟大的现代艺术作品的话,如果马雅可夫斯基的名言"给社会趣味一记耳光"真的仅仅是现代艺术家的典型行为的一种无情而挑衅的表达,那么,"我们时代的高级艺术的确是非常荒谬地创造文化的艺术,因为它创造了它的对立面——大众文化。它创造了一种文化生活,以便在与其构成的张力中清楚地言说它自己"①。

可见,现代艺术以反传统与趣味开始,最终沦为传统,创造了大众文化。这表明高雅文化与大众文化的对立是现代艺术必然存在的模式。但是,这一过程的完成或者保证除了现代的动态社会之外,还有在其中起作用的市场机制。前面分析现代艺术的普遍概念的形成时已经谈及了市场,但是在此对市场的涉及是探讨高雅艺术的接受以及大众文化的形成问题。拉德洛蒂认为,文化工业建立是为了最新的艺术革新的大众生产。在现代,时尚成为了最新的原创的艺术革新的小贩。因此,在不断求新的倾向中,我们可以看到一种走向市场的导向。因为不断出新的普遍的艺术概念

① Sándor Rádnóti, *Mass Culture*, Ferenc Feher and John Fekete trans., In *Reconstructing Aesthetics*, Agnes Heller and F. Feher eds., Oxford: Basil Blackwell, 1986, p. 88.

只要把自己普遍化为低级或大众文化,就找到了能够表现自己的现存物资。同时,市场也影响到最独立的艺术作品,因为艺术作品依赖不知名而异质的公众的接受。这种对不知名的公众的依赖成为艺术的普遍概念的存在基础。为了价值的有效性与一种能运用整个宇宙的价值的共同标准,普遍性、艺术超越一种封闭的共同体的扩展、一种观念的同质范围与一种共同的权威的假设,这种假设与物质市场结合成紧密的整体。在市场上,便宜的与有价的艺术能够被解释。个人作品与运动作为财产进入了这种市场机制,原初性、一种新的艺术概念成为作家或群体的私有财产,交换价值就是新的价值。在市场上,新在艺术中成为如此首要的价值,以至于它归属于并在一定程度上排除了诸如美、和谐、比例、完美性与客观形式这些价值。因此,新使现代艺术具有了市场的结构,这种内在与市场相同的结构保证了艺术的接受,也确保了大众文化的形成。但是,依拉德洛蒂之见,这种高雅艺术的市场导向不能被还原为文化已经成为经济的一部分这一事实,不能说为了迎合大众消费的工业组织,部分地提供了迫使艺术家逃避大众文化而不断创新的刺激因素,部分地提供诱使他们实验自己的冒险的刺激因素。虽然市场经济具有操纵的可能性,但是并不起绝对作用。可见,他们对市场作用的态度并没有像法兰克福学派对文化工业批判那样激进,而更看重现代艺术本身的意识形态对大众文化的影响。

拉德洛蒂对动态社会与市场机制的考察是比较复杂的,这既涉及现代艺术的存在困境,又解释了现代高雅艺术与大众文化对立的结构形成与转化的特征,还涉及艺术、市场与接受的微妙关系。这种复杂性可以简单地表述为:"一方面高雅艺术通过创造与其自己的趣味共同体的不和谐,另一方面文化工业通过为了高雅艺术的有效力量的机制,共同确保了:高雅文化的公众,作为趣味的共同体,本身成了低级,更确切地说,大众文化的整体的构成性部分。"①因此,现代高级艺术、现代普遍的艺术概念具有一种双重的结构。一方面,正是一种趋势获得了与现代导向艺术的意愿的形式的存在,获得了一种自律的独立的艺术生活与艺术作品或者

① Sándor Rádnóti,*Mass Culture*,Ferenc Feher and John Fekete trans. , In *Reconstructing Aesthetics*,Agnes Heller and F. Feher eds. , Oxford:Basil Blackwell, 1986, p.89.

宏大叙事批判与多元美学建构

艺术观念。但是另一方面是造成一种后果,一种作为意识形态的乌托邦,一个导致自相矛盾的概念。这种双重结构的获得正是拉德洛蒂在对现代艺术的创造主张即不断的艺术解放与现代艺术的现实接受的分析中得出的。也正是从这些角度的切入,他较为清楚地认识到了现代高雅艺术与大众文化的内在而复杂的矛盾关系,这种矛盾的关系可以用艾柯对先锋派艺术与平庸艺术的辩证关系的论述来表达,他说:"大众文化的人类学情景被革新的建议与确证的适应性的不断的辩证法所控制;前者不断地被后者欺骗,因为一个公众的绝大多数人欣赏后者,他们事实上相信融入了前者的欣赏。"①因此现代艺术分割成的自我解释与接受两个领域是矛盾的,彼此是疏离的,大众接受经常误解前者。

正是艺术的解放导致了艺术的普遍性概念以及其对立的普遍的大众文化,也就是说正是艺术的自我解释构成了把艺术王国分而为二的普遍标准,但是这种标准业已彰显出矛盾性,显然我们不能以一种矛盾的普遍标准来评价高雅艺术与大众文化。因此,拉德洛蒂继续要追问的是,是否还存在一种评价高雅艺术与大众文化的普遍标准。就此他详细地分析了艾柯的设想。艾柯提出的著名的"开放的艺术作品"这一概念涉及一种普遍标准。因为艺术作品的存在或者高雅艺术具有潜在的开放的可能性,这种开放的可能性不是主客体的关系,而是一种客观的结构,一种在稳固的客观性中的潜在性,平庸艺术的潜力已经被耗尽了,接受不能彼此丰富,一种特殊的接受成为一种先验模式的与普遍的,艺术作品结果获得了一种不必要的清晰,即体现出封闭性。对拉德洛蒂来说,艾柯的解释标准是比较令人信服的,但是他认为艾柯提供的标准同样存在问题。艾柯的开放性强调的是作品本身的特性,事实上无视了接受史,因为历史上既定的接受不能脱离我们自己的接受或者艺术家的"理想的传达者"(ideal addressee)。拉德洛蒂认为,对艺术的接受而言,时间性与非时间性是并存的,而且后者引导前者。这就形成了两种接受:"第一种是在一种文化的一个既定作品的永恒的呈现;第二种是个体的起源的重复(换句话说被重复阐释

① 转引自 Sándor Rádnóti, *Mass Culture*, Ferenc Feher and John Fekete trans., In *Reconstructing Aesthetics*, Agnes Heller and F. Feher eds., Oxford: Basil Blackwell, 1986, p. 89。

和不同地阐释）。"①这样，大众文化在接受中对拉德洛蒂来说也会体现出开放性，只是这是从主客体的关系来认识的。因而艾柯以开放性来衡量艺术、以封闭性来评价平庸艺术或者大众文化不具有普遍的合法性，开放性与封闭性这两个概念也不能是普遍上可评价的。拉德洛蒂从艾柯那里看到，只要作品不被某人"打开"，这作品一直是开放的。我们可以进一步推测，一旦作品被多次打开，它就迈向了平庸艺术的道路。因此，从这种意义上来说艾柯提供的标准仍然在现代艺术概念设置的框架中。也因此，艾柯没有突破现代高雅艺术与大众文化的意识形态的困境。

基于此，拉德洛蒂清楚地看到，艺术在解放逻辑上必然地导致对不存在自在的艺术价值的认识。在现代，艺术作品宣称一种为自己的价值，并且预设一种为自己的普遍价值，但是这都是个人自由的行为，就普遍性来说，它们都没达到目标，因为同样自由的个体的接受行为并设想其他普遍的价值。如果接受是一部艺术作品的生活，那么接受不能被决定为真实或者错误。拉德洛蒂认为："关于什么是低级艺术和什么是高雅艺术，从来根本不能存在这样一种决定物，能够存在的仅仅是一种价值争论。艺术解放的整个过程不过是这种价值争论。"②因此，现代艺术概念的普遍性与自律的艺术在深层次上存在着矛盾。不过从拉德洛蒂的质疑中，我们已经能够感觉到他试图超越这种困境。

三、马尔库什论现代艺术与科学的悖论与统一

马尔库什对现代审美自律的问题的关注主要涉及现代高雅文化中最主要两种形式艺术与科学的自律构建，从作者—作品—接受者关系与制度理论方面比较了从 18 世纪到二战结束期间，艺术自律与科学自律的对立性，展示了其与低级文化或者大众文化形成的对立关系，从而揭示了现代高雅文化结构的悖论，认为"经典

① Sándor Rádnóti, *Mass Culture*, Ferenc Feher and John Fekete trans. , In *Reconstructing Aesthetics*, Agnes Heller and F. Feher eds. , Oxford: Basil Blackwell, 1986, p. 91.

② Sándor Rádnóti, *Mass Culture*, Ferenc Feher and John Fekete trans. , In *Reconstructing Aesthetics*, Agnes Heller and F. Feher eds. , Oxford: Basil Blackwell, 1986, p. 92.

宏大叙事批判与多元美学建构

的现代文化"是一个矛盾的修饰语。①

　　马尔库什认为,从康德到黑格尔的文化哲学都试图建构不同文化领域的统一性,在 20 世纪早期这种统一性成为一种理想与体验。这种建构是文化现代性形成的结果,是文化自律形成的结果。在艺术与科学之间存在着基本的类似性,也存在基本的差异。无论什么东西要归属于高雅文化的王国,它必须完成作者—作品—接受者关系所确定的功能角色之一,并以一种特有的规范的严格方式涉及体现其术语之一的个人或者对象。正是这种文化关系成为所有形式的文化实践所共同具有,并使之区别功用的技术活动。这种关系的结构性术语,根据作者、作品和接受者在每一个特有领域应该满足的规范要求和期待,就是每一种文化领域接受上特有差异性的决定因素,这些规范限制各自的文化领域,对文化作品的接受与生产起着定向作用。马尔库什指出:"立足于这种文化关系之上,所有文化实践的共同特征能够被对象化、理想化、自律和新颖性术语来规定。"②文化首先是作品的王国,是对象化。文化在现代意义上被理解为一种生产性的活动,归属于文化实践的意义就是立足于它们生产的对象化的价值,这种对象化能够为公众所获得,能够传播,能够脱离生产者。所以,现代文化是极为自律的。文化对象化有时是公众事件的表演,但是通常它们是特有的对象:文本、绘画、建筑等。这些对象在文化上被视为有意义的,只是因为它们成为一些理想的意义复合体的工具与体现。这些意义被内在地设置在这些对象中,但是决不能还原为这些事物的物质属性或者直接意义。科学实践真正生产的东西不是短期的科学文本,而是理想的建构:实验、假设、理论、范式,一部音乐作品不等同于乐谱或者任何现实的表演。在现实对象化和它的理想意义之间的区别也出现在绘画、雕塑等亲笔创造的艺术中,即使它们没有对象化和意义的实践的区别。文化现代性形成了一整套词汇来表达这种差异——复制、再生产、引述、翻译、改编、整理、重复等。这种区别使得高雅文化获得了自律性。由于文化作品体现了意义复合

　　① György Markus, The Paradoxical Unity of Culture: The Arts and the Sciences, In *Thesis Eleven*, Number 75, November 2003, pp. 7 – 24.

　　② György Markus, The Paradoxical Unity of Culture: The Arts and the Sciences, In *Thesis Eleven*, Number 75, November 2003, pp. 7 – 24.

体,所以它就被视为本质上有价值的东西,这种价值不是就外在的目的而言的,而是就内在于这些文化实践本身中的规范和标准而言的,它们有价值不仅为相关目的需要它们的人而言,而且原则上是对每一个人都有价值,尽管事实上只有少数人对它们持以浓厚的兴趣。这就是文化自律的积极意义:"这种自律不仅仅是代表这些实践所形成的理想的主张。它还具有广泛的普遍的社会认可。"① 为了拥有文化意义,这种对象化必须是原创的或者新颖的。一种纯粹的复制行为不涉及文化领域,文化实践不仅被视为是生产性的,而且被视为是创造性的行为,这就使得文化对象化涉及与传统相关的问题,作品既稳定了传统又动摇了传统。文化实践不断地走向更新速度的加快,科学与艺术越来越接近,不断地成为永恒的革命。马尔库什从作者—作品—接受者关系的角度确定了文化实践的自律性特征,也透视出了艺术与科学的共同特征。作品是一个意义复合体,是一个归属于主体的有意图的活动的结果,作者以唯一的形式确定了意义的原初性,既然意义是新颖的,那么作者被视为一个创造者、发明者。本身就拥有价值的作品是为他者的一种对象化,不仅为特有需要或者目的明确的个人,而且也为匿名的他者,它属于公众领域,原则上属于每一个人。既然作品是对象化的意义复合体,那么接受者与它的关系就是理解、解释、欣赏与批判性的评价,这不是一种消费者/使用者的关系,接受者的挪用关系才维护着、支撑着文化作品成为文化上有意义的,这种维度的缺失意味着它们只是历史的文献记录。马尔库什指出,这种文化关系不仅包括了不同文化实践和创造的共同特征,也表达了各主要领域的基本的差异。不论这看来是多么悖论,但是不是它们共同的特征而是它们之间的差异赋予了文化的本质的统一。艺术与科学就是从对立的两极性特征中赋予文化的统一性。一个半世纪以来,文化具有持久的稳定性结构,其主要的领域构建了严格的互补性关系。

马尔库什首先分析了艺术自律的形成与悖论。他指出,在审美领域艺术作品与作者的关系是一种表现,艺术作品被理解为原

① György Markus, The Paradoxical Unity of Culture: The Arts and the Sciences, In *Thesis Eleven*, Number 75, November 2003, pp. 7 – 24.

创的不可比较的创造主体性的唯一的普遍性呈现。审美上相关的"作者意图"不能纯粹地等同于作者明确陈述的观点与目的,在此,与作品直接再现相关的意指也不重要,因为它不是作品带来的东西(内容),而是它呈现与表达的方式(形式),这种形式才使其在审美上获得重要意义:"形式主要构建了作品的意义。"[1]这种意义回溯性地归属于作者,作为作者人格与世界的唯一图像的表达。作者的意图在本雅明所谓的评注或者解说的层面是没有特别的用处的,其真正的成功在别处,它牢固地把一部作品的意义定位在主体性领域,主体性最直接地联系着使某种事物成为艺术作品的东西。由于对象化具有唯一的原初性意义,那么它就不能通过其他方式得以充分地表达。由于这种意义不涉及抽象概念的理解,所以它必然是在想象中被体验到。虽然作者的主体性是艺术领域的结构的核心,但是作为社会角色的作者关系没有一种明确的鉴定机制。成为一个作者不是一种职业的资格,这只是对其成绩的认可,这种认可是由与艺术相关的各种制度构建的不明确的环境所赋予的。由于许多这些制度是彼此竞争的,所以很少出现在短期内对当代人作出一种共识。审美意义的主观化也意味着接受、趣味的主观化。这存在着悖论:一方面,理想的接受者的特征是沉浸于作品,凝神地走向作品的唯一意义;另一方面,这种态度又是积极的,接受者要具有判断作品是否具有价值的能力。而且,接受者还要想象地重新体验作品的意义所构建的东西,使之成为意义重要的启蒙、安慰、痛苦、挑战。因此,马尔库什认为:"艺术的自律也使它的接受者成为自律的,成为一个自由选择所'喜欢'的东西,这没有合法的根基。"[2]这种趣味的传播与联想能力在很大程度上是社会所决定的,它们取决于匿名接受者的教育水平、职业与社会的立场。18世纪的伟大审美教育的文化尝试成为普通教育体系的制度化的目的,这种把普遍的艺术主张转变为一种经验的事实状态的尝试根本上失败了。高雅艺术的文化一直是很自我风格化的精英的少数人文化。随着审美现代性发展,这两种自律之间的代沟愈来愈

---

① György Markus, The Paradoxical Unity of Culture: The Arts and the Sciences, In *Thesis Eleven*, Number 75, November 2003, pp. 7 – 24.

② György Markus, The Paradoxical Unity of Culture: The Arts and the Sciences, In *Thesis Eleven*, Number 75, November 2003, pp. 7 – 24.

深广,形成了艺术实践与它的公众的隔阂。原则上原创性的要求一直意味着,作为意义复合体的作品与接受者的根本的期待是不一致的,随着先锋派的出现新颖性的速度的加快,对不能理解的公众的经常性抱怨被转变为敌视的态度,艺术宣称脱离其接受而成为自律,对作品的充分的接受成为未来之事。今天创造的作品事实上是未来的艺术作品,这导致了艺术实践的未来化。

不仅艺术实践与接受存在着悖论,而且艺术自律的新颖性与传统也构成了悖论关系。正是原创性观念预先设想了一种特有建构的传统,反对这种传统的东西就能够是新颖的。艺术传统的两个基本特征就是,传统是活生生的、有效的,其范围不断地扩展。审美遗产的整个领域是活生生的,因为它可以为接受者与实践所能获得。过去的艺术已经被推进博物馆,这为各种类型的无限的个体趣味提供了历史的合法性。同时它促进了审美评价的所有固定标准的消解,更普遍地促进了艺术边界的消解。这导致了艺术自律的成长。传统现在对当代实践缺乏它过去始终意味着的束缚力量,但是随着传统力量的消解,它的分量不断提高。新颖性不断加速,更为激进化,超越艺术的边界,不过这种加速与激进化仅仅促进了博物馆化了的传统的扩展。随着过时与激进之新的时间距离的缩短,新的生命也缩短了,"新颖性越激进,它就越快速地被博物馆化。艺术实践越好像接近永恒革命的状态,未来的艺术作品就越直接地转变为过去的艺术作品。它的新颖性证明了它在一瞬间前是如何原创,现在只是对其消失的记忆"[1]。

马尔库什对艺术自律的悖论的揭示还表现为他对阿多诺的精英的自律艺术观念的悖论的揭示。阿多诺通过"文化工业"的概念确立了自律艺术的合法性的同时贬斥了大众文化。马修·阿诺德、爱略特、利维斯、奥特加,尤其是阿多诺对大众文化持有否定性评价,表现出精英主义的姿态,认为雅俗文化的关系,就是"普遍的/审美的价值与毫无价值的、垃圾的或者破坏性的反价值之间的关系"[2]。排除大众文化的美学理论是充满悖论的。文化工业的特

① György Markus, The Paradoxical Unity of Culture: The Arts and the Sciences, In *Thesis Eleven*, Number 75, November 2003, pp. 7 – 24.

② György Markus, Adorno and Mass Culture: Autonomous Art agains Culture Industry, In *Thesis Eleven*, no. 86, August, 2006, pp. 67 – 89.

征被理解为他律的、异质的，是艺术作品的一致性与连贯性特征的消解，而与本真的艺术作品不同。文化工业的功能就是把个体整合到社会体制中，成为一个梦工厂，一种社会水泥。文化工业把同质化的惯常模式，一种破碎的感性经验强加于个体，催生了一种虚假的意识形态的心理效果，这实质上是对人类需要的控制，因而对阿多诺而言拜物化植根于个体最内在的心灵里。但是文化工业产生的效果又是"地位强制性的"，这些产品的特征是完全偶然的、暂时的，因为它们与消费者的真正或者虚假的需要无关，只是通过外在压力强制地赋予接受主体。自律的艺术只有通过揭露这种绝对异化体制的非人的否定性才获得希望。在晚期资本主义社会，一切的文化作品都成为商品，是被使用价值和交换价值双重决定的人类产品，公认的艺术作品成为文化商品，它们的交换价值成为使用价值本身，只有那些激进地抵制商品化的孤独的艺术作品才能成为本真的艺术，这样艺术就成为哲学，但是这就导致了艺术的消解。在马尔库什看来，阿多诺的理论导致了"文化"的双重过重的负担："一方面，是'文化工业'的过重负担，文化工业具有不可根除的、不可治愈的罪责，就是作为非个人的统治体制的'水泥'，这使理论脱离了分析其内在多元性和差异性的使命。另一方面，就是艺术的过重的负担，其使命是作为艺术，作为审美经验的源泉。今天它根本不能完成这种使命。"[1]

要揭示艺术与科学的悖论统一，首先要弄清楚各自的文化运作机制。马尔库什考察了自律的艺术与科学（主要是自然的实验科学）的文化结构。科学的作者意图是把实验室的物质的、社会的、认知的、活动的混合体转变为科学上相关的实验，这种实验的结果通过报告公之于众。科学的作者是设计与指导实验行为的人，可以等同于实验报告的作者。他必须把实验的方式和结果与这个领域的研究的现状联系起来，以显示出它在什么意义上是新颖的，在科学意义上这才赋予实验以意义，这事实上是一种意图、一种主张的意义。就结果所意指的东西的建立来说，作者与研究共同体的其他成员相比没有特有的权威，他们能够接受、再解释或

① György Markus, Adorno and Mass Culture: Autonomous Art agains Culture Industry, In *Thesis Eleven*, no. 86, August, 2006, pp. 67–89.

者否决他的主张,因为虽然实验的结果是新颖的,但是结果不能是唯一的,它们必须能够重复。只有可重复性才赋予这个实验以文化意义。作者第一次进行了这种发现,只是一个表演者、正确的记录者,有能力的解释者。因此,就认识权威性而言,在作者的位置与充分接受的接受者之间存在一种完全的对称。科学中,作者与接受者角色的可交换性通过作者的声音与角色的去个人化而成为可能。科学的文本的对象化把一个局部复杂的、混乱的历史转变为客观的、普遍的描述,它把文学的形式的地位减少到最低限度,以便凸现所指的事实内容。这种互换性也意味着科学的接受者本质上局限于特有的研究共同体的成员,当然这不意味着这个圈子是封闭的。既然科学的作品向一个狭窄的职业群体言说,那么科学在何种意义上被视为对每个人具有意义的文化领域呢?技术进步不是科学有效性的必要的或者充足的条件,它是科学实践的内在特征的结果。实践的意义肯定不是科学意义的标准。因而马尔库什指出,就自律而言,艺术与科学是以完全不同的方式建构的,对艺术而言,自律意味着解功能化,失去它们期待满足的任何预设的社会目的,每一部艺术作品必须创造它自己的功能,找到接受者。对这种接受者来说,它的意义作为情感与感性的教育,作为更好的自我理解,作为对更好的未来理念的呈现在某种意义上具有真正的人类意义。这些意指的范围是开放的,非决定性的。现代科学在其发展过程中本质上是单一功能的,由于它的专业化和职业化与稳定的科学世界观的理念关系的消解,由于在基础学科革命的不断持续,科学失去了它在 18 世纪的陶冶和培养的作用。同样,在对待传统方面,艺术与科学也存在着差异。审美上的传统是不断在时间深度上的扩展,科学传统是短暂的,因为它是一种进化的传统。自然科学的有效传统是短暂的,甚至生殖理论出版物在 30—50 年后就开始"消失",而且这种浅显的传统经常被每篇新的研究论文所呈现。每篇论文都在现在与过去所做的之间画定一个边界,因而科学不仅是持续变化的过程,而且是进步,它在文化上导向客观真理的目的的进步。这种进步使得科学的发展有时不是个人能力的事情,而是科学仪器的更新。而且科学的进步往往可以在同行的共识的基础上进行。通过比较,马尔库什看到了艺术与科学的根本的差异性或者对立性。

这种对立性还表现在它们的文化实践借以整合到社会的制度机制的差异。艺术作品在法律上与经济上被视为私有财产，也是一种公共商品。科学知识被视为一种公共商品，对这种商品的合理利用能够产生一种特有形式的私人财产。在艺术领域，不仅有物质对象，其作者通常是制造者，还有唯一的理想对象，其作者是创造者，这两者被视为作者的"知识产权"，被定义为"版权"。作为艺术作品拥有者的作者对作为理想的意义–复合体的作品具有适当的处置权，他能够出售、捐赠或者抛弃它。在大多数情况下，正是通过这种交易，艺术作品最后达到它的接受者那里。不过，"知识产权"不是一个很特别的概念。它关注活动的产品，它的社会认可建立在对它们创造的对每个人有用的普遍价值之物的认可基础上的。这也要被法律体系所考虑，虽然知识产权可以视为私有财产的自由劳动理论的范式，但是它具有短期限制的有效性，这是一种自我熄灭的权力。一段特有的时间之后，艺术作品成为一种在法律上和经济上的公共物品。没有人能够主张对作为理想的对象的作品以特权，没有人区别私人财产领域和市场交换的物质对象化，艺术作品的公共物质还通过许多其他限制来认可，涉及"国家遗产"、作者的"道德权"。不过，这主要通过市场交易，艺术实践被整合到现代社会的经济体系之中，艺术作为商品才为接受者所获得。当然这也通过国家与市政府的机制，通过新的赞助人、私人机构与个人传达给公众。新赞助人与前现代社会不同，不是个体与个体的关系，而是通过契约关系进行的，这弥补了文化市场，同时也是在经济基础上才是必要的。这就是所谓的"成本疾病"（cost disease）的问题。所有高雅文化区别于物质生产的过程，在于普遍的技术进步不系统地导致艺术或科学生产性的发展。以经济术语来说，它们仅仅有限地考虑了资本取代了劳动。因而在艺术实践的文化建构与法律–经济的制度化之间存在显著的应和。这不应该是文化单向地依赖于社会或者相反。事实上版权制度原初与保护作者的权力无关。它是效果审查和规范不断增生的出版社之间的竞争的必要性所激发的结果。通过作者的斗争它获得了当代的意义，作者能够发挥如此重要的作用是因为他们凭借文化地位与名誉被认可为公众人物。然而制度化不仅仅对前存在的文化角色与意义进行了加密。形式与内容的区别对现代艺术的理解来说是基本的,这种区别首先清楚地在法律领域被表达。在关于版权的意义和范围的英语论争中,区别了文学作品表达的观念和它们的表达,对每一部原创作品的"风格与情感"被认定为版权的唯一严格的对象。科学的制度化不能够通过艺术领域的起作用机制完成,因为"风格与情感"是不能区别科学出版物的东西。科学是关于内容的,其内容被视为事实,这根本上属于公共领域。科学家－作者是版权拥有者,是他的著述,没有内容,结果不能发表。许多科学出版商是盈利性的企业,科学出版物通常是商品。但是这与科学活动整合到社会的方式不相关。作者在科学的组织中发挥着基本的作用,这不是因为它构建了能够商品化的私人财产的权力,而是因为它是科学家同行中的认可与声誉依赖的基础。认可决定了个体的奖赏。这种科学活动的组织是可能的,因为在这个时期,新赞助人的形式提供了纯科学和它的广阔语境的联系。国家机构与非盈利性的私人学术机构资助纯粹的研究。这使它区别于通常被涉及长期的财政回报的大工业公司创造的应用科学。通过专利合法制度,赢利是可能的。科学知识属于公共领域,任何人能够以合法的目的使用它。不过当这种使用导致新的发明的时候,它能够申请专利,在有限的时间转变为发明者的能够生产化的知识产权。因而,虽然实验的自然科学一开始通过大量的技术－实践的丰富性获得合法性,但是科学显著地脱离了它的使用的实践现实化,即应用科学。因而马尔库什认为:艺术与科学遵循不同的社会－经济逻辑,"艺术实践的社会体系是通过市场机制组织,市场机制被新的赞助人形式所补充。作为社会体系的科学通过两种不同的组织原则的互补起作用——纯粹科学通过新赞助人,应用科学通过市场,两者是严格分离的"[1]。

基于此,马尔库什进一步论述了文化现代性这种悖论的统一性。这种统一性不是建立在渗透和限制所有文化实践的一些主要结构性成分之上的,也不是建立在不同文化元素不断相互适应的过程基础之上的,而是建立在两种在制度上和范畴上对立两极的事实基础之上的,这就是现代性的悖论。现代性的动力一方面捣

① György Markus, The Paradoxical Unity of Culture: The Arts and the Sciences, In *Thesis Eleven*, Number 75, November 2003, pp. 7 – 24.

毁了过去的有机共同体,把原子化的个体的无限自由转变为赋予生活以意义的最高价值;另一方面使社会关系的领域转变为独立的自我航行的体系,个体被屈从于这个独立逻辑的体系,被转变为非个人的社会影响对象。因而人格与大众化的狂热是同一过程的两个方面。文化就是这样的社会的一部分,它是它的自律领域之一。不过,它是一个很特殊的领域,它最显著的结果因素的对立的二元主义也反映了现代性本身的自相矛盾本质。既然文化由创造意义的实践所组成,那么它的二元主义表达了这种悖论并赋予其意义。既然艺术与科学是对立的两极,那么它们都能够作为一种对对方提出的原则的危险的片面性的补偿而发挥作用。科学在现代社会发展中发挥的核心作用倾向于注重客观必然性和合理性,这正是一种功能,是科学的一维性。科学应该为现代性的缺陷和疾病承担责任。而艺术由于解功能化能够发挥普遍的补充功能。艺术是现代性的补偿领域,在已经剥夺了完美的形而上学尊严的祛魅的世界,它提供了一个再度加魅的、人类创造美的世界。当一切被转变为可复制的、可处置的东西的时候,艺术作品与唯一性和不可重复性相遇。在人类沦为标准化角色的扮演者的世界中,艺术体现出一个创造性或者选择无限自由的领域。个体能够按照不同的方式体验自我的愉悦,使个体能够容忍现代性的矛盾。

当然有人反对说,高雅文化已经是相对少数人的特权,它如何发挥补偿的安全阀门的作用? 马尔库什认为这种反对是误置的,它没有考虑文化的实际的接受者与它的社会共鸣,即真正的公众与它的公开性的区别。后者比前者更为宽泛,英雄化的文化联系着它在现代性的其他产品中发挥的作用:作为想象共同体的民族国家的意识。现代文化的观念与民族国家的观念是同时出现的,现代民族国家主要是一种文化民族主义。文化战争只是对一个焦点的两个世纪的论战的普遍化和全球化,这个焦点就是经典的建构。最初,这种论战发生在每一个民族文化内部,一个民族的文化遗产的真正宝库是什么,谁是真正的英雄,谁应该被排除? 这些都是充满激情的争论,涉及直接的政治的关系。虽然这些论争在各自的民族文化内部独立地进行,但是各自具有相当显著的类似,因为它们被全球性的两大意识形态趋势所影响:启蒙主义与浪漫主义。在这种意识形态的反映之中,艺术与科学的关系不再作为对立的静态的二元主义。这个关系被转变为各自文化霸权的激烈竞争。当宗教在现代性中失去了它的核心文化权力时,文化就剥夺了能够直接定向和规定个体行为的观念和象征的内在系统。启蒙主义和浪漫主义都试图为文化重新获得宗教的生活导向的作用。不过,就目的的实现和能够实现的现实权力而言,它们是根本不同的。启蒙主义和浪漫主义作为理想类型代表了思想的复杂趋势,决不能还原为"作为救赎的科学"与"艺术的宗教"。但是这些主张内在于这种方案。启蒙主义以理性 – 批判的思维看待,今天只体现在科学的实践与方式之中,既是社会转变的手段又是目的。其目的是实现一个真正民主的公共领域,自律的成员应该控制自己的生活,能够平等参与涉及他们社会的共同事件的决定。科学就是这样的社会组织的模型,科学的进步能够实质性地促进它的实现条件的创造,这不是使每一个人成为某种科学的专家,而是使日常生活与思维理性化。通过制定理性话语的普遍的规则和程序,每一个体能够独自地思考。对浪漫主义而言,只有艺术才能够作为欲望的转变的文化工具和模型,其目的是再造迷失的有机共同体,这被共享传统的活生生力量所支撑着。艺术是"原初的重复"的可能性的重要个案,再创造已经成为有效的新传统。这不是意味着每一个人成为艺术家或者鉴赏家,而是使日常生活和行为审美化。艺术通过这种新神话的创造实现这种目的。马尔库什指出,这两种意识形态的争论伴随着并渗透了文化现代性的整个历史。它们在知识分子的形象中找到了各自的发言人,都把它们的自律与公众展示归因于它们在某种文化领域认可了的成就,并且使用它来干涉公共事件。正是通过这种对立的意识形态棱镜的折射,对文化的自我反思获得了批判的特征。文化批判主要是对文化的堕落状态的批判。但是它必然指向更为宽泛的现存社会结构。这样,启蒙主义和浪漫主义都意图重新获得文化导引生活的权力。对启蒙主义来说,问题在于现代社会从来没有征服过去,这是它所发誓要突破的。社会的功能与发展仍然被盲目的自发性所支配,结果导致了自由的丧失。启蒙主义试图完成现代性的方案,在这种尝试中它通常好像依赖已经产生目前的困境的制度。无疑这是启蒙主义的困境。对浪漫主义而言,现代性的问题在于突破了过去历史的有机的共同体。通过捣毁传统的束缚力量,现代性使社会组织结构碎片化了，这导致了最终的灾难，我们失去了所有的意义和尺度。因而浪漫主义要求有意识地突破现代性的自发的持续性。这样，作为整体的文化获得了批判功能。不过，这意味着文化最终卷入了宏大工程的幻觉之中，从而使艺术与科学具有明显的幻觉特征。这种激进地试图在实践中现实化，可已经彻底地失败了。文化导致了社会和人类的灾难，不再为人们所信赖。它夸大了各自的社会权力和有效性，其发言人的角色已经被媒介名人所取代。马尔库什这种对文化自律的幻觉特征的认识与本雅明对艺术自律的批判相关。马尔库什认为，本雅明揭露了文化现代性的基本悖论，本雅明根据马克思的商品理论把现代文化视为一种幻象，文化试图把自己"视为'理想的对象'：唯一的、自我封闭的、独立的、内在连贯的意义总体性"①。艺术的自律是这种幻觉的典型特征，现代艺术以"灵韵"为独一无二的标志确定了自律的品格，它取代了前现代的艺术狂热，"以一种世俗化的形式重新获得了支配人类命运的神秘力量的幻象"②。灵韵的目的性在于瞬间性与永恒性的矛盾，在于新颖性和始终类似性的矛盾，这种矛盾的时间结构与商品结构的矛盾是同构的。文化的幻象表明了一种精神的总体性，但是这又是现代拜物教的体现。

四、重构高雅艺术与大众文化的结构关系

布达佩斯学派对现代高雅艺术结构关系进行了批判，指出了其中的悖论，表现出后现代姿态，但是他们并没抛弃高雅艺术概念，没有走向激进的后现代主义，而是对后者进行了批判。赫勒借助于理查德·沃林的话说："某些后现代主义一方面试图抹杀高雅的（自律的）艺术作品与文化工业产品的界线，另一方面试图以日常的文化实践取代自律的艺术作品的创造与救赎，沃林把这些企图视为'虚假的民主'。"③费赫尔也认为，虽然高雅文化与低级文

---

① Gyorgy Markus, Walter Benjamin or the Commodity as Phantasmagoria, In *New German Critique*, Spring/Summer2001 Issue 83, pp.3 - 42.

② Gyorgy Markus, Walter Benjamin or the Commodity as Phantasmagoria, In *New German Critique*, Spring/Summer2001 Issue 83, pp.3 - 42.

③ Agnes Heller, The Unknown Masterpiece, In *Philosophy and Social Criticism*, vol. 15, no.3(1990), pp. 205 - 241.

化界线的完全抹杀具有一些优点,但这是充满问题的,"因为高雅与低级、浅显与实质、深刻与空虚的区别的完全削弱是虚假地超越文化保守主义创造的文化障碍。这种超越是合法的、激进的,在于它认可每个人对自我创造性的平等的需要、平等的权力;但是更重要的是,这是一种虚假的超越,在于它把所有自我创造性的行为视为平等价值的行为——这种观点潜在地是专制意义上的集体主义"①。拉德洛蒂也对后现代主义取消艺术内在性主张进行了批判。基于此,布达佩斯学派对高雅艺术与大众文化的结构关系进行了重新建构。

赫勒没有彻底否定高雅艺术,力图在不可根除的悖论中提供一种方案,提供一些哲学的观点来避免这种悖论。就此,她提供了两个建设性的主张,这两个主张是她关于现代性的双重束缚即技术想象制度和历史现象制度理论②在文化方面的阐发。首先,如果人们拒绝现代艺术哲学两个决定性的新事物,即趣味的中心性与好坏趣味的区分,那么人们能够避免而不是消除高雅文化的悖论,在现代的好与坏的趣味的区分中,好趣味是对高雅艺术中的精致与新颖性、辉煌与想象的感受。赫勒主张重新引入具有趣味与不具有趣味的古老的区分来取代现代的区分,根据传统的高低区分,每一种文化产品,包括一张椅子、"常年喜爱的"旋律、一首摇滚乐、一部科幻小说或者一部色情电影、一首极端抽象的音乐或者一幅抽象画都能够就趣味进行判断。这样,"判断是对一部艺术作品在其自己的样式内的完美/不完美的评价"③。人们能够在电影、流行音乐、古典音乐、室内装饰、古希腊艺术等方面具有趣味或者不具有趣味。赫勒认为这种区分不是精英主义的,虽然它仍然以一种标准运作,并且要求把一些能力的实践作为更加好的判断条件,但是趣味的中心性已经受到了控制。具有趣味或者不具有趣味与作者的技术的精通的或者不精通的评价是不可分离的。在此,"'完美'意味着做得好、适当或者熟练,在这里,艺术作品的精神是不重

---

① Ferenc Feher, *What is Beyond Art? On the Theories of Post-Modernity*, In *Reconstructing Aesthetics*, Agnes Heller and F. Feher. eds., Oxford: Basil Blackwell, 1986, p. 72.

② 此理论的具体论述请参见博其林:《阿格妮丝·赫勒的审美现代性思想研究》,成都:巴蜀书社 2006 年版,第 70~90 页。

③ Agnes Heller, *A Theory of Modernity*, London: Blackwell Publishers, 1999, p. 123.

要的。技术想象引导这种判断"①。对赫勒来说,这个建议主要在于对艺术领域的独特的规律与技巧进行判断,这种判断存在一种评价的等级。现代技术想象在于面向未来,强调知识的累积,涉及艺术作品的技巧的完美程度,这可以作为一个判断的标准。但是仅仅如此,还不能避免现代趣味判断的矛盾,因为现代高雅艺术在技巧上虽然强调一些知识的累积,但是也强调一种非累积的技术。所以,格鲁姆雷认为赫勒这种方式意味着:"判断纯粹被技术思考引导而不是被作品精神的主观性的精神引导。"②不过,技术想象的引入可以抑制现代趣味中心的主观性。

赫勒提供的第二个建议是重新引入现代性的双重束缚之一的历史想象进入趣味判断。这个建议是为了避开趣味的概念,即避开趣味的相对性问题,但又没有回到一种客观的或者绝对主义的区分标准。她建议激励现代社会形式的两个决定性的特征。第一个是功能主义特征,第二个是现代想象制度之一即历史想象或者阐释学的想象的特征。赫勒通过历史想象的引入目的在于抑制第一种建议的技术想象。

在2001年的学术会议上,赫勒指出:"文化是一种功能概念"③。在现代性中,高雅艺术与低级艺术之间的区分遵循着社会形式的转变。赫勒在此涉及她对现代社会形式的一贯认识。在前现代社会形式中,人们在等级的分工中占据的位置决定人们履行的功能,"上层阶级的人是高雅文化的人。他们的判断——就艺术而言——也是他们在社会等级中的位置履行的一种功能。"④文艺复兴时期宫廷的趣味或者早期的文化资产阶级的趣味不是普通的贵族或者普遍的资产阶级的趣味,然而其趣味是这个阶级成员的一种功能。也就是说,在前现代,高层阶级出身的位置决定了这个阶级的社会功能,包括审美功能。趣味的高低根本上与出身阶级

---

① Agnes Heller, *A Theory of Modernity*, London: Blackwell Publishers, 1999, p. 123.

② John GrumleY, Heller's Paradoxical Cultural Modernity, In *The European Legacy*, Vol. 6, No. 1(2001), pp. 25 – 35.

③ C. F. Agnes Heller, Elismerés és identitáa, In *TEK20 Konferencia*, 2001. május 13 – 15, p. 49.

④ Agnes Heller, *A Theory of Modernity*, London: Blackwell Publishers, 1999, p. 123.

的地位相关。赫勒从功能社会理论的角度认识到,阶层决定文化是前现代的典型特征。相反,在现代社会形式中,人们履行的功能决定人们在等级分工与社会等级中的位置,"知识分子"的社会阶层就是由它的功能决定的。他们在现代社会履行提供一种趣味的标准,包括关于趣味的标准争议的功能,这种功能对知识分子来说不再由他们出身的社会阶层规定。赫勒认为:"就新的文化精英而言,正是他们履行的功能(擅长于发展与运用好趣味的标准)才在预先判断中把他们置入相对高的位置,但不必然在收入、社会等级中处于高的位置。"①因此,好趣味本身是一种功能,具有占据高雅地位的功能。但是赫勒继续追问,它是什么样的功能呢?这种功能具有客观的标准吗?也就是说,除了进行关于美丑、高低的陈述外,这种功能还具有一种客观的标准吗?

格鲁姆雷认为,从文艺复兴时期以来的知识分子履行提供趣味的功能就是"提供意义的解释功能"②。我们要解决这些问题,就必须进入赫勒建议的历史想象概念中,即是有关解释的问题。根据赫勒的意思,提供趣味的标准日益涉及解释的任务。文化作品的解释无论涉及什么,关键的问题不再是美的,而是愈来愈成为有意义的或者有意思的。普遍上的高雅艺术与高雅文化的解释是关于说得通与提供意义。既然有实际上不可穷尽的艺术作品,所以这些艺术作品将会成为解释的持续不断的主题对象:"高雅艺术作品是这样的作品,它能够被每一代人以一种新的方式解释,它对那些新时代的人——通过解释的行为——提供不断的新的阅读、意义与启示。"③这不是关于个人趣味的。相反,不断更新的解释行为正逐步形成一种共同的趣味。赫勒这种观点体现出康德美学的变体,暗示着一种共通感的形成,但是这种共同的趣味不是由康德纯粹形式的观照所引发的,而是通过解释达到的。赫勒认为,解释深化了文本,使文本更有意义,它强化了作品的灵韵(aura),不管是艺

① Agnes Heller, *A Theory of Modernity*, London: Blackwell Publishers, 1999, p. 124.

② John GrumleY, Heller's Paradoxical Cultural Modernity, In *The European Legacy*, Vol. 6, No. 1(2001), pp. 25 – 35.

③ Agnes Heller, *A Theory of Modernity*, London: Blackwell Publishers, 1999, p. 124.

术作品还是哲学或者神学作品,这种灵韵具有一种吸引力,因为它唤起怀旧感情和认可。在此,一部文化作品或者不同于我们的或者接近于我们的,差异与接近都是有吸引力的。总之,正是意义、怀旧与亲密的吸引力在"时间的过程中"把某些艺术作品置于等级的顶端。它们被置于高位置因为它们具有无限解释的潜力,并且它们已经被不断地从多种视角解释。它们履行一种功能,即产生意义与唤起怀旧与接近的功能。这种思想预设了在重要的艺术作品中存在不能被规训的东西,即秘密。这种秘密是不可解释的,我们不知道这个秘密,只能感受、领悟。

赫勒提供了一种高雅艺术的标准,但这个标准不是关于主观的个人趣味的,而是关于解释的意义的可能性的标准。也就是说,她主张把一种具有无限解释的可能性的艺术作品视为高雅艺术或者高雅文化,如果艺术作品能够履行提供无限性的解释的可能性,能够承担无限意义的功能,那么这艺术品就是高雅艺术,否则,如果不能很好地履行这些功能就是低级艺术或者高雅艺术中的低级作品。这样,强调作品的等级就不再关涉到美,而是涉及意义问题。这个意义又有解释耗尽与无限的可能性之别,因此就为作品等级的区分确立了一种客观性的标准,这可以避免休谟的悖论,也没有精英主义的弊端。这种标准也不同于绝对主义或者绝对客观的标准,因为它也是由解释者与作品的一种关联而导致的意义问题。同时这也解构了现代艺术神化的原初性观念,因为按照格鲁姆雷的理解,随着阐释学的盛行,"原初性不再是决定性的。关键的是意义的抽取"[1]。

在建立了高雅艺术的标准的基础上,赫勒重新确立了低级艺术或文化(low art or culture)、大众文化(mass culture)、流行文化(popular culture)或者民间文化与高雅艺术的关系。它们区别于高雅艺术之处在于不能很好地履行后者的功能,低级作品应该履行一种功能,但是它没有能力履行。到现在它们令人感兴趣,是就文化史或者文学史而言的,它们为一个群体,一个小族性群落的历史意识承载着一些意义,它们在一个历史时期为他们产生意义或者

---

[1] John GrumleY, Heller's Paradoxical Cultural Modernity, In *The European Legacy*, Vol. 6, No. 1(2001), pp. 25 – 35.

唤起怀旧与亲密的情感,但不为广泛的接受者唤起意义。但是赫勒认为,不管艺术作品在高雅艺术的尺度内排列得高还是低,它们的功能是相同的。并且正是解释者借以使它们履行其功能的方式,才决定它们将会如何被排列在文化作品的等级中。被排列的不是美或者对美的趣味,艺术作品的功能决定艺术作品的高低。赫勒认为,她"对高雅艺术与低级艺术的区分跟随着康德对美与快适区分的逻辑"[①],不过这种区分已经融入了社会学与阐释学的理论。

赫勒继续考察了大众文化或者大众艺术(mass art)的功能及其等级特征。第一,她认为:"大众艺术的功能是娱乐(entertainment)。"[②]存在不同样式与不同水平的娱乐,因为娱乐能够是精致的、有趣的、不落俗套的,也能是粗俗的、原始的与残酷的。高雅艺术的精通的爱好者有时也是大众文化的精通的消费者。但是人们在一部侦探小说或者一场体育赛事中与在莎士比亚作品中探寻的是完全不同的东西。赫勒认为,大众文化是被消费,消费在此意味着很快的吸收。人们能够非常容易地在几年中记住吃了好牛排的餐馆,正如人们可以回想一部完全欣赏过的一部侦探小说一样。但是人们在回想进餐的场合时不会感受到硬腭上牛排的味道,人们也几乎不记得工作之后为消遣而读的一部侦探小说的内容。也就是说,大众文化就如快餐一样,很快吸收,也很快忘却。第二,大众文化也具有等级的差别。大众文化的专家区别好的产品与坏的产品。在这个领域,人们能够具有趣味或者没有趣味。生产者不得不努力产生符合好的标准的东西。这不必然意味着精致。大众文化为各种等级与所有消费者,为那些精通的或不精通的人们,为幽默之人与粗野之人进行生产。但是,在所有艺术样式与所有产品中,存在"做得更好"与"做得糟糕"的一些差别。因此,所有大众文化有等级的差别。

大众文化与高雅文化的区别是存在的。赫勒认为:"大众文化在一个重要方面区别于高雅文化:创造者、生产者、传播者的区别

① Agnes Heller, *A Theory of Modernity*, London: Blackwell Publishers, 1999, p. 278.

② Agnes Heller, *A Theory of Modernity*, London: Blackwell Publishers, 1999, p. 125.

似乎消失了。"①现在,高雅文化也被所谓的"文化工业"复制,并被市场传播,而传播者与大众生产者目的在于消费需要的满足。但这不是创造者的意图,也不是内在于被创造的作品中的。尽管许多贝多芬的唱片被生产与出售,但是贝多芬没有为大众生产创造他的奏鸣曲,他一直是曲子的唯一作者,"虽然所有艺术家渴求接受者,并且现代艺术家用他们的音乐或者绘画或者小说赚钱。但是他们仍然是作者"②。这正如波德莱尔所说的,"诗人能够同样容易地解决一张汇票和完成一部最神秘、最复杂的小说"③。赫勒对作者的强调是对作品的唯一性的强调,这是对艺术非制度化的强调,虽然这个作品的生产、传播会被制度化。相反,大众文化是对创造者、生产者、传播者之间界线的消除,这表明大众文化很容易被制度化,尽管赫勒没有明确地说明。通过她进一步的分析,我们能够肯定这种结论,因为赫勒认为,大众文化激励了技术想象与技术。最新的模式在高雅艺术中占据更加重要的地位。大众文化的消费者生活在绝对的现在时态,不仅在事实上,而且在想象中,尽管最近的大众文化也开始运用怀旧并且使之工具化。技术是科学世界观所主导的,如果大众文化以这种为导向,那么就容易被制度化。而对高雅艺术而言,它强调意义、神秘性,强调解释的无限可能性,因此是不被制度化的。如果我们结合赫勒对艺术与制度化领域的复杂关系的认识,可以深化赫勒对高雅艺术与大众文化的区分的理解。

赫勒还论述了"流行艺术"(popular art),这种艺术指像探戈或者爵士乐这些音乐、"原始的"绘画与民间艺术。她勾画了这种艺术的现代性历程。在 19 世纪的欧洲与目前的拉美或者一些太平洋岛上,民间艺术的写作、作曲、舞蹈、歌唱独立于高雅艺术或者大众文化。流行文化首先是农村文化,后来成为城市文化。现在不再有民歌留存,农村文化完全可能会失去它的资源。并且,民间艺

① Agnes Heller, *A Theory of Modernity*, London: Blackwell Publishers, 1999, p. 126.

② Agnes Heller, *A Theory of Modernity*, London: Blackwell Publishers, 1999, p. 278.

③ (法)波德莱尔:《有才能的人如何还债》,"波德莱尔:《1846 年的沙龙:波德莱尔美学论文选》"郭宏安译,桂林:广西师范大学出版社 2002 年版,第 5 页。

术成为商业化的轻易牺牲品,这是现代性市场资本逻辑推动的结果。巴布亚新几内亚(Pupua New Guinea)高原部落比一个后现代的作曲家更加随意地为市场生产垃圾。但是赫勒并不悲观,她认为流行文化的源流从来不会枯竭,因为对新类型的民间艺术,城市的环境会证明是与曾经小小的传统的村庄或者部落一样肥沃的土壤。不过,一种流行艺术的繁盛在非传统的现代社会是短暂的,因为它们作为日常生活的成分受制于时尚,正如普遍的日常生活一样,某些流行文化作品通常被高雅艺术吸收,有些被大众文化所吸收。更加有意义的是赫勒对高雅艺术的生存与流行艺术的关系问题的思考,即没有流行文化的滋养与激发,新的高雅艺术作品能不能产生。她看到,在欧洲历史上伟大艺术涌现的时代,流行艺术助长了高雅艺术。歌德收集塞尔维亚(Serbian)的流行诗歌,格林兄弟(Grimm brothers)收集童话。在20世纪,巴尔托克(Bartók)使用匈牙利的民歌,后来使用爵士乐。高雅艺术从流行艺术的"引述"(quotation)中得到生存。现在不同了,高雅的艺术作品引述过去时代的艺术作品。赫勒意识到,在当代,"流行艺术比高雅艺术已经更加容易被商业化,所以高雅艺术的源泉可能枯竭"①。倘若如此,高雅艺术将会终结,艺术将会终结。不过,赫勒不想假设高雅文化需要民间文化作为它的源泉。也就是说,赫勒对艺术终结论持怀疑态度,当代高雅艺术不借助于流行文化而借助于过去的艺术就是有力的证据。

赫勒认为高雅艺术与大众艺术区别于流行文化或者民间艺术的一个共同特征,即它们都是普遍的,因为它们吸引所有文化的公民,对那些寻找意义、消遣与娱乐的人来说,它们在世界上到处可以获得。相反,流行文化或者民间文化一直是差异的文化,这不仅因为它们绝大多数只在一个地方实践,而且因为如果它们不被高雅艺术或者大众艺术调节,它们就不以高雅艺术或者大众艺术的方式被吸收。民间艺术通常被民族志博物馆收集或者作为旅游者的纪念物。偶尔人们去一个民间音乐演奏会,但是在这种情况下,流行音乐不再是流行音乐。因为,在成为一种展品时,流行艺术本

① Agnes Heller, *A Theory of Modernity*, London: Blackwell Publishers, 1999, p. 127.

身脱离了其最初的源泉。赫勒认识到大众文化的积极意义,她与费赫尔在评价美国的大众文化时说,美国文化作为一种原初现象,已经被发行于整个世界,它是真正的"大众社会"的文化,例如好莱坞的电影,摩天大楼与高速公路合并的现代城市、电子音乐、集中关于对象的装饰艺术,从南极到北极的模式化的美国酒店、电视化的时代以及其普遍化的图像。对每个已经接受欧洲、穆斯林、印度或者佛教传统的教育的人来说,这种大众文化的道德与审美的弱点是显而易见的,因而它的被制衡的批评证明是有道理的。尽管大众文化具有这些弱点,但是他们也认识到积极因素:"形势的复杂性是如此,以至于,在一方面,美国创造了一种唯一的(绝大多数是地方的与城市的)民主的文化、市民美德、一种合法性与公正的感受、一种演出与成功的欣赏,一种对某种民主形式的坚持。"①对赫勒与费赫尔来说,这种民主不能被标准化,不能被打包装运,不能被分配到全世界,作为一种文化它只能在它本体起作用。他们对美国大众文化的分析与其现代性理论是联系在一起的,但是仅从这儿可以看到其对大众文化分析的辩证态度。赫勒从技术想象与历史想象制度来建构艺术与文化的结构关系,无疑是有诸多启发的,尤其是从功能与意义方面进行思考,这显示出她文化社会学与阐释学融合的独特价值。

拉德洛蒂也试图解决现代高雅艺术与大众文化的结构性悖论。在他看来,现代艺术与大众文化形成的对立互补的矛盾结构,根本原因是艺术解放导致的普遍的艺术概念与自律的艺术,要解决这一矛盾也应该从此开始。事实上这种解决在现代的艺术解放的过程中就出现了,就是后现代主义者或者新先锋派所主张的艺术作品的开放性。这意味着对一部既定的作品是否是一部艺术作品的问题不再有浓厚的兴趣。游戏、实验、文献与行为开始作为自身的价值而与艺术的概念相匹敌。并且,对这些自为的产品评价的普遍性的兴趣减弱了。这样,"艺术活动与生活活动变成几乎同一的。这意味着只有实践艺术的人才能成为接受者,一种生活方式的参照开始取代艺术形式的参照,并且不为人知的接受者的精

① Fenrenc Feher and Agnes Heller, *Doomsday or Dererrance:On the Antinuclear Issue*, Armonk,New York London, England:M. E. Sharpe, Inc. ,1986, p. 115.

心设计的策略性的整合被抛弃了"①。因此,艺术的自律与生活,艺术与艺术的普遍规律消失了。结果,低级文化的普遍化的神化也消解了。

问题在于这会成为低级文化与高雅艺术的对立的解决吗? 自律的艺术概念会被废弃吗? 艺术会被撕碎成无限多样的,再一次成为彼此忽视或者容忍的小群体和亚文化的显而易见的艺术活动吗? 如果在一个小群体中,每个人能够成为一个艺术家,审美领域不是独立于或者超验地对立于生活而是一种无所不在的民族精神,如果在这些小群体中的最终关系中没有等级,那么,一种创造的与生产的自由的审美宇宙能够取代普遍的艺术而出现吗? 拉德洛蒂认为,这种通过艺术与生活同一的策略虽然很重要,但是仅仅是一种乌托邦,不能作为普遍艺术的替代物。并且这种策略与现代艺术的解放是有内在的联系的,因为它并不与接受的普遍自由的精心设计的整合相矛盾,它仅仅意味着承认了属于接受的自由的某种东西。他认为,这种狭隘的内省在许多现代艺术潮流中已经是显而易见的了。

因此,虽然在现代的艺术解放过程中已经有解构艺术普遍概念与大众文化的普遍神化的尝试,但是这并不令拉德洛蒂满意。基于此,他提出了自己的重构性的意见,提出应该结束现代艺术的解放之战,调整艺术的概念,挖掘大众文化的潜力。他说:"我自己的观点是,艺术的普遍概念的缓和,结束艺术解放之战,现在是必要的了。"当然,"我们不需要艺术的废除,而是一种改革。这种改革将消除艺术与大众文化的对立的互补性,并且把小群体的审美的民族精神视为一种文化上革新的浅薄,这种审美的民族精神就其能够普遍化的艺术价值的整合来说,同样必须始终受到批评"②。

主张结束艺术解放之战并不意味着拉德洛蒂一味否定了这场战争的功绩。他认为这场战争形成了艺术的自律与独立,是一种不容置疑的事实,取得了成功。艺术在一种宗教宇宙中没有自身的价值,艺术的解放之战、普遍化的动力、自我解释主要是直接反

① Sándor Rádnóti, *Mass Culture*, Ferenc Feher and John Fekete trans. , In *Reconstructing Aesthetics*, Agnes Heller and F. Feher eds. , Oxford: Basil Blackwell, 1986, p. 93.

② Sándor Rádnóti, *Mass Culture*, Ferenc Feher and John Fekete trans. , In *Reconstructing Aesthetics*, Agnes Heller and F. Feher eds. , Oxford: Basil Blackwell, 1986, p. 93.

对宗教的普遍主义。但是,拉德洛蒂并不同意其老师卢卡奇关于审美的此岸性与宗教的超验性的实质上矛盾的对立的观点,而认识自律艺术的乌托邦主义部分地说明了艺术普遍概念的准宗教结构。他认为康德对审美直觉的非理性与整合的论述,也同样指向神圣的目的论意识的整体的直觉,这种意识已经安排了创造了一个杰作的艺术天才的本质与目的论意识。所以拉德洛蒂认为:"在艺术概念解放的过程中,艺术具有准宗教的特征,它再生产了恩典、神秘、神圣的诺言、救赎、预言的期盼、启示与绝对等范畴。"①

拉德洛蒂进一步提出了结束艺术解放之战的两个条件:第一个条件在艺术解放之战开始的艺术概念中就起作用了,这就是从个体性扩展而来的普遍性。这种普遍性建立于个体性基础之上,它不意味着审美普遍性的消除,而是这种普遍性的削弱。相对普遍性无限的概念与艺术作品的永恒的有效性,它强调了有限性。这意指在每一个时代、每一种人类的接受行为中,不是一些作品的永恒的生活持续着而恰是一种新生活开始了。正是有限性与新颖性确保了接受者共同具有的构成性作用。不过,拉德洛蒂认为这也预设了完美概念的削弱,但又认为艺术作品的价值应该排除部分的偶然性特征。可以看到,拉德洛蒂似乎在踩钢丝,既对抗普遍的艺术概念,又不使自己堕入后现代的偶然性的潮流之中。其结束艺术解放之战的第二个条件与第一个条件紧密相关,即艺术的普遍概念的削弱表现出的艺术内涵的缩小而导致艺术概念外延的扩大。自律而普遍的艺术概念实质上考虑的仅仅是等级顶端的艺术,它期望一件充分符合艺术概念的艺术作品应该激起高峰体验,具有净化的效果,改变接受者的生活。拉德洛蒂并没有否定艺术的等级,认为等级的存在是合法的,但是他也看到,把高峰体验与其他的区别开来,这建立了高级文化、伟大杰作与低级文化、其他多样性艺术活动产品之间的对立。正是考虑这种现代艺术与大众文化的矛盾,他提出了自己的看法:"艺术的普遍概念的改革应该不必从艺术概念中排除非普遍的艺术。"②这种改革的艺术概念不

① Sándor Rádnóti, *Mass Culture*, Ferenc Feher and John Fekete trans., In *Reconstructing Aesthetics*, Agnes Heller and F. Feher eds., Oxford: Basil Blackwell, 1986, p.95.

② Sándor Rádnóti, *Mass Culture*, Ferenc Feher and John Fekete trans., In *Reconstructing Aesthetics*, Agnes Heller and F. Feher eds., Oxford: Basil Blackwell, 1986, p.96.

能忽视不为自己评价的艺术,范围更加狭窄的艺术,非物化的艺术活动,娱乐的、教诲的或者功利的、保守的模仿者意在维护与保存价值的艺术或者业余爱好者的艺术。不能因为它们缺乏个体性或者缺乏普遍性而将它们拒之于艺术概念的门庭之外。并且,艺术的概念不应该排除缺乏趣味的任何自律观念或者形式的建构,也不应该排斥内在引导我们走向个体 – 普遍的艺术作品的广泛的文化领域。可以看出,拉德洛蒂把艺术概念的外延已经延展到文化人类学说意指的文化领域,事实上也延展到了大众文化领域。当然,拉德洛蒂认为这样一种文化的重构,一种艺术概念的扩大,一种普遍性的削弱并不意味着要恢复传统社会文化的有机特征或者虚构一种激进的新文化。他在理论上所要主张的就是,虽然高雅艺术与低级文化的断裂不能被焊接,但是这种破裂能够进一步被打碎,以至于"低级文化的普遍性被解拜物化,艺术的普遍性被修正"①。

我们可以感觉到拉德洛蒂对现代艺术概念的重构,甚至容纳了对大众文化的艺术概念的认识,这透视出他对大众文化的积极因素的洞察。如果高雅艺术具有一种批判的功能也具有一种乌托邦冲动的话,那么拉德洛蒂在非普遍的与低级的艺术中同样认识到这些。这种批判与乌托邦冲动内在于导向艺术的意愿,内在于对艺术的需求,表现"在各种艺术创造性中,在新东西的创造的形式中,甚至在退化的消费中,在梦与无情的幻象、逃避主义、节日与庆典、被感动的感性、美的呈现、渴求大团圆、安详、分配的公正、纯化、游戏与活力的形式中"②。不过,拉德洛蒂没有无视大众文化的神化学特征,他涉及了洛文塔尔、阿多诺、巴特有关大众文化的神学的理解,但是他认为这些新的神学是微弱的,因为它们不赋予生活以形式,而是作为对生活的补偿。因此,对抗现实世界的高雅文化与处于现实世界中的低级文化之间的对立是没有根据的,甚至低级文化的大众生产也意在生产另一个世界。它强调它的建构是幻觉,以便作为补充的或者补偿的因素而与生活形成对照,或者它

① Sándor Rádnóti, *Mass Culture*, Ferenc Feher and John Fekete trans. , In *Reconstructing Aesthetics*, Agnes Heller and F. Feher eds. , Oxford: Basil Blackwell, 1986, p. 97.

② Sándor Rádnóti, *Mass Culture*, Ferenc Feher and John Fekete trans. , In *Reconstructing Aesthetics*, Agnes Heller and F. Feher eds. , Oxford: Basil Blackwell, 1986, p. 98.

宏大叙事批判与多元美学建构

把它的幻觉融入生活,激励幻觉的经验,并且把这种幻觉复制为现实生活的幻觉。因此,尽管大众文化具有神化、封闭性、普遍化的意识形态等弱点,但拉德洛蒂认为:"大众文化是一种可以在每一个个体的接受语境中被'打开'并且能够被脱离其既定语境的一种封闭的意识形态。"①

拉德洛蒂对现代高雅艺术与大众文化的关系的重构试图超越现代艺术与大众文化对立互补的矛盾结构,通过对普遍艺术的概念的适当削弱与艺术概念外延的扩大来解决现代艺术的困境,然而他又没有走向后现代那种把生活与艺术的界限融为一体的倾向,没有抛弃艺术,没有追随丹图(Donald)等人倡导的艺术的终结的思潮,而把大众文化归结到艺术的领域,在现代与后现代之间,在个体性与普遍性之间提出建设性的意见。这种对待艺术与文化的辩证的批评态度也是布达佩斯学派的美学思想的共同倾向。②

马尔库什通过现代文化的自律的悖论统一,通过揭示阿多诺的自律艺术的悖论也在试图重新思考高雅艺术与大众文化的结构关系。虽然马尔库什揭示了高雅文化的悖论与宏大叙事的失败,但是他也认识到作为批判的文化的积极意义,这些伟大的意识形态真正指向了现代发展的去功能化:"它们提供了个体能够利用的观念,特别是在社会危机的时代;它们为寻求社会运动和对问题的统一的实际的解决提供了资源。……作为批判的文化,它帮助个体的暂时的联合来确证他们的自律,反对现代社会的自我运行的制度体系的自律自发的后果。"③在马尔库什关于高雅文化和大众文化的界线是否被抹杀,景观是否渗透一切社会生活现象,文化是否耗尽,我们的时代是否是后文化的时代等的一系列诘问中,我们不难看到他对文化自律的坚守,当然他没有回避其中的悖论。这

① Sándor Rádnóti, *Mass Culture*, Ferenc Feher and John Fekete trans. , In *Reconstructing Aesthetics*, Agnes Heller and F. Feher eds. , Oxford: Basil Blackwell, 1986, pp. 98 – 99.

② F. Feher, *What is Beyond Art?* In *Reconstructing Aesthetics*, Agnes Heller and F. Feher eds. , Oxford: Basil Blackwell, 1986; *The Power of Shame: A Rationalist Perspective*, London: Routledge and Kegan Paul, 1985, pp. 125 – 127; Agnes Heller, *Can Poetry be Written after the Holocaust, on Adorno's Dictum*, In *The Grandeur and Twilight of Radical Universalism*, Agnes Heller and F. Feher eds. , New Brunswick: Transaction, 1990.

③ György Markus, The Paradoxical Unity of Culture: The Arts and the Sciences, In *Thesis Eleven*, Number 75, November 2003: 7 – 24.

与他对本雅明关于灵韵的自律艺术的阐释相类似。在马尔库什看来，虽然本雅明如布莱希特一样把艺术自律视为一种意识形态的幻象，成为商品幻象的对等物，文化成为拜物教的事物，审美经验成为异化的体验，但是真正的艺术能够唤起解放的潜力，艺术灵韵的丧失意味着矛盾，一方面具有解放的潜能，另一方面这导致了"不仅丧失私人化的、同情的、自律的审美经验，而且失去想象与体验满足、幸福的馈赠的能力"①。这使得本雅明对波德莱尔的诗歌、悲苦剧进行了积极的阐释，发觉其中的潜在价值与革命意义，从而使本雅明接近马克思－卢卡奇的美学传统。因为卢卡奇认为，虽然文化在现代资本主义社会被异化了，但是仍然存在真正的消解异化的艺术。对本雅明而言，尽管艺术在现代被商品化，但是仍然在商品化的艺术中散发人类救赎的力量，作为历史过程的异化具有否定意义但是也是未来解放的积极条件。尽管本雅明在坚持一种自律与他律的辩证法，但是他是在一种宏大叙事的视野下进行的，而且是努力尝试一种审美的政治化，这在某种程度上抛弃了审美的自律，这也是马尔库什所不认同的。

借助于审美与艺术的实践，马尔库什批判了阿多诺对大众文化的蔑视，认为在当代有一些理论家开始注意到大众文化的细微性与积极价值，不是说对所有大众文化的积极肯定，至少认为某些大众文化形式具有高雅艺术同样的价值与意义，这尤其表现在摄影、电影与爵士乐方面。早期先锋派代表如未来主义者和诗人阿波里耐（Apollinaire）热衷于电影这种新型艺术的可能性。从 20 世纪 20 年代起，电影技术与美学理论随着成熟的电影批评被阐述，引发了广泛的文化共鸣与活生生的讨论，一些重要的电影导演，最重要的是爱森斯坦、普多夫金（Pudovkin）和克莱尔（Rene Clair）在这些方面发挥着先锋作用，也有一些知识分子、美学理论家、作者与诗人、艺术家都对"电影经验致以敬意"②。甚至有一些艺术家积极地参与到实验性或者激进的电影的制作之中，如布莱希特等。爵士乐也是如此，20 世纪 20 年代"交响的爵士乐"被视为高雅艺术

①　Gyorgy Markus, Walter Benjamin or the Commodity as Phantasmagoria, In *New German Critique*, Spring/Summer2001 Issue 83, pp. 3 – 42.

②　György Markus, Adorno and Mass Culture：Autonomous Art agains Culture Industry, In *Thesis Eleven*, no. 86, August,2006, pp. 67 – 89.

宏大叙事批判与多元美学建构

的形式,说明马尔库什也认识到大众文化的积极价值。

马尔库什通过对艺术与科学的统一性与对立性的探讨,重构了现代性的文化自律品格,同时也意味着这种自律是相对的,科学与艺术虽然在对待各自的作者—作品—接受者的关系上存在根本的差别,在制度化的机制方面也是有根本差异的,但是都是归属于高雅文化,履行着批判的功能。这意味着他试图保持科学与艺术、启蒙主义和浪漫主义的对立的平衡,这就是赫勒所说的现代性的张力或者钟摆。这无疑不同于科学主义或者悲观主义的美学观点,体现出对艺术自律的一种新的建构。

可见,布达佩斯学派对自律的高雅艺术概念进行了不同角度的探讨,赫勒更注重从趣味标准与现代性问题切入,其中也涉及政治哲学的问题,而拉德洛蒂更关注从艺术自我解放与市场机制的角度来思考艺术自律的悖论。他们重构的方案也是不同的,赫勒注重从社会学与阐释学的角度思考高雅艺术的标准,而拉德洛蒂更关注从艺术概念的延伸方面来思考艺术的存在及其与大众文化的结构关系。马尔库什关注高雅艺术与科学的自律的关系以及它们在现代社会的批判功能,也试图保持高雅艺术与大众文化的结构性张力关系。不过,他们都对于宏大叙事的艺术概念进行了一致性的批判,并解构了在这种概念主导下形成的雅俗文化的等级结构关系,从而在对大众文化的积极性、高雅艺术的必然性的发掘中重新思考雅俗文化结构问题,这种结构无疑是一种立足于审美实际的,有着大众接受的现实基础,同时又有着一种阐释性的意义价值。这种建构事实上是重新思考审美自律与他律的问题。同时,这种建构也意味着对现代性潜能的挖掘,又意味着对宏大叙事的抛弃。布达佩斯学派提供了一种不同于法兰克福学派对大众文化分析的角度,既不同于阿多诺的悲观主义的艺术观,也不同于本雅明对大众文化积极肯定的认识,显得比较辩证。这对深入研究后现代的大众文化以及第三世界的大众文化无疑具有启发意义。同时,他提出的艺术概念的文化重新界定也为当今日益模糊的艺术活动提供了一种解毒剂。

第二节　艺术赝品与艺术自律

艺术赝品是美学中的重要问题。按照比尔兹利所说:"在讨论赝品主题提出的众多问题中,潜伏着一些切入美学的核心问题。"①
艺术赝品是艺术作品的造假、复制或者是对艺术作品的虚假命名。
可以说赝品一直对艺术界定的自律体系构成了严峻的挑战,这也
直接关乎着后现代的文化实践。莱辛(Alfred Lessing)认为,赝品与
其说是冒犯了道德法律不如说"反对着艺术的精神"②。布达佩斯
学派成员,主要是拉德洛蒂在1999年出版的专著《造假:赝品及其
在艺术中的地位》中,从审美自律的角度重新思考了美学上的赝
品,建构了赝品在现代性的特殊文化角色,确立赝品与艺术自律的
复杂关系,这实质上确立了自律与他律的辩证关系,实现了约雷
(André Jolles)1931年所提出的文化批评的向下的流浪汉式的方向
模式。③

如果说审美自律或者艺术自律是现代社会的现象,那么赝品
也是现代的问题。艺术造假的常规的实践开始于文艺复兴期间,
米开朗基罗的入睡的丘比特画像是经典的个案。但是只有到了18
世纪,艺术造假才得以在更深入的理论上进行认识,并在19世纪
形成了"造假的黄金时代",这也是与审美自律的形成处于同步的
状态。所以拉德洛蒂认为:"艺术造假是一种属于现代艺术和美学
的现象。"④他对艺术造假与艺术自律的复杂关系进行了思考。在
他看来,艺术造假而导致的非区别性最终发展为一种破坏性的趋
势,因为它削弱了艺术作品的审美吸引力,也正因如此,它削弱了
真迹的剩余价值以及与之联系的其他价值,或者是个体性价值或
者是风格主义价值。所以尽管造假一直是艺术的伴侣,但是它从
来没有能够分享艺术的自律。只要自律与他律、高级艺术与低级
艺术、自由与应用艺术的区别没有相对化,那么适应的因素就必然

① Monroe C. Beardsley, *Notes on Forgery*, In *The Forger's Art: Forgery and the Philosophy of Art*, Denis Dutton eds., California: University of California Press, 1983, p.225.

② Alfred Lessing, *What is Wrong with a Forgery*, In *The Forger's Art: Forgery and the Philosophy of Art*, Denis Dutton eds., California: University of California Press, 1983, p. 66.

③ 约雷提出了文化批评的三种基本方向,即英雄似的向上的方向、牧歌似的向外的方向、流浪汉似的向下的方向。Sándor Rádnóti, *The Fake: Fogery and Its Place in Art*, Ervin Dunai,Tran., Lanham, Boulder, New York, Oxford: Rowman & Littefield Publishers, inc., 1999, p.11。

④ Sándor Rádnóti, *The Fake: Fogery and Its Place in Art*, Ervin Dunai,Tran., Lanham, Boulder, New York, Oxford: Rowman & Littefield Publishers, inc., 1999, p. VI.

会出现在造假之中。所以在现代,艺术造假是对艺术自律观念的颠覆,但是又来自艺术自律观念。拉德洛蒂从原创性(originality)、复制(copy)、完美的仿造(perfect fake)等方面思考了艺术造假与艺术自律的意味深长的结构关系。

一、艺术造假与原创性

原创性不仅形成了现代自律艺术概念的基础,也形成了审美价值的根据。在拉德洛蒂看来,自律的艺术作品要求具有不可模仿性、唯一性和原创性,这类似于本雅明所谓的传统艺术作品的独一无二的灵韵特征,独一无二性形成了高雅艺术的品格。但是"造假(fogery)是对艺术贵族式民主的讽刺与滑稽模仿;在对滑稽模仿的狂欢似的嬉戏之中,造假消除了艺术作品的唯一性"[1]。它揭示了艺术爱好者与收藏家的自负与势利,也使职业化的专家相对化。艺术造假对艺术世界所开的玩笑削弱了原创性观念。

现代艺术概念的确定与作为个体性的原创性密切相关。古德曼认为,所有原创意义的艺术作品都是自传。[2] 拉德洛蒂反对专家的纯粹主义者以道德性的名义对艺术造假完全拒绝,这种纯粹主义把专家不能鉴定艺术作品的真伪的错误归属于专家自身的缺陷,归属于感性迟钝或者缺乏鉴赏能力。不过,审美论者指出,艺术作品的美是完全独立于它们创造,独立于就原创性和作者关系的思考的现实环境的。所以,主张艺术是"有意味的形式"的贝尔就认为:"对于那些坚持有意味的形式很敏感的人来说,感动他们的形式,无论创作于前天的巴黎,还是五千年前的巴比伦,这又有什么关系呢? 艺术的形式是取之不尽、用之不竭的,可是达到了审美迷狂境界,却只有审美感情这一必由之路。"[3]贝尔注重形式,正是坚持审美论观念。这在拉德洛蒂看来是一种颇为激进的观点。审美论者的认识否定了艺术作品的原创性,为赝品的存在与合法

① Sándor Rádnóti, *The Fake: Fogery and Its Place in Art*, Ervin Dunai, Tran., Lanham, Boulder, New York, Oxford: Rowman & Littefield Publishers, inc., 1999, p.14.

② Nelson Goodman, *Languages of Art—An Approch to a Theory of Symbols*, Indianapolis: Bobbs-Merrill, 1968, p. 121.

③ (英)克莱夫·贝尔:《艺术》,周金环、马钟元译,北京:中国文联出版公司1984年版,第24页。

性确立了基础。事实上,学界一直存在着美和原创性的争论,这些争论的焦点是对艺术作品的原创性的唯一性和个体性问题。造假消解了个体性,这具有深刻的文化意义。在过去 150 年中,几乎每一个大博物馆都发生过关于艺术赝品的丑闻。公众嘲笑专家的无能而同情造假者。布克哈特反对过分强调艺术理论中的归属的重要性,认为寻求著名的名字具有缺陷,事实上我们仅仅以绘画的美去欣赏绘画,这是更好的事。布克哈特坚持柏拉图的观点,认为真正的美是最高王国的象征,不属于原创性领域。这就形成了艺术史与审美的二重性,一方面是纯粹的审美,另一方面是纯粹的艺术史或艺术哲学。艺术作品的起源联系着确定的个人或风格,它在审美欣赏中没有地位,这预设了康德所谓的审美领域与理智领域的分别。一旦在理智上发现了作品的问题,审美愉悦就中断了。也就是说原创性联系着艺术史的问题,赝品作为一种否定性评价恰恰是从艺术史的角度进行探究的,而纯粹愉悦的出现存在于起源的历史不需要起作用的情况下。但是拉德洛蒂认为,起源历史在直接来自艺术作品的历史性的审美经验中还确实发挥着重要的作用。这种历史性被艺术家的传记支持着。作家的个体性无疑是原创性的复杂观念中的一个因素。在拉德洛蒂看来,作为个体的原创性导致了现代艺术人格的深化,这在文艺复兴萌芽,在 19 世纪的浪漫历史化的艺术宗教中达到高峰。拉斐尔(Raphael)和丢勒(Dürer)是典型的例子,他们在文艺复兴时期引起了狂热,浪漫主义的天才审美主义者尤其赋予这两位艺术家以重要意义。在拉德洛蒂看来,"在各种文化背景中显示出来的对艺术家的狂热,已经对艺术的制度性框架产生了长久的影响。艺术史长期以来主要等同于艺术家的传记。在艺术收藏和欣赏中,杰出的名字的拜物教处于牢固的地位"①。现代艺术体系助长了作为个体性的原创性概念,把艺术人格神化了。而造假的目的是批判对艺术自传和艺术群体的礼赞,这种礼赞是以忽略其他人的代价换来的。事实上在现代艺术活动中,艺术活动并非完全是艺术家个体所完成的,如目前对西斯廷教堂的修复已经消解了米开朗基罗没有使用任何助手

① Sándor Rádnóti, *The Fake: Fogery and Its Place in Art*, Ervin Dunai, Tran., Lanham, Boulder, New York, Oxford: Rowman & Littefield Publishers, inc., 1999, p.49.

完全独自图绘整个天花板的传说。在伦勃朗时代的荷兰画家行会中,没有发现助手以大师的方式工作有什么错误,也没有发现在图画中完成不重要细节的错误,这些画然后以大师签名或名义进行出售。无疑,这种个体性大师的签名正是现代艺术家的神化人格的体现。艺术家的自传促进了个体性的现代艺术神化观念。从此意义看,斥责传记的神秘化或者批判传记对审美质性的联系,这是正确的。

原创性意味着历史性,意味着现代艺术观念的新颖性。弗美尔是一个伟大的画家不仅仅是因为他绘出美的图片,而且在于他是原初的,正如莱辛(Alfred Lessing)所认为的,他"是在艺术历史和发展中在某一时刻以某种方式绘出了某种图片"①。这种阐释把原创性概念从艺术品的起始行为转移到艺术作品本身,从艺术家传记转移到他对艺术问题的解决,涉及个体艺术家表现的运动和风格的原创性,也包括新颖性。在拉德洛蒂看来,这种原创性界定存在着失误,其错误在于:虽然这种界定普遍化了西方艺术中与个体发明相关的历史性,但是赝品艺术本身从这个语境中被消除了,因为"造假拒绝这种新的艺术概念,拒绝对美的历史性和艺术新颖性的过高评价"②。但是赝品也有自己的历史性与原创性,赝品相对于原作来说是造假的,但造假也有造假的历史性,在某种程度上说也是原创性的。造假者是从其当代性的文化视角来进行的,这是一种创造性的造假,本身成为一种艺术范式。尽管如此,作为历史性的原创性概念在拉德洛蒂看来只是欧洲现代艺术分支的特点,这种界定使艺术文化贫困化。也可以说,赝品以其历史性拒绝了真迹的历史性的原创性。造假批判了作为发明的原创性概念,在创造和模仿的争论中,它激活了模仿,同时使自文艺复兴时期以来形成的把艺术家等同于创造者的概念相对化。造假质疑了艺术作品存在之前的东西是虚无的假设,质疑了艺术作品本身是一个新世界的设想,"它拒绝艺术作品是从虚无中被创造出来的,而注

① Alfred Lessing, *What is Wrong with a Forgery? In The Fogers Art*, Denis Dutton ed. , Berkeley: University of California Press, 1983, p.66.

② Sándor Rádnóti, *The Fake: Fogery and Its Place in Art*, Ervin Dunai, Tran. , Lanham, Boulder, New York, Oxford: Rowman & Littefield Publishers, inc. , 1999, p.39.

意到艺术中模仿、模式复制、重复的基本意义"①。

原创性的另一含义就是历史本真性。原初的艺术作品包含着它自己的历史,这种历史不是随着艺术家工作的完成而结束,而是包括作品后来的销蚀与修复,以及任何后来修复的矫正,位置或者功能的变化,它引起兴趣的起伏和沉沦,它的解释与传统的多样性。这实质上不是严格意义的历史本真性,而是原作的记录,也可能是对原创性的可能的解释。历史本真性是持续的流动过程。这种本真性概念在现代艺术接受中具有基础性的意义。我们判断艺术作品不仅根据它们的美,而且涉及它们历史的假定意义,假设比认知更为重要。在我们时代,在前现代的作品的功能历史比现在任何艺术作品更好地被理解。在新的艺术体系中,历史性的灵韵取代了功能性的灵韵。而造假者从历史本真性视角攻击原创性,因为他的工作透视出,它包含了传达着与真迹同样历史迹象的故事,所以赝品形成自己的生命,在历史记忆中生存下去,成为本真的,一种本真的赝品。

拉德洛蒂剖析了现代艺术观念的历史本真性与艺术基本问题的内在关系,确立了诺瓦利斯所提出的艺术是人类的记忆这一现代观念。这种哲学意义上的理智的观念把审美领域合法化,使艺术成为自由的艺术。而赝品则以传统社会的功能主义消解了这种人类的记忆,强调了功能的传播性与可重复性:"艺术的功能概念为艺术作品的可传播性和可替代性留下了空间,而新的艺术概念的主要特征之一,附载着非功能主义(或者无论如何日益下降的功能主义),就是个体艺术作品的不可传播性和不可替代性,在某种意义上,这减少了它们作为对象的意义——当然没有完全消除它们的物质性——并且提高了它们仅仅作为艺术作品的意义。这就逐步在艺术世界的等级规范性高峰中形成唯一标准。"②这是在消解画家行会和伟大的巴洛克作坊中,以及在扩展新型而相当便宜的复制技巧中完成的。而后者有可能被非原初性的复制工业所取

① Sándor Rádnóti, *The Fake: Fogery and Its Place in Art*, Ervin Dunai, Tran., Lanham, Boulder, New York, Oxford: Rowman & Littefield Publishers, inc., 1999, p. 52.

② Sándor Rádnóti, *The Fake: Fogery and Its Place in Art*, Ervin Dunai, Tran., Lanham, Boulder, New York, Oxford: Rowman & Littefield Publishers, inc., 1999, pp. 45 – 46.

宏大叙事批判与多元美学建构

代,随之出现生产多种真迹的特别新的艺术分支,在这些艺术中,艺术作品的唯一性就不是它们不可传播性和不可复制性的灵韵的前提。拉德洛蒂指出,假如我们在现代艺术体系框架内思考原创性的问题而不是从消解这个体系的角度思考,那么原创性并还没有被艺术媒介的复制技术的最新发展所影响,因为艺术作品仍然是一个客体对象。它仍然可以作为原创性的立足点。然而造假场所中的最重要的武器,除了仿造个体的作者关系或者著名的名字之外,还可以对作为作品历史性记录的技术流逝痕迹进行仿真。这样,作为一种功能艺术形式,造假原则上相互交换不可交换的东西,取代不可取代的东西,它以可以交换性的前现代或者后现代精神滑稽地模仿不可彼此交换的现代精神。古代和中世纪虽然出现了造假现象,但是艺术造假根本不存在。即使原创性概念很普遍,它也不同于现代的艺术原创性观念。贝尔廷(Hans Belting)的研究表明,在中世纪图片感知特征中,图像被视为现实,是神圣个人的身体表现,"原创性的观念是由图片本身的唯一性所确立的",也就是把原创性等同于物质的同一性,这样,形式上相同但物理上不同的复制品也能够分享真迹的特权。[1] 因此,复制品和成功艺术家的原本作品一样受到重视。文艺复兴时期也是如此,在 15 世纪 60 年代罗马复制者罗马诺(Antoniazzo Romano)的作品不被视为是对古代真迹的伪造,而是在"讨论原本绘画及其神奇的力量"[2],也就是对原本进行阐释与对话。而在现代,新的原创性概念是在文化图画的危机中产生的,图画遵循感知的自然法则,脱离了现实,转变成为绘画,成为想象的解放的产品,这样按照贝尔廷所说,在对自然复制和艺术家的想象的两极之间,对图片的新的解释就是视为对艺术的阐释。结果,图片失去了原本意义,图片只有在艺术意义上才能够成为"原本的",作为艺术家的观念的本真的反映。拉德洛蒂充分肯定贝尔廷的认识,他通过后者的阐释观点试图表明,现代原创性观念是一个联系着现代艺术观念,联系着现代艺术家及艺术力量和艺术阐释群体的阐释,也就是联系着现代的审美自律

---

① Hans Belting, *Bild und Kult. Eine Geschichte des Bildes vor dem Zeitalter der Kunst*, Munich: Beck, 1990, p. 492.

② Sándor Rádnóti, *The Fake: Fogery and Its Place in Art*, Ervin Dunai, Tran., Lanham, Boulder, New York, Oxford: Rowman & Littefield Publishers, inc., 1999, p. 47.

第二章 对审美自律的批判与重构

161

性领域的。通过这些认识,拉德洛蒂的艺术赝品研究就不是一个传统美学的真伪问题,而是涉及整个现代艺术体系与合法性奠基的问题:"造假的存在对抗着它自己的原本,现代性的现代概念,捣毁了原本三个构成性因素:个体性、对艺术问题的新颖性解决以及历史性。"[1]

可以说,造假是对丹图所谓的"艺术世界"(art world)与艺术制度的批判与解构,迪基的艺术制度理论确立了艺术与艺术制度的内在关联,这种制度把赝品视为非原创性的,是非艺术。事实上,拉德洛蒂的认识与莱辛的观点是一致性的,后者认为现代西方的原创性概念的确立形成现代西方的自律的审美经验,这"强化了它与造假概念的基本关系的预设"[2]。从赝品美学角度看,艺术价值不必然联系着艺术作品的个体性或新颖性。作为历史本真性的原创性也不是艺术价值,而是记录性价值,或者在更普遍的意义上说是一种本体论事实。但是美与历史本真性一起建构了艺术价值。赝品作为一种反艺术或者非艺术,颠覆了现代的自律的艺术体制及其确定何谓艺术何谓非艺术的权威性话语。拉德洛蒂一方面说明现代艺术原创性的问题,另一方面肯定了造假的相对合理性。但是他并没有因此而废弃艺术概念,没有完全肯定造假的合理性问题,对赝品也进行了批评。他面对现代艺术的危机,提出了自己的重构思路:"不是进一步走向艺术的过时与博物馆化,不是类似地转向当代艺术的持续的宗派主义,这种危机有可能将被新的范式的诞生所解决,这种范式可以最后证明,就是——由于某些信号已经显示出来——造假本身,这使所有原创性概念——个体性、新颖性和历史性——都成为没有意义的和空洞的,不仅仅是弱化了它们。"[3]

① Sándor Rádnóti, *The Fake*: *Fogery and Its Place in Art*, Ervin Dunai, Tran. , Lanham, Boulder, New York, Oxford: Rowman & Littefield Publishers, inc. , 1999, p. 48.

② Alfred Lessing, What is Wrong with a Forgery, In *The Forger's Art*: *Forgery and the Philosophy of Art*, Denis Dutton eds. , California: University of California Press, 1983, p. 74. 不过,莱辛在此文中涉及原创性的五种意义:特殊性或者自我同一,个体性,想象的新颖性或者自发性,特殊作品的伟大的艺术成就,一个人或者流派艺术生产的整体性的新颖性与成就。

③ Sándor Rádnóti, *The Fake*: *Fogery and Its Place in Art*, Ervin Dunai, Tran. , Lanham, Boulder, New York, Oxford: Rowman & Littefield Publishers, inc. , 1999, p. 49.

二、复制与艺术自律

艺术复制（copy）是现代重要的文化现象，它与艺术自律的建构构成了意味深长的关系。拉德洛蒂首先借助于本雅明对机械复制时代的艺术作品的理论，然后就模式维护的历史类型、参照性复制、精确性与修复、模仿等方面对艺术复制与艺术自律的观念的复杂关系问题进行了探究。

他从本雅明的著名论文《机械复制时代的艺术作品》中领会到，复制与再生产削弱了艺术作品的本真性，颠覆了原版的"此时此地"，即在现实空间偶然的唯一性存在。本雅明的本真性观念也包括了艺术作品的整个历史，尤其强调在艺术作品的占有条件和物理状态中发生的变化。他强调："正是因为本真性不可复制，所以有些复制技术程序的密集发展有助于在不同等级的本真性之间进行细密的区分。艺术商业的重要功能之一就是建立这种区分。我们可以说，随着木刻版画的发明，在进入繁荣之前，本真性的质性就从根本上受到了攻击。"[①]如果说，本真性属于现代艺术世界，灵韵似的艺术作品以其本真性建立了传统的艺术概念，确立了审美自律的合法性，那么艺术复制就是对这种合法性的挑战。拉德洛蒂指出，在本雅明审美理论中，本真性概念就是灵韵。通过使本真性与唯一性产生危险，因而威胁到传统本身，复制竭力消除了艺术作品的灵韵，类似地再生产也是如此，这可以说减弱了原本的创造。灵韵的主要效果是内在于本真性、唯一性、传统等观念之中的距离在孤独个体的审美经验中被唤起的，"对本雅明而言，灵韵就是审美自律的蓄水池，是经典的资产阶级艺术的标志"[②]。当艺术作品失去它特有的社会功能时，就成为自律的。在前现代，艺术作品的价值是膜拜性的，但是灵韵使现代艺术传承着艺术的连续性，因为它使我们想起艺术曾经拥有的仪式功能，但是现代社会的艺术本真性又被复制所捣毁。所以，本雅明认为，艺术的自律证明是一种幻象，灵韵证明是"商品拜物教的精神化"，本真性、唯一性和

---

① 瓦尔特·本雅明：《迎向灵光消逝的年代》，许绮玲、林志明译，桂林：广西师范大学出版社 2004 年版，第 103 页。译文在此基础上有所改动。

② Sándor Rádnóti, *The Fake: Fogery and Its Place in Art*, Ervin Dunai, Tran., Lanham, Boulder, New York, Oxford: Rowman & Littefield Publishers, inc., 1999, p.66.

传统看来像是资产阶级世界的私人特征，完全与集体经验背道而驰。拉德洛蒂主要不是解读本雅明对法西斯主义政治的审美化的批判，而是关注本雅明所谓的文化历史的非本体论的起点，这个起点就把复制的破坏性本质与现代艺术体系联系了起来。也就是，探讨复制与艺术自律的复杂关系。

本雅明的本真性观念不仅来自浪漫主义的文化哲学，还更早地来自 18 世纪关于模仿与创造的论争。最重要的影响是扬格（Edward Young）1759 年的论文《对原本的结构的推测》，它完成了对模仿的拒绝。模仿分为对自然的模仿和对作者的模仿，前者是原本，后者是"模仿"。这也出现在复制古代剧本的法国剧作家和只有自然的审美眼光的具有原本性的莎士比亚作品之间的论争。拉德洛蒂认为，自文艺复兴时期开始形成的新的现代艺术体系是 18 世纪的伟大的审美论争的建构。就整个现代时代的再生产和复制的破坏性影响而言，本雅明对现代艺术体系的怀疑不是没有根据的。此外，正是在这种现代艺术体系中，艺术作品的唯一性获得了重要意义。不过拉德洛蒂认为，这种现象的复杂性或者辩证法比本雅明所描绘的辉煌得多："在复制与再生产中，破坏性和建构性是同时出现的，经常发现它们是交换的两极点。譬如，不可拒绝的事实是，复制削弱了原本的个体性；不过，同样不可拒绝的事实是，通过原本大批量地发行，复制事实上通过帮助建立它们的原创性而为原本服务。现代性的动力建立在艺术惯例的持续的腐化基础之上；和本雅明的观点相反，复制打破了这个过程，同样也支持惯例。再生产与复制在灵韵的消除和对灵韵的维护上具有同样的重要性。"①早期的复制技巧几乎不能替代这些过程。本雅明把非功能的灵韵艺术和政治功能的技术艺术对立起来的理论目的，导致了他不公正地把不相关的技术发现紧密联系起来。更不用说，就立足于技术复制的那些艺术形式而言，原本和复制品的区别根本没有意义。不过，这不意味着原初被用来复制的艺术作品也应该失去它的自律与灵韵。甚至从历史的角度看，建立起印刷复制和本真性、原创性的紧密关系的论证是站不住脚的。复制工作作

① Sándor Rádnóti, *The Fake: Fogery and Its Place in Art*, Ervin Dunai, Tran., Lanham, Boulder, New York, Oxford: Rowman & Littefield Publishers, inc., 1999, p.69.

坊与好复制品的泛滥提出了印刷的问题。本雅明在其他方面也具有极大的失误。他认为，艺术作品的个体性在于它扎根于传统的关联之中，拉德洛蒂认为完全相反，"个体性意识能够是对传统的关系加以抛弃，而维护着复制、重复、再生产的模式的有意的文化实践紧密地联系着日益增长的传统意识"[①]。正是因为这样，对传统的意识首先出现在对另一种文化的复制之中，正如阿伦特指出的，当罗马人采纳古希腊人的思想和文化作为他们的精神时传统就出现了。在罗马人之前，传统是不被人知晓的，正是因为复制与模仿强化了传统。这样就出现了对复制进行不同研究的新阐释。在现代艺术中不是说复制更加少了，而是从更多资源中复制，也从更广泛的变体中复制，最近的时期能够被视为大众生产的准确复制的时代，也存在着个体上为艺术目的而进行的准确复制。

在批判性解读本雅明的复制与艺术自律关系的基础上，拉德洛蒂肯定了复制建构文化传统的重要性，认为复制是典型的文化规范之一，延长了过去时刻的稳定性。他借助于库伯勒（George Kubler）在《时间的形成》中关于复制构建传统的认识，认为："惯例的维持就是建立在复制的方式之上的。"[②]但是自从天才时代（1760—1780 年）以来，我们对这种规则的意识已经逐步弱化，这与其说是因为复制的实践活动减少了，不如说是因为把过去的伟大作品置于公众收藏中的习俗的结果，是公众博物馆的建立与日益膨胀以及马尔罗所谓的想象博物馆的最后实现。非常悖论的现象是，这些博物馆建立的前提就是对多样化的艺术传统中的杰作进行复制。传统的多元化和普遍化弱化了或者切割了伟大作品和它们原初语境的联系，于是就强化了艺术是由单子似的艺术作品组成的这种幻觉。这样，形成这个语境的最重要的媒介的复制与模仿、模式的变化与竞争都消退了，成为附属的现象或者完全从公众的注意中消失了。复制品与再生产品促进了这种现象，因为事实上没有人能够看到每种东西的原本。这些东西是借助于图书与图画明信片或者以前把铜板复制品特殊处理过的博物馆，最重要的

① Sándor Rádnóti, *The Fake: Fogery and Its Place in Art*, Ervin Dunai, Tran., Lanham, Boulder, New York, Oxford: Rowman & Littefield Publishers, inc., 1999, p.70.

② Sándor Rádnóti, *The Fake: Fogery and Its Place in Art*, Ervin Dunai, Tran., Lanham, Boulder, New York, Oxford: Rowman & Littefield Publishers, inc., 1999, p.74.

是借助于广告工业的产品才得以传播的。图画明信片的功能就是提供定向,优先提醒人们在火车站、旅馆、纪念品商店看到的东西。拉德洛蒂把这些复制品称为参照性复制品(referential reproductions)。复制品在个人记忆与审美经验中维护着或者获得某种个体性。但是一种参照性复制品变成了一个玻璃片,它分开观众与原本,逐步成为中立化的,失去其个体性。它是一种复制品,然而却使我们处于与原本的直接联系中,物质媒介、大量生产的复制品的技术与接受观念满足了参照性复制的条件,这种复制品与具有个体意义的复制品之间的相对的差异自从印刷图书时代就存在了。首先,造型艺术的三种样式即雕刻、原本印刷与再生产印刷都获得了同等的重要性。法国在17世纪后,欧洲其他国家在18世纪后,再生产的文明化功能得到特别重视,是印刷而不是艺术成为传递欧洲文化的手段,第一个现代复制品的收藏品就在1724年出版。其次,对古代雕塑的认识进行广泛传播的典型工具除了雕刻和印刷之外,还有石膏模制。在各国王子的宫廷中,这些构成了收藏品的绝大部分,这些收藏品自然不是为了与原本同样的目的,它们的目的是为了收藏本身,使用本雅明的术语,它们的价值就是成为一种展示价值。拉德洛蒂认为,这显示出在现代艺术体系中它们成为自律的过程开始了。这是一个缓慢的过程,从艺术传统来看,在19世纪随着公共博物馆的建立、形成与传播,它完成了自律的过程。在博物馆里,艺术作品只有一种功能,就是成为艺术作品,不过,从艺术实践来看,这个过程从来不会完成。无论如何,在早期王子与贵族的宫廷收藏品中,再现价值与展示价值彼此竞争与混合,在权力的再现和作品表达的内容意义两方面表现出来,而且还存在着主要的装饰功能。

制造复制品的人是艺术家。虽然复制品被归属于应用艺术,并且自从文艺复兴开始就形成了等级的区别,但是我们能够把经常从事复制的人称为大师,甚至他们偶尔成为最杰出的大师。拉德洛蒂指出,艺术最高级的领域具有一个漫长的前历史的过程。通过复制与类比,古代艺术的经典规则被传递到下一个时代。首先是复制古代的东西,然后是文艺复兴的,18世纪末期以后就是复制中世纪的,这就是经典化的范围延展的方式。这些变化反映了趣味历史的重要转型,这些都可以归因于复制,所以拉德洛蒂借助库伯尔的认识说:复制"确保了历史上的文艺杰作的生存,同时记录了在它们产生的流行性和趣味方面变化"①。可以看到,拉德洛蒂对复制与原本的关系的认识比本雅明的更丰富、具体和复杂,表明了复制对传统的维护,对艺术自律的观念的建构的重要性。

精确性和修正也是与复制相关的问题。首先,对普遍的经典进行准确复制的制度性框架是由收藏业、艺术学院、出版业和艺术商所组成的,但是也存在地方性的经典,忠实复制的制度就是雇佣艺术家和学徒组成的行会与作坊。这些是早期现代艺术的重要制度,在这种制度中,原创性的特征和自传没有完全重叠,绝大多数情况下,艺术作品被学徒和低等艺术家所完成,他们遵循着大师的指南,制造复制品。这些局部性的经典逐步消退,伟大的作坊也慢慢消失,在晚期现代性中,文化经典和艺术实践的关系也变得不确切,经典成为一个符号,这显示出艺术作品的复制品不再意味着艺术的持续,由于在复制方面的技巧的进步,参照性复制不再为艺术家所控制。拉德洛蒂的分析指出了现代性过程中艺术制度的变化。其次,忠实复制的观念明显是一个边缘的范畴,从文化历史和美学的角度看,那些原本受到修正的无意识的变化就具有越来越重要的意义。复制不仅具有维护艺术传统的意义,而且还具有艺术反思的解释:"复制是一种解释的任务,阐释学的伟大的意想的范式是诸如理解,比原本理解得更好,不同地理解,或者甚至说明理解的不可能性。"②甚至一个通过复制大师或者其他艺术家的形式的学生,能够在复制过程中解决他的前辈不能做的事情,也就是说他比大师更好地理解困境。而更有兴趣的是,一些重要艺术家在成熟时期决定准确地复制其他艺术家的作品,维护整个背景和结构。他通过修正一些微不足道的细节,获得了艺术的解决办法,这使他的版本比原本具有更多的价值,最好的例子就是在1532—1533年期间,提香绘制作品《查尔斯五世》(*Emperor Charles V*),这作品是塞舍雷格尔(Jakob Seisenegger)的作品《查尔斯五世和他的乌尔姆驯犬》(*Emperor Charles V with his Ulm Mastiff*)的复制品。鲁

① Sándor Rádnóti, *The Fake: Fogery and Its Place in Art*, Ervin Dunai,Tran., Lanham, Boulder, New York, Oxford: Rowman & Littefield Publishers, inc., 1999, p.78.

② Sándor Rádnóti, *The Fake: Fogery and Its Place in Art*, Ervin Dunai,Tran., Lanham, Boulder, New York, Oxford: Rowman & Littefield Publishers, inc., 1999, p.80.

宾斯、丁托列托、格雷科、普桑都是优秀的复制者。与其说是自然主义的艺术家不如说是理想主义的艺术家在探求艺术中的模式，但是模式对每个人来说都存在。19世纪是复制的伟大的世纪，卢浮宫的复制者包括德拉克洛瓦、籍里柯、马奈、德加和塞尚。某些作品对几个世纪的艺术家提出挑战，如鲁宾斯、迪克、普桑对提香的《酒神节与入睡的女神阿里阿德涅》(*Bacchanalia with the Sleeping Ariadne*)的复制。这些实例所显示的与其说是某些艺术历史意识与反思，不如说是早期现代艺术的普遍实践。这也建立在对原本的完全的理解之上的，然而它们缺乏凡·高所展示的阐释学的洞见，凡·高在临摹米莱(Milet)雕刻之后的油画中，与其说是复制不如说是从一种语言翻译成为另一种语言。

拉德洛蒂认为，复制过去艺术家的作品是一种选择传统的典型姿态。这种选择传统的序列能够被解释为走向艺术必然真理的进步过程，解释为问题与其解决途径的连续。这也能够被解释为试图解决永久问题的尝试的序列，也能够被解释为某些本质还原过程中艺术纯化的连续性的舞台。这也可以被解释为个体的解决办法，或者被既定时代的话语–可能性所规定的解决办法，由于它们是另一个个体或者时代的作品，所以艺术作品的复制必然导致另一种解决办法或者问题。

复制的形式把过去的艺术视为保留节目，视为可以借用的各种因素。这种借用是艺术史中最重要的驱动力之一。但是随着对艺术的逐步意识，出现了"反–复制"的精神，出现了原本与复制品的差异的阐述。这种差异愈明显，就愈有必要指出原本，关注原本。20世纪的艺术完成了这个角色。所以一方面出现了毕加索系列作品对德拉克洛瓦、马奈、普桑等作品的捣毁，另一方面达利几次对米莱的《安格鲁斯》(*Angelus*)进行复制实验，他以妄想狂的方式重新阐释这个作品。在这些过程中，"碎片与重复"成为晚期现代艺术的不可见的两个极端。所以拉德洛蒂指出："复制的艺术反思的类型与过去的艺术作品的经典化的关系是二重性的，它能够建构模式，也能够捣毁这种模式。"①经典就是意味着提供永久的范

① Sándor Rádnóti, *The Fake*: *Fogery and Its Place in Art*, Ervin Dunai, Tran., Lanham, Boulder, New York, Oxford: Rowman & Littefield Publishers, inc., 1999, p.83.

宏大叙事批判与多元美学建构

例和标准的模式宝库。不过,这些范例和标准概念也许隐藏着某些张力,甚至矛盾。应该区别两种艺术经典,一种是在日常艺术实践中起作用的经典,在这种经典中,范例也是标准;第二种经典在文化中为艺术概念设置标准的文化经典,不管它事实上是否为艺术实践提供模式或者是否适合复制、模仿与效法。所有新与旧以及伴随着现代审美思考的论争都来自这种张力。正如耀斯所说:"在欧洲艺术史上,传统的创造一开始就成为现在与过去经验的调和的过程,这是从来没有结束的古今之争。"[1]把过去的作品转变为当代经验,这可以来自经典作品的吸收,也来自整合了传统的当代作品的同化。对拉德洛蒂来说,这种传统与现在的平衡在很长时间里为复制和模仿所维持着。但是到了 19 世纪,这种平衡被打破,在 20 世纪这种平衡的破坏明显地表现为现代艺术日益强调复制的去经典化功能。造假也具有去经典化功能,其典型化的形式就是扭曲,最初体现在滑稽模仿和漫画中,后来体现在破坏之中,《蒙娜丽莎》被杜尚和沃霍尔所复制,使得高雅文化和大众文化的区别相对化。对杜尚的破坏是画廊出售的明信片,杜尚利用商业复制来生产这种艺术作品,质疑了自文艺复兴时期以来形成的艺术作品观念。拉德洛蒂的研究透视出复制与艺术传统、现代艺术概念形成的复杂关系,复制既质疑现代自律艺术概念,同时又在维护这种观念。

　　模仿也是与复制相关的,它与艺术原创性的关系也得到了拉德洛蒂的思考。按照阿多诺所说,在天才时代之前,原创性观念在艺术中占据着较小的位置。原创性中蕴涵着乌托邦的因素,正是乌托邦的因素形成了原本,预示了一种解放的主体。这种原初性提出了对非自律艺术作品的怀疑,认为艺术作品是完美的杰作的王国。阿多诺这种认识在拉德洛蒂看来是联系着艺术的自律时代的观点,体现出贵族的美学家的特色。拉德洛蒂认为,阿多诺的认识存在着误解,原创性的个体性、新颖性和历史性概念不是在 18 世纪的天才时代才出现的,而是在文艺复兴时期就表现明显,正是这个时代艺术的理智概念和工匠的概念的区别出现了。事实上造

---

① 转引自 Sándor Rádnóti, *The Fake: Fogery and Its Place in Art*, Ervin Dunai, Tran. , Lanham, Boulder, New York, Oxford: Rowman & Littefield Publishers, inc. , 1999, p. 83。

假出现的时候,其对立面即原创性就出现了。只不过天才审美主义的新因素是把原创性视为主导的价值,并根据这种价值重新整理传统和艺术实践,他们不学习也不模仿。这样,复制和模仿就不得不寻找存在的合理性证明。拉德洛蒂借助于扬(Young)的认识,区别了对自然的模仿和对优秀作品的模仿,前者构成了原创性本身,而后者成为谴责的目标。在美学史上,对两者的区别是现代的事情,亚里士多德认为艺术的本质在于模仿,沙夫兹博里也没有在两种模仿形式中区别,甚至支持模仿艺术作品的观点,他把人物、情感、行为与观念的模仿等同于艺术传统的模仿。温克尔曼也认为,赋予艺术的使命是模仿古希腊的艺术作品。古希腊模仿自然,我们模仿古希腊,这会更接近自然的模仿。但是温克尔曼的矛盾在于他暗示出了古希腊的完美是不可模仿的,事实上就批判了古希腊艺术的模仿者。拉德洛蒂认为,所有现代形式的古典主义都建立在这个悖论之上。新古典主义形成了回忆性的艺术实践,这通过修复、取代、补充、再创造等方式进行。一方面新古典主义是自由修复的高级视点之一,另一方面在它的学术的框架分支中,又形成了最初的现代的纯粹主义,最终导致拒绝修复。拉德洛蒂认识到修复的重要性,修复也是模式维护和模仿的艺术实践的一部分。修复也是对原作的一种阐释。

可以看到,与自然的模仿相反,艺术通过模仿形成了它自己的体系。艺术家和作品是两个世界的公民:他们自己的世界的公民和艺术历史的世界的公民。这表明,复制是我们的历史意识的结果。"这种双重性说明了,过去的艺术作品为什么没有随着时间的流逝而分崩瓦解;相反,它们一次又一次被整合到后来的世界中,并为它们创作新的世界;现在的艺术作品也没有完全被同化到现在,而是持续维护着一个秘密:与先辈的对话(或隐或显)以及对话的前景,对后辈来说保持着开放性。"①因此,每一个艺术作品驻留于两个世界,它具有物理意义的局部性价值,这联系着我们所有人的现实,形成了它诞生的共时文化的一部分;它也有在它自己艺术传统的历时现实中的局部性价值,这是通过有意或无意地引述和

---

① Sándor Rádnóti, *The Fake: Fogery and Its Place in Art*, Ervin Dunai, Tran., Lanham, Boulder, New York, Oxford: Rowman & Littefield Publishers, inc., 1999, pp. 92 – 93.

复制的形式在艺术作品中呈现出来的。这两个世界和价值能够彼此影响,如对带着神秘微笑的 24 岁妇女的 16 世纪早期的再现成为 20 世纪的美术的图形,在更为宽泛意义上理解的文化中占据着永恒的位置:每一个人知道并对之作出反应。不论一个艺术家复制它还是丑化它,滑稽地模仿它或者以最含蓄的方式涉及它,这都保证了在观众中激发起与达·芬奇的创造的联系。随着艺术教育中学派和大师的重要性的减弱,从艺术传统中汲取的绝大多数灵感具有不同的本质,艺术家原则上可以获得普遍的艺术历史的形式的可能性。阿多诺和帕诺夫斯基反对审美经验的退化,反对文化精致的缺乏,反对野蛮主义的绝望主义认识,显然没有意识到艺术传统新的可能性。复制就是在这种意义上维持着艺术传统,从而在艺术中发挥着基本的作用。所以拉德洛蒂认为:"艺术的现实是一个既定的、再现的和结构的可能性的领域。在很大程度上,这些可能性被传统所决定着,传统通过模式维护、再生产和复制的形式进入现在。"①

拉德洛蒂在对本雅明的复制和原创性的对立的批判性分析中,超越了本雅明的认识,复制不仅是与原创性构成了对立,而且也为原创性所利用,在艺术史的过程中形成传统的延续,构筑了艺术传统与现在的对话,形成了现代作品与传统艺术作品的重要中介。他的观点不仅仅对以往的艺术自律的认识有所突破,而且也揭示这种认识的悖论,因为原创性的艺术自律观念却是通过复制、模仿等手段达到的。无疑,拉德洛蒂的认识解构了现代艺术概念,同时也更新了艺术概念,把复制重新纳入艺术概念的形成过程中,界定艺术的内在本质。

三、完美的仿造与艺术自律

拉德洛蒂还对复制的极端现象即完美的仿造进行了研究,这就是一种不能把复制品和原本区别开来或者不能把一种复制品和另一种复制品区别开来的现象。作者在 1987 年的原本和赝品的展览中不只一次地弄错了原本和赝品,可以说,完美的仿造成为后

---

① Sándor Rádnóti, *The Fake: Fogery and Its Place in Art*, Ervin Dunai, Tran., Lanham, Boulder, New York, Oxford: Rowman & Littefield Publishers, inc., 1999, pp. 95 – 96.

现代文化中的重要现象。拉德洛蒂从不可区别性的类型出发，结合美学界对完美仿造的理论论争，继而切入到后现代语境中的艺术概念的建构。

拉德洛蒂区别了三种完美仿造的文化实践类型：

第一种类型是文化实践的模仿模式，它建立在描述和被描述的差异之上，建立于类似性之上，甚至极端情况下建立于现实和再现的视觉融合与明显的不可区别性之上。一部作品被制作得如此完美以至于它和现实世界没有区别，这涉及狭窄意义的不可区别性，是指艺术是现实的模仿或者复制，这经常使用"镜子"来隐喻，可以追溯到柏拉图的艺术理论。自从文艺复兴时期以来，它被频繁地使用。不仅自然能够被反映，而且艺术也能够被反映，这就导致一个艺术作品和另一个艺术作品的不可区别性，这也是完美的复制或完美的仿造。拉德洛蒂从艺术的模仿、反映理论来确立了完美的仿造的可能性。完美的仿造是可以从艺术的原初定义中内在地推断出来的。

第二种类型涉及同一性的文化实践类型，这主要是 20 世纪的现代艺术实践。艺术作品被制作得如此完美以至于它本身成为一种现实、自然、现实世界。中国古代一位画家迷失于自己的创作的路途之中，但是这种路不像现实中的路，它也不等同于现实中的路，它就是路本身，是自我同一的。中世纪的宗教画不是再现一个圣人，不是仿造现实，而是体现那个圣人，我们所见的就是他或者她的现实的东西。无疑，不可区别性观念不使用这些情况，因为它们区别现实不是在类似性的意义上而是在提供不同现实证据的意义上的，这种现实就是更高级的、更神圣的维度。但是拉德洛蒂认为，这种同一性原则却在 20 世纪的艺术实践中回来了，它与类似性形成了对照，不可区别性观念再次获得了意义。这涉及艺术实践的三种典型的现象：(1)以杜尚为代表的把日常事物和艺术作品的区别性消除掉，"我们看见的碎片，我们听到的不和谐之音，我们阅读的无意义的词语堆积——这些都与碎片、噪音等现实的东西没有区别，因而可以说没有具备艺术性的现实"①。艺术行为被视

---

① Sándor Rádnóti, *The Fake: Fogery and Its Place in Art*, Ervin Dunai, Tran., Lanham, Boulder, New York, Oxford: Rowman & Littefield Publishers, inc., 1999, p.106.

为是日常的行为,自行车车轮 =《自行车车轮》,小便器 =《喷泉》。
(2)以玛格丽特(René Magritte)的艺术实践为代表的现象。玛格丽特与杜尚的模式相反,虽然他带着杜尚一样的顽强来探究同样的问题。杜尚的现成物品的试验使得艺术作品和日常对象不可区别,玛格丽特的幻觉主义艺术把图画转变成为类同性领域,把图画转变为一面镜子,目的仅仅是通过其独特的创造力把它直接从感观经验王国脱离出来。图画没有模式,不是设法去复制、模仿或者再现,他的绘画只像自己。在玛格丽特的作品中,一只烟斗不是一只烟斗,一个苹果不是一个苹果,在 1937—1939 年的《不可复制》中,镜子没有反映。可以说他的作品表达的就是图像本身的存在价值,图像本身的差异性是通过同一性来表达的,在再现的图像和现实的图像之间没有任何关系。福柯在玛格丽特作品的研究专著《这不是一只烟斗》中,把这种仿真视为类同(similitude),它与再现的类似性(resemblance)相反,因为它抵制任何参照与模型,只能与自己保持同一。福柯认为:"类似性服务于支配性的再现;类同服务于完全的重复。类似性根据它必须回归和揭示的一个模型来预示自己;类同把仿真表达为相同东西之间的不确定的和不可逆转的关系。"[1](3)以约翰(Jasper John)和沃霍尔(Andy Warhol)的艺术实践为代表的对日常对象的再创造,这也要求不可区别性。约翰的啤酒罐头瓶和旗帜正如依姆达尔(Max Imdahl)所阐释的:这不是一面关于旗帜的绘画,就一面涂抹的旗帜而言,涂抹是涂抹,旗帜是旗帜,旗帜作为旗帜的同一性和涂抹作为涂抹的同一性彼此排斥。这导致观众感知的混乱和摇摆不定,正如约翰所说,他感兴趣的是追求"所是"的不是,追求"所是"的差异。这三种现象都是比较激进的现代艺术实践,在拉德洛蒂看来这是在艺术中强调事物本身的观念,而不是对事物的模仿或者再现,他借蒙德利安(Piet Mondrian)的认识提出:"事物自然的外表也许是美的,但是对它们的模仿已经是没有生命的。事物赋予我们一切,但是对它们的再

---

① Michel Foucault, *This Is not a Pipe*, James Harkness trans. , California: University of California Press, 1983, p. 44.

现什么也没有赋予我们。"①尽管人们对这些艺术实践进行了批判，但是 20 世纪的艺术理论开始面对这些艺术实践，并在类似性与同一性的争论中，艺术理论家开始支持后者。但是拉德洛蒂认为，这种完美的自我同一性也有其感观的限制。他们接近与现实对象的不可区别性，但是又使自己脱离了这种不可区别性，最终使得同样的两种对象，一者是艺术作品，另一者不是艺术作品，所以他们通过不可区别性事实上最终建立了区别性，这导致了艺术概念的悖论，故拉德洛蒂怀疑把艺术建基于这种艺术实践范式的可能性。

第三种类型的不可区别性的艺术实践是引述(quotation)。所谓引述就是把现成对象插入到艺术作品的语境中。自然不能被引述也不能被复制，只能被模仿。相反，对一部艺术作品的准确复制，还是对其的模仿才合格地成为引述这个问题，就显得很重要了。拉德洛蒂涉及比尔兹利对造假者与剽窃者的区别，前者是把自己的作品视为别人的，而后者是把别人的作品作为自己的，前者是骗子，后者是贼。但是在更加宽泛的文化实践中，这些区别是没有意义的，因为这些实践都是有助于传统的维护和艺术的连续性，模仿或者复制越广泛，作品越明显地成为别人的作品。就艺术实践而言，一部艺术作品不是我的这种事实不必然意味着它是属于别人的，它可以属于惯例。既然完美的个体复制是不可能的，作品不是全部属于别的某人的。考虑到完全原创的作品也是不可能的，所以完全属于一个作者的艺术作品的存在也是不可能的。这样，引述就可以说是一种复制形式，也是复制者深思熟虑的。拉德洛蒂指出，引述是一种挪用的姿态，在更现代的形式中是征用(expropriation)的姿态，它是一种特殊的重复或者复制的形式。这在博尔赫斯(Borges)的文学实践和达利(Dali)的绘画中都得到了表现，甚至有的作品全是引述。立足于整体引述的激进范式追求着完全的不可区别性，这消除了造假与剽窃的区别。这也消除了主体，没有了这种主体，自己与别人的区别也没有意义。卡尔维诺(Italo Calvino)的小说《如果在冬夜：一个旅人》(*If on a Winter's Night a Traveller*)就表现了这点，真理不再是首要的，重要的是虚构、造假

---

① 转引自 Sándor Rádnóti, *The Fake: Fogery and Its Place in Art*, Ervin Dunai, Tran., Lanham, Boulder, New York, Oxford: Rowman & Littefield Publishers, inc., 1999, p. 107。

的快乐。拉德洛蒂借助耀斯（Jauss）的研究洞察到后现代电子时代的艺术特征："本真的和复制的现实，自然和艺术，媒介的技术风格与艺术世界的区别将会消失。"①但是这不意味着艺术的缺失，而是新的可能性的挖掘以及新的艺术观念的确定。不难看出，拉德洛蒂的艺术观念试图在整合后现代的艺术实践。赫勒在最近研究中也突出了这个趋势，她对后现代艺术的积极价值进行了肯定，"已经多次指出，引述在当代艺术中具有重要的作用。人们谈论对古老的大师的利用，对他们的作品的剽窃。利用和剽窃是用词不当，因为如果人们挪用了古代大师的某些观念，人们不是利用他们。相反，人们重新认定了他们的辉煌，认可了他们的自我性（ipseity）。正如在戏仿中发生的一样。正如学生戏仿具有人格的老师一样，画家和作曲家戏仿具有人格的作品。在好玩而有吸引力的作品《阿拉克罗佛比亚》（Arachnophobia）中，年轻的作曲家邦斯（Kenji Bunch）对爵士乐致以敬意的同时把爵士乐引述插入他的创作中。众所周知，音乐有时引述流行的主题，有时引述平庸之作，在创造中重要的问题不是他们引述了它们而是他们使用这些引述的方式，绝对多数是反讽的使用。画家有最喜爱的艺术家的作品来引述，譬如，如果我们想到博思罗（Bottero）或者切尔努斯（Tibor Csernus）、卡拉瓦丘（Caravaggio）是最喜欢的人之一"②。

　　拉德洛蒂关于不可区别性的三种类型的论述都与复制、模仿相关。这既构成了艺术的内在性基础，又与自律的艺术观念形成了张力。拉德洛蒂清理了不可区别性的三种类型并指出了其中的悖论和积极价值。基于此，他分析了古德曼（Nelson Goodman）、萨格夫（Mark Sagoff）、丹图（Danto）、沃尔海默（Wollheim）对不可区别性的观点。古德曼认为完美的造假与原本在感观上不能区别，但是通过科学的手段可以区别。拉德洛蒂认为，这种观点是维特根斯坦和弗多尔（Jerry A. Fodor）所表达的双胞胎悖论的一个变体：两件表面完全相同的东西在属性 P 方面是不同的。假设形容词"原

　　① Sándor Rádnóti, *The Fake*: *Fogery and Its Place in Art*, Ervin Dunai, Tran., Lanham, Boulder, New York, Oxford: Rowman & Littefield Publishers, inc., 1999, p. 112.

　　② Agnes Heller, Autonomy of Art or the Dignity the Artwork, 此文系赫勒教授在复旦大学 2007 年 6 月 30 日举办的"马克思主义文艺理论的当代发展：中国与西方"国际学术研讨会上的发言。

本的"和"伪造的"隐藏着对立的审美价值判断,那么在感觉上两者不可区别性就质疑了感性,即审美经验的感性本质。也许审美经验需要认知。但是拉德洛蒂指出,我们能够接受感知经验的验证,在这种情况下,传统的原创性的审美价值就必须重新考虑,这就要把赝品考虑进去,这无疑就动摇了艺术统一概念的根基。不过古德曼认为,只要通过实践学习和认知,这种原本与完美的复制品的差别可以发现,并在发现过程中改变审美经验,正如拉德洛蒂解释的:"认知促使我们改变我们目前的审美经验。一部艺术品的审美质性不仅构建了我们所看见的,而且决定了我们如何去观看。"①所以,在古德曼的文化实践理论中,核心的人物是通过知识训练的专家,人们通过纯粹地观看能够区别的东西"不仅取决于天生的视觉敏锐性而且取决于实践与训练"②。最微小的变化将改变整个审美经验,古德曼的这种调和经验与认知的观点传承着休谟趣味精英主义的美学观点。萨格夫进一步激进地认为,审美经验完全建立在认知的基础上。他认为,由于原本和复制品在感知上不可区别,所以对两者的任何比较是不适合的,说赝品和原本同样美是不正确的语言用法。"一件赝品没有与原本共同的审美质性,不管它怎样类似于它或者多么困难把两种绘画区别开来。"③它们不属于相同的参照类型,原本绘画与赝品具有完全不同的认知属性,在价值上不是完全相同的。伟大艺术作品提供了更加重要更为深刻的认识。赝品重复了原本对艺术的解决办法,具有一些启发性的或者教育性价值,但是它不能具有与原本相同的审美价值。在拉德洛蒂看来,萨格夫的观点是极为武断的,他嘲讽地轻视与认知对立的情感、愉悦、感性等所有东西,把后者视为刺激反应类型,审美意义

---

① Sándor Rádnóti, *The Fake: Fogery and Its Place in Art*, Ervin Dunai, Tran., Lanham, Boulder, New York, Oxford: Rowman & Littefield Publishers, inc., 1999, p. 115.

② Nelson Goodman, *Art and Authenticity*, In *The Forger's Art: Forgery and the Philosophy of Art*, Denis Dutton eds., California: University of California Press, 1983, p. 96.

③ Mark Sagoff, *The Aesthetic Status of Forgeries*, In *The Forger's Art: Forgery and the Philosophy of Art*, Denis Dutton eds., California: University of California Press, 1983, pp. 133 - 134. 在此文中,萨格夫批判了三种认为赝品与原本具有相同的审美价值的意见:不可区别的赝品与原本具有相同的审美特性;如果赝品与原本具有完全不同的审美属性,观者能够从视觉上区别它们;如果观者不能区别它们,那么观者对它们的体验是相同的。

不应该归属于这些东西。他事实上是把艺术视为科学。丹图的认识与前两者的观点也存在类似之处,都批判和拒绝赝品。他与古德曼都认为,一件东西是否是赝品取决于它生产的历史。但是在丹图看来,古德曼对感知差异的研究忽视了艺术问题,因为对存在的差异的探讨导向了心理分析的领域。丹图的艺术哲学主要受到20世纪后期的艺术实践的影响,主要是沃霍尔的波普艺术、概念艺术、微型艺术。丹图解构传统艺术观念,通过过分强调世俗性来区别艺术与非艺术,他一方面认为什么都行,任何事物都可以变成艺术作品,这使得不可区别性研究在他的艺术哲学中占据关键地位,另一方面又设置了进入艺术殿堂的前提条件,诸如关涉性、主题、视角、修辞、形而上学等。这就形成了一种置于艺术家而不是艺术中心的艺术哲学,这也是强调伟大的艺术作品,反对复制与模仿的合法性。拉德洛蒂认为丹图的理论是奇怪的,因为现代艺术的主要特征就是艺术家失去了对作品的解释的控制。虽然赝品与原本不可以进行感观的区别,但是丹图仍然肯定了原本的价值与意义。在毕加索笔下的领带、小孩复制的领带与造假者的仿造的领带中,丹图认为,一件复制品和一件充满孩子气的编造一样对艺术欣赏来说是不重要的,毕加索的领带传达了意义本身。拉德洛蒂指出,丹图的所有的理论建构就是把复制品从不可区别性的虚构中排除了,复制品被排除了艺术世界。拉德洛蒂列举反对完美的造假美学家是具有代表性的,但并不全面,斯巴席约特(Francis Sparshortt)的论文《失望的艺术情人》应该是拉德洛蒂所能够见到的,这篇论文就出现在他反复引述的《造假者的艺术》选本之中,此文列举了反对赝品的五条路线:一是古德曼的路线;二是莱辛(Alfred Lessing)的路线,认为赝品不仅扭曲了我们的艺术史观,也扭曲了其他艺术作品的看法;三是达顿(Denis Dutton)的路线,认为赝品不仅扭曲了我们关于艺术传统的看法,同时也扭曲了关于创造性活动的观念;四是罗森塔尔(Aaron Rosenthal)的路线,认为成为一部艺术作品就是成为欣赏、搜集、展示等行为的对象,艺术在文明中是令人敬重的特殊对象,而赝品嘲弄了我们的自尊与灵感,这涉及西方文明的自我图像的结构;五是贝特森(Gregory Bateson)的路线,这涉及个人关系的纽带。一部艺术作品是一个审美对象,也是艺术家与他的公众含蓄的交往,这种纽带是实质性的。①

但是拉德洛蒂的重点不是对不可区别性的否定,而更注重对它的肯定性理解。他涉及了沃尔海默、施拉吉等人的研究成果。针对对完美的不可区别性的复制的贬斥,沃尔海默提出了另一种肯定性认识,正如拉德洛蒂所陈述的:"根据沃尔海默,复制大师的作品,古老的、最近的,或者从它们那里借用,这在艺术实践中具有根本性的作用。"原本与赝品的不可区别性削弱了我们对艺术的期待,"不仅削弱了专家的声誉,而且削弱了伟大艺术家或者历史意义的艺术范畴的声誉"。② 知识不仅能够影响我们所见的而且影响到我们如何观看作品,知识与信仰能够把观众置于对某物的接受情绪之中,影响到哪些被注意,哪些不可能被忽略,但是同样重要的是,影响到我们沉浸于作品的整体的方式。如果不存在可见的区别来支持不同作者或者造假的事实,那么这就能够质疑影响我们所见的知识的可能性,正是如此沃尔海默修正了古德曼等人的观点。观众能够以不同于看葛尔德尔(Aert de Gelder)的方式观看伦勃朗,恰恰是因为他有眼睛的证据来告知他,前者能够以不可区别他老师那样进行绘画。尽管沃尔海默的观点存在矛盾,含蓄地表现出对完美的造假的反对,但是反对赝品假设的孤立性,认识到赝品在文化实践中的作用,把它置于活生生的传统之中,这是拉德洛蒂所认同的。

拉德洛蒂的赝品理论不同于上述论者的地方在于他不是注重把赝品置于分析性语境之中,而是置于阐释学语境之中,建构了一种赝品的阐释学。他指出,赝品以及赝品的揭示能够为伽达默尔的普遍阐释学提供强有力的说明,而伽达默尔没有深入讨论这个问题。阐释学方式具有三种范式:一是理解作者的意图;二是比作者本人更好地理解这些意图;三是把前两种因素合并成为一个封闭的理解,这就是伽达默尔所说的作者与解释者的"视域融合"。由于作者是过去的,形成了传统的一部分,所以这意味着历史上不

宏大叙事批判与多元美学建构

同视域的融合。古典的赝品利用了第一种或者第二种,或者是两者的某些融合。复制类型的造假是完全重构作者的意图,属于第一种范式,而变体类型的造假是为了更好地理解作者的意图,属于第二种范式。而对赝品的每一次揭露都是第三种范式,因为理解是具有历史特征的,它产生了一种转移,解释者的活动被解释的普遍文化发展所纠正,这样成功造假的"视域融合"被消除了。麦肯泽(Ian Mackenzie)指出:"随着时间的流逝,当解释者的视域脱离造假者的视域时,后者的偏见就变得显而易见,并且他的意图也被贬低了。"①一件赝品在一个历史时期越有效地发挥作用,它就越将在下一个历史时期没有用。不过,拉德洛蒂并没有局限于伽达默尔的普遍的阐释学。他认为古典的造假很适合伽达默尔的阐释学领域,这种阐释仍然处于欧洲艺术的传统概念之中。事实上,拉德洛蒂所讨论的各种文化实践的现代造假的形式适应着更多的内容,他称之为第四种范式的阐释学:"传统的挪用,是没有涉及任何原初语境的新感知的表达。这就是梅纳(Pierre Ménard)感知《唐吉诃德》、杜尚理解《蒙娜丽莎》的方式。"②

为了超越伽达默尔的束缚,拉德洛蒂借助了匈牙利的考古学家施拉吉(János György Szilágyi)对第四种阐释学的建构的观点。施拉吉通过艺术的古典考古学的研究,并结合伽达默尔的阐释学思想,探讨了欧洲艺术概念的形成问题与造假的关系。一个雅典上釉的土罐,在歌德时代赋予了形象和修饰。施拉吉认为,这个画家生产了一件古代赝品的最真实的杰作,他把戈拉(Gela)画家所表达的古代形式翻译成为 18 世纪晚期和 19 世纪早期的古典主义。因而,对古代的艺术作品的造假与对古典的观点的构建是密切相关的。一种样式的发现与现实化密切联系着与现代表达形式、过去历史发现结果的邂逅。造假预设了对艺术作品的艺术价值的认可,这是一种历史化的实践,历史价值自为地出现在赝品中。这种观点是把赝品视为一种理解方式或者一种翻译形式。以往的经典考古学把赝品视为要克服和唾弃的屏障,因为它们扭曲了我们关

①　Ian Mackenzie, Gadamer's Hermeneutics and the Uses of Forgery, In *The Journal of Aesthetics and Art Criticism*, 45, no, 1(1986), pp. 41 - 48.

②　Sándor Rádnóti, *The Fake: Fogery and Its Place in Art*, Ervin Dunai, Tran. , Lanham, Boulder, New York, Oxford: Rowman & Littefield Publishers, inc. , 1999, p. 134.

于原本的认识。拉德洛蒂认为这种观点有其解释的真理,但是最近的考古学家与艺术史家开始与赝品形成密切关系,他们不得不承认造假是从科学进步与信息的增长中获利的。波普－亨利西(John Pope-Hennessy)通过对雕塑的研究表明:"造假的历史是意大利雕塑史的一部分。"①自从现代音乐指挥家富尔特温格勒(Furt-waengler)时代以来,揭示赝品的科学目的成为目的本身,不仅原本与赝品的区别的神经病似的形式缺乏阐释学的理解,而且这种区别的科学实践也普遍上是努力用历史主义的视角取代对艺术作品的阐释学的理解。这些研究者把艺术作品的信息等同于历史时期及其归属的学派或者大师。而阐释学者理解赝品,注重把阐释学的理解与赝品的实践对应起来,这无疑提升了赝品的价值。以"原本取代赝品"的宣言事实上透视出原初的意图是可以充分地重构的理想;而"赝品或者原本"的问题提供了比原初意图理解得更好的可能性;对"既是赝品又是原本"的接受扩大了解释者的视域,允许解释者进入彻底的理解过程。这是伽达默尔普遍阐释学所达到的限度,施拉吉正是在这个基础上提出了他的第四种范式的阐释学:"首先从'原本取代赝品'的要求开始,经过了'赝品或者原本'的沉思,然后甚至超越了'既是赝品又是原本'的辩证法,我们最后获得了'作为原本的赝品'的观点,也许这时它提供了最伟大的前景:在对本真性信仰已经被打碎的时代。"②所以拉德洛蒂认为,施拉吉为现代艺术维护了"作为原本的赝品"的可能性,他把赝品视为现代艺术的一种可能的"范畴"。显然,施拉吉把艺术概念延伸到包容造假这种文化实践活动,也把传统的艺术概念延伸到包容先锋派的艺术活动,认为先锋派也是艺术的合法形式。

不过,拉德洛蒂对施拉吉的古典似的观点进行了修正,当代的艺术实践已经使得传统的艺术概念不充分,但这不意味着艺术质性的消除。20世纪60年代以来的艺术运动日益消除原创性,作为原本的造假、复制与引述成为后现代艺术的主要范式之一。拉德洛蒂指出,"赝品是反艺术的经典可能性之———我们为什么能够

----

① John Pope-Hennessy, *The Study and Criticism of Italian Sculpture*, New Yourk: Metropolitan Museum of Art New York, 1980, p. 266.

② 转引自 Sándor Rádnóti, *The Fake: Fogery and Its Place in Art*, Ervin Dunai, Tran., Lanham, Boulder, New York, Oxford: Rowman & Littefield Publishers, inc., 1999, p. 139。

宏大叙事批判与多元美学建构

把它理解为一种表达形式来说明,我们生存在一个永恒复制的世界呢?"这是施拉吉提出问题的方式,这种提问方式的危险在于它也许变成它的肯定的否定。在沃霍尔(Warhol)的作品中,虚假的变成真实的,艺术家挪用了文化消费的工业态度和技巧,这是为了说明我们生存在一个虚假的世界。但是这存在另一种合理的解释,沃霍尔认同了这种态度,成为这种态度有效的传播者之一,因为他从大众文化中形成高雅文化,把高雅文化转变成为商品拜物教。所以拉德洛蒂认为,就赝品而言,我们不能区别它是对虚假世界的批判者还是支持者。也是这样,他批判性地涉及鲍德里亚的拟象(simulacra)理论。鲍德里亚的拟象社会文化理论是建基于复制-造假-拟象范式的基础之上的。拟象是再生产,它表达了我们与对象、事件的关系,这种再生产方式也联系着社会关系与权力方式。鲍德里亚从文艺复兴时期开始清理了拟象发展的三种秩序,而最终在历史的终结处停留在拟象中,拟象成为独立的创造世界的力量并吞并了现实:在拟象中,一切形式从可复制性角度被设计,每一种生活领域——政治学、经济学、文化、日常生活,等等——正在被模拟的模式与密码所组织与控制。这是一个被决定的非决定性世界,复制取代表现的高保真把一切审美化,把任何事物转变成为艺术,因而有效地消除了艺术,世界变成了迪斯尼乐园。这个乐园的居民变成了生物的、被遗传的、被控制的突变异种。在拉德洛蒂看来,鲍德里亚把当代文化现象普遍地化为拟象范式是有问题的,他的风格"把视觉信息的媒介[用他的术语就是信息通讯学(telematics)]的理论与经验的可疑版本普遍化,也再现了美国郊区生活方式的讽刺画。他的愤世嫉俗的理论不仅谴责人类种族的认识能力是无限的循环,而且他甚至没有感受到痛苦的现实"[①]。在拟象三种秩序中,人首先就在他自己的剧场性与游戏性的图像中变成了机器人,然后不断地生产一系列功能上相同的有用的机器人,最后拟象正被转变为人,人变成了拟象。诚然,人类模式的一个重要部分是扎根于急剧变化的由媒介特别是电视所传达的间接经验之中,这些媒介对人们的生活方式产生最深刻的

———————————

① Sándor Rádnóti, *The Fake*: *Fogery and Its Place in Art*, Ervin Dunai, Tran. , Lanham, Boulder, New York, Oxford: Rowman & Littefield Publishers, inc. , 1999, p. 203.

影响。"但是,从这种情况中推断出了普遍复制的生活形式的高保真也消除了或者虚拟化了现存的生活成分,这将是荒谬的。"①虽然人们可以确证恐怖主义与媒介的联系的合法性,但是不能把恐怖主义行为视为"恐怖主义似的"震惊与感伤的新闻的拟象。拉德洛蒂的观点不仅仅表明了对人的创造性与价值的人道主义信赖,而且这种信赖关乎着自律艺术的可能性的存在的问题。

所以,拉德洛蒂既不想消除传统的艺术概念,当然也不否定把赝品视为原本的艺术概念;他也不维持传统艺术概念,也不主张不顾原初语境的激进艺术界定,而是确立了第三种选择:"由于不相信一种新的统一的普遍的艺术概念的可行性,我们承认,艺术的各种概念与范式在现代文化中以各自的故事的形式是共同存在的。"②这些故事中有的也许很长,有的也许很短,有的彼此冲突,有的相互对话,也有的故事分成了几个小故事,但是只有一样东西被失去了:"必然要求这些故事必须统一在一个宏大的故事中,在利奥塔所正确批判的宏大叙事之中。"③承认多种艺术定义的合理性,这就消解了大写的宏大叙事的艺术概念,也消除了把原创性视为现代艺术体系核心的自律观点,灵活地处理自律与他律的关系。现代艺术的危机不是因为没有高雅艺术,没有与过去相关联的伟大艺术家,而是因为高雅艺术已经被捣毁了,不再能够在艺术家族的两极之中发挥作用,"它已经被日常生活、大众文化、媒介与多元文化主义所捣毁。这是当今另一极即审美他律的四个启示性的骑手"④。现代艺术的自律概念对他律持着贵族似的态度从而形成了自律与他律、中心与边缘的不平等的等级结构关系,或者是高雅艺术对大众文化的敌视,或者是大众文化把高雅艺术推向边缘。而拉德洛蒂的研究表明,在整个美学史上就形成了两极模式或者中心:新—旧、古典—现代、世界—世界的接受、纯粹的审美判断—实

① Sándor Rádnóti, *The Fake*: *Fogery and Its Place in Art*, Ervin Dunai, Tran. , Lanham, Boulder, New York, Oxford: Rowman & Littefield Publishers, inc. , 1999, p.205.

② Sándor Rádnóti, *The Fake*: *Fogery and Its Place in Art*, Ervin Dunai, Tran. , Lanham, Boulder, New York, Oxford: Rowman & Littefield Publishers, inc. , 1999, p.146.

③ Sándor Rádnóti, *The Fake*: *Fogery and Its Place in Art*, Ervin Dunai, Tran. , Lanham, Boulder, New York, Oxford: Rowman & Littefield Publishers, inc. , 1999, p.146.

④ Sándor Rádnóti, *The Fake*: *Fogery and Its Place in Art*, Ervin Dunai, Tran. , Lanham, Boulder, New York, Oxford: Rowman & Littefield Publishers, inc. , 1999, p.210.

宏大叙事批判与多元美学建构

用审美判断、优美—崇高、天真—伤感、客观的—有趣的、古典的—浪漫的、象征—寓言、阿波罗似的—狄奥尼索斯似的、形式—内容、为艺术而艺术—效忠、文本—世界、内在性—艺术作品的超验、唯心主义—现实主义、灵韵—非灵韵、高雅艺术—大众文化。"我们开始意识到,它们或者涉及自律与他律的关系,或者试图把这种关系问题化。这两个极或者中心也体现在它们彼此的纠正。我这本著作的主题,原本←→造假、复制、变体等,也应该这样来解释。"①但是现代自律艺术的危机自从 20 世纪 60 年代以来不断得到表达,他律的因素不断地获得上风,试图完全消除艺术自律。这意味着自律的艺术已经退缩到博物馆了吗? 拉德洛蒂面对现代性的钟摆向另一个方向摆动这一问题没有作肯定回答,没有试图去消除审美自律或者自律的艺术,而是提供张扬高雅艺术概念来保持现代性动态的钟摆运动,维护着高雅艺术与大众文化的张力,保持艺术自律与他律的张力。

在 2002 年关于保罗(Jean Paul)的文学美学的论文中,拉德洛蒂同样表明了这种观点。保罗作为一个书堆里的作家(bookman),一直重视引述与摘要,把一种百科全书式的阅读经验与材料植入到写作之中,从而建构了与读者的亲密关系。保罗的文学美学思想在拉德洛蒂看来不同于当时的美学自律的观念。天才是审美自律的核心支柱,但是保罗对天才持以适中的态度,"在艺术天才的话语中,让·保罗占据一个适中的位置:他通过把天才的迷狂的地位等同于人类有限性和脆弱性的意识,等同于人类自律限度的冷静的确认从而把天才人性化了"②。所以保罗的文学美学思想通过他的小说创作表现为对审美自律的反思,对席勒的美学现代性的自律思想的反叛,而在持续两百多年的现代性中关于审美自律和他律的论争中,保罗更接近于"他律一极"③。可以说,拉德洛蒂以

① Sándor Rádnóti, *The Fake: Fogery and Its Place in Art*, Ervin Dunai, Tran. , Lanham, Boulder, New York, Oxford: Rowman & Littefield Publishers, inc. , 1999, p. 212.

② Sándor Rádnóti, *The Bookman*, In *Culture and Enlightment: essays for György Markus*, John Grumley, Paul Crittenden and Pauline Johnson, eds. , England: Ashgate Publishing Limited, 2002, p. 188.

③ Sándor Rádnóti, *The Bookman*, In *Culture and Enlightment: essays for György Markus*, John Grumley, Paul Crittenden and Pauline Johnson, eds. , England: Ashgate Publishing Limited, 2002, p. 189.

后现代的文学理论重新思考了保罗文学创作的重要意义,重新思考了审美自律与他律,启蒙现代性与文化现代性的辩证关系,这是一种新的文学美学的设想。

事实上,拉德洛蒂在分析赝品与原本的复杂关系中通过自律与他律的思考,建构了一种新型的艺术概念,这种概念挪用了现代传统,但是也立足于后现代艺术实践,从而走向了一种新型的后现代艺术概念的建构。通过他与古德曼、萨格夫的赝品美学的比较可知,他不仅仅像后者那样关注现代美学的传统问题①,而且延展到后现代美学的视域对现代性的批判性进行理解,拓展到后现代文化批评的广阔视域之中,这可以说是在宏大叙事的路线之外建构了一种拉德洛蒂自己所谓的"流浪汉小说式的美学"(Picareque Aesthetics)。

第三节 人类社会视域下的
审美自律的重构

布达佩斯学派对审美自律的反思与重构是多方面的。如果说拉德洛蒂侧重从文化批评进行,那么赫勒、费赫尔则通过现代文化的历史的清理在领域分化理论的基础上对审美自律进行了反思与重构,从而纳入到她的整个哲学框架与文化政治学之中。

赫勒对审美自律重构最初在文艺复兴时期文化研究中就凸现出来了。赫勒在 20 世纪 60 年代《文艺复兴的人》中从审美与日常生活、宗教、伦理、政治、经济、科学等维度的分化来探讨了审美自律形成的复杂性,也就是从现代社会文化的出现的角度来思考审美自律的出现及其相关的问题。这种研究框架在她的《日常生活》一书奠定了现代领域理论的基础,之后的《羞愧的力量》(The Power of Shame：A Rationalist Perspective)、《一般伦理学》(General Ethics)等著作不断对之进行了阐发。但是赫勒并没有照搬韦伯领域分化理论的框架,而是扩大了其视野,把韦伯的文化价值领域理论扩展为人类学–社会领域理论。她反复地认为："在所有的人类社会一

① 古德曼使用赝品概念来抵抗英美文化语境中的经验主义美学。Joseph Margolis, Art, Forgery, and Authenticity, In *The Forger's Art*：*Forgery and the Philosophy of Art*, Denis Dutton eds., California：University of California Press, 1983, p. 154.

宏大叙事批判与多元美学建构

直存在两个不同的领域,使用我的术语说就是'自在对象化'领域与'自为对象化'领域。"①在某些传统的社会,领域的分工进一步分化为第三个领域,即非日常的制度化领域,有时自为对象化领域被分化为不同的亚领域。不过,所有领域的规范与规则同时是伦理(Sittlichkeit)的规范与规则,即它们都被认为是道德的或者至少涉及一种浓厚的道德维度,因而所有领域的人类实践都屈服于伦理判断,"包含一种共同的民族精神(common ethos)"②。甚至在古希腊城邦,在领域分化广泛的民主的城邦,这些领域都连接着一种共同的民族精神。亚里士多德区别了技术(teché)与活动(energeia)、好人与好公民、家庭经济与"政治"经济,表现出领域分化的特征,但是他根据道德拒绝以借钱来获得利息的做法,而且仍然把悲剧、喜剧这些文学样式置于伦理基础上,仍然坚持最好的国家是促进完美的德性。因此传统的领域分化不是严格意义上的领域分化。只有在现代,领域才获得广泛的分化,各领域以及亚领域形成了相对的独立性、相对的自律,形成了各自特有的规范与规则,没有一种强大的民族精神维系着。赫勒认为:"提供意义的领域被分割为两个领域仅仅在我们的文明的黎明才出现。一个主要是提供意义,而另一个是把自己分化为制度领域。"③她从宏观层面把人类世界区别了三个领域,即日常生活层面的自在对象化领域,意义的与产生意义的世界观的自为对象化领域,制度层面或者社会结构层面的自在自为对象化领域。④ 第一个领域不能进一步分化,它只能消退下去;第二个领域能够,事实上已经被进一步分化为美学、宗教、科学与哲学等亚领域,赫勒说:"存在一种广泛的共识,审美的、科学的和宗教的意象在现代性中分道扬镳了,并且在'审美地

① Agnes Heller, *General Ethics*, Oxford: Basil Blackwell, 1989, p. 148.

② Agnes Heller, *General Ethics*, Oxford: Basil Blackwell, 1989, p. 148.

③ Agnes Heller, *A Philosophy of History in Fragments*, Oxford and Cambridge, MA: Blackwell, 1993, p. 199.

④ 赫勒认为这三种领域划分虽然与黑格尔的"主观精神"、"客观精神"、"绝对精神"有关,但不能等同,自为对象化领域与绝对精神有明显的联系,但其他两对的关系并不明显。阿纳森(Johann P. Arnason)认为,赫勒这个模式在更加普遍意义上是黑格尔的,尤其是对象化这个概念,或者更加准确地说,是卢卡奇的。参见 Johann P. Arnason, The Human Condition and the Modern Predicament, In *The Social Philosophy of Agnes Heller*, Edited by John Burnheim, Amsterdam: Rodopi, 1994, p. 61。

做某事'、'科学地做某事'、'宗教地做某事'方面,人们遵循着在类型上完全不同的规范与规则。"①第三个领域已经区分为经济、法律、政治等亚领域。这三个领域以及亚领域之间的复杂关系成为赫勒重建审美自律的框架。这种自律观念的重建有着深厚的文化政治学的思考。

一、自为对象化领域的自律性

赫勒把自为对象化领域区分为宗教、科学、艺术与哲学等亚领域,这领域是"自为的"类本质对象化(species-essential objectivations 'for itself')。她认为:"在本体论意义上,'自为的'类本质对象化是第二性的。它们并非社会性的必然组成部分。"②这种对象化只能根据指向它们的、人的自觉意向而行使功能,体现了人的自由,表达了人性在既定时代所达到的自由的程度。科学、艺术和哲学是人类知识与自我知识的类的对象化。由于自为对象化领域主要提供意义,所以它主要归属于现代性的历史想象。赫勒概括了审美艺术在内的自为对象化领域表现出的五个共同特征,这五个特征就确定了它们各自作为文化价值领域的自律性特征,也确定它们与自在对象化领域、自在自为对象化领域的区别性特征。

在赫勒看来,这五个特征就是:自为对象化领域提供人类生活以意义,被设想为"高雅文化"、"乌托邦";它们不仅能够有选择地而且能够同时地完成合法化与批评两种重要的社会功能;自为对象化领域都是同质的(homegeneous);自为对象化吸收并表现一种文化剩余;所有的自为对象化具有它们自己的"规范与规则"。在这五个特征中,赫勒尤其重视最后这个特征的论述,这表明了她对审美自律问题的关注。我认为,这种特征恰恰是涉及自为对象化的关键问题,也蕴涵着丰厚的阐释空间,如果不重点把握这个特征,是很难深入理解审美与其他文化价值领域的分化,与日常生活、制度领域的区分的。也可以说,审美自律的形成就在它的合法性的建立,而这种建立就是其独特的规则与规范的确立。正如韦伯所说:"每一领域都可按照极为不同的观点和目的的方向'合理

---

① Agnes Heller, *General Ethics*, Oxford: Basil Blackwell, 1989, p. 152.

② (匈)阿格妮丝·赫勒:《日常生活》,衣俊卿译,重庆:重庆出版社 1990 年版,第127 页。

化'，从某一（观点）来看是'合理的'东西，从另一观点来看却是'不合理的'。因此，合理化在不同的生活领域，可以以极为不同的形式，在所有文化范围内出现。"①哈贝马斯正确地解释为："艺术的自主化意味着，美学价值领域可以自由地设置独特的规律性，这种美学价值领域的独特规律性才可以使一种艺术的合理化，从而在与内部自然交往中的经验文化化，就是说，可以在方法上表演方面对认识和行动的日常习惯中选择自由设置的主观性。"②赫勒认为，自为对象化具有自身的规范与规则，如果它们不具有自己的规范与规则，就不能成为甚至相对"同质的"，这些"规范与规则"内在于每一种自为对象化，它们不能与其他对象化领域的"规范与规则"相互交换。因此在自为对象化领域，瞬间脱离规范与规则是不可能的。赫勒认识到自为对象化领域的亚领域的自律性。当然，她也认为，这些规范与规则也能够被切割，这就是在现代性中所发生的。但是当这样脱离时，我们不再移动于这种领域之中。这个对象化领域的技巧能够脱离它的规范，如果这样，人们能够在自在自为对象化领域内移动与行动。如果规范价值已经被抽离了自为对象化领域，那么它们具有了合法化与批评的巨大潜力，"科学规律能够从审美的角度进行批评"③。不过，赫勒也认为一个领域的内在规范与规则的批判潜力能够超越其合法性的范围并且能够被误用。因此保持领域之间的相对自律是一个重要的价值标准。如果一种特殊的领域的相对自律本身受到质疑并且最终被拒绝，那么这种误用就产生了。

正是有着自身的规范与规则，不同的自我对象化有不同的特性，虽然对象化与类本质的联系是必然的，但是不同的自为对象化领域都展示出某种按照自己的特殊规律而推进的发展能力。如果自然科学是人类对自然与自我的知识，艺术是人类的自我意识，那么哲学就结合了科学与艺术的功能，"它是人类发展的意识，也是

① （德）马克斯·韦伯：《基督教伦理》，转引自（德）哈贝马斯：《交往行动理论》（第1卷），洪佩郁、蔺菁译，重庆：重庆出版社1994年版，第237～238页。

② （德）哈贝马斯：《交往行动理论》（第一卷），洪佩郁、蔺菁译，重庆：重庆出版社1994年版，第214页。

③ Agnes Heller, *General Ethics*, Oxford: Basil Blackwell, 1989, p. 154.

人类发展的自我意识"①。赫勒探讨了这些对象化领域与"自在的"类本质对象化的关系。自为对象化的基础是"自在的",然而不同的自为对象化领域与日常生活的关系是不同的,自然科学从诞生起就旨在非拟人化,这在赫勒探讨文艺复兴时期的科学时业已认识到,现在赫勒总结说,科学愈是非拟人化,就愈远离向人关于世界的知觉开放的可能性,"自然科学与我们的日常意识背道而驰"②。尤其是20世纪的自然科学家,他们愈来愈超出日常生活范围的现象,他们不能依赖自己的日常生活解决自己的问题。但是,在现代,科学技术也日益渗透到日常生活中,变为我们日常生活与日常思维的组成部分。赫勒认为,艺术是日常生活不可分割的组成部分,这不仅仅断言,"审美思维方式的前提和原初模型,是内在于日常思维的异质复合体之中,它同时断言,审美体验也总是以某种形式出现于这一复合体之中"③。但审美与艺术不同于日常生活,因为它意味着特性的完全中止,意味着提升到类本质的水平,但它是拟人的,"它保护了它所消除的东西,即日常思维的拟人性"④。与科学一样,审美也不断地渗入日常生活,哲学也中止特性,但是还意味着实践自己的哲学。哲学家不能像艺术家那样"拾起"或者"放下"排他主义动机或者使它中止,他不仅必须是个体,而且必须是在同一水平上生活与创造的个体。也就是说,"他的日常生活必须是他的哲学立场的记录"⑤。虽然科学、哲学、艺术都是同质性的,但是赫勒认为不同的同质化类型"在程度、类型和强度上各异",即使可以建立同质化过程的标准,但是并非这些标准对所有同质化进程都有效,"即使有效,它们也并非都在同样的程度

① (匈)阿格妮丝·赫勒:《日常生活》,衣俊卿译,重庆:重庆出版社1990年版,第118页。

② (匈)阿格妮丝·赫勒:《日常生活》,衣俊卿译,重庆:重庆出版社1990年版,第107页。

③ (匈)阿格妮丝·赫勒:《日常生活》,衣俊卿译,重庆:重庆出版社1990年版,第115页。

④ (匈)阿格妮丝·赫勒:《日常生活》,衣俊卿译,重庆:重庆出版社1990年版,第57页。

⑤ (匈)阿格妮丝·赫勒:《日常生活》,衣俊卿译,重庆:重庆出版社1990年版,第120页。

上有效"①。赫勒充分地考虑了各个自为对象化领域的特殊性。

就思维类型来说,它们也是不同的,赫勒区分了重复思维(repetitive thinking)、发明思维(inventive thingking)、直觉思维(intuitive thinking)或行动。② 科学以及绝大多数的哲学必须清除直觉思维意义的对象化体现,即使它在创造过程中起突出作用。直觉思维是后理性的(post rational),因而不得不从自为对象化的发现结果中被清除,在结果中,理性的确证是规范的。它强调逻辑的推理以及科学的步骤。而在艺术中,直觉不被清除,而是使之明晰,但是发明的思维就不重要了。在赫勒看来,即使发明思维创造了一件艺术品,例如提出并解决必须表达哪种观念,使用哪种材料,怎样使用,怎样达到最好的效果等问题,或者即使作品经过许多"实验的"最后定版,但是发明思维至少以其纯粹的形式不得不从这种对象化中消失。她说:"艺术作品需要被清除'解决问题'的标志以便成为它应该是的东西。艺术作品不得不被呈现为重复与直觉的一种合并与统一。"③因而发明思维被直觉吸收了。重复代表了对艺术这种对象化的"规范与规则"的遵循;直觉代表了唯一性,代表了总体上的非重复性,但是赫勒认为这种唯一性不像科学那样可以完全重构,因为直觉不是理性的。

赫勒认为对自为对象化领域的特殊性的彰显形成了分化。她认为:"一种对象化内的分化与多种'自为'对象化之间的分化过程以不同的方式在许多历史时期发生,只有这种分化才能导致各种创造与挪用的相对的专业化……这根据独特的'自为'对象化的独特的'规范 – 与 – 规则'。"④这种分化是相对的,自然科学在理智化过程中虽然日益脱离宗教与哲学,目前的科学纯粹是理智的对

---

① (匈)阿格妮丝·赫勒:《日常生活》,衣俊卿译,重庆:重庆出版社1990年版,第63页。

② 赫勒认为,思维与行为是紧紧相关的,每一行为,同时也是思想的对象化,我们日常生活的工具、习俗、语言都是人的思想的体现。她说:"行为同时一直是思想,任何行为的客观结果在这种意义上是思维的一种产物。"参见 Agnes Heller, *Everyday Life*, trans. G. L. Campbell. London, Boston, Melbourne and Henley: Routledge & Kegan Paul, 1984, p. 127。

③ Agnes Heller, *The Power of Shame:A Rationalist Perspective*, London: Routledge and Kegan Paul, 1985, p. 114.

④ Agnes Heller, *The Power of Shame:A Rationalist Perspective*, London: Routledge and Kegan Paul, 1985, p. 118.

象化,但是我们与科学的关系还没有完全失去"神秘的"因素,只是这种因素被边缘化了。这种边缘化却被艺术占据了,"只有艺术表达与强化了这种不属于艺术(或者任何艺术)的神秘经验"①,所以现代自然科学与艺术也是相关的。

总之,赫勒对自为对象化领域的特征及其亚领域特征的探讨揭示了现代领域分化的复杂现象,指出了自为对象化领域的共同特征,也就是认识到艺术与哲学、科学等的共同特征。并且,她不仅仅通过自为对象化领域与自在自为对象化领域的复杂关系来揭示它的特殊性,而且通过各领域的关系,通过创造、接受、思维类型等方面的不同特征揭示各亚领域的特殊性,也就是探寻哲学、科学、艺术的特殊性。她主要的理论基础就是坚持各领域的相对自律,这明显地借鉴了韦伯的领域分化理论以及他对相对自律的价值的认识。因为韦伯认为,各领域遵循不同的标准,我们不能以跨越领域的界限去侵占另一个领域,因而审美的政治化、政治的审美化都是有问题的。赫勒认为:"在一个特殊领域遵循或跟随的规范与规则在其他领域中不能被遵循,即使它们能够被遵循也不应该被遵循。"②她这种观点既是一种现代自为对象化领域特征的展示,又是一种价值标准。

二、对日常生活审美化与艺术制度化理论的批判

立足于审美相对自律的认识,赫勒、费赫尔对日常生活审美化与艺术制度化进行了批判,这事实上也是布达佩斯学派的基本美学立场。

赫勒认为:"审美领域能够非法地扩伸到日常生活的领域。"③一旦审美领域超越了自己内在性的限度,其存在的合法性就出现了问题。因此,对日常生活的审美化现象的批判是赫勒相对自律的美学思想的内在发展。她侧重于从伦理学与美学角度展开论述,并区别了"审美的生活"(aesthetic life)与"有意义的生活"(meaningful life)。她说:"如果满意与幸福相对立,那么我们能够

---

①　Agnes Heller, *The Power of Shame: A Rationalist Perspective*, London: Routledge and Kegan Paul, 1985, p. 118.

②　Agnes Heller, *General Ethics*, Oxford: Basil Blackwell, 1989, p. 151.

③　Agnes Heller, *General Ethics*, Oxford: Basil Blackwell, 1989, p. 154.

说'审美的生活'与有意义的生活相对立。'审美的生活'也是处置日常生活的一种方式,结果它成为'为我们的存在'(being-for-us):'生活的艺术家'——过着一种审美生活的个人——在一种个人的平面上展开他的能力。"①因此,过着一种"审美的生活"的人只有一种意图,即把他自己的日常存在转变为"为他的存在"(being-for-him),如果面临威胁的冲突,那么他纯粹地避免行动。他的性格中缺少的是"对他人有用"的气质,他不具备感受他人需要的才能。因而"生活的艺术家"想过着一种有意义的生活,但是他不提出这种有意义的生活仅仅对别人还是对他自己是可能的问题。赫勒认为:"'审美的生活'是贵族的,然而有意义的生活基本上是民主的。有意义生活中的指导规范一直是能够普遍化的,能够将有意义的生活延展到他人,最终延展到整个人类。"②这明显来自克尔恺郭尔关于审美生活与伦理生活的人的认识。克尔恺郭尔认为,审美生活的人是一个偶然的人,他通过成为唯一的人从而相信自己是完美之人,而"伦理生活的人努力形成普遍的人"③。审美生活的人由于通过天赋的区别来衡量,从而具有"贵族"的绝对"自我主义"的特征。④

赫勒这种认识与福柯的审美主义决定论形成了对照。伽登纳(Michael Gardiner)认为,赫勒有意识地拒绝了"审美主义的狂热",这种审美主义已经发现被许多后现代主义者与后结构主义者,特别是福柯所支持。在他后期融合伦理与审美的著作中,福柯没有意识到,任何自我格式化的方案只能够在一种伦理范围与限制的框架中被视为合法的。虽然每个个体的身体、心灵、理智的能力的充分发展必须是一个自由的、民主的社会的有机成分,但是每一个人的生活方案的实现不应该按照限制他人的生活方案的方式展

---

① Agnes Heller, *Everyday Life*, G. L. Campbell trans., London, Boston, Melbourne and Henley: Routledge & Kegan Paul, 1984, p. 268.

② Agnes Heller, *Everyday Life*, G. L. Campbell trans., London, Boston, Melbourne and Henley: Routledge & Kegan Paul, 1984, p. 268.

③ Soren Kierkegaard, *Either/Or*, Vol. II. Eds. and trans., Howard V. Hong and Edna Hong., Princeton: Princeton University press, 1987, p. 256.

④ Soren Kierkegaard, *Either/Or*, Vol. II. Eds. and trans., Howard V. Hong and Edna Hong., Princeton: Princeton University press, 1987, p. 292.

开。所以赫勒与福柯不同，主张"自由、平等个人的交往的对话"①。福柯思想的核心是寻求把生活体验为艺术作品，这必然以极端个人主义为前提，在这种个人主义中，一切归属于使生活审美化的任务。"为自己存在"出现于自我－格式化这种方案中，但是"为他者存在"不这样。纯粹的审美标志不能赋予我们在实践的社会生活语境中表达主体间性的规范的能力。它们不能使我们富有成果地反思我们能够回答的身份，反思我们的机制。因而，对审美主义的迷恋丧失了理性的反思与对话，它会最终庆贺象征的违法，忽视其他人类的属性、实践与需要。② 事实上，赫勒对"审美的生活"的批评在于它使一个人的生活失去伦理内涵。但是根据伊顿（Eaton）的研究，审美的生活并不缺乏伦理内容，"审美的生活在伦理上是影响我们的"，它不仅把生活视为艺术作品，而且"发现组织生活的模式"。③

费赫尔也对日常生活的审美化进行了批判。他批判了比格尔关于先锋派艺术与生活合一的观点。比格尔认为，资产阶级艺术自律的特征表现在目的或者功能、生产与接受三个方面，先锋派就是要否定这些因素，以达到"艺术与生活实践的统一"，"实践是审美的，艺术是现实的"。④ 费赫尔认为，比格尔的研究引出了一个重要的当代美学问题，即美学与日常生活的问题。在他看来，先锋派理论的主要策略之一即实现艺术与日常生活的合并是充满问题的，因为这导致了"生活的审美化与范式的艺术品的废除"⑤。生活的审美化主要是先锋派与后现代性的一种世纪末的遗产。马拉美（Stephane Mallarme）狂热的新高涨绝不是偶然的，但是世纪末的美学家从相反的方向接近这个问题。一方面，即使世纪末的美学家

① Agnes Heller, *A Philosophy of History in Fragments*, Oxford and Cambridge, MA: Blackwell, 1993, p. 145.

② Michael Gardiner, A Postmodern Utopia? Heller and Fehér's Critique of Messianic Marxism, In *Utopian Studies*, vol. 8 no. 1 (1997), pp. 89－122.

③ Marcia Muelder Eaton, *Merit, Aesthetic and Ethical*, London: Oxford University press, 2001, p. 105.

④ Peter Bürger, *Theory of the Avant-Garde*, Jochen Schulte-Sasse trans., Minneapolis: University of Minnesota press, 1984, p. 51.

⑤ Ferenc Feher, *What is Beyond Art? On the Theories of Post-Modernity*, In *Reconstructing Aesthetics*, Agnes Heller and F. Feher eds., Oxford: Basil Blackwell, 1986, p. 66.

已经不愿意为现代艺术发行一份健康清单,但是他们的主要目标是对准资产阶级－技术时代丑陋的、平庸的、非审美的日常生活。他们希望通过强迫地注入艺术的足够大量的药剂,这肮脏的宇宙或许可以成为值得居住的。也就是说,他们试图使生活审美化,让生活成为艺术,以抵抗资产阶级的日常生活,这事实上在建构另一种不同的日常生活。另一方面,后现代主义者主要关心现代艺术,但是除了把艺术与生活融合成一个复合体之外,他们不能挽救现代艺术。费赫尔认为这两种情况都应该被批评。

费赫尔的美学根基在卢卡奇那里,费赫尔回到了青年卢卡奇对生活审美化的批评,尤其是对克尔恺郭尔的"审美阶段"的批判。卢卡奇是生活审美化的敌人,如果艺术成为生活,生活成为艺术,那么这意味着审美范畴可以随意流入生活。这意味着"生活的审美主义"、天才与浅涉艺术的人会把他们的同伴视为艺术对象。现代文学充满了这些生活的审美主义,艺术与生活的融合意味着生活的审美主义能够追求在活生生的存在物上的实验。这意味着现代艺术家的伦理学、神圣的自我主义与施莱格尔(Friedrich Schlegel)称之为宗教的东西将会顽固而公开地自吹自擂。因此,生活与艺术的融合导致现代艺术家伦理学的自我主义。费赫尔同样反对后现代性理论提出的对范式艺术作品的废除的观点。对那些把物化的因而独立的艺术作品视为异化的理论家而言,范式的作品将意味着更糟的东西,即天才的致命狂热。后现代性的德国理论家显示出对经典的歌德作品如此深恶痛绝,这不是偶然的。费赫尔认为:"事实上,范式的作品不是模仿的蓝图,而是指向感受、情感与艺术经验的新世界的路标。"[①]没有这些路标,我们的生活将会贫乏。因此,后现代理论对范式艺术作品的废除是充满问题的。费赫尔的分析模式与赫勒是类似的,他们都强调了艺术领域与生活领域的分离,尽管艺术与生活不断地相互作用,日常生活的审美化最严重的弊端就是伦理质性的丧失。

赫勒、费赫尔承续了卢卡奇的美学思想但又进行了批判,强调了艺术与日常生活的相对的自律。这种观点是值得肯定的,即使

① Ferenc Feher, *What is Beyond Art? On the Theories of Post-Modernity*, In *Reconstructing Aesthetics*, Agnes Heller and F. Feher eds., Oxford: Basil Blackwell, 1986, p. 67.

比格尔肯定先锋派对艺术与生活的隔离的消除的价值,但是他也认识到这种界限消除导致的虚假性,尤其是商品美学与通俗文学对艺术自律的虚假消除。所以他说先锋派的策略"在资产阶级社会,除了对自律艺术的虚假扬弃之外还没有发生,也许不可能发生"①。

赫勒与费赫尔对艺术制度化理论也进行了批判,因为这种理论试图把艺术等同于制度而抹杀了艺术的自身的特性。赫勒认为,只有两种自为对象化才能合适地胜任制度化功能:宗教与科学,"只有它们才合适地胜任合法化的制度化,因为只有它们合适地胜任累积知识的制度化"②。赫勒从制度化领域,即自在自为对象化领域的角度来理解这个问题。自在对象化领域不是一种制度,即使它包含一种家庭制度,相反,自在自为对象化领域总体上由制度组成。所有这些制度都带有一种相对同质的"规范与规则"体系的特征。如果在自为对象化领域中的人是人的整体,体现了同质化,那么在自在自为对象化领域中的人则是"专业化的人"(specialized human)。可见,自为对象化领域与制度化领域是有区别的,这种区别显示出艺术难以被制度化。

为深入理解,赫勒继续探讨现代性中对象化领域获得制度化的条件。在前现代,历史意识、社会结构、自为对象化领域是同构的,同一社会结构产生或者修饰的自为对象化表达了历史意识的同一阶段。然而现代不同,虽然制度与自在对象化领域一样也从富有意义的自为对象化领域中获得合法性,但是"获得合法性"对使这些制度顺利而持续地运转不充分。专业化的人不管有没有"文化剩余"都能够被再生产也能够使制度进行再生产。这体现出现代制度领域的独立性或者自律。③ 这样,如果一种自为对象化能够提供制度以意义与合法性,使得制度顺利运行,尤其能够使得制度领域的专业化的个体能够进行再生产,也就是这种对象化能够被制度化,就应该具备五个特性。首先,一种特殊的、富有意义的

----

① Peter Bürger, *Theory of the Avant-Garde*, Jochen Schulte-Sasse trans. , Minneapolis: University of Minnesota press, 1984, p. 54.

② Agnes Heller, *The Power of Shame: A Rationalist Perspective*, London: Routledge and Kegan Paul, 1985, p. 119.

③ 赫勒认为,在现代性中,管理社会的责任仅仅依靠专业化的制度。参见 Heller, Agnes, Modernity's Pendulum, In *Thesis Eleven*, 1992, 31, 1 – 13.

世界观不得不被制度化,以便专业化的人被再生产。第二,这种世界观应该提供知识的不断累积。第三,它应该提供专业化。第四,由这种世界观提供的专业化的知识应该被传授。最后,这种被制度化的富有意义的世界观应该合适地胜任社会秩序(统治)的持续的合法化。成功完成这些任务的世界观统治任何既定的历史时代,当然它们也许具有排他性或者也许被其他有意义的世界观取而代之。从赫勒的概括中,我们可以认为,只有一种自为对象化具备潜在的制度领域的特征,才能合格地被制度化。满足这些要求的只有宗教与科学这两种自为对象化领域。就此,赫勒涉及现代性的问题:"在现代性诞生之前,宗教是被制度化的'自为'对象化:自从现代性开始,科学已经随之而来。只要科学作为主要的(支配的)被制度化的'自为'对象化与宗教竞争,它就已经具有了一种批评功能。"①所以她认为,艺术成为一个时代的主要制度不合适。"艺术"是一个现代的范畴,它的呈现与纯粹神秘接受的出现处于同一时代。她说:"神秘的接受对抗着专业化:神秘的接受者从来不是专业化的思想家或者行动者。在早期,艺术扎根于日常生活并且或者扎根于宗教制度之中,有时甚至扎根于主要由宗教或者哲学世界观形成的那些政治制度之中。而且,艺术从来不持续地积累知识,或者如果它积累知识,那么这种知识在性质上也是技巧上的,而不是产生作为一种有意义的对象化的艺术作品的那种知识。"②通过对艺术神秘性与非累积知识之特征的理解,赫勒阐明了现代艺术不会被制度化的观点,她这种思路遵循着技术想象与历史想象之间关系的内在逻辑。

基于此,赫勒对艺术制度理论进行了批判。在辨析韦伯的领域理论与伯格(Peter Berger)、卢克曼(Thomas Luckmann)的制度理论时,她批判了"美学制度"、"艺术制度"概念,认为"制度的美学"是一种空洞的普遍化,因为在审美领域中存在非常多样的制度,并且这种制度的主要特征绝不是"审美的"特征。她说:"在我看来,即使'制度艺术'这个术语(一个比'制度美学'更加狭窄的术语)

---

① Agnes Heller, *The Power of Shame: A Rationalist Perspective*, London: Routledge and Kegan Paul, 1985, p. 125.

② Agnes Heller, *The Power of Shame: A Rationalist Perspective*, London: Routledge and Kegan Paul, 1985, p. 125.

也是混乱的。"①如果一种"制度"被理解为一种引导活动,卷入、创造性的对象化,那么"领域"这个概念术语也有这种作用,所以赫勒认为韦伯的领域概念比"制度"术语更有理论的价值。制度这个概念暗示着我们轻视地称为"制度化"的东西已经破坏了纯粹的生命活动。此外,它暗示了"制度艺术"不是艺术的,而是商业的、官僚的。以赫勒之见,几种艺术的制度无疑是官僚的、商业的,但是这根本不属于"审美领域"。"制度艺术"、"制度美学"能够让人产生误解,容易把艺术的内在本质等同于制度的内在性特征。因此,赫勒不认同艺术制度理论的观点。

赫勒对艺术制度理论,尤其是比格尔的艺术制度化理论进行了批判。虽然人们能够通过指向日益增加的艺术与哲学的制度化来反对艺术与哲学不被制度化的主张,但是她认为:"艺术与哲学存在的制度的数量上的任何增加不意味着艺术与哲学的制度化。"②就此,她涉及她的丈夫费赫尔对比格尔的艺术的制度化理论的批判。考虑到赫勒与费赫尔在此观点上的基本一致性,我们不妨综合他们的论述。费赫尔认为:"比格尔的理论缺陷在于对象化与制度之间不令人满意的区别。"③艺术作品是一种对象化,纯粹意味着它留下了人类内在性的王国,并且已经呈现为内在认识的与情感的过程的最终结果,呈现为一种至少与一些主体间的规范与期待相协调的产品,并且以一种可以被主体间体验的方式呈现出来。就此费赫尔运用黑格尔的绝对精神与客观精神的观念进行了分析。绝对精神属于自为对象化领域,而客观精神属于制度领域。他认为,前者本身不被制度化,艺术对黑格尔来说也不属于客观精神的层面,即不属于制度化的层面。如果绝对精神中最不容易被制度化的是哲学,最能够被制度化并被制度化的是宗教,那么,"艺术在两者之间的某个地方"④。他进一步从制度的概念的界定与艺术存在的生产、接受、传播三个方面具体分析了这种中间位置,他

① Agnes Heller, *General Ethics*, Oxford: Basil Blackwell, 1989, p. 152.

② Agnes Heller, *The Power of Shame: A Rationalist Perspective*, London: Routledge and Kegan Paul, 1985, p. 126.

③ Ferenc Feher, *What is Beyond Art? On the Theories of Post-Modernity*, In *Reconstructing Aesthetics*, Agnes Heller and F. Feher eds., Oxford: Basil Blackwell, 1986, p. 63.

④ Ferenc Feher, *What is Beyond Art? On the Theories of Post-Modernity*, In *Reconstructing Aesthetics*, Agnes Heller and F. Feher eds., Oxford: Basil Blackwell, 1986, p. 64.

论述的思路与赫勒是一致的,尽管具体表述有别。

费赫尔认为,制度除了具有社会功利性的必然因素之外还有三个特征,即制度是根据规则而起作用的一种主体间的结构体,是能够传授的获得性的人类行为,并且它是倾向于非个人的。以费赫尔之见,艺术作品的生产过程很少是规则的严格运用的结果。即使人们在建筑、在被自然科学共同决定的艺术中运用普遍的规则,但是被决定的是艺术作品的技术,而不是形式。唯一例外的是音乐,因为技术与形式在那里大都相互调和。但是,如果人们考察舞蹈或者绘画,那么在创造一部艺术品的过程中,规则的作用的程度就日益消解了。在文学创作中,这种作用等于零。赫勒也认为:"创造的文学具有非常少的技巧要求,因此它的生产本身从来不被制度化。"[1]就可传授性而言,费赫尔认为,音乐学校的每个学生都会理解,能够传授给他们的是过去的音乐,不是未来的音乐,也就是说不是他们自己可能的音乐生产。所以,"在技术日益减少地发挥作用或者根本不起作用的情况下,制度化的第二种成分在生产艺术作品中日益减少或者丧失其作用"[2]。最后,就非个体性而言,艺术的对象化与它的制度化激进地分道扬镳。虽然根据韦伯的观察,现代性中制度成为日益非个人的,但是艺术作品的对象化甚至更加明显地带有个体性特征。这样,就生产或者创造而言,艺术不会被制度化。我们不难看到,他们对艺术创造方面与制度的论述存在一些矛盾,虽然他们都主张创造不能被制度化,但是关于艺术创造的分析不能完全充分地支持其论点,如费赫尔对音乐的技术与形式的调和的论述,对音乐的一些可传授性的理解以及对艺术中的技术因素制度化的认识,都表明了艺术创造中的某些因素能够被制度化,赫勒也认识到这一点,她说:"考虑到技巧的知识被专业化,创造一直被工艺制度调节。成为一个艺术学院的学生在功能上相当于任何一种学徒关系;不同的只是制度的类型。"[3]虽然她

---

① Agnes Heller, *The Power of Shame: A Rationalist Perspective*, London: Routledge and Kegan Paul, 1985, p. 126.

② Ferenc Feher, *What is Beyond Art? On the Theories of Post-Modernity*, In *Reconstructing Aesthetics*, Agnes Heller and F. Feher eds., Oxford: Basil Blackwell, 1986, p. 64.

③ Agnes Heller, *The Power of Shame: A Rationalist Perspective*, London: Routledge and Kegan Paul, 1985, p. 126.

认识到文学从来不被制度化，但是她又认为文学作品的创作能够被扎根于宗教或者政治制度之中。不过，从艺术这种纯粹的自为对象化来理解，杰出的艺术创造的核心意义是不能被制度化的。

就接受而言，费赫尔认为，接受的一些前提一直被制度化。接受最被制度化的方面是接受发生的场合与一部艺术作品在接受中的公众的反应。按照他的理解，如果艺术的接受或者挪用已经完全屈服于规则，完全是可传授的，绝对非个人的，也就是完全被制度化，那么这个社会就必然是奥威尔在《一九八四年》中描绘的极权社会。在此，费赫尔已经把艺术的完全被制度化上升为一种价值评价。赫勒认为艺术的接受与创造一样，不会被制度化。她说，接受能够是公众的或者私人的，一直存在公众接受的制度，但是它们都是为接受而存在的制度，而不是接受的制度。也就是说，这些制度只是接受的前提或者基础，不是接受本身，接受本身没被制度化。因为人们一直能够对一部艺术品自由地拒绝、批评或者保持冷漠。所以她认为，人们对艺术严格意义上的接受"不能完全被制度化，即使接受在一种制度框架中发生"①。那些从特尔斐（Delphi）的神谕中寻求建议的人们不得不相信那种制度并相应地行动，否则仪式根本没有意义。但是，欧里庇得斯（Euripides）的悲剧的观众能够被影响或者不能被影响，观众喜欢或者不喜欢。没有人能够说一种科学的发现的接受是一种有关趣味的事，但是就一部艺术品的接受而言，这样说是完全合法的。在现代，这种非制度化的审美接受的个体性更加突出："在现代性中，艺术作品的接受已经倾向于更加私人化，而不是日益被制度化。"②至此，我们可以看到，赫勒对费赫尔没有充分阐释的问题进行了具体的分析，显示出接受主体的选择性、能动性、个体性意识，这与赫勒哲学上的人学意识存在内在的联系。

然而艺术存在在传播方面并非如此。赫勒认为，现代性中不是艺术的创造也不是接受，而正是传播被日益地制度化。费赫尔

① Agnes Heller, *The Power of Shame：A Rationalist Perspective*, London：Routledge and Kegan Paul, 1985, p. 126.

② Agnes Heller, *The Power of Shame：A Rationalist Perspective*, London：Routledge and Kegan Paul, 1985, p. 126.

也说:"无可否认,传播是三元素中最被制度化的方面。"①他借助了豪泽尔(Hauser)关于艺术社会学的研究。豪泽尔认为,在任何社会环境中艺术作品的自发的传播是一种浪漫的神话。从最小的与最同质的部落文化到我们时代的大量而主要是异质的资产阶级文明,一直存在提供艺术品传播的各种社会渠道或者制度。不过,假定生活在既定的环境中的人能够对这些制度起作用的方式施加某些影响,那么被制度化的传播就存在困境。赫勒的认识更加清楚,"传播被制度化不能用来作为支持艺术制度化的论点,考虑到艺术的传播不属于严格意义的艺术,而属于市场的制度"②。

通过上述的分析,我们认为,赫勒与费赫尔在论述艺术与制度化的关系方面持有相同的理论框架,都主张严格意义的艺术是不能被制度化的,但是他们又不否认艺术的某些环节或者基础被制度化了。正如费赫尔所说:"我们不论分析艺术的生产、接受,还是传播,我们会发现被制度化的与非被制度化的成分,尽管后者比前者的成分更多。"③宗教也同样具有被制度化与非被制度化的成分,但是艺术不像宗教那样产生一种自我－制度化的单个的特征化的形式。因此费赫尔认为比格尔把艺术制度的破坏视为一种解放行为的激进观念是文化革命的一种一致的、然而误导的浪漫主义理论。赫勒与费赫尔对日常生活审美化和艺术制度化的批判透视出他们对艺术自律观念的坚守,同时艺术与审美现象又不是与日常生活、制度领域相脱离的,前者不断地渗透到后两个领域之中,这是审美相对自律。

三、审美自律的文化政治学

布达佩斯学派对审美自律的反思不纯粹是美学本身的问题,而是连接着他们的文化政治学的选择。在现代美学话语中,审美自律不完全是自我指称的,而是联系着文化权力与主体身份的建

① Ferenc Feher, *What is Beyond Art? On the Theories of Post-Modernity*, In *Reconstructing Aesthetics*, Agnes Heller and F. Feher eds., Oxford: Basil Blackwell, 1986, p. 65.

② Agnes Heller, *The Power of Shame: A Rationalist Perspective*, London: Routledge and Kegan Paul, 1985, pp. 126 – 127.

③ Ferenc Feher, What is Beyond Art? On the Theories of Post-Modernity, In *Reconstructing Aesthetics*, Agnes Heller and F. Feher eds., Oxford: Basil Blackwell, 1986, p. 65.

构,联系着民族国家与自律主体的建构。布达佩斯学派对审美自律的关注同样没有脱离这种文化政治的框架,从根本上说联系着"自由"的价值规范,联系着对极权主义文化政治的批判。瓦伊达明确指出,他对东欧极权主义社会的各种情况的批判所依赖的最重要的价值就是"自由价值":在那儿,"人们在不同层面和不同维度缺乏自由"①。

艺术自律的形成就是艺术家有创造的自由,否则不可能存在真正的自律,艺术只能处于附庸的地位。在沃林(Richard Wolin)看来:"当我们以现代性范式的含义说到艺术时,我们是指艺术家独立的自我表现的自由与权力。"②审美自律与自由是联系在一起的,扎塞在研究席勒的审美自律性观点中认为:"自律的概念与自由的概念交叠在一起。席勒认为,从转义的意义来看,自律和自由的概念也适用于自然对象和艺术对象。"③康德之所以强调审美自律,也是从人的自由的道德哲学方面来理解的,"趣味判断以两种方式联系着自律:虽然它们主张普遍性,但是必须一直建立于个体的情感与判断的基础上;虽然它们必须脱离理论的或者道德概念的束缚,但是它们最终是道德自由本身的象征"④。赫勒非常重视对自由的分析,她认为所谓自由意味着个体的自由,"如果对个体或者凌驾于个体上没有绝对的外在权威,那么这个个体就是自由

① Mihaly Vajda, *The State and Socialism*, London: Allision & Busby, 1981, p. 4.

② (美)理查德·沃林:《文化战争:现代与后现代的论争》,"福柯、哈贝马斯、布尔迪厄等著:《激进的美学锋芒》周宪译,北京:中国人民大学出版社 2003 年版,第 3 页。

③ (联邦德国)J. 舒尔特-扎塞:《自律性即价值——对一个意识形态概念的历史的和接受美学的批判》,"刘小枫选编:《接受美学译文集》"北京:生活·读书·新知三联书店 1989 年版,第 313 页。拉德洛蒂具体地比较了康德和席勒的美的观念,探讨了席勒的美的自律的认识,尤其强调从自由和自然两个概念出发来分析他超越康德的思想,这就是从康德的美的主观性转变为审美文化和生活形式,使得美的自律与自由获得了现实的基础,"自由在现象之中"。参见 Radnóti Sándor, A Filozófial Bolt, In *Holmi*, 2007 július; Radnóti Sándor, Szabadság a Jelenségben, In *holmi*, 2007 július.

④ Paul Guyer, Kant, Immanuel(1724－1804), In *Routedge Encyclopedia of Philosophy*, Edward Craig, eds. , vol. 5. London: Routledge, 1998, p. 193. 作者专门列出了"趣味与自律"部分论述审美自律与自由的关联。自律是现代人权形成的标志,它意味着把人的实质作为自由,这是"从外在影响中与从以前的规范的命令中的解放"。请参见 Dieter Henrich, *Aesthetic Judgment and the Moral Image of the World*: *Studies in Kant*, Sanford, California: Sanford University press, 1992, p. 68。

的"①。赫勒从政治自由的维度探讨了审美自律的出现,认为文艺复兴时期的政治形式在某种程度上促进了艺术创造的自律。她注意到,从 1381 年起,政府再一次被有才能的公民控制,这相对满足了中产阶级的要求。这形成了形式民主的黄金时代,这种民主实质上是一种共和政体形式。正是政治上的相对自由与民主,一种不可抵制的文艺复兴的文化新浪潮就得以形成。在美术方面,布鲁内莱斯基(Brunelleschi)、吉尔贝蒂(Ghiberti)、多那太罗与马萨乔的创造标志着这个新的时代。如果说大教堂(Duomo)是早期进步的象征,那么新时代的象征就是圆屋顶(cupola),这是拉娜(Arte di Lana)委托布鲁内莱斯基(Prunelleschì)建造的。正是在此,我们看到了赫勒对艺术自律活动的揭示。她说:"当 1425 年这个建筑师被挑选到西格洛尼亚时,艺术获得了它的公民权利(rights of citizenship),凭其自身的权利成为优点与价值的一种形式。"②这就是说,艺术开始获得存在的合法性,获得了一种独立活动的权力。赫勒进一步阐发了这一点。在她看来,在作品委托人与接受委托的艺术家即被委托人的关系中发生了一种变化。资产阶级有意无意地认识到,如果他们感到需要使他们的视野与经验对象化,他们必须给艺术家一定的运动自由,并且把艺术家确认为与他们自己平等的一个个体。正是这种确认,切利尼后来能够与利奥十世(Leo X)和塞米特七世(Cemeat VII)进行自由的辩驳。在那时,委托人只是大致勾勒应该被完成的东西,"具体的内容完全取决于个体艺术家的自由想象"③。赫勒正是在形式民主与自由创造的政治背景中揭示了艺术自律形成的因素。尽管她没有对之展开深入地分析,但是她从政治民主的角度来认识审美自律的出现,表现出审美思想的丰富性。结合赫勒其他文献,我们可以看到,她对自律与民主关系的理解更多地强调个体的自律。在她分析卡斯特罗亚迪(Catoriadia)的论文中,她指出,民主等同于自律。但是如果民主

① Agnes Heller, The Legacy of Marxian Ethics, In *The Grandeur and Twilight of Radical Universalism*, New Brunswick, NJ: Transaction, 1990, p.120.

② Agnes Heller, *Renaissance Man*, Richard E. Allen Trans. , London, Boston, Henley: Routledge and Kegan Paul, 1978, p. 50.

③ Agnes Heller, *Renaissance Man*, Richard E. Allen Trans. , London, Boston, Henley: Routledge and Kegan Paul, 1978. p. 50.

等同于大多数的绝对权力,那么它就是社会的自律,而不是个体的自律。社会自律是充满问题的,因为少数人的自律没有被这样的民主所保证。多数人有可能剥夺少数人的权力与自由,甚至谋害后者,所以卡斯特罗亚迪相信,"一个完美自律的社会将是一个好的社会,它将为每一个人提供好的生活,它将配得上最好最成熟的自由社会主义者的图像"①。布达佩斯学派成员玛丽亚·马尔库什也是关注个体的自律问题的,他尤其关注"人们怎么能够处置他们自己的生活,何种自律能够赋予他们,他们如何找到这种自律,如何得到它"②。

审美自律与伦理自律相关,而伦理自律也是政治自由的文化基础。从现代社会开始,伦理自律就开始出现,人按照自己的意志与行为成为个体,成为自我决定与自我完善的过程。赫勒对马克思的绝对自由观念进行了探讨。马克思所提出的物种存在与个体融合的"绝对自律的观念不仅涉及康德的激进化,而且涉及黑格尔的制度伦理世界和道德性相互作用概念的激进化"③。马克思受到伊壁鸠鲁把必然性转变为自由的观念的影响,不过在马克思这里完成这个任务的是一个阶级,而不是个体,而且绝对地消除所有外在的经济、国家、法律以及行为的束缚就是所谓的绝对的自由。虽然马克思对绝对自由、个人的绝对自律的强调始终是民主的。但是他的自由观念忽视了社会责任,赫勒指出:"有自由的地方就绝对没有社会责任。自由是超越责任的,超越任何义务,超越任何外在的目的。"④不过,这不意味着物种价值与个体性的合并是没有道德性的社会,而是意味着道德权威完全被内在性地置入,这就是内在良知的道德性的自由。这种对外在权威的束缚的摆脱是审美创造的前提。所以在共产主义社会,每一个个体全面自由地发展,自由时间不仅是闲暇时间,也是"高雅活动的时间"。这种自由时间

① Agnes Heller, With Castoriadis to Aristotle, In *The Grandeur and Twilight of Radical Universalism*, New Brunswick, NJ: Transaction, 1990, p.502.

② Christine Kearney, Cold War Exile Feted for a Life's Work, http://www.unsw.edu.au/news/pad/uniken/uniken0306/page10.html.

③ Agnes Heller, The Legacy of Marxian Ethics, In *The Grandeur and Twilight of Radical Universalism*, New Brunswick, NJ: Transaction, 1990, p.122.

④ Agnes Heller, The Legacy of Marxian Ethics, In *The Grandeur and Twilight of Radical Universalism*, New Brunswick, NJ: Transaction, 1990, p.121.

把个人转变为不同的主体,然后进入直接的生产斗争之中。① 马克思的绝对自由恰恰是一种美学,卢卡奇也是坚持这种绝对自由的理想形态的。在论述阿伦特的道德哲学时,赫勒进一步从内在性角度分析了个人的思、意愿、判断的绝对自律,它们作为人类的能力是绝对自律的,阿伦特把亚里士多德的心智(nous)和康德的纯粹理性的观念推到了极端,而追求海德格尔的纯粹的思,"绝对自律不仅仅是思的特征,也是意愿和判断的特征"②。这种自律性不仅是人类自我确证的实例,而且是创造自己与外在的事物,正是如此,自律的人格拒绝外在的束缚。但是赫勒并没有认为阿伦特是完全持绝对自律的观念,阿伦特在判断能力上的分析涉及审美与政治的融合,因为判断的能力判断着政治行为,"阿伦特主张康德的真正的、隐藏的政治哲学必须从《判断力批判》中得到解释"③。所以在阿伦特论《心灵的生活》的著作中,康德的《判断力批判》成为她的政治哲学的基础,并作为新的哲学的起点。文化成为道德、政治、审美趣味的事情,现代哲学成为文化哲学,这就是她把《判断力批判》视为起点的原因。马丁·杰伊通过赫勒与阿伦特思想的比较对此进行了阐释,他认为赫勒是把道德自律理解为相对的而不是绝对的,阿伦特的作品也表达了这样的观点,阿伦特所理解的审美趣味与政治伦理学是富有成果的交叉。在政治行为中,我们拥有考虑道德判断的规范性知识,这种道德判断就是康德的审美的反思判断。赫勒认同阿伦特与利奥塔这种观点,因为他们重新恢复了对康德的兴趣。④ 事实上赫勒对阿伦特、福柯、利奥塔关于美学与伦理政治的关系的思考是非常清楚的。她在《道德哲学》中说,福柯在《性史》中关于古希腊和罗马伦理学谱系学中,论证了人格的审美与伦理维度的恰当的平衡,阿伦特在关于康德的演讲中把趣味判断视为美学与政治伦理学的链接点和核心,利奥塔把审

---

① Karl Marx, *Grundrisse*, Martin Nicolous trans. , Harmondsworth:Penguin, 1973, p. 712.

② Agnes Heller, *Hannah Arent on the "Vita Contemplativa"*, In *The Grandeur and Twilight of Radical Universalism*, New Brunswick, NJ:Transaction, 1990, p.430.

③ Agnes Heller, *Hannah Arent on the "Vita Contemplativa"*, In *The Grandeur and Twilight of Radical Universalism*, New Brunswick, NJ:Transaction, 1990, p.432.

④ Martin Jay, *Women in Dark Times*:*Agnes Heller and Hannah Arendt*, In *The Social Philosophy of Agnes Heller*,Burnheim, John, eds. , Amsterdam:Rodopi, 1994,p.53.

美崇高范畴重新引入到政治道德性的讨论,"阿伦特和利奥塔(不像福柯)都主要依靠康德,特别是依靠《判断力批判》。这种观点值得仔细地考察,因为审美和伦理维度的同一以及它们严格的、完全的分化,在日常行为者、哲学家等人中都唤起了不愉快的情感"①。这意味着,审美与伦理的相对自律。赫勒在谈到20世纪60年代非苏联电影尤其是法国新浪潮电影和意大利的新现实主义电影对布达佩斯学派的影响时也表达了这一观念,她说费力尼(Fellini)作品揭示了法西斯主义的审美和政治层面,有着鲜明的政治意识形态性,但是作品本身"又是诗性的"②。

与自由价值相反的是极权主义文化政治学。这种文化政治学是现代发明的一种政治形式。赫勒把它视为现代性两种想象制度即解释想象与历史想象的极端发展的结果:"在现代性的所有政治形式中,正是极权主义显示了双重束缚最极端的形式。它的产生、发挥作用、意识形态极端地显示出技术想象。然而,历史的神秘化、启蒙'真实'和理性的抛弃、历史想象和幻想的绝对化,以一种极度反思的方式,在这儿也是最极端的。"③也就是说,在极权主义政治中,两种想象机制都走到了极端,走到了现代性钟摆的极端。两者都走向极端,事实上遵循了同一模式,彼此就失去了制约力,这无疑会导致危险。赫勒认为:"无论什么时候两种束缚一致地行动并以同一方向接近时,极权主义的危险就突现了。"④按照瓦伊达所说:"经济、政治与意识形态的统一产生了体制的极权主义特征。甚至当这个体制相对好地发挥作用,没有直接的政治恐怖出现的时候,它仍然是极权主义的,因为日常生活都具有了政治意义。"⑤这种政治形式不仅仅通过暴力手段进行压制、摧残肉体、进行种族大屠杀或者如奥威尔所说塑造"思想犯",而且采用了意识形态的文化、美学手段。因此,极权主义形成了一整套完备的政治美学体系。极权主义作为一种政治形式,它是市民社会的颠覆,是行政、

① Agnes Heller, *A Philosophy of Morals*, Oxford, Boston: Basil Blackwell, 1990, p. 240.

② János Kőbányai, *Ágnes Heller: Het Levensverhaal Van de Hongaars-joodse Filosofer*, Amsterdam: Boom, 2002, p. 265.

③ Agnes Heller, *A Theory of Modernity*, London: Blackwell Publishers, 1999, p. 106.

④ Agnes Heller, *A Theory of Modernity*, London: Blackwell Publishers, 1999, p. 107.

⑤ Mihaly Vajda, *The State and Socialism*, London: Allision & Busby, 1981, p. 137.

司法、立法的一体化。因此不可能出现异端与多元主义认识。这种政治意识形态渗透了社会生活的各个领域，也影响到整个文化。这种意识形态不接受批判，也不竭力说服，而是要求任何人都必须接受它。这形成了一种独特的阐释学："意义不与文本有关，而是与被统治的解释有关。它强迫地规定，这种解释一直是真实的，并且这是唯一真实的解释。因而对文本解释的平等权被禁止。"①因为统治不提供真实的、正确的解释，人们仅仅能够对原本的要旨进行猜测，人们不可能知道它。人们对这种唯一正确的解释不能反思，只有被迫相信它。艺术按照统治者对唯一真实的马克思－列宁主义的立场进行裁决，这固定了解释的范围。"如果在美术、音乐或者语言学领域没有党的决议，那么松散的思绪就会导致建立在与总体化相矛盾的异质的价值偏爱基础上的解释。"②

　　赫勒考察了极权主义对苏联文化艺术的影响。在 20 世纪初，俄国的艺术与社会科学对世界文化的影响是众所周知的，尽管艺术家与科学家的政治许诺，事实上它是激进的艺术与社会科学，这种激进的文化部分在苏联政权的第一个十年继续发展，因为至少左派的激进主义者能够进一步推动创造性活动。他们获得传播其产品与文化观念的工具。不过，社会的总体化终结了这些成果与努力。从 20 世纪 20 年代到 20 世纪 30 年代，苏联文化持续地被转变为沙漠。西方艺术家与社会科学家看到对一首诗歌、一部小说、一幅画、一部关于社会性、哲学的著作的大众化兴趣，经常感到震惊，也许感到羡慕。无疑，实质性的创造性文化对东欧社会产生了巨大的影响，纯粹因为它通过其存在来表达抗议。文化接受的热潮仅仅部分是由于艺术的、科学的质性，主要是以不同的方式对思想、写作或者绘画进行挑战。羡慕大众化的东欧社会的知识分子是没有道理的，一种热潮的接受引来了统治的惩罚性的约束力。虽然艺术、科学产品中的价值意义对接受者是比较重要的，但是创造者不知道这些产品是否是真有价值的。文化产品对政治的影响是以支离破碎的形式进行的，因为"文化产品不能触发政治行动，

---

① Agnes Heller, Ferenc Feher and György Markus, *Dictatorship over Needs*, Oxford: Basil Blackwell, 1983, p.188.

② Agnes Heller, Ferenc Feher and György Markus, *Dictatorship over Needs*, Oxford: Basil Blackwell, 1983, p.194.

至少比西方世界更不少见"①。文化的功能就像维克多尔环境中的裸体画的功能,它暗示了我们思考的与欲求的事物,但是它不行动,或者仅仅以秘密的方式行动,从来不公开地行动。赫勒说:"在苏联,知识分子没有任何政治权力。总之,在一个政治社会,尤其在一个极权主义社会,一切是政治学。"②这样,政治文化与非政治文化的区别是不可能的,文化产品表达一种政治拥护或者反对。可以看出,赫勒对东欧极权主义与文化的单一性、总体化特征进行了批判,从中也可以看出她对一切政治化的批判,主张韦伯的领域分工,各个领域的相对自律。这是她批判极权主义政治与审美文化的基点,同时这也透视了赫勒的审美文化多元主义的观念。费赫尔还对纳粹法西斯主义与美学的关系进行了分析。他认为纳粹法西斯主义是一种野蛮主义的文化,它的整个象征体系通过集中营的恐怖的场景与威胁性的大众聚会的舞蹈来变得光亮:"正是一种审美恋尸狂的野蛮主义出现于此。"③极权主义美学按照本雅明所言就是"政治的美学化",就是对审美自律的抹杀,因为它把政治渗透在一切文化与生活领域,一切的政治化意味着审美按照一个模式展开,意味着美学的枯竭与死亡。

布达佩斯学派对审美自律的反思有着深厚的文化政治学根基,既是对极权主义美学的批判,又是对极端的自律美学的批判,而在现代性的价值范畴中寻求审美的相对自律,这种自律蕴涵着美学与政治多元主义的深层关系。事实上,对自律的反思是对新型社会主义形态的思考,赫勒和费赫尔都比较认同卡斯托里亚迪斯(Castoriadis)的自我创作的自律社会主义理论,自律社会也是民主的社会,体现了"民主的想象制度"④。自律社会也是自我管理的社会,自我管理即是自我创造,"它是社会主义意指的想象制度,也就是自律社会的想象制度"⑤。

① Agnes Heller, Ferenc Feher and György Markus, *Dictatorship over Needs*, Oxford: Basil Blackwell, 1983, p. 201.

② Agnes Heller, Ferenc Feher and György Markus, *Dictatorship over Needs*, Oxford: Basil Blackwell, 1983, p. 203.

③ Agnes Heller, Ferenc Feher, *Eastern Left-Western Left*, Cambridge, New York: Polity Press, 1987, p. 262.

④ Agnes Heller, With Castoriadis to Aristotle, In *The Grandeur and Twilight of Radical Universalism*, New Brunswick, NJ: Transaction, 1990, p. 499.

⑤ Ferenc Feher, Catoriadis and the Redefinition of Socialism, In *The Grandeur and Twilight of Radical Universalism*, New Brunswick, NJ: Transaction, 1990, p. 508.

第三章 多元主义美学建构

　　布达佩斯学派对宏大叙事的历史哲学的美学范式的批判使其不断地走向多元主义美学,从经典马克思主义美学过渡到后马克思主义美学,这是他们后现代转向的美学特征。可以说,多元主义渗透到布达佩斯学派的社会学、政治学、哲学、美学等广泛的领域中,其多元主义美学也只有在这些领域中才能被深刻的理解。这种美学来自他们对历史哲学的批判与重建,后现代历史哲学的重构形成了多元主义美学的哲学基础。由于布达佩斯学派抛弃了救赎的希望哲学或者未来哲学,而关注于绝对的现在,这种现代性或者后现代意识就必然走向多元主义。

第一节　多元主义的历程

　　布达佩斯学派多元主义的追求与自 20 世纪 50 年代开始的匈牙利的马克思主义修正主义紧紧相关。晚年卢卡奇引导下的对不同意见的马克思主义的追求打破了官方马克思主义的教义,打破了对马克思主义的一元化阐释,提倡"研究的自由"和"马克思主义的多元主义",以达到无产阶级的民主。① 在匈牙利哲学中,这些修正主义者是"事实上的多元主义的第一代"②。1973 年匈牙利中央总书记艾克塞尔(Gyorgy Aczel)对布达佩斯学派进行处理时也认为

---

　　① Kevin Devlin, Italian Communists and the Hungarian Experience, In *RAD Background Report*/52,1979 – 3 – 2.

　　② 请参见 Hungarian Philosophy, In *The Oxford Companion to Philosophy*, Edited by Ted Honderich, Oxford, New York: Oxford University Press, 1995, p.382。

此学派成员赫格居什、瓦伊达等是"马克思主义多元主义理论的追随者"①。1980年阿拉托和瓦伊达撰文指出,从1956年的匈牙利革命开始到1980年,匈牙利异端者已经完成了向新马克思主义或者后马克思主义转变,主张马克思主义的多元性,这些是东欧真正的理论革命家,提出了对市民社会的重构,重构"需要、法律、多元性和公共领域的体系"②。布达佩斯学派没有否定现代性的价值与意义,而是从现代性的潜力中发掘多元主义,进而发展到后现代主义的多元主义观念。1986年赫勒与费赫尔总结1968年之后的东欧左派时,指出布达佩斯学派主要观点就是奠定新的现代性理论,这种理论主张市民社会从压制性状态中解放出来,倡导"多元主义标准的重构"③。

墨菲在阐释赫勒的思想时指出:"对多元主义的拒绝是宏大叙事写作的核心。宏大叙事试图从现代性几个乌托邦逻辑的某个独特立场来'解读'现代性。"④赫勒在莱布尼茨单子论与尼采的哲学基础上明确地提出了"视角主义"(Perspectivism)的主张,她说:"我的视角主义最伟大的英雄是莱布尼茨,因为他认为每个人从其自己的视角看世界,每一个是非常不同的并且显示给我们不同的视角。当然,莱布尼茨原意补充说,存在一种绝对的、不被创造的单子,它从所有视角看世界,那就是上帝。我强调,不存在统一所有视角的总体性,因为没有哪种思维能够包括这个总体性。"⑤这种视角主义在赫勒那里可以追溯到文艺复兴时期的哲学家(库萨的)尼古拉斯(Nicholas of Cusa)的"滚动摩擦"理论,该理论提出,一个球的运动会不断减慢,尔后停止;而一个十足的圆球因为没有摩擦力

① William F. Robinson, Hegedus, Two Other Scholars Expelled from Hungarian Communist Party, In *Radio Free Europe Research*, 1973 - 6 - 25.

② Andrew Arato and Mihály Vajda, The Limits of the Leninist Opposition: Reply to David Bathrick, In *New German Critique*, No. 19, 1980, pp. 167 - 175.

③ Ferenc Feher and Agnes Heller, *Eastern Left-Western Left*, Cambridge, New York: Polity Press, 1987, p. 39.

④ Peter Murphy, *Pluralism and Politics*, In *The Social Philosophy of Agnes Heller*, John Burnheim, eds., Amsterdam: Rodopi, 1994, pp. 193 - 194.

⑤ John Rundell, The Postmodern Ethical Condition A Conversation with Agnes Heller, In *Critical Horizons*, 1:1(2000), pp. 136 - 145. 赫勒在2002年的演讲中也强调了后现代视角主义与莱布尼茨的关系。参见 Heller Ágnes, Mi a Posztmodern-húsz év Után, http://www.debrecen.com/alfoldszerkesztoseg/2003/200302/heller.htm。

其运动是圆的，没有阻力，也不会停止。但是没有人是十足圆的，因而会遭受摩擦和损耗。"每一个人就如一个球被抛到地球表面，每个球（人）是不同的，其原初的动力亦是不同的——它们不会同时停止。"①这种视角主义实质上就是多元主义，赫勒在接受采访时说："在人们核心的冲突里，真理、恰当的观念就是多元主义。"②在赫勒看来，文化与科学、自由不同，它作为一个普遍世界始终具有多元的内涵。人们讨论科学或者自由，但不能讨论"西方的科学或者自由"，但是可以讨论"西方文化"，因为除了西方文化还有许多其他文化，尽管这些文化存在着优劣与差异。③ 普莱尔（Ángel Prior）在研究赫勒的专著《现代性的价值》中探讨了赫勒思想的多元主义，尤其阐释了"多元主义哲学"④。

马尔库什早在 1968 年发表的论文《马克思主义哲学的论争和倾向》中表达了"对马克思主义内部的多元主义的呼吁"⑤，他在1975 年至 1979 年写作的论文集《语言与生产》中，对 20 世纪的语言范式和生产范式进行了批判，他在英文版序言中认为"两种范式都是对普遍主义的呼吁"⑥，他提出要"把理论与实践视角的多元性视为我们文化的特征"⑦。他确立了具有主体性和客观性特征、具有历史连续性和断裂性特征的选择性原则，理论－概念的框架的选择内在地取决于"集体的意志"，取决于未来发展的、被选择的、被确定的视角。"在每一个既定的瞬间，存在着几种不同的理论来合理地论证这些实践的与理论的要求：没有逻辑学或者形而上学

① Agnes Heller, *Friction of Bodies, Friction of Minds*, In *Hermeneutics and Science*, Márta Fehér, Olga Kiss, Laszlo Ropolyi, eds. , Springer, 1999, p. 93.

② Heller Ágnes, Biciklizö Majom, Köbányai János Interjúregénye, http://www. elender. hu/kortars/9801/HELLER. html.

③ Agnes Heller, *Existentialism, Alienation, and Postmodernism: Cultural Movements as Vehicles of Change in the Patterns of Everyday Life*, In *The Postmodern Reader*, Joseph P. Natoli and Linda Hutcheon, eds. , Albany: State University of New York Press, 1993, p.497.

④ Ángel Prior, *Axiologia de la Modernidad: Ensayos Sobre Ágnes Heller*, Universitat de Valencia, 2002, p.125.

⑤ Peter Moravets , Criticism and Dissent in Hungary, In *Radio Free Europe Research*, 1978 - 8 - 23.

⑥ György Markus, *Language and Production: A Critique of the Paradigms*, Dordrecht: D. Reidel Publishing Company, 1986, p. xiii. 此书最初以法文在 1982 年出版。

⑦ György Markus, *Language and Production: A Critique of the Paradigms*, Dordrecht: D. Reidel Publishing Company, 1986, p. xiv.

的理由来保证,涉及目前社会的激进转型的社会力量具有共同的需要或者甚至代表了可以调和的选择。激进－批判理论的多元性也许是一种规范的意识形态生活的事实,正如基本上表达社会现实的不同(批判的或者保守的)态度的社会理论的多元性一样,但是都满足在既定时期'科学上'历史上有效的基本规范,即使按照不同的方式解释和整合它们。"①历史的发展包括了连续性,体现了对过去的挪用,但是挪用包括历史的断裂,它意味着一种选择的过程,不能被描述为纯粹的维护,它根据现在的需要掌握过去继承过去,因而历史的断裂在选择中包括变化,根据这种选择,当代人挪用与再生产过去的物质与文化"产品"。科恩(Robert S. Cohen)与沃特夫斯基(Marx Wartofsky)认为,马尔库什承认"激进需要的多元性"②。这就批判了经典的批判理论的宏大叙事特征,认为晚年卢卡奇、本雅明、阿多诺、马尔库塞等西方马克思主义都体现出对经验主体的决定主义和集体主体的目的论特征,尽管他们用文化对象化与价值体现的"人类"取代"无产阶级革命主体",但是不能超越二元主义特征,从而导致了经典批判理论的危机。马尔库什通过对马克思著作的重新阐释建构了具有多元主义特征的批判理论。他说:"如果人们认真考虑马克思的设想:向个体丰富性的奋斗表现了目前工业社会的一种激进需要,那么激进主体的多元性应该为批判理论不仅呈现为一种经验的可能性(这对任何解放方案来说构成了许多困难),而且成为一种被确定了的设想。价值的多元性是不可能在一种固定的等级中排列的,而是提供了不同生活形式之间的选择,如果这种多元性本身被视为一种价值,那么人类的统一就不再能够在一个主体道德范畴下(今天体现在单一的激进转型的机制中)或者在达成一种共识的观念下(这是一种单一理论也许是抽象地预先构建的)思考。相反,这种统一应该被理解为不断对话的持续过程,这种对话建立在不同文化与不同生活形式之间的实践团结与创造性宽容的基础之上。表达了这种视角的

---

① György Markus, *Language and Production*: *A Critique of the Paradigms*, Dordrecht: D. Reidel Publishing Company, 1986, p. 106.

② Robert S. Cohen and Marx Wartofsky, Editorial Preface, In *Language and Production*: *A Critique of the Paradigms*, György Markus, Dordrecht: D. Reidel Publishing Company, 1986, p. ix.

批判理论不能够把自己置身于解放的理论;对它而言,激进理论的多元性不是可以忏悔的一定要加以征服的经验事实,而是解放的前提(成为多样的'解放的利益'的表达)——如果不同立场之间的调解的对话能够发生的话。"[1]

瓦伊达同样表达这种多元性思想,尤其从自由民主的政治立场进行论证。不同的文化群体具有不同的文化与需要,也具有自己的利益需求。人类不仅是精神的存在者,也是客观物质的创造者。如果没有学校、出版社等确定的客观物质条件,就不可能维持一个民族的文化。既然客观物质条件是必须受到限制的,那么某些需要的满足就要阻碍其他需要的满足。利益正是对需要的宣言,因而某些利益就会侵入其他利益。但是瓦伊达认为这不意味着,有些利益结构就应该从人类世界中被消除,对一个封闭的社会来说,一个群体具有什么需要就存在着固定的答案,就会以某种名义消除其他人的需要。但是在一个自由民主的社会里,每一个特殊群体都能够自由地表达他们的需要,宣称它们的利益。不同的需要与利益存在着差异,但是这不是需要被消除的差异,这种消除对瓦伊达来说是从来不可能实现的乌托邦,这也不是要被消除的权力结构,为了某些人的利益而反对另一些人的利益。在此基础上,瓦伊达提出自己的文化政治学的理想形态:"人们不得不创造一种权力结构,这种权力结构为所有的社会群体——当然其中包括那些少数人——提供需要的表达,并且通过可能的手段在他们中达成公正的协商。这种权力结构的存在——一种不断变得越来越民主的民主结构——必然要求大多数个体学会表达他们自己的利益,并且考虑他者的利益。……每一个个体与特殊的社会群体应该有着平等的机会表达他们的需要。"[2]他主张:"如果没有权力的多元性,社会必然被分割成两个部分。站在一边的是领导者,是政治权力的把持者(和他们一起的还有经济权力的把持者);站在另一边的是臣民,是履行命令的那些人。"[3]这种社会就是极权主

① György Markus, *Language and Production: A Critique of the Paradigms*, Dordrecht: D. Reidel Publishing Company, 1986, pp. 120 – 121.

② Mihaly Vajda, *The State and Socialism*, London: Allision & Busby, 1981, pp. 13 – 14.

③ Mihaly Vajda, *The State and Socialism*, London: Allision & Busby, 1981, p. 77.

义社会,而社会主义社会就应该是认可差异性,调节不同需要,使之保持动态平衡的多元主义社会:"政治多元主义必定出现在一个理性的社会主义之中,因为生产的动力不断地重新创造新的社会差异和社会张力,如果允许他们来表达自己,社会就能够平衡这些差异与张力。"①瓦伊达的自由民主的权力结构实质上表明了文化需要的多元主义观点。

布达佩斯学派的多元主义构想实质上是提出一种更合理的社会主义文化政治形态。本章主要从赫勒的阐释美学、交往美学、审美现象的后现代阐释等方面来探讨布达佩斯学派的多元主义美学建构。

第二节　阐释学与多元主义美学建构

阐释学是 20 世纪重要的哲学、美学,它已渗透到各个学科之中。布达佩斯学派的阐释学是建构现在与过去、未来的时间关系的学科,提出了诸多具有特色的阐释学理论,如拉德洛蒂的赝品阐释学,赫勒提出的"存在主义阐释学"、"激进阐释学"、"实践阐释学"、"伦理学阐释学"、"社会科学阐释学"等命题,体现出匈牙利当代哲学的阐释学转向。他们的阐释学蕴涵着多元主义思想。赫勒认为:"我们生活在阐释学的魔力之下:阐释学与主体间性的意识彼此多元决定。"②赫勒从多层面切入到阐释学,其中涉及哲学、历史学、社会学、美学、伦理学等维度,其阐释学视角成为考察现代、后现代文化现象的重要侧面。阐释学从古有之,阐释学的现代特征最根本的问题与标准问题相关,即涉及真理的问题。因此要深入理解赫勒的阐释学思想,我们首先应该把握她的真理观。阐释真理的多元主义必然导向阐释美学的多元主义。

一、真理多元主义与艺术真理

在后现代,真理概念面临着严重挑战,以往包揽一切的真理观、一致性真理观受到普遍的质疑。处于后现代学术语境的赫勒

① Mihaly Vajda, *The State and Socialism*, London: Allision & Busby, 1981, p. 101.

② Agnes Heller, *Can Modernity Survive?* Cambridge, Berkeley, Los Angeles: Polity Press and University of California Press, 1990, p. 6.

不能无视这些哲学的热潮,她借助利奥塔 1982 年的去总体化宣言,提出了真理概念的去总体化设想:"后现代视角也使真实知识的科学概念多元化,因为它使之去总体化,并在谱系学上处置它,让我沿着这个方向提及三个本质阶段。第一是库恩所阐述的范式理论,这已经把视角变化引进到科学理论和真理的理解之中。第二是福柯的话题,'真理如何被生产'的谱系学问题取代了'真理是什么'的传统问题。第三是德里达所实践的解构,他让文本阐述一个真理然后又消除这个真理。"①真理概念的去总体化走向多元主义的真理观。

真理的问题是历史的,每个真理出现于历史中。但是,真理本身联系着非时间性、永恒性,也就是真理不应该经受变化。这个问题涉及真理的概念,真理的概念在苏格拉底－柏拉图与黑格尔的意义上是辩证的,它来自否定。所有纯粹的"意见",被置于反思批判的考察中,不是这个而是那个是真的,不是这个而是那个是美的,不是这个而是那个是正确的。被认可的、解密的、说明是最终绝对的真实与正确的才称为真理。为了揭示真理,不得不清理真理的本质问题。而对真理的追问又是一个启蒙的问题:"无论什么时候,无论在哪儿,关于真理的问题被提出,文化就历经了启蒙的阶段。"②真理的问题通过"使世界理智化"让这个世界永远充满问题。哲学真理主要体现于永恒性、绝对性、全面性、同一性等范畴,这是前现代的特征。真理的迷惑或者问题却是一个典型的现代问题,正是从这些迷惑的孕育中,新的真理图像诞生了。真理的迷惑是关于永恒真理的历史出现的问题。这为克尔恺郭尔所表述,他认为永恒真理的历史出现是一件不能理性地加以理解的荒谬之事。维特根斯坦以不同的方式思考真理的方式,给 20 世纪的人们提供了一幅新的图像。这样,随着对真理的质疑,真理概念本身被历史化了,现在宣称历史上出现的真理具有"永恒的"特征的主张

---

① 阿格妮丝·赫勒:《对后现代艺术的反思》,傅其林编译,载《四川大学学报》2007 年第 5 期。此文系根据赫勒 2007 年 6 月 29 日、7 月 1 日分别在复旦大学、四川大学演讲《什么是后现代——25 年之后》编译的,其中部分内容已在 2002 年的匈牙利语演讲中形成。参见 Heller Ágnes, Mi a Posztmodern-húsz év Után, http://www.debrecen. com/alfoldszerkesztoseg/2003/200302/heller. htm。

② Agnes Heller, *A Philosophy of History in Fragments*, Oxford and Cambridge, MA: Blackwell, 1993, p. 115.

已经是荒诞的。现代真理的迷惑导致了真理的多元化，不仅仅是内容，而且是概念的多元化。

赫勒对真理问题的思考揭示了现代真理的多样性，这也是她描述的后现代的真理观念。她认为，后现代男男女女以及其中的后现代哲学家不追求一种强制性的真理。他们拒绝强迫权力的真理比没有强迫权力的真理优越，他们也不宣称普遍性的传统主张。传统主张就像把一种正确的数学的解法强迫给每个人，这忽视其他解法，否定了其他解法的合法性。在后现代看来，现代科学的准确律、充足律的主张是有问题的，甚至不合人意。"在科学（或者其他）理论中，没有关于真理标准的'最终的'理论。"①因此后现代人不相信"世界图像"的观念，不相信一种绝对的没有争论的理论。虽然还有一些理论家在着力宣称一种普遍的理论，赫勒自己对之没有兴趣。她提出了自己的真理观："为了读者的缘故，我提出我自己的（适应的）说法：真实的知识是'了解什么'与'了解如何'的类型，它在世界定向中起着最可靠的拐杖的作用，并且引导这个世界的公民试图扩大他们行为与思维的范围，最大程度地减少堕入骚乱的冒险。但是，那个拐杖的可靠性的标准是如此不同，取决于真实知识的领域、种类或者类型，以至于普遍化的主张几乎不能隐藏它自己的空洞。"②

赫勒的真理观对克尔恺郭尔、黑格尔的真理观进行了整合，克尔恺郭尔认为，真理不是客观的，而是主观的。传统真理强调客观性，赋予客观性比主观的更高的尊严，而"主观的"意味着纯粹是个人的、偶然的。康德虽然敌视主体性，就认识与道德而言完全颠倒了这种主体性，从这种意义上，他是传统的，但是在他反思美时，却不是这样，即体现出主体性。这就是最近对康德的第三个批判的兴趣的高涨的主要原因。在赫勒看来，康德的关于审美的批判体现出来的主体性与克尔恺郭尔的主观的真理、后现代意识有着联系。赫勒认为，对康德来说，趣味判断的特征是一个无目的的主观的目的性，是概念知识的缺失，但是包含了必然性与普遍性这两种

① Agnes Heller, *A Philosophy of History in Fragments*, Oxford and Cambridge, MA: Blackwell, 1993, p. 126.

② Agnes Heller, *A Philosophy of History in Fragments*, Oxford and Cambridge, MA: Blackwell, 1993, p. 127.

宏大叙事批判与多元美学建构

真理的成分。赫勒注意到克尔恺郭尔对黑格尔的名言"真的是整体的"的辩驳，克尔恺郭尔认为，黑格尔是最后一个形而上学者。赫勒认为，在某种意义上，黑格尔的确是形而上学者，但是在另一种意义上说，他是新浪潮的带来者。赫勒没有将黑格尔的真理概念置于她关于真理问题的讨论框架，她说："我想回避哲学史的所有具体问题。我已经把这些辉煌的精神仅仅设想为灵感的源泉。因为在一种后现代的真理图像中，两个看似完全矛盾的断言'真的是整体的'与'真理是主观的'能够被调和。"①

赫勒解释了克尔恺郭尔真理是主观的内涵。克尔恺郭尔《非此即彼》的最后一句说："只有熏陶的真理才是为你的真理。"②这意味着存在几种不同的真理，只有其中的一些对一个个体是真理，对这个人是真理的对另一个人却不一定是真理。并且对同一个人来说，在此时是真理的在彼时却不一定是真理。显然真理是历史的、流动的，在《结束不科学的后记》中，克尔恺郭尔更加明确地说，一种客观的不确定性快速地立足于最有激情的内在性的一种挪用过程中，这种不确定性是真理，是一个现存个体能够获得的最高的真理。因此真理是主观的这种断言在认识论上是开放的，或者说真理是多元的，这也意味着只要传统的一致性真理理论熏陶了你，它对你就是真理。所以克尔恺郭尔的真理观并不排除传统的真理认识。

事实上，赫勒主张的真理多元主义与莱辛的真理认识相关，后者不信奉工具性真理，而是主张"带有复数的真理，他用这些真理对抗基础主义"③。不过，真理是主观的断言不涉及真理是绝对的或者相对的认识，这不同于后现代主义者宣称的相对主义真理观。因为这个真理对我是真理，对我具有绝对性。赫勒主张，事实上，她与她的许多当代人一起，拒绝康德前的认识论与本体论的观点，而依赖克尔恺郭尔的真理观，她说："被修正的克尔恺郭尔的真理

①　Agnes Heller, *A Philosophy of History in Fragments*, Oxford and Cambridge, MA: Blackwell, 1993, p. 130.

②　Soren Kierkegaard, *Either/Or.* II. Eds. and trans., Howard V. Hong and Edna Hong., Princeton: Princeton University press, 1987, p. 354.

③　Agnes Heller, Enlightenment against Fundamentalism: The Example of Lessing, In *New German Critique*, no. 23 (Spring-Summer) 1981, pp. 13 – 26.

观念在后认识论的认识理论的框架中完全说得通。"①因此只有适合后现代历史意识的现代传统理论才被赫勒看重,其对康德、黑格尔、韦伯、马克思等哲学家的认识同样表明了这种倾向。

赫勒通过对真理问题的清理,认识到现代真理的多元性,尤其是后现代真理的多元性、主观性、动态性等特征,"不仅真理的内容,而且真理的标准在不同领域是不同的,况且内容与标准也是变化的"②。正在变化的不仅仅是真理的决定物,还有达到真理的程序以及真理接受的标准。海德格尔虽然试图尝试调和真理的普遍性与历史性,但也坦然承认他的包罗万象的真理观念不等于真理,而认识到"真理的开放"。赫勒认为:"'真理的开放'是海德格尔美丽的、显示内心活动的表达。"③但是真理的问题不需要得出真理问题的抛弃的结果,真理是主观的断言不是真理的定义,这意味着真理的多元性与真理概念的多元性,这是一种真理的观念,它否定普遍主张的有效性,但是,"真理的观念不否定真理观念的可能性或者重要性"④。因此赫勒认为:"真理的观念嘱咐我们相互确认彼此的真理。它是对他者认可的最高的形式。"⑤同时,真理是主观的断言不意味着真理是关于主体的真理,赫勒试图解决现代真理的困惑,提出了真理的历史性与永恒性统一的问题,她说:"真理是主观的这种观念是历史的;它是涉及现在的历史真理。但是它不确定如何单一真理的内容。真理是主观的这个观念本质上是历史的,但是熏陶我们并且成为'为我们的真理'的真理不必然应该被理解为历史的。真理的这种观念允许我们相信永恒的真理。"⑥

真理的多元化意味着不同领域存在不同的真理,其中艺术真

① Agnes Heller, *A Philosophy of History in Fragments*, Oxford and Cambridge, MA: Blackwell, 1993, p. 130.

② Agnes Heller, *A Philosophy of History in Fragments*, Oxford and Cambridge, MA: Blackwell, 1993, p. 132.

③ Agnes Heller, *A Philosophy of History in Fragments*, Oxford and Cambridge, MA: Blackwell, 1993, p. 257.

④ Agnes Heller, *A Philosophy of History in Fragments*, Oxford and Cambridge, MA: Blackwell, 1993, p. 132.

⑤ Agnes Heller, *A Philosophy of History in Fragments*, Oxford and Cambridge, MA: Blackwell, 1993, p. 133.

⑥ Agnes Heller, *A Philosophy of History in Fragments*, Oxford and Cambridge, MA: Blackwell, 1993, p. 133.

理作为一种独特性真理概念被提了出来。赫勒指出,康德事实上建立了不同于认识与道德的审美的真理,也就是艺术的真理,但是这种真理建立在主观的趣味基础上的,通过主观趣味暗示普遍的真理。古希腊人也具有不同的真理领域。威尼(Paul Veyne)认为,古希腊人控制了两种现实:神秘的与日常的,他们与之共存。赫勒对威尼的认识进行了补充,普遍的人群至少生活在两个现实中,有时超过两个。踏进一个现实时,人们"相信"一系列的事物、故事等,踏入另一个现实,他就相信另一系列的,在一个现实中被接受为真实的在另一个现实中反而体现为虚假的,反之亦然。赫勒认为:"从一个现实转移到另一个现实,不仅真理的'内容'变化了;真理的标准,挑战一个陈述、一个故事或者一个理论的真理方式也变化了,这些方式在类型上也极为不同。"①

哲学对各种不同的真理与虚假进行区别,如神话的真理与虚假、荷马史诗的真理与虚假、悲剧的真理与虚假,提供意义的各种真理也被分为不同的等级。在过去 2 500 多年中,真理不断地被重新分等级。但是赫勒认识到,在后现代,排列真理的提供意义领域的等级第一次受到怀疑。在现代性中,几个提供意义的领域被提高到超越日常现实的范围。沿着不同领域的真理的分工导致了"真理生产"的不断提高的职业化。突出的文化很快被区分为"高雅文化"与"低级文化",提供真理只被投射到高雅文化中。在 19世纪与 20 世纪的著名思想家的等级中,真理被落得臭名昭著。真理的一致性理论已经愈来愈受到质疑。福柯跟随着尼采的传统,把真理视为一种由权力制造的武器。每一种话语生产其自己的真理,这种真理反过来深深地扎根于那种特殊话语的权力位置中。但是赫勒认为福柯这种认识对某些真理的描述是正确的,但是对所有真理的描述,他的认识是不恰当的。她说:"当我认为现实的多样性是真理的多元性的前提时,我也接受这种观点,即现实领域的日益多样化导致真理的日益的多元化,并且真理与权力是联系的。但是我同时不赞同最简单化的同一性逻辑,这种理解满足于断言,A 是 A,即真理是真理,或者 A 是 B,即真理是权力,人们也许

① Agnes Heller, *A Philosophy of History in Fragments*, Oxford and Cambridge, MA: Blackwell, 1993, p. 117.

想到一切真理。"①也就是说,赫勒认为福柯的一切真理都是权力的认识同化着传统真理观的同一性逻辑。

　　赫勒涉及海德格尔对真理的营救,她认为他进行了几次不同然而很有勇气的尝试,试图把真理理解为完全历史的概念,但他没有完全抛弃提供真理本质的一种包罗万象的图像。一致性真理不是被他揭露为虚假,而是理解为西方文化的真理,理解为现代的、形而上学的与技术的"存在的敞开"的表现之一。在赫勒看来,海德格尔与青年卢卡奇一样,融合了激进哲学与文化传统主义。对他们而言,真理体现于伟大的艺术作品之中。艺术的真理是真理,不是因为它与某些现实的一致性,而是因为它的非一致性。就卢卡奇的矛盾而言,艺术作品愈"类似"日常现实,它事实上愈不可能成为这种现实。青年卢卡奇在《艺术哲学》的第三章"艺术作品的历史性与无时间性"中思考了真理问题。② 艺术在海德格尔的表述中,在作品的光芒中,每个普通的现存物成为一种非存在物。赫勒的分析比较切中实际,海德格尔对艺术形象与日常存在物的非一致性关系进行了深入的分析,他对凡·高《农夫的鞋》的著名解读事实上表明了这点。海德格尔认为:"作品自身越是纯粹地进入存在物的敞开之中(自我敞开的敞开性),那么它将越是纯然地将我们移入这种开放性,并在同时移出日常的领域。"③赫勒认为:"卢卡奇与海德格尔都通过使用克尔恺郭尔的跳越的隐喻,使艺术作品的真理的唯一性变得易于感知。一个深渊把作品与作者、接受者与生活分开,也与其他真理的领域分开。"④海德格尔认为真理的创造性保存于艺术作品之中,艺术是真理的生产与发生,真理对他来说是一个跳越、或者虚无的事情,"真理难道是源于无之中? 如果'无'仅仅是'所是'的没有,如果我们此处认为'所是'是以日常形式出现的对象,它因此进入光照和受到那设想为真理存在的作品

　　① Agnes Heller, *A Philosophy of History in Fragments*, Oxford and Cambridge, MA: Blackwell, 1993, p. 120.

　　② Agnes Heller, The Unknown Masterpiece, In *The Grandeur and Twilight of Radical Universalism*, New Brunswick, NJ: Transaction, 1990.

　　③ 海德格尔:《艺术作品的本源》,"海德格尔:《诗·语言·思》"彭富春译,北京:文化艺术出版社1991年版,第63页。

　　④ Agnes Heller, *A Philosophy of History in Fragments*, Oxford and Cambridge, MA: Blackwell, 1993, p. 121.

生存的挑战时,那么这的确如此。真理从来不是现存的和一般对象的聚集"①。也就是说,艺术的真理是日常事物的否定,这样海德格尔确立了获得艺术真理的开端的条件,"真正的开端,作为一跳跃,总是领先,在此之中,到来的万物已经越过,甚至作为一种遮蔽之物"②。所以他认为:"艺术让真理起源。作为发现的守护,艺术是作品中'所是'的真理跃出的源泉。凭借跃出而诞生某物,通过一发现的跃出使某物源于其本性的源泉而进入存在。"③

　　赫勒非常重视艺术领域的真理问题,因为她认为,关于艺术品中的真理的问题被提出来,创造了对抗真理的一致性理论的帝国主义的一个不能征服的壁垒。在过去几十年,库恩与费耶尔阿本德(Feyerabend)把这个运动带到科学哲学的领域,真理一致性理论的核心地带。他们促进了真理类型的多样化的后现代理解,然而关于"艺术中的真理"也促进了就真理领域的后现代思辨。现实主义的再现最好地使卢卡奇与海德格尔认为,艺术作品的真理是世界的世界,就其存在而言,它把日常生活、政治等其他世界看做不真实的、欺骗性的、平庸无味的。海德格尔显示出,使用之物,如农鞋,我们"技术"宇宙的任意毁灭的东西,在艺术作品中被表现为它们不是的东西,呈现为没有毁灭性的一种生活方式的象征。对海德格尔来说,对最终罪孽世界的总体性的拒绝或者最终形而上学的世界的解决是一种有意的启示姿态,但是赫勒认为,这种姿态对我们后现代意识没有吸引力。赫勒对德里达在《绘画的真理》中的艺术真理认识进行了阐发。如果人们思辨"艺术的真理",人们就说着哲学的语言。关于艺术的真理的本质的问题根本上是哲学的,其答案也会是哲学的。哲学对"艺术真理"不得不说的一切不会是在艺术里的真理,后者只能被艺术表现,从来不能被哲学表现,是哲学而不是艺术来思考艺术的真理,艺术不能反思它表现的真理,尽管艺术家能够反思他自己作品的真理。哲学断言"艺术的

---

　　① 海德格尔:《艺术作品的本源》"海德格尔:《诗·语言·思》"彭富春译,北京:文化艺术出版社1991年版,第67页。

　　② 海德格尔:《艺术作品的本源》"海德格尔:《诗·语言·思》"彭富春译,北京:文化艺术出版社1991年版,第71页。

　　③ 海德格尔:《艺术作品的本源》"海德格尔:《诗·语言·思》"彭富春译,北京:文化艺术出版社1991年版,第72页。

真理",它设法理解并阐明那个真理。赫勒对此作了一个比喻。画框不属于它框定的作品。它不在作品中,也不完全在作品之外,关于艺术的真理的哲学思辨就是画框(parerga)。它们在双重意义上框定这个真理:一方面,它们使这个真理突显,它们通过指向它的内在性特质把它从墙壁、从日常生活中分离出来,但是另一方面,它们通过限制、切割,并通过试图以哲学的思辨决定它,框定了这个真理。因此,哲学对艺术真理的思辨既在揭示真理,又在束缚真理。艺术被哲学框定为一个表现真理的领域。赫勒就此区别了艺术哲学与艺术批评的目的,她认为:"告诉我们'艺术的真理'是什么,这是艺术哲学自我约定的任务,而告诉我们是真理或者虚假已经被表现于一个或者另一个具体的艺术作品或者艺术风格,这是艺术批评的自我约定的任务。"①

在由现实的不同领域制造或者分配的许多真理中,"艺术的真理"能够最好地被现代哲学框定,恰恰因为"艺术的真理"不框定艺术本身。重力的理论属于重力的描述、重力的感知,但是绘画的理论不属于绘画。这个画框也能够当做一个篱笆,它已经隔开了真理的一致性对"科学的"概念总体性的支配。一旦"科学的真理"抛弃支配它的资格,并且逐渐退缩,哲学也能够松懈。赫勒这种分析透视了艺术、哲学在现代性中的命运,既显示哲学与科学的区别,又显示了二者在现代性的对抗力量。因为艺术的真理不同于科学的真理,艺术不同于科学。赫勒着重探讨艺术的真理事实上表明了现代性的真理的多元性,那么艺术的真理是什么呢? 在此,普遍主义也已经失去了它锋利的边缘,规范性也是如此。天启的热情已经以宣称高级真理的主张来框定艺术,以便使这种真理与生活的卑劣与腐化相对照,当这种热情已经泄气时,这种被如此侮辱的生活也值得哲学的思辨,艺术的真理也就获得了解放。

赫勒立足于后现代的多元化真理意识考虑后现代的偶然性存在条件,提出艺术真理的多元主义认识。在《绘画的真理》中,德里达评述说:"所有的鞋一直在那儿,在拍卖,因此你能够比较它们,把它们配成双,使它们不成双,以成双打赌或不打赌。圈套是打赌

宏大叙事批判与多元美学建构

———————

① Agnes Heller, *A Philosophy of History in Fragments*, Oxford and Cambridge, MA: Blackwell, 1993, p. 122.

的必然性。不可比较的逻辑……这些鞋始终对他者的无意识保持开放性。"①赫勒认为设想真实是主观的包含打赌的必然性。为我的真理是我的打赌,作为一个偶然的人的打赌,但是打赌的对象能够被认为是非偶然的。这实际上说明了解释的多元性。我的打赌是为我是真理的真理,那些鞋是为打赌的桩标,那些鞋成为根据我的打赌(解释)的鞋。这的确是主客体的同一性。但是我从来不占有这些鞋,"为我的真理"不等于"我的真理"。没有人拥有真理。人们被真理熏陶,但是熏陶的方式能够是不同的。被某物熏陶对一个人来说意味着这个人的存在的整体联系着这个物。因此,一个人的整体的存在能够被偶然的事件影响,整个的存在卷入一场打赌中,也卷入保持与打赌的对象一致中。赫勒认为这事实上涉及生活,"'存在'代表好的或者富有意义的生活"。真理抓住、动摇、启蒙、改变、提升这种存在。赫勒认为:"在这种解释中,真理一直是整体。"②这样,赫勒建立了偶然性与整体的真理认识,整合了克尔恺郭尔与黑格尔的真理认识。赫勒在视角主义的立场上把握阐释学赋予了解释的多元化。她指出,只要一个名称具有象征的维度,那么这个名称就不是导致一种纯粹的文学解读,"所指本身是多方面的,因为它不仅代表了意义的不同深浅,而且代表了在完全不同水平,在不同的话语领域里展开的各种不同的意义"③。

首先,赫勒这种整合偶然性的真理观体现了后现代主义特征,就美学而言,就是重新建构了一种艺术真理观念。她认为艺术真理是一种"启示性真理"。她对"诗性真理"的阐释指出了这点。关于历史的诗性真理不同于事实真理,也不同于历史理论、历史叙述或者对历史叙述的理论阐释。因为后者的旨趣在于从现在的角度挖掘并理解过去,过去能够被改变,人们通过重新阐释或者发现新的事实改变着过去。而历史的虚构只是近似,它们想告诉我们真正发生的故事,但是人们从来不知道事情到底是如何发生的,最重

① Jacques Derrida, *The Truth in Painting*, *Translated by Geoffrey Bennington and Ian McLeod*, Chicago: University of Chicago Press, 1987, p. 381

② Agnes Heller, *A Philosophy of History in Fragments*, Oxford and Cambridge, MA: Blackwell, 1993, p. 134.

③ Agnes Heller, *Friction of Bodies*, *Friction of Minds*, In *Hermeneutics and Science*, Marta Fehir, eds., Kluwer Academic Publishers, 1999, p. 94.

要的是因为事情不是按照一种规定的方式发生的。对不同的人而言,事情以不同的方式发生,因而发生的"现实"不是一种事实而是一种阐释。相同的历史事件具有许多不同的故事,过去一直是开放的。亚里士多德第一个认识到,悲剧由于其普遍性与可能性不同于历史学,而与哲学情同手足。所以悲剧的真理是启示性的(revelatory),这也是艺术真理的特征。赫勒指出,哲学家已经阐释了艺术真理的启示特征。在诸如黑格尔的形式原料说的传统中,内容完全消失在形式之中。人们能够补充说,艺术作品是完美的,不能从中添加或删除任何东西。无论何时我们观看一场戏,它的真理揭示它自己,这种真理与完美恰恰是我们所见所体悟的东西。认识到某种东西被压缩了没有消除这种启示的经验。因为当一部作品与接受者相交流的时候,它始终在那里。所以赫勒认为:"艺术作品的真理是启示性的,因为艺术作品没有'之前'和'之后'。它代表其自己。在现在时间,不能增添或者删除任何东西。"①譬如,在布拉格和维也纳上演的莫扎特的《唐璜·乔万尼》不完全是相同的,但是它们都揭示了真理。如果说历史的真理关注"近似",那么,对历史的阐释工作就改变了历史的虚构,但是就艺术而言,阐释的工作没有改变作品本身,而是改变了对虚构的理解,这样"近似"的观念完全在启示真理的理解与舞台化中缺失了。不存在任何近似的东西,因为作品本身就是真理。人们面临的是这种真理到底是什么这个问题,而不是面临这是否是真理的问题。结果,所有的阐释就阐释真理的"那个"。这就是表明艺术真理具有自指性,虽然莎士比亚的历史剧与历史事件相关,似乎可以说不是自指的,但是就真理而言也是自指的。因为启示真理是自指的。他指性的真理关于事实真理的真实知识或者理论,而"启示性真理不关涉任何外在的东西,它本身是自指的"②。

其次,艺术真理是个体性的、多元的、差异的。所有过去、现在、未来的艺术作品共同构成了艺术世界,然而这个"艺术世界"是由许多不同的世界构成的。艺术真理也是如此,"艺术世界的真理

① Agnes Heller, *The Time is out of Joint: Shakespeare as Philosopher of History*, Maryland: Rowman & Littlefield Publishers, Inc. 2002, p. 368.

② Agnes Heller, *The Time is out of Joint: Shakespeare as Philosopher of History*, Maryland: Rowman & Littlefield Publishers, Inc. 2002, p. 369.

不同于共同的东西,肯定不是'事实上是真实的东西'。因为每一部艺术作品对渴求意义的接受者传达自己的真理,这些接受者知道这个真理是什么——这是为她或他的真理"[1]。每一部作品应该是唯一的、个人的,尽管不是同样有价值。幸福作者的世界不同于不幸作者的世界。把所有单一作品弄在一起不是拼加,也不是黑格尔的通过差异的统一达到和解。赫勒指出:"每部作品的单一世界可以被视为莱布尼茨的单子。这个单子包含了宇宙的总体,然而是从完全唯一的视角包含的。人们不要想到用一个宏大的理性来统一这些视角。统一也有,它在每一个单子之中,如果作品能够融合在一起,统一就在它们所有之中,然而在'你的世界'和'我的世界'之间仍然保持着差异性,每一个世界的独特的个性也保持着,差异性与单一性没有被扬弃。"[2]这就构成艺术的主观世界的马赛克。就各门艺术而言,赫勒也提出,不同的艺术分支具有不同的特征,不能将其统一,她尤其谈到了文学、美术和音乐在接受方面的本质差异性:"我发现普遍地谈论艺术作品是充满问题的。在这方面,不同的艺术在本质上也是不同。"[3]语言是文学的媒介,那么认知活动依然是其接受活动不可避免的方面,我们对作品中人物尤其是主要人物有认同关系。我们与一幅画的关系,不同于我们与传统的叙述样式的关系,美术作品本身引发宗教情感,具有灵韵。音乐完全是非确定性内容的艺术样式,充满情感的模糊性。赫勒对这些艺术真理及特性的认识与其后现代视角主义是紧密相关的,也可以说前者是从后者演化而成的。

赫勒这些艺术思想与布达佩斯其他成员的认识有着类似性。弗多尔(Fodor)通过音乐的独特性研究,确定了艺术的偶然性与个体性。现代音乐是与时代的精神联系在一起的,与时间的偶然性一起存在,音乐作品起源于诞生环境的特殊性,音乐形式是与时间性、偶然性的融合,传统的艺术理论不能够揭示音乐作品创造的时

① Agnes Heller, *A Philosophy of History in Fragments*, Oxford and Cambridge, MA: Blackwell, 1993, p. 242.

② Agnes Heller, *A Philosophy of History in Fragments*, Oxford and Cambridge, MA: Blackwell, 1993, p. 242.

③ Agnes Heller, The Role of Emotions in the Reception of Artworks, 此文系赫勒于2007 年 7 月 2 日在西南民族大学的演讲。

代性与音乐形式的联系。莫扎特的音乐杰作不是他的原材料而是这些材料形成的方式,方式才是历史的,同时也是向再阐释敞开的,并进而具有普遍的有效性,"每次音乐短语的跳动和微妙的细节除了作曲技巧的直接意义外还具有只有在既定的瞬间才有效的意义"①。

正是在现代,尤其是后现代,人们对真理与艺术真理的问题日益敏感,不断提出质疑,这样,关于事物的基本认识就发生了根本的转变,强调认识的历史性、多元性,这就为解释打开了新的视域,使阐释学成为现代一个突出的文化、美学现象。

二、作为误解的艺术阐释学

阐释学是关涉真理问题的。伽达默尔对本体论阐释学的建立也是首先对真理问题的考辨的,正是科学真理与人文学科真理的差异性为阐释学的出现与发展提供了基础。而艺术阐释学又是所有阐释学的基础,伽达默尔从艺术经验入手来分析普遍的阐释学的问题可见一斑。赫勒对艺术阐释学是十分关注的,她在青年卢卡奇美学的研究中提出了作为误解的艺术阐释学思想。

在她 50 余年的学术生涯中,对阐释学逐步加以重视。最初她受卢卡奇美学中的解释思想的影响,在 1965 年评述格特(*Jan Kott*)的著作《莎士比亚我们当代人》(*Shakespeare Our Contempoary*)的论文中涉及艺术的解释问题。不同时代的学者对莎士比亚作品进行了多种批判,形成了众多的研究莎士比亚的专家与著作,这些都是对同一个对象的解释者与解释的文本。赫勒考察的这种著作同样是对莎士比亚的一种解释。而格特的莎士比亚对赫勒来说是我们的当代人,因为"这个批判家在戏剧中面对的是他自己的历史"②。真正伟大的艺术品一直根据每个时代的冲突被看待,"每一个成功的解释或明或暗地证明了这样的事实,即艺术——使用卢

①　András Wilhelm,Élet és Irodalom, (Life and Literature) :The World View of Mozart's Operas, http://www. typotex. hu/english/book/e_0010a. htm.

②　Agnes Heller, Shakespeare and History,In *New Left Review*, No. 32, (July-August, 1965), pp. 16 – 23.

卡奇的词语——是人类的自我意识与记忆"①。因为一个个体记住的是过去最活生生的图像,这些图像对应他目前的性格、动机与行为,因此人类从过去中回想的仅仅是与现在的东西,与其可能选择相接近的事物。赫勒从作品的过去与人类的意识和现在的关系探讨了艺术作品的解释。不同的人对此问题有不同的解释,但是赫勒认为存在解释的限度,既然艺术"是人类的自我意识,超越了任何个体的特殊性,并且既然它是被客观化的自我意识,那么任何个体或者任何批评家对它再现世界的独特幻想场面的解释存在严格的限制。"艺术作品客观地存在着,我们关于它或者它的主人公的观点也许随着时代发生变化,或者甚至在同一时代,所有不同的观点也许是真实的,但是"如果不犯某种错误,就有一种不能被越过的界线"②。在一个伟大艺术家的作品中,主人公的动机非常丰富,不同的解释者能够强调不同的动机,但是赫勒认为存在两件解释者不能做的事,他们不能以非存在的动机代替存在的动机,更重要的是,他们不能使作品中的动机的复杂丰富性贫乏化。正是建立在这种解释理论的基础上,赫勒对格特的著作进行了评论,虽然她质疑格特从当代荒诞派剧作家贝克特与尤奈库斯的视角对莎士比亚著作的怪诞进行解读,质疑莎士比亚的怪诞是对现代怪诞的直接祖先与模式的认识,但仍然承认这是一种当代的莎士比亚。不过从赫勒对格特解释的拒绝中可以感觉到她对解释的有效性的限制是非常严格的。因为他违背了对莎士比亚的伟大、自由、道德性三个价值等级。虽然这仅仅是赫勒的一部书评,但是其中包蕴的阐释学思想涉及解释的多元性、有效性等方面,为她后来的阐释学思想奠定了基础。

在 1966 年关于卢卡奇的《审美特性》的论文中,赫勒评述了卢卡奇从接受角度彰显的解释思想。艺术作品具有不可穷尽性,具有集中的无限性。这是接受的问题,同时是解释的问题,但也存在解释的限制,赫勒认为:"自然,一种非决定的客观性把限制强加于

---

① Agnes Heller, Shakespeare and History, In *New Left Review*, No. 32, (July-August, 1965), pp. 16 – 23.

② Agnes Heller, Shakespeare and History, In *New Left Review*, No. 32, (July-August, 1965), pp. 16 – 23.

移情与解释。"①这种限制在不同的艺术中是不同的,音乐中比悲剧或者绘画中的不确定性更大。1978 年赫勒出版了《激进哲学》②,其中涉及阐释学的问题,而且试图整合伽达默尔与卢卡奇的解释理论。在分析哲学的三种接受即美学家的接受、行家的接受、真正哲学的接受时,赫勒认为,接受与解释相关:"一种哲学的哲学接受建立于解释的基础上。"③后来她认为:"一种哲学的接受本身就是一种解释。"④接受者一直只有通过来自涉及其自己世界的问题与经验才能够理解的哲学。我们知道,甚至惊奇也不把人类的意识转变成一张白纸。正是通过一种特殊的视角,惊奇才从意识的前景中消除"表现"与"偏见"。不过,这种视角在某种意义上由日常生活决定。赫勒在此的阐释学思想与伽达默尔、青年卢卡奇的阐释学思想有关。伽达默尔把解释的核心描述为对"过去与现在生活的思维调和"。根据卢卡奇早期的艺术哲学的激进表述,每一种解释是一种误解。赫勒把卢卡奇的艺术解释理论与哲学解释结合了起来,提出艺术品解释的不可穷尽性,尤其对伟大作品而言,她说:"哲学体系与艺术作品一样是'不可穷尽的'。它们的可能性的解释因而也是无限的。"⑤一种理解一直能够与另一种解释对立,因此每一种解释包含误解的时刻。"每一种理解是一种误解"肯定不意味着每一个误解也是一种理解。因此存在解释的边界问题。而确定这种边界是最为困难的。超过了边界,"一种误解的理解变成了一种理解的误解"。不过,规定一个基本的原则是可能的,这种原则对解释哲学与解释艺术具有同样的有效性,当误解改变了正在被解释的体系的价值等级时,它就不再是理解。任何主张柏拉图说最高的善是享乐的或者认为对马克思来说最高的善是商品关

① Agnes Heller, Lukacs' Aesthetics, In *The New Hungary Quarterly*, Vol. VII, No. 24, (Winter, 1966), pp. 84 - 94.

② 根据托梅对赫勒的谈访,这部著作是赫勒 1972—1973 年间写成的,1978 年以德文的形式出版,请参见 Simon Tormey, *Agnes Heller: Socialism, Autonomy and the Postmodern*, Manchester and New York: Manchester University Press, 2001, p. 99. notes 1。

③ Agnes Heller, *Radical Philosophy*, James Wickham Trans., England: Basil Blackwell, 1984, p. 33.

④ Agnes Heller, *A Theory of History*, London: Routledge and Kegan Paul, 1982, p. 190.

⑤ Agnes Heller, *Radical Philosophy*, James Wickham Trans., England: Basil Blackwell, 1984, p. 33.

系的人，显然缺乏对解释材料的理解。同样，没有人主张在《哈姆雷特》中，罗森克兰茨(Rosencrantz)与吉尔登斯顿(Guildenstern)在道德上是比霍雷肖(Horatio)更加优等的人物。如果一种哲学的基本的价值等级不被当做"所是"那样接受，那么无疑，这种哲学不是正在被解释的哲学。如果陈述归属于从来没有形成这些陈述的哲学家，那么那不是误解，而是无知。因此赫勒虽然强调了解释的无限性，强调每一种解释是一种误解，但是她又对正确的解释或者解释的有效性提供了严格的边界。但是在各种理解的误解中，不存在等级区分的标准。在分析人们对马克思的理解时，赫勒说："像所有其他哲学家一样，马克思能够被不同地理解。同样，在他的哲学的现存的理解的误解中，我们不能设置任何一种严格的边界来分离作为理解的误解与误解的误解。"①排除了纯粹的误解与无知，就只有一种单一的普遍的标准来分离理解的误解与直接的误解。这对每种哲学与每件艺术作品是一样的。如果解释者改变或者颠倒价值等级，那么这个人是在进行一种纯粹的误解。不过既然不同的解释者支持马克思哲学的价值等级，那么"我们不得不把这种哲学的每一种误解的理解视为是一种同样真实的理解"②。可见，通过阐释学理论，赫勒提出了马克思的阐释学，提出了哲学解释的基本限定与在这种限定内各种解释的平等性，这表现出解释的多元主义的认识。并且赫勒还认为，这些不同理解由于都没有颠覆解释对象的价值等级，所以它们具有亲密性，这样不同的解释就建立了一个解释者的共同体，这通过她对马克思的激进需要哲学的解释可以透视出来，她说："在我对马克思哲学的解释中，我公开表露了我与所有表达对自由人群的共同体与对共同体的价值决定需要的激进运动的亲密性。"③

哲学的接受者一直把自己客观化。这种客观化一直建立于对现在与被选择的哲学体系的理解的/误解的调和之上。客观化以

---

① Agnes Heller, *Radical Philosophy*, James Wickham Trans., England: Basil Blackwell, 1984, p. 137.

② Agnes Heller, *Radical Philosophy*, James Wickham Trans., England: Basil Blackwell, 1984, p. 138.

③ Agnes Heller, *Radical Philosophy*, James Wickham Trans., England: Basil Blackwell, 1984, p. 140.

不同的形式产生,通过讨论、通过通信或者通过书面思想的出版物。这种调和也可能有不同的形式,作为运用、作为"填补空白"、作为批判的保护。赫勒在此把伽达默尔与卢卡奇的阐释学思想融合了起来,她论述哲学接受也在论述哲学阐释学,也分析了艺术阐释学,两者具有类似之处。但是赫勒也区别了哲学解释与艺术解释,这主要表现在功能方面。她说:"理解的误解在一种哲学体系的创造中与在艺术的接受中具有相当不同的功能,或者更加仔细地表述,它能够具有不同的功能。就是说,这种理解的误解可能不导致一种误解而是导致一种新的哲学与体系。"①费希特在《启示的批判》中把自己视为康德的解释者,正是这种"误解"不是一个误解而是不同于康德的一个新哲学体系的开端。不过,赫勒没有具体分析这种区别。

赫勒这种误解美学理论来自青年卢卡奇的阐释学理论,或者称为"存在主义阐释学"。她说:"《艺术哲学》是关于普通阐释学的一个经典陈述。更加准确地说,它表现了存在主义与阐释学传统一种唯一性的融合。"②在重构卢卡奇阐释学中,赫勒集中要解决的就是著名的误解理论,因为误解是《艺术哲学》的核心范畴,也是卢卡奇阐释学的结晶。

赫勒认为卢卡奇在《艺术哲学》中提出了"艺术作品存在,它们怎么可能呢?"的命题,这个命题是对康德的哥白尼似的问题的颠倒。这种颠倒被视为审美有效性领域自律的基础,使得审美领域获得了对抗逻辑－理论与伦理的一个特权位置。就是说,审美领域扎根于一种审美的事实,扎根于体现了这个领域规范的事实,即艺术作品。因而事实与规范相调和,事实是一种像其他事物的一种"事物",然而它不同于其他事物之处在于它是规范的。赫勒认为卢卡奇对审美领域艺术的界定与海德格尔的艺术认识存在一致性,后者也认为一切艺术作品都具有物的特性,"艺术品作为物自

① Agnes Heller, *Radical Philosophy*, James Wickham Trans. , England: Basil Blackwell, 1984, p. 34.

② Agnes Heller, The Unknown Masterpiece, In *The Grandeur and Twilight of Universalism*, New Brunswick, NJ: Transaction, 1990, p. 216.

然地现身"①。而且海德格尔认为，艺术还有另一种东西超于和高于物性，但是这种高于物性的东西不是卢卡奇所言的规范，而是真理。卢卡奇进一步认为艺术这种规范性的物性事实是由一个活生生的、感受的－体验的主体所创造的。艺术这种特性能够引起直接的效果，也就是能够产生艺术揭示效应，使得在另一个主体中引发规范的经验。如果这样，艺术作品的存在确保了主体间性，艺术作品成为主体间意义的载体，但是它不承载某种主体间的意义，而是承载大写的意义本身，即所有意义的意义。正是这样对艺术存在特性的哲学思考，艺术的审美领域在人类理解与经验王国就开始占据比理论与伦理学更高的位置，后来卢卡奇抛弃了这两个领域，根本就不需要它们。艺术作品存在的可能性就应该根据主体—客体—主体的关系被阐明。而这些主体本身不是超验的形而上学的抽象主体，而是一个个现代偶然性的主体，赫勒认为是克尔恺郭尔所言的存在意义上的主体。而客体应该是大写意义的世界，是本身某种具体的意义。这个"世界"是一个事物，它本身是交往的工具，因为它是调和大写的意义的工具而没有调和任何具体的意义。赫勒称这种数学框架为"存在主义阐释学"，它是存在主义哲学，因为人类主体在其中呈现为一种偶然性的存在，这种存在被扔进了不本真交往的偶然历史，不得不妥善应付成为本真的任务。并且这也是一种阐释学，一种普通阐释学。赫勒认为卢卡奇在《艺术哲学》中，其阐释学视域方面超过了在《心灵与形式》所发现的东西。在《心灵与形式》中，卢卡奇已经认识到真理的多元化现象，他说："那儿存在一种生活与真理的客观的、外在的标准，这纯粹不是真实的，例如说格林、狄尔泰、施莱格尔的歌德能够被验证为反对'真实的'歌德，这不是真实的，因为有许多歌德，彼此不同，并且每一个与我们的歌德极为不同，都可以使我们相信他们的生活。"②按照赫勒的理解，卢卡奇遵循狄尔泰的阐释学传统，认识到艺术作品的意义能够以不同的方式阅读、解释，不存在一种而是几种真实的解释，并且某些历史时期赋予某些类型的解释以优先

---

① 海德格尔：《艺术作品的本源》，"海德格尔：《诗·语言·思》"彭富春译，北京：文化艺术出版社 1991 年版，第 22 页。

② Georg Lukács, *Soul and Form*, Anna Bostock trans. , Cambridge, Massachusetts：The MIT Press, 1974, pp. 11 – 12.

权。但是赫勒认为："在《艺术哲学》中，卢卡奇进行了非常不同的陈述，其要旨是，艺术作品不体现任何能够阅读、解释、解码的具体的意义。阅读艺术作品因而不等于解释而是在它体现的大写意义交往中创造一种意义。"①这样，阐释学就不是一种交往的特殊方式，它是交往的唯一可能的方式。如果这样，主体能够彼此理解吗？这是从心灵到心灵的道路吗？因此"误解"的问题就被提出来了。随着这些问题的提出，阐释学成为关于人类存在问题的核心。

赫勒对卢卡奇阐释学的变化虽然有所注意，但是她过分强调了《心灵与形式》与《艺术哲学》的区分，因为后者提出的艺术阐释学问题已经在前者那里有明显的体现。卢卡奇谈到了现代主体的理解与隔膜，他说："我们能够真正深深地存在于他者的生活中，然而每个人一直保持在他自己内在的命运中。每个人是孤独的，甚至就它自己的自我而言。"②因此，理解本身在命运之轮下被碾碎。这种存在主义思想已经融入对《心灵与形式》的许多具体交往现象的发现中。但是到了《艺术哲学》中，卢卡奇把这些上升到艺术阐释学的理论水平上。通过卢卡奇阐释学思想的发展，我们可以更加充分地认识到赫勒所称的"存在主义阐释学"，这应该是卢卡奇对现代个体存在的现实思考的投射。也就是说，误解不仅仅是一个艺术哲学的问题，而且是现代个体日常生活面临的问题。我们也可以说，卢卡奇的存在主义阐释学是一种现代性的阐释学，倘若如此，误解就是一个典型的现代阐释学的现象。赫勒直到20世纪90年代左右才集中探讨卢卡奇的阐释学的原因，这与其集中思考现代性问题是联系在一起的。

赫勒主要从三个方面探索了误解的根源：

首先，赫勒从生活经验与艺术作品的关系引发的解释问题进行思考。对卢卡奇来说，人们只能通过艺术作品实现主体间本真的交往。日常生活的主体是非本真的，不能进行直接的交往，这是现代主体的封闭性特征所导致的。然而任何体验了一部艺术作品的人已经打开了她或他的主体性的牢笼，因为他或她分享着主体

① Agnes Heller, The Unknown Masterpiece, In *The Grandeur and Twilight of Universalism*, New Brunswick, NJ: Transaction, 1990, pp. 219－220.

② Georg Lukács, *Soul and Form*, Anna Bostock trans., Cambridge, Massachusetts: The MIT Press, 1974, p. 113.

宏大叙事批判与多元美学建构

间的、无时间的意义。但是只有纯粹的审美形式,即范式性的艺术作品才能满足这种要求,因为它们是启示的,为每个人揭示真理,这样"范式的艺术作品不仅仅对许多不同的有时矛盾的解释开放"。因此,"可解释的无限性,可体验的无限性——这正是规范的艺术作品的本质的构成性的质性"①。仅仅允许几种不同解释的艺术作品不能是伟大的、规范的艺术作品。艺术作品能够产生真正的交往,通过艺术作品,交往的两极相互确认了一种大写的意义、意思、真理。但是它们仅仅确认它们各自的意义、意思、真理。"我的"经验从来不像"你的",而且人们从来不以同样的方式两次体验同一部艺术作品。活生生的解释一直会是新的、不能重复的。这无疑只是一种理解的误解。

按照赫勒的观点,误解不是卢卡奇的发明,而是援引了菲德勒(Fiedler)与里格尔(Riegl)的误解理论,卢卡奇只是在阐述他自己的理论中把他们的理论激进化了。在菲德勒与里格尔的观念中,误解是艺术家的生活经验的不充分传达。而在卢卡奇看来,作为艺术创作内驱力之一的生活经验根本不在已经创造的事物中得到表达,也就是说,艺术作品与艺术家的生活经验完全无关。因此按照赫勒的理解:"误解是由于这种情况,艺术作品似乎呈现为它们所表达的形式,一种活生生的经验的形式。事实上,它们不是如此。规范的艺术作品表现了意义、真理、意思。它们构成了所有可能本真的生活经验的最终结果,艺术样式是所有特殊的主观生活经验最终结果。结论是显而易见的:误解是唯一的直接的交往模式。"②

生活经验是生活,艺术作品是所有本真生活经验的最终结果,尽管它不是任何主观的生活经验的表现。作为所有本真生活的最终结果,它必须像生活一样。然而既然它不是任何具体的生活经验的表现,那么它必须不像生活。艺术作品愈像生活,它就是愈不像生活。因此最接近生活经验的那些作品是无生活的,这样误解就再一次产生了。生活经验是非本真的,不适合直接的交往,然而

---

① Agnes Heller, The Unknown Masterpiece, In *The Grandeur and Twilight of Universalism*, New Brunswick, NJ: Transaction, 1990, p.226.

② Agnes Heller, The Unknown Masterpiece, In *The Grandeur and Twilight of Universalism*, New Brunswick, NJ: Transaction, 1990, p.227.

通过艺术作品能够进行直接的交往,交往的艺术媒介把主体提升到规范本真性。因此艺术作品不像生活,而是乌托邦现实,它们不预测未来,不回忆过去的实现,所以赫勒认为:"审美领域本质上是生活经验的乌托邦,是生活本身的乌托邦。它本身是生活的假象,同时是生活的否定。"[1]这个黄金时代不是在过去也不是在未来,而是一直在这儿,因而艺术作品存在于此。因此"艺术作品,本身是一种误解,它助长了误解作品本身"[2]。当我们的艺术作品、福音、救赎已经被创造时,我们最平庸的误解是对过去时代的渴求。我们把这种渴求错认为艺术作品的乌托邦,错认为这个艺术作品断然表达的生活世界,这是赫勒对卢卡奇的误解的第一种解释。

其次,赫勒还结合卢卡奇对艺术接受与文本自足性的关系的分析来理解误解概念。我们在作为理解的体验中能够领会的不是创造者的情感、欲望、需求,因为在接受中,创造者已经消失了,作品已经被解放了。根据赫勒的观点,当艺术家结束了创造的过程,决定性意义的跳越、恩典的跳越对艺术家而言就产生了,只要他仍然在创造,艺术的船只仍然带着他的悲哀、欢乐、恶意、兴奋等。情感、意义、痛苦等已经被转变、选择与同质化。但是,一旦艺术家放开作品,对他来说一切丧失了,作品凝固为一个自己世界的微观宇宙,它走着自己的道路。因此设想我们与艺术作品的作者进行交往是一种误解,设想我们与任何过去生活的或者未来生活的任何人进行交往同样是一种误解。赫勒认为这种对艺术作品的认识还涉及误解的另一方面,即艺术作品从来不会被理解。因为艺术作品本身一直是封闭的。"它一直是凝固为永恒的陌生微观宇宙。在审美领域的尘世的天国中,每一部艺术作品生活在完全的孤立之中。艺术作品既不连接着任何其他艺术作品,它们也不能与任何他者进行一次讨论。"[3]虽然寒冷的星星暂时把温暖带入活生生的心灵,但是它们一直是无动于衷的、封闭的。赫勒认为:"这是各

① Agnes Heller, The Unknown Masterpiece, In *The Grandeur and Twilight of Universalism*, New Brunswick, NJ: Transaction, 1990, p. 227.

② Agnes Heller, The Unknown Masterpiece, In *The Grandeur and Twilight of Universalism*, New Brunswick, NJ: Transaction, 1990, p. 228.

③ Agnes Heller, The Unknown Masterpiece, In *The Grandeur and Twilight of Universalism*, New Brunswick, NJ: Transaction, 1990, p. 235.

种对立的误解最重要的根源:艺术作品是活生生主体的镜像,因为它们是我们存在孤独的永不褪色的象征。"①

最后,赫勒通过卢卡奇对艺术作品的历史性与永恒性问题来分析接受者误解的原因。完美的艺术作品是无时间的,但是艺术作品再现了时间的观念,艺术作品的形成、存在与效果都与时间相关。并且每一部完美的艺术作品必须是新的,只有新才能成为永恒。然而根据"新－不再新"理解的一切事物本质上是历史的。赫勒认为在双重意义上说明,艺术作品是历史的。它们就这个作者以前的作品而言是新的,正是历史时刻的新颖性为主观经验提供了材料,规范的主体领会与追求的正是这个时刻与它的新颖性。天才从来不设法形成永恒,而是形成暂时、新。他愈扎入自己历史经验的新颖性,他的作品愈具有永恒性的可能。卢卡奇极力要解决的问题就是处理艺术的永恒性与历史性的问题。这样他不得不把他本体论结构历史化,试图把历史上的具体插入他的"创造—艺术作品—接受"的模式之中。历史性根据动机在创造过程中被引入,并且"审美的物质"在这个阶段能够被感知。与纯粹的技术物质不同,审美物质会被理解为"体验的内容"的复合体,因为这些内容来自形象孕育的动机。卢卡奇也联结了表达手段与被表达的事物的距离的精神特性的观念。这表明,我们的历史性被保持于规范的主体之中。同时,接受者也以历史的接受者的姿态呈现。接受者对艺术作品内容的无限性感兴趣,因而接受者以一种误解的姿态分割了内容与形式,这的确是误解,因为艺术作品"具有"的不是内容,看来像内容的是形式。然而接受者轻易地接受了一部满足"具有"一种特殊内容设想的艺术作品。每一个历史上具体的个体具有自己的"完美"的图像,只有适合这种完美的艺术作品才会令人愉快。根据赫勒的理论,这就是卢卡奇拒绝了康德《判断力批判》中的开放性策略的原因,赫勒所言事实上是指卢卡奇拒绝了康德趣味判断的普遍性、交往共通感的特性,而赋予了审美判断以历史性。因为,趣味是美学最具历史方面之一,尽管没有趣味就没有创造也没有接受,但是趣味一直是审美意义上的矛盾现象。它分

① Agnes Heller, The Unknown Masterpiece, In *The Grandeur and Twilight of Radical Universalism*, New Brunswick, NJ: Transaction, 1990, p. 236.

割不可分割的(内容与形式),目的是强化了审美接受或者解释的误解,也正是这种分割内容与形式的"准备"把活生生的生物提升到一个乌托邦宇宙的领域。

因此卢卡奇从艺术作品的历史性与永恒性的思考中再一次看到了误解的根源。卢卡奇认为,每一部完美的艺术作品是新的。如果一部艺术作品为每一次"准备"体现为新,那么它是完美的;如果这个艺术作品能够在审美接受的主体中唤起规范的效果,那么它就是永恒的。这两种陈述都是重要的,这个艺术作品应该赋予规范的接受,但是这个艺术作品就接受"什么"没有发言权,这个"什么"将仅仅取决于历史的个体,即历史的接受者。卢卡奇认为,审美接受者没有挪用作品的"真实的"内容,他从来不领会它内在的结构。只有他自己的经验的元素,本质上是异质的同时不可交往的,这种经验在他的心灵中聚集为一个封闭的世界,结果他会体验这个世界,似乎这个世界就是作品,是独立于他的存在的东西。结果,作品愈是无时间的,那个作品的经验及其理智的解释就愈会屈服于时代的变化。这表明,接受或者解释只是一种误解。规范的接受者仅仅是规范作者的镜像而已。创造者愈深深地扎入他自己时代的唯一的、新颖的经验,他的作品愈有可能成为永恒的有效性。同时,一部作品愈是无时间的,它永远未完成的接受会更加是历史的、不断变化的。活生生的经验中的解释是对这个作品的理智的解释。因而艺术品的无时间性预设了一种双重的历史性,历史的时刻被永恒化,永恒性被历史化。赫勒认为正是在此,误解被赋予了一种辩证的扭曲,"我们现在知道艺术作品是误解的化身"①。正是因为艺术作品的永恒性与历史性的问题,导致了理解的误解。

赫勒从生活经验、艺术作品、接受者三方面探讨了误解的形成。接受者不可能体验作者的生活经验,不可能与封闭的艺术作品交往,而且理解的主体只是自己的封闭世界。这无疑导致了误解,这与卢卡奇对艺术作品内在特性的设定紧密相关。正因为艺术作品是规范性的存在物,是历史性与永恒性的载体,它为交往提

① Agnes Heller, The Unknown Masterpiece, In *The Grandeur and Twilight of Radical Universalism*, New Brunswick, NJ: Transaction, 1990, p.240.

宏大叙事批判与多元美学建构

供了可能性,但是每一种交往同时是一种误解。赫勒对卢卡奇的误解理论的分析表明,误解是一个本体论的现象,"误解与理解都是生活。解释是生活本身的一个方面,而不是它的附属物"①。每一种理解只是解释者的现在与艺术作品过去的融合,或者如伽达默尔的"视域融合",这种融合已经不同于他者的融合。并且赫勒后来还注意到,伽达默尔的"视域融合"是有问题的,因为我们不知道,只是相信这种融合。如果这样,解释纯粹成为一个主体的个人建构,必然走向了多元主义阐释学。

三、艺术阐释学与社会科学阐释学

就阐释学而言,赫勒区别了理解(understanding)、解释(interpretation)和解说或者说明(explanation),并在这种基础上对艺术解释与史学解说的区别进行辨析,这是《历史理论》的一个重要内容。"理解"的意义取决于这个范畴运用的语境,理解包含了解释:"每一种解释是一种理解,但是不是每一种理解是一种解释。我们理解的东西,我们不需要解释。"②解释是一种严格意义的解说,"如果信息是显而易见的,那么唯一充足的解说就是解释"③。艺术作品的解释的全部对象是超文化的、有效的艺术作品。如果人们意在对一件单个的艺术作品进行理解,那么他们不得不忽视关于此作品的每样事物、每一种知识、每一点信息,并且只从作品中探寻这个单一艺术品的意义。如果一个解释者解释《哈姆雷特》,那么《哈姆雷特》就是唯一的解释对象(interpretandum),解释对象不是莎士比亚,甚至不是莎士比亚的其他悲剧,也不是《哈姆雷特》构思的时间,不是伊丽莎白剧场。《哈姆雷特》作为一部艺术作品是自我解说的(self-explanatory),它恰恰是一部超文化有效性的艺术品,因为它是显而易见的,对众多解释者来说,它是一个封闭的解释对象,每一个人能够与之交往,每个人能够使它的信息与自己的时代、世

---

① Agnes Heller, The Unknown Masterpiece, In *The Grandeur and Twilight of Radical Universalism*, New Brunswick, NJ: Transaction, 1990, p. 223.

② Agnes Heller, *A Philosophy of Morals*, Oxford, Boston: Basil Blackwell, 1990, p. 22.

③ Agnes Heller, *A Theory of History*, London: Routledge and Kegan Paul, 1982, p. 162.

界观、个体性调和,每个人能够以不同的方式进行。赫勒对这种艺术解释的特性进行了把握:"这种解释不是累积的,但是它们事实上是无限的。因为它能够以无限的方式被解释,解释对象比解释者站得更高,并且这就是为什么它能够被称为'浓密的总体性'(intensive totality)。"①赫勒把这种"浓密的总体性"比做卢卡奇所说的艺术作品的"内在世界"。但是赫勒也看到,通过从解释对象探索我们问题的答案,探索《哈姆雷特》写作时未提出问题的答案,解释者也能够比解释对象站得更高。所有这些意味着,艺术作品作为解释对象是无时间的,被解释的不是它在时空中被创造,而是作为永恒形式的无时间的有效性。赫勒认为,每一种显而易见的对象化成为无时间的,因而解释是对这些对象的唯一的充分解说。解释使无时间的对象化时间化,所有的解释都同样如此。结果,解释把无时间的对象化转变为解释者的时间与空间。一个处于时间中的主体在对象的无时间性中确认自己,同时把对象的意义本身破解为对处于时间中的主体而言的意义。因此破解意义是意义本身与为主体的意义的同一。这样,赫勒充分地论述了为什么所有的理解也是一种误解。赫勒回到了青年卢卡奇的海德堡《美学》,即一种显而易见的对象化的解说作为一种"误解的理解"是唯一可能的,主客体同一仅仅在两者中一起产生。

当然这也是一个接受的问题,无时间性通过接受被时间化,进入时间中。"进入时间"意味着不再是自我解说的,它不得不被说明。如果一件以前没有被接受加以时间化的艺术作品后来被反复地时间化,那么它就"中止"了时间,换句话说它能够被解释加以说明。赫勒对这种解释与说明的辩证法的认识具有重要性,这有利于人们认识解释学实践的内在演变特性,时间与无时间的辩证法表现出解释与说明的辩证法。赫勒认为,所有的艺术作品是历史的产物,它们在时空中被创造,结果在时空维度被解说,这样,它就不被解说为一件艺术作品,一件自我解说的对象化,而是被解说成一种历史的文献,这样艺术作品被说明,而不是被解释。所以赫勒认为:"所有艺术作品也能够被解说(在狭窄意义上),但是在这种

---

① Agnes Heller, *A Theory of History*, London: Routledge and Kegan Paul, 1982, p. 162.

情况下,它们被解说为历史的而不是作为无时间的对象。"①此外,如果人们要理解"莎士比亚的作品"、"伊丽莎白剧场"或者"莎士比亚",那么他们不得不求助于说明,因为它们没有一个是浓密的总体性。因此赫勒认为解释与说明不得不融合,理解的方法不得不从时空维度转移到无时间的时间化,并且又从后者转变到前者。

从时间化角度看,一件艺术作品是无时间的,这种陈述只是从一方面表达的,它强调解释抽离了作为解释对象的历史对象的时空维度。然而艺术作品具有自己的时间与空间。如果内在于所有艺术作品的时间与空间被领会,那么误解就成为理解的一部分,因为正是它的时间与空间使艺术作品成为自我解说的。没有解释者能够武断地决定一场戏剧在什么时候,在何处开始、结束。任何重构开始于坟墓的场景而结束于福丁布拉斯(Fortinbras)的孙子之死的《哈姆雷特》的解释者,不是在解释《哈姆雷特》,任何解释一部交响乐的一段乐章就似乎它是整体的解释者,也不是在解释这部交响乐。艺术作品正如斯宾诺莎的实体是自因(Causa sui)的。甚至自因哲学作品,也不能完全被如此理解。称为自因的东西在时间中创造,创造者与被创造的在时间中获得统一,但是这种东西仅仅是无时间的。不过,赫勒认为艺术作品不像斯宾诺莎的实体,它不是一种目的论起源的自因。在时间中创造它的历史主体赋予他或她的创造以一种意义。正是这种意义构成了无时间的形式。没有其他人能够干涉这种事业的结果,没有其他人能够妨碍它或者促进它。其他主体能够共同创造或者再创造这种主客同一,唯一方式就是接受、解释,以一种由无时间的对象化引导的新的主体同一的形式。

赫勒通过艺术作品的解释的剖析透视出艺术解释的独特性特征,这些特征区别于其他文本的解释。赫勒尤其区别了艺术解说与史学解说。史学在一种时空维度中重建过去 - 现在时代,其对象是社会生活的变化,然而变化的不是自因。就史学的组织原则来说,虽然历时的组织原则"截取"并且"扩大"一种历史事件、结构,但是这种"截取"仍然不是绝对的,因为这种截取导致的断裂要

---

① Agnes Heller, *A Theory of History*, London: Routledge and Kegan Paul, 1982, p. 163.

被处于连续性中的史学家所领会。如果不描述"前"与"后",这种"截取"本身不能被完全理解。"前"与"后"都属于这种截取,但是又不属于它。"之前"的每一个单一时刻对"截取"后的东西能够具有说明的价值。"之前"与"之后"被设想为"截取"的成分,它们原则上能够通过解释理解,但是由于它们同时不属于这种"截取",所以它们不得不通过说明关联着它。因而,赫勒认为,历时性的组织原则需要说明,共时性的组织原则也是如此。地理志的模式暗示了在所有社会生活的领域中可能性变体具有限制,人类的目的是重新设置这些变体,但是他们不能超越它们。某些模式根据其自己的"内在逻辑"发展,但经常联系着其他模式的内在逻辑。赫勒认为如果共时性的组织模式被接受,那么一个社会的转变的具体模式不能仅仅归因于人类意志与目的,制度本身的内在逻辑也得被考虑。这样,解释不是作为严格意义解释,而是一种说明,因为解释对象被考虑为解释对象之外出现的事情的原因。

通过赫勒的分析,我们可以认识到艺术解说与史学解说的区别,艺术解说主要是艺术解释,虽然也有说明,但这不是严格意义的艺术对作品的接受。相反,史学解说强调了说明的重要性。赫勒对艺术作品与历史事件进行了比较,艺术作品被作为一种有意义的对象创造,因而是意义的载体。而一件历史事件从处于其中的不同主体的立场看,具有不同的意义或者根本没有意义,同一事件甚至作为一个特殊主体的意志的实现而发生,而对另一个主体作为盲目的命运而出现,甚至也许作为不同的、冲突的目的的结果而被理解,而不是实现一种目标。正如黑格尔,为了把历史事件理解为意义的载体,人们不得不把历史设想为最高理性的制作。赫勒认为,在这种情况下,历史以一部艺术作品相同的方式被理解为造物主的创造物,因而被理解为一种主体客体的同一。历史被设想为主体客体同一,它仅仅能够作为一个整体,作为总体性才能够解释,历史中的所有事件可以被领会为按照其逻辑目的而写成的巨大的、不可测量的戏剧的场景。解释一部戏剧的任何人不再是它的演员之一。赫勒追问的是,一旦它被完成,我们怎么能够把这种特殊的戏剧时间化呢?在历史之外,就不再有时间化。但是无时间的解释不再是一种解释,它不再与不同的现在调和。它的对象是死的。我们因为是历史的演员,我们不能成为它的纯粹的接受者。这事实上指出了把历史解释为像一部艺术作品一样的意义所面临的矛盾性。赫勒拒绝把历史解释为一个创造者的创造物，特殊的事件不是一个单个意义的载体，与艺术作品不一样。因而赫勒认为："史学家不得不采纳那些已经赋予这种事件以一种确定意义的人的观点并且解说其他人的态度，或者他或者她不得不重构不同的意义（使解释并列），因而通过联系多样的解释，通过解说（狭窄意义上）来理解这个事件。结果，如果史学家不把历史中的每件事情思考为上帝（或者某些准上帝）的设计的实现，如果没有说明与解释的融合，任何类型的历史事件不能被赋予意义。"①总之，赫勒认为历史事件与结构不是意义的载体，它们的意义被事件或者结构的演员所传接。事件与结构不得不在时空维度中被领会，它们不像艺术作品一样，它们不具有自己的时间与空间。"自己的时间"与"自己的空间"被意义携带。因此，"截取"在史学中是可能的、必然的，而解释者不"截取"艺术作品，因为后者是一个封闭的世界，这个世界没有"之前"与"之后"也能够或应该被理解。史学家可以自由地决定在哪儿、在何时开始与结束。而艺术作品的解释者就不能这样。赫勒也注意到史学解说与艺术解释对新事实的要求的差异。她认为，最连贯的史学理论对新的事实或证据的开放，它同样应该对这种理论的一个事实的可能错误开放。史学需要新证据的发掘，但是艺术作品的解释不一样，艺术作品通常不能发现新的"事实"，如赫勒列举的《朱庇特交响乐》，而且即便有可能发现新的事实，这也不涉及解释，因为艺术解释与史学解说不一样，"在艺术作品解释之内，没有错误（除了'阅读'的纯粹错误）"②。

　　进一步，赫勒考察了作为社会理论的史学与艺术解释的差别。史学作为一种社会理论始终是对意义的追求。如果一种文化对象化是意义的载体，那么对意义的追求就不重要。即使同一个主体调和一部艺术作品的内在意义和现在的主体，但是这种意义在解释开始之前就已经被设想了。然而对意义的追求没有设想一种内

---

① Agnes Heller, *A Theory of History*, London: Routledge and Kegan Paul, 1982, p. 166.

② Agnes Heller, *A Theory of History*, London: Routledge and Kegan Paul, 1982, p. 167.

在的意义,正是这样,它是一种探求。简而言之,纯粹的解释不是理论,那儿没有《特里斯丹》(*Tristan*)、《伊索尔丹》(*Isolde*)或者《安提戈涅》(*Antigone*)的理论,即使有关于瓦格纳和索福克勒斯(Sophocles)的艺术理论。但是即使有这样的艺术理论,解释也一直与说明融合着。与艺术作品的解释相比,史学不能建立于解释基础上,但也不能完全建立于说明之上。史学也有对意义的追求,它需要说明,也需要解释,在解读证据时,史学家要探求陈述的意思,符号与象征的意指,所有证据被假设具有一种认识的真理主张,这样当阅读证据时,说明必须被暂时地悬置,这就需要解释。但是没有人带着空白的头脑阅读一个信息,这就需要前后事实的说明,需要"信息的准备"。不过,赫勒认为,史学阐释学这种特征也与艺术阐释学有别。她说:"在证据解读中,说明仅仅能够被暂时地悬置,这指出了对证据的解释与对艺术作品的解释的差别。"①对艺术作品接受的准备是主体 – 客体同一的准备,然而阅读证据的准备由两个非常不同的态度组成。第一个类似于主体 – 客体同一的准备,第二个恰恰相反,它是把对象与读者分离开来的一种准备。时空维度在证据的阅读中没有消失,证据不应该,甚至一会儿也不应该被视为无时间的。解释者的沉浸是无时间的,但是证据读者的沉浸是过去的现在时代的沉浸。其主体 – 客体同一的态度是与过去的人们的对话。赫勒说,假设这些陈述具有一种我们能够探测的意思,符号与象征具有我们能够解码的一种重要意义,这种假设本身是一种对话,这种对话被人类的相互理解的规范实质化。如果没有分离的过程,我们的误解将不涉及理解,并且它不能被视为严格适当的解释。但是赫勒认为,历史证据本质上很少是自我解说的,并且它从来不以艺术作品同样的方式是自我解说的。在证据中涉及的一切东西不能被这个证据的文本解说,一直存在着指向文本之外的陈述。如果这个文本被解释,指向文本之外的一切不得不被忽视。证据被阅读好像它是自我解说的,但是随着持续的意识,它并非如此。如对《格兰特船长的孩子们》的隐语性解释,对此文献的阅读是历史阐释的基础,"不列颠号"轮船淹没在某个地

---

① Agnes Heller, *A Theory of History*, London: Routledge and Kegan Paul, 1982, p. 168.

方,而关于原因的问题就根本不能提出来。这种原因的结果指向了此文本之外的某种东西,这不是在文本中找到的。

赫勒对艺术解释与史学解说的分析把握到了两种解说的内在特性,这不仅仅涉及解说对象的不同特性问题,而且涉及不同的需求条件和不同的需要的满足。赫勒这种分析发展了卢卡奇的阐释学思想,尤其把艺术阐释学不断地延伸到史学领域。

赫勒在《历史理论》的阐释学思想超越了艺术与哲学阐释学,而且开始把重点置于社会科学之中。在 1987 年左右写作的论文《社会科学的阐释学》中,赫勒集中探讨了社会科学阐释学的特殊性问题,她认为对理解与自我理解的追求是现代人探寻一种存在的"阿基米德点"的需求,社会科学就是适应这种需求而产生的语言游戏,带着他者的视角,我们能够判断我们自己的历史与制度,从他者的历史意识来审视我们自身的历史意识。所以阐释学是现代性的历史意识的产物。对赫勒来说,社会科学不同于自然科学,后者本质上是累积性的,注重解决问题,而前者尽管建立了许多知识,但是本质上它是非累积的。社会科学家创造意义,促进我们的自我理解,因此它更加接近于哲学而并不是自然科学,从狄尔泰起,阐释学已经很好地意识到这些。赫勒具体分析了社会科学阐释学的标准问题、可行性问题,尤其强调了这种阐释学要求真实的知识与客观性,通过这些标准建立一个库恩(Kuhn)所说的科学共同体。在此文中,赫勒重新区别艺术、哲学阐释学与社会科学阐释学。首先,她说社会科学样式的语言游戏的理解强调科学的、客观的,然而"艺术与哲学都不以它们的'客观性'而自豪,客观性这个术语至少在哲学中被怀疑是折中主义"①。其次,她还比较了社会科学阅读证据与解释一部艺术作品或者哲学著作的差异,这种区别不是因为阅读本身是一个更加严格的任务,而是因为阅读证据这种特殊的任务涉及许多不同类型的阅读。再者,赫勒思考了无限性问题,卢卡奇强调的某些文本是集中的无限性。赫勒进行了阐述,"就浓密无限性而言,一个文本能够被在无限的场合被重新阅读,以至于如果没有任何类型的说明框架的引入,每一种新的阅

① Agnes Heller, *Can Modernity Survive*? Cambridge, Berkeley, Los Angeles: Polity Press and University of California Press, 1990, p. 26.

读就不同于每一种以前的阅读"①。赫勒认为典型的艺术作品与哲学著作恰恰能够具有这种"浓密的无限性"特征。尽管社会科学不排除阅读浓密无限性的文本,但是这不是通常的事,其文本不构成它们自己的世界,不是浓密无限性的。我们认为,赫勒对社会科学与艺术解释、哲学解释的区别具有一定的合法性,尤其涉及社会科学阐释学要求的真实的知识与客观性,涉及无限性解释的问题,这有助于进一步把握不同类型阐释学的特殊性。但是赫勒过分区别了这两种样式,因为赫勒谈到社会科学的非累积性特征、任何理解是一种误解事实上是建立于赫勒与卢卡奇艺术阐释学基础之上的,也是艺术阐释学的特征,并且伽达默尔关于"视域融合"的理论同样是一种哲学、美学、艺术理论。不过,赫勒的阐释学在不断地从艺术阐释学、哲学阐释学向社会科学阐释学扩展中认识到艺术阐释学的独特性与阐释学的多元性。

四、后现代阐释学建构

解释与现代性、现代审美文化现象与阐释学存在内在联系,成为现代重要的想象制度。赫勒在 1993 年出版的《碎片化的历史哲学》、1996 年出版的《杂食的现代性》②、1997 年出版的《现代性的三种逻辑与双重束缚》、1999 年出版的《现代性理论》中集中对这些内在关系展开了思考。她多次直接谈及阐释学与现代性的密切关系,诸如:"作为意义归属或者意义产生的意义的解释发展为现代性的最强有力的想象制度。"③"技术革命的时代也是阐释学的时代。"④"现代性的精神一方面产生了民主,另一个面产生了阐释

① Agnes Heller, *Can Modernity Survive*? Cambridge, Berkeley, Los Angeles: Polity Press and University of California Press, 1990, p. 30.

② Agnes Heller, Omnivorous Modernity, In *Culture*, *Modernity*, *and Revolution*: *Essays in Honour of Zygmunt Bauman*, Richard Kilminster and Ian Varcoe, eds. , Routledge, 1996, pp. 102 – 126.

③ Agnes Heller, *A Philosophy of History in Fragments*, Oxford and Cambridge, MA: Blackwell, 1993, p. 172.

④ Agnes Heller, The Three Logics of Modernity and the Double Bind of Modern Imagination, 赫勒 1997 年 12 月在关于现代性的研讨会上提交了这篇论文。参见 www. colbud. hu/main/pubarchivel/pl/pl-Heller, pdf。

学。"①在赫勒看来："阐释学是我们的社团精神的最充分的自我表达。"②阐释学是包罗万象的,反阐释学也是阐释学。阐释学调和着过去与现在,它们重新思考曾经被思考的东西,重新解释曾经被解释的东西或者颠覆这些东西。它们用被借来的意义产生意义,它们用陌生人的血液把生活注入现在。我们的世界不创造新的意义,我们的精神是无精神的,因为它依赖被借来的意义生活。现代人发现了文化与意义,恰恰因为他们依赖被借来的意义生活。因为我们的时代是杂食的。我们没有特殊的趣味,我们的思想吞没所有的趣味。在"浪漫主义"时代的现代哲学与艺术创造天才的一种显著的倾泻之后,我们成为无创造的。哲学在灰色中涂着灰色,它成为文化哲学。这样只有阐释才能赋予我们以意义。而解释就需要过去,赫勒早已认识到现代人与过去的特殊关系,她充分地阐释了对托马斯·曼所说"过去之井是深的"这句话的意义,"现代人的过去是不可穷尽的与无限的"③。现代人是立法者,是阐释者。如果鲍曼认为,在立法者与批评家时代之后,阐释者将会获胜,以此确立现代性与后现代性的差异④,那么赫勒是把阐释学纳入到现代性到后现代性的整个过程之中,从而建构了具有后现代主义特征的阐释学。

（一）现代阐释学的神学特征

如果现代性的精神涉及黑格尔所说的绝对精神,涉及艺术、哲学、宗教的话,那么在宗教失去支配作用的现代,艺术与哲学重新扛起宗教的大旗,各自形成自律的领域。赫勒看到在现代性诞生之初,在文艺复兴时期与启蒙运动时期,创造性的宗教想象的贫乏与艺术、哲学方面的丰富性两者成功地在绝对精神的王国占据了最高的位置,真理与美也被加冕,被神圣化。也就是说,它们在现代成为提供意义源泉的蓄水池。现代人对意义的渴求就是要不断

①　Agnes Heller, *A Philosophy of History in Fragments*, Oxford and Cambridge, MA: Blackwell, 1993, p. 189.

②　Agnes Heller, *A Philosophy of History in Fragments*, Oxford and Cambridge, MA: Blackwell, 1993, p.202.

③　Agnes Heller, *A Philosophy of History in Fragments*, Oxford and Cambridge, MA: Blackwell, 1993, p. 37.

④　(英)鲍曼:《立法者与阐释者》,洪涛译,上海:上海人民出版社2000年版,第6页。

地从这个蓄水池中挖掘,就像托马斯·曼所说的从过去的深井中挖掘。只有不断地挖掘,意义之泉才汩汩地流出,只有不断地阐释,现代人才找到生活的依赖。因此对赫勒来说,解释是一个接受的过程,是一个对崇拜对象的接受,是一种虔诚的思维,她说:"阐释学实践是本真的'思维的虔诚',无论它采取何种形式。"①通过重新思考,被解释的东西复活了。重新思考能够是反讽的、游戏的,人们也能够以文本反文本,这就是解构主义的阐释学,赫勒对阐释学的神学本质进行了深入的探讨。

对艺术作品的解释是一种虔诚的实践。虔诚的对象是在此性(this-ness),古老文本或者古老事物的独特性(ipseity),而不只是它的物质、内容或者信息。当一个故事以几种方式被详细叙述时,正如一直发生在神话与历史中的一样,虔诚被寄托于带有最高权威的故事中,正如使徒的文本带有最高的权威一样。不过,赫勒认为在神圣文本与世俗文本的解释之间存在一种本质的区别。如果文本是神圣的,那么虔诚不仅追求文本的载体,而且也追求文本之上的权威性,而且文本与权威性能够统一,如犹太人的神秘主义者主张整个《旧约》的前五卷(Torah)只是上帝的名字。如果文本是世俗的,那么虔诚只能走向文本,即文本本身就是权威。因此,赫勒认为:"对各种传统文本的各种解释是虔诚的实践,不管故事、文本、对象本身是神秘的或者是世俗的。"②世俗的故事通过不断解释的实践成为准神圣的。这发生在柏拉图、亚里士多德、毕达哥拉斯的哲学著作里。文本的解释愈虔诚,愈多的重要性会赋予文本的真实的或者虚构的作者。同样,如果一个文本被归属为享有很高尊严的人,那么这个文本就可能成为虔诚的解释实践的主要对象。伪赫尔墨斯或者伪狄奥尼索斯等的作品就是熟悉的例子。天才的培养是一种古代故事的现代形式,"天才"这个术语代表神圣的激发。

解释把"我们"联结到"他者",联结到文本或者事物的真实的或者虚构的作者。通常作者是一个人,虽然现代性发明并培养作为一个集体作者的"人民"。它培养精英集团、大众艺术的集体创

① Agnes Heller, *A Philosophy of History in Fragments*, Oxford and Cambridge, MA: Blackwell, 1993, p. 202.

② Agnes Heller, *A Theory of Modernity*, UK: Blackwell Publishers, 1999, p. 145.

宏大叙事批判与多元美学建构

造。这个"他者"不能完全是他者,而是不得不成为"我们"。因为完全成为"他者"的东西对"我们"来说不能是虔诚实践的文本。毕竟,"我们"通过实践把文本转变为"我们的"虔诚的对象。

解释的精神直到 20 世纪过去的几十年才实质性地被修正。但是赫勒认为解释仍然一直是虔诚的。在整个早期现代性中,作品被视为权威与秘密的看守者,一种为自己提供解释的象形文字。这样,作者权威性一直是关键的。并且没有理由回到一部古老的作品,没有理由质疑它,只有这种坚定的信仰,即如果人们思考那些资源并且无数次地质疑那些资源,那么人们仍然能够找到深刻而奇特的发现。一部艺术品或者哲学与一个宗教崇拜的文本一直是杰出的证言。它们能够不断地被带回到书架上,因为人们能够期盼,只要我们从不同的角度向它们询问新的问题,它们就能想出一个新鲜的、原创的与令人吃惊的话语。赫勒认为,解构与此类似,"作为一种激进阐释学的解构是这种实践以其他的方式进行的持续"①。解构经常侵犯文本,以文本的阅读反对文本,然而,解构最辉煌的文本非常明显地是使自己遵守最通常被解释的文本。有时候,人们具有这种印象,人们正遇到一个绝望的解释者,如果那些杰出的见证人(不管是柏拉图还是康德)以古老的形式,即以低垂的眼神,以一种低沉的、颤抖的声音谦卑地被质疑,他们强烈地拒绝提供新的答案,拒绝揭露未被揭示的秘密。人们就威胁那些见证人,人们不得不动摇他们以至于他们会提供新的证词。即使一个答案最初是明晰而深刻的,但是被人们接受多次后就变得枯燥乏味了。没有揭示新的秘密的文本不是活生生的文本,只是一具尸体。所以赫勒认为:"作为普遍上的激进阐释学的解构也是一种对最高程度虔诚的解释。它通过荒谬、反讽、揭露、否定——一句话,通过挑衅使文本保持活力。"②赫勒对解释的分析是比较新颖的,尤其涉及对德里达的分析。通过这种解读,德里达的解构理论事实上是一种现代性理论的表现,只不过是最高意义虔诚的解释实践。

赫勒对阐释学神学本质的揭示,使我们可以理解解释在现代

---

① Agnes Heller, *A Theory of Modernity*, UK: Blackwell Publishers, 1999, p. 146.

② Agnes Heller, *A Theory of Modernity*, UK: Blackwell Publishers, 1999, p. 146.

存在的根本性的基础,也就是说现代人需要阐释学,需要意义的不断提供,需要一种神圣的东西的膜拜,需要一种失去上帝之后的救赎。

（二）后现代主义阐释学建构

赫勒认为：“现代历史意识是杂食的,因为它包括现代精神（知识）是绝对的一切（它不排除任何东西）。一切意味着为我们的一切,我们使一切说得通,我们解释一切,我们理解一切。对我们而言,没有什么是完全错误的。”①赫勒把杂食文化、杂食现代性（omnivorous modernity）与解释联结了起来。

阐释学属于历史想象制度,历史想象已经为接受者打开了作为猎场的过去。到现在,过去保持广泛的开放性,不再是普遍的规范的特权的过去。古代埃及或者古代墨西哥的建筑物,石器时代的洞穴绘画、波斯的与中世纪的微型人物、哥伦布的雕塑或者鼻环都没有区别,所有的实践与空间都受制于解释者。一部艺术作品是“原创的”还是一种模仿对资金数量仍然重要,但是对趣味来说不是如此。赫勒谈到了拉德洛蒂在《赝品：造假及其在艺术中的地位》中所进行的后现代主义研究,拉德洛蒂把造假现象与后现代主义的出现联系起来,特别与作为合法的艺术形式与风格的拼凑作品和引述的出现联系起来。不仅 2000 年古老的原创作品而且这个作品 200 年古老的模仿品是珍贵的,两者都古老,都应该是美的,都具有“古色”。只要这种对象、事物具有古色,那么它就在实质上是古老的,因为它唤起怀旧。一个建筑是哥特的,新哥特的还是新新哥特的仍然有差别,然而不是以 50 年前同样的方式与同样的程度有差别了。愈来愈重要的是人们是否能够从它那儿得出一些意义,并且是为谁的与在什么程度上得出的。总之,赫勒认为接受者的考古学愈来愈成为无时间的。

虽然解释的精神从希腊化时代以来直到不久前才实质性地被改变,并且虽然目前的变化是否达到了表层下是一个不能确定的问题,但是别的一切都变化了。“我们”这个解释者的准共同体越大,解释的对象或者文本越少被精选。在文艺复兴期间,神圣的与

① Agnes Heller,*A Philosophy of History in Fragments*, Oxford and Cambridge, MA: Blackwell, 1993, p. 178.

有价值的文本的区分实质上已经模糊了,之后,有价值的文本群开始扩大、增长。如果"我们"指"我们德国人",那么《尼波龙根》的英雄传奇与格林兄弟收集的童话也将被包括进有价值的解释对象中。如果"我们"指"我们现代人",那么已经被探测为"已经是现代的"一切都是虔诚解释的有价值的对象。如果"我们"指"人类",那么事实上是一种人类创造的每一样东西最终能够成为如此一种有价值的对象,成为权威与秘密的载体。不过赫勒质疑,谁决定一个文本是否是权威的载体与秘密的守护者呢?谁挑选值得虔诚对待的文本呢?显然不再存在挑选的一种权威。在这种意义上,恰恰是"什么都行"。挑选任何雕塑、宗教文本、仪式、诗歌、歌曲等,并且以一种虔诚的精神质问它们,它们都期盼回答你并揭示它们的秘密。由于探寻解释对象的标准不再存在,那么任何对象都可以成为解释的对象,任何解释就是合法的,也就成为杂食的解释。赫勒认为:"现代性已经成为杂食的,因为文本挑选、文本处理与文本准备的制度已经失去了根基并且消失了[正如黑格尔已可能说,走向无根(*zu Grunde gegangen*)]。"[1]只有市场,这个巨大的杠杆来处理。文化精英集团的消失一方面是所有文本的民主的条件,另一方面这种消失是所有文本的民主所导致的。最初,传统文化处理制度权威的缺乏助长了而不是阻碍了精英主义文化的出现。事实上,早期现代性非常成功地尝试生产一种建立于理智的价值之上而不是血统之上的文化精英集团。但是到现在,这已经成为过去的事,解构以一种凌乱的方式仍然维持着古老的文化精英集团的习惯的残余。甚至宣称不存在高雅文化与低级文化的差别的口号最初是"先锋派的",因为它仍然突破禁忌,也许是最后的禁忌,并且在两个世纪中,正是突破禁忌的行为构成并维持着文化精英集团的声誉。赫勒的分析一直在通过现代性的内在连线的梳理或者一种现代性连续性的展示,来透视现代文化的历程,从早期现代到解构在赫勒看来是现代性的动力的结果。显然,她更少地关注断裂。

赫勒认为,只要有一个相当好的被限制的"我们",如"我们犹太人"或者"我们人文主义者",那么仍然存在一种解释者的共同

① Agnes Heller, *A Theory of Modernity*, UK: Blackwell Publishers, 1999, p. 147.

体。这个共同体包括活着的与死了的,也包括未出生的,考虑到后两者应该加入这个共同体。这样,阐释学能够成为我们的世界、意识、语言、文本与他者的桥梁。虽然"解释者的共同体"的表达已经占据一种牢固的哲学位置仅仅在近期产生,但是现在不再有这样的一个共同体,在眼前没有一个。赫勒认为:"虽然与实际上无限多的重要的、不重要的'他者'谈话仍没式微,然而这样的桥梁被建得愈多,我们愈囚禁在(或一直在)历史性的牢笼之中。"①建立这些桥梁正是我们社团精神所支配的。真理的一致性理论、早期现代主义的傲慢已经在艺术中被边缘化了。存在着仅仅被单个人解释的文本,如果某人发现一个非常模糊的文本还没有被任何人注意到或者解释,那么这被认为是一个功绩。其他文本被由当代或者近期著名的解释者的追随者组成的一群群的成员加工。被康德的一个最近追随者任意地邀请到同一张饭桌上的两个人已经阅读了同样的书籍,看见了同样的绘画或者对同样哲学文本具有同样的观念,这种现象几乎很少出现。因此,赫勒认为文化讨论被束缚,几乎不可能。只有同样文本的专家在世界性的同样的学术会议上能够交往。替代解释者的共同体,现在存在破碎的微型共同体,即偶然的、流动的、暂时的群体,通过学术的、职业的或者政治的休息厅摆脱了麻烦。他们以亚当曾经工作相同的方式解释,用自己的辛劳来谋求生活。

每一样东西能够在虔诚的实践中被解释并且被激活,但是到现在,正是单个人看来选择恰当的解释对象。单个人是偶然的,是解释对象。这是对启蒙运动的伟大诺言的实现。纯粹"特殊"不再起中介作用,个体直接联系着"物种"。"物种"在此不意味着"人类"的空虚范畴,而是包含人类思维、精神或者人手已经创造的每样东西。这个个体也许可以选择任何东西,不管其出生的时间与地点,但是这不意味着他或她事实上如此。正因为现代人的偶然性,同一个人会解释20世纪20年代早期的,来自俄亥俄州的玛雅人的花瓶,一首《圣经》中的诗歌,一盏墨砚,或者昨天的一部电影,这没有什么区别。一个人将什么挑选为他下一个解释对象不会重

① Agnes Heller, *A Philosophy of History in Fragments*, Oxford and Cambridge, MA: Blackwell, 1993, p.213.

宏大叙事批判与多元美学建构

要,但是重要的是这个人已经自由地挑选了他或她的解释对象。赫勒认为:"存在主义/本体论的偶然性与杂食文化是同一块币的两面。"①

赫勒的阐释学思想突破了伽达默尔所批判的神学阐释学,也突破了伽达默尔建立在语言本体论基础上的普通阐释学。伽达默尔认为,理解是本体论的,语言亦是人类普遍的本体论,所以阐释学必然是普遍性的,从而"接近了一种形而上学概念"②。所以,赫勒也对语言模式进行了批判,她认为语言模式不足以描述这种当代文化宇宙的任务。语言模式及其多种变体30年来在哲学领域是一种文化时尚。与过时的意识模式相反,语言模式被认为已经最后"解决"了"不能解决的"问题,其中包括所谓的主体间性的问题。在这方面,那种时尚已经结束了。没有模式"解决"哲学问题,因为哲学不是关于解决问题的。每一种模式生产矛盾,尽管是生产不同的矛盾。在巴别(Babel)的文化之塔上,人们不断地改变语言。语言本身失去了它的权力,这种权力依靠句子或者说话者。赫勒尤其注意巴特(Roland Barthes)从对语言模式的结构主义形式的接受到对这种模式抛弃的转变。就说话者而言,人们需要问一个传统上非常著名的问题,谁在说话? 说话者是权威的载体,权威的载体揭示本真的信息。但是就后现代说话者而言,信息不被说话者携带,首先因为没有信息被说话者调节,其次因为我们几乎不能鉴定说话的人。

赫勒对之进行了具体分析。说话者的权威依靠只有他或她是说话的人这个事实。这个权威是空的,因为它纯粹认同说话的赤裸裸的"我"。通过解释而说明的解释对象的意义被单一个体的幻象保证。从文本推出意义的单一个体能够被认同为主体。它不是传统理解的认识论上的主体,因为不断变化的新的意义不必然传达新的认识,并且它不肯定地保证甚至宣称来保证它的功绩的真实性。这个世界解释的主体把它自己面孔的图像印在解释对象上。每一个解释者用他或她自己的硬币付钱。他或她通过其解释来印这些硬币。这样,从解释对象获得的意义是他或她的意义,更

---

① Agnes Heller, *A Theory of Modernity*, UK: Blackwell Publishers, 1999, p. 148.

② (德)斯-格奥尔格·伽达默尔:《真理与方法》(下卷),洪汉鼎译,上海:上海译文出版社2004年版,第617页。

准确地说,是为他或她的意义。但是这不是"私人的"。正是仍然为了他人,这种意义才得以获得,因为解释仍然是虔诚的。

赫勒继续追问,谁是说话的人呢?解释不是其他解释者的一种引述吗?他或者她真是作为一个赤裸裸的眼睛用赤裸裸的眼睛与文本相遇吗?我们看见了那个解释者吗?如果他或者她带着一个面具,那么肯定看不见。自从克尔恺郭尔及其人格面具以来,这是一个已经折磨现代人与后现代人的问题。人们能够说,一个人解释系列中显而易见的东西是根据这个人的世界,一个印有这个人、这个主体的面孔的世界。人们能够说,这个解释的文本是匿名的,也就是说,不仅解释的区间而且解释是秘密守护者,最首要的是他或者她的身份的秘密的守护者。这样,文本的秘密转变为解释的秘密,作者已经死亡了。但是赫勒认为,即使我们不知道谁说话,但是某人仍然在说话,不是语言在言说。显然赫勒对作者之死、主体之死是持批判态度的。马尔库什也对语言范式进行了批判,认为语言范式把人类与世界、人类与人类的关系都以语言取而代之,把语言视为社会对象化的模式:"把人与世界和人群的关系根据语言的类似关系进行理解。"①就如生产范式一样具有普遍主义特征,这是一种宏大叙事。

赫勒描绘了后现代杂食文化宇宙的一幅喜洋洋的图画。正如莱布尼茨形而上学的、宇宙的所有单子是反映整个世界一样,虽然他们每一个人以其自己的方式反映世界,因此所有重要的人们即上面理解的主体就以他们自己唯一方式从他们自己选择的解释对象的视角体现整个现代世界。所有主体一起保证现代杂食文化的生存,赫勒称那些重要的主体为杂食宇宙的"国王与王后"。通过赫勒的分析,杂食文化是现代个体偶然性的必然表现。这既是现代性的特征,也是后现代性的特征。

赫勒认为杂食宇宙赤裸裸的国王与王后从围绕他们周围的所有人类生产的事物中获得工具,他们没有接管传统的文化处理制度。他们不体现"恰当的文本"对抗不恰当的文本,他们不建立权威,他们不创造一个新的传统,因为他们不停留在一种持续而强烈

① György Markus, *Language and Production: A Critique of the Paradigms*, Dordrecht: D. Reidel Publishing Company, 1986, p. 14.

宏大叙事批判与多元美学建构

的传统中,甚至否定性的也不。的确,无论什么时候人们从一个传统中挑选一种解释对象,他们一直把自己置于一种传统之中。但是如果人们从一个中国花瓶的解释移动到马克思的解释或者移动到象牙海岸(Ivory Coast)的木质雕塑,人们不得不使传统融合,即使人们过去仅仅被一些传统社会化了。因为赫勒看到,"在这个'多元文化'的世界,人们很少被一种传统社会化,人们具有不止一种'文化身份',虽然在数量上有限"①。因此,如果有一些传统,解释对象也从其自己传统的连续性中被排除了。没有"世界传统"存在。赫勒也看到最近一些人设法创造一个世界传统。例如有这样一个歌舞团,它演奏所谓的"世界音乐",这种音乐从不同人群的流行音乐中创作。这个歌舞团到处成功地进行演出。解释宇宙的赤裸裸的国王与王后不断地提供短暂的吸引观点。

尽管阐释学的规范已经模糊,但是赫勒也对完全脱离规则的解释进行了批判。赫勒不主张解释完全的开放与自由,这事实上容易导致没有真理的知识,一种主要接受技术想象支配的危险。所以赫勒引述了尼采的话,即戴着镣铐跳舞是容易的。"从镣铐中解脱之后跳舞更困难。如果不再有任何的舞谱,那么跳起舞来就更难。"②没有舞谱,就剩下一系列的自由的即兴表演,因为舞蹈者表演始终是即兴创作。舞蹈者选择每一动作,不知道他们的舞蹈是否令人愉快,是否向观众传达了一种意义。人们不能确定现在或者将来是否有一个观众。人们即兴表演,然而剧场是空的,这就是具有个体性、多元特性的后现代阐释学。

第三节　康德交往美学的后现代建构

赫勒的阐释学美学已经包含了交往美学思想,其对青年卢卡奇存在主义阐释学的分析就认识到规范的艺术作品建构了一种本真的交往,阐释学涉及解释者与他者的关系,必然也是一种交往理论。赫勒认为,阐释学具有与过去的对话关系,激进阐释学也是对话的,"它接近过去不仅仅为了寻找意义、意思、以前历史行为、对

---

① Agnes Heller, *A Theory of Modernity*, UK: Blackwell Publishers, 1999, p.282.

② (匈)阿格尼丝·赫勒:《现代性理论》,李瑞华译,北京:商务印书馆2005年版,第211页。

象化、手段的价值，而且为了揭示在它们与我们之间共同的东西"①。因此解释是一个共同交往的过程，正如鲍曼所说，解释者策略不是为了选择最佳的社会秩序，而是为了"促进自主性(独立自主的)共同参与者之间的交往"②。伽达默尔的普通阐释学也强调了解释的交往功能，对文本的阅读是一种解释，"阅读的意识必然是历史的意识，是同历史流传物进行自由交往的意识"③。他把语言的本质视为"谈话的语言"，甚至认为只有在朋友式的关系中，解释与意义的挖掘才得以可能。④ 也可以说，交往美学本身就是阐释学。赫勒的多元主义思想重新发掘了康德的交往美学思想，并与哈贝马斯、阿佩尔交往理论进行了对话。在分析现代文化哲学时，赫勒将康德的文化哲学视为其研究的起点。在她看来，康德设想了审美的共通感与话语文化的统一，即赫勒称之为现代文化的第二个概念作为话语的文化。即使在现代社会形式中，康德的设想面临着经验与理论上的严峻挑战，但她没有抛弃康德的文化哲学的理想，康德成为赫勒建构后现代微型交往话语理论的"维吉尔"⑤。

一、康德交往理论的美学基础：审美判断

康德追求普遍人性的文化哲学是奠基于美学之上的，他通过纯粹技术的文化与意志规训的文化的区分与审美判断的辨析表达了必然性、自由与文化的关系，思考了共通感、目的性与想象，讨论趣味与处世之道(savoir vivre)，这实质上是讨论人性(Humanitaet)。一个最好法制的世界如果缺乏人性就始终是枯燥的、无味的、孤独的。康德对文化哲学的重视，对审美判断的重视，正是在设想一个

① Agnes Heller, *A Theory of History*, London: Routledge and Kegan Paul, 1982, p. 47.
② (英)鲍曼：《立法者与阐释者》，洪涛译，上海：上海人民出版社 2000 年版，第 6 页。
③ (德)汉斯－格奥尔格·伽达默尔：《真理与方法》(下卷)，洪汉鼎译，上海：上海译文出版社 2004 年版，第 505 页。
④ (德)汉斯－格奥尔格·伽达默尔：《真理与方法》(下卷)，洪汉鼎译，上海：上海译文出版社 2004 年版，第 579 页。
⑤ Agnes Heller, *A Philosophy of History in Fragments*, Oxford and Cambridge, MA: Blackwell, 1993, p. 137.

良性的社会。康德的美学也是一种社会学,因为它意欲强调社会性与共通感。

现代世界不断良性发展预设了良好的共和国法则、人的自由、公民的平等,也预设了人们自己构成自己的结果的过程开始了。良性社会能够以多种形式与不同方面被增强。康德列举了三个方面:演员方面、观众方面、一群以平等的形式卷入话语行为的人们的方面。人类心灵乐意接受道德律就由这三方面强化。就演员方面而言,所有在情节发展中增强人类本质乐意接受道德律的东西本身都是真实的,但仅仅是真实东西的影像。然而就第二或者第三方面而言,人们不能谈及影像,因为这是真实的事物。赫勒认为:"以康德的术语说,观众与话语表演者也激励反思判断的能力。这是为什么《判断力批判》仅仅讨论观众与话语表演者的态度的原因。"①对康德来说,世界是人类的住所,是人类的剧场。在此,我们既是演员又是观众。康德对认识世界与占有一个世界之间进行了精致的区分。因为我们认识世界,所以我们理解这个戏剧,因为我们占有一个世界,所以我们是合作演员。话语表演者就是这两者的合并。他是一个观众,因为他的实用的与功利导向的行为被悬置。然而对话中他采取的态度也是实际的。他是一个演员,因为他参与这戏剧。伦理学是一场戏剧,是善的影像。康德认为,人类随着文明的进步不断成为戏剧演员。虽然在康德眼中,剧场戏剧的隐喻被货币流通的隐喻取代,但是内容仍然一样。影像虽然绝不与原创的具有同样的价值,但是它仍然具有一些价值。在道德许可范围内,影像是一种装假,但不是欺骗,欺骗脱离了道德的界线。

赫勒认为,康德对伦理与善,对话语表演者的重视在美学方面体现了出来。人们更少地强调孤独者与处于社会交际网络中的人之间的区别,就更加把注意力从演员的态度转向观众的态度。在赫勒看来,这种转向在《判断力批判》中尤其能够注意到。赫勒涉及在纯粹审美判断的演绎中对社会性的强调,尤其对主体经验与印象的可传达性的强调。康德在《对于美的经验性的兴趣》中的所

---

① Agnes Heller, *A Philosophy of History in Fragments*, Oxford and Cambridge, MA: Blackwell, 1993, p. 141.

言确实如此,他说:"在经验中,美只在社会里产生着兴趣;并且假使人们承认人们的社会倾向是突然的,而对此的适应能力和执著,这就是社交性,是人作为社会的生物规定为必需的,也就是说这是属于人性里的特性的话,那么,就要容许人们把鉴赏力也看做是一种评定机能,通过它,人们甚至于能够把它的情感传达给别人,因而对每个人的天然倾向里所要求的成为促进手段。"①而一个孤独的人在一个荒岛上将不修饰他的茅舍,也不修饰他自己,或寻找花卉,更不会寻找植物来装点自己。只有在社会里,他倾向于把他的感情传达给别人,不满足于孤芳自赏,他期待着和要求着照顾那从每个人来的普遍的传达,恰似出自一个人类自己所指定的原本的契约那样。康德在《判断力批判》中的《关于鉴赏的方法论》也谈到了审美的社会性与可传达性,他说:"一切美的艺术的入门,在它意图达成完满性的最高程度的范围内,似乎不在于设立规范,而是在于心的诸力的陶冶通过人们所称的古典学科的预备知识:大概因为人文主义一方面意味着共通感,另一方面意味着能够自己最内心地和普通地传达。"②这构成了适合于人类的社交性,从而形成一个民主共同体。但是康德也谈及即使一个没有与他人共享经验与印象的孤独者喜爱野花、鸟等的美的形体的图像。在此,强调的是审美趣味的非社会的特征,因为孤独者喜爱野花或者鸟,没有被社会触及。虽然一只鸟儿的歌声或者一朵花的形体的模仿,人造的被称为欺骗的东西,但是这不是自我欺骗,因为孤独者对非社会的自然美的沉醉是他或她的道德感的对应情感。鉴赏真正的入门是道德感的培养与伦理观念的演进,而这种培养与演进一直是孤独者自己的任务,赫勒对康德的审美判断的考察注意到孤独性与社会性。

趣味判断的培养直接促进了社会性,间接促进了道德性。同时审美直接促进了社会性。在社会交际中,演员占有一个世界,他们是合作表演者,然而他们不等同于他们扮演的角色。在审美判断中,也存在一种假象,考虑到崇高是善的假象。但是这是一种自

---

① (德)康德《判断力批判》(上卷),宗白华等译,北京:商务印书馆2000年版,第141页。

② (德)康德《判断力批判》(上卷),宗白华等译,北京:商务印书馆2000年版,第204页。

由的假象,想象的自由发挥在这种假象中起作用。由于他们形成一种审美判断,所以男男女女是其所是。他们不仿造,他们不说"这是美的",恰恰因为别人这样说过。他们不被星空的辉煌压制,恰恰为了寻求一种来自一个邻居的赞同的意见。对康德来说,通过作出审美判断,人们肯定开始更加好地理解世界,如果仅仅以一种否定的方式,通过瞥一瞥不像纯粹经验世界的世界。但是他们也能够把这一瞥带入一个在他们的活动之上的高级世界,通过这种世界,他们占有了一个世界。毕竟,演员与观众是同样的人。因此,"审美判断作为交往,作为社会的社会性的文化(培养)的工具,它合并了观众与演员的态度"①。恰恰这两种态度的统一,作为在一个与另一个之间来回的不断转换,出现于社会的社会性的文化中。赫勒认为,"社会的社会性"也是一种影像,一种假象,因为它是自由与幸福的统一的象征。对康德来说,每一个在"非社会的社会性"的世界中生存下来的"社会的社会性"的每一个小的壁龛在此时此地都是幸福的允诺(promesse du bonheur)。

对康德来说,"非社会的社会性"是人类本质的矛盾,这是自然与自由的唯一性的合并。在这个"非社会的社会性"的世界,自由受制于自然。相反,在"社会的社会性"的社会中,没有矛盾,自由与自然都不被工具化。现代的共和国国家、法治国家不能消除"非社会的社会性"的世界,虽然好的共和国与法律为实践人性提供了最佳框架,但是它不联系着人性。这样,政治文化就不同于"社会的社会性"的文化。由于政治文化是行为的文化,所以它始终是行为的形式,伦理学也是一种影像。人性不像行为的方式,不过两者具有相同点,两者要求在语言游戏方面的激进转移。它们从一种自我主义语言转向一种"多元化的"语言。多元化的语言能够是本真的也能是不本真的,即它能够是自由的呈现或者是自由的假象。在政治文化中,假象就足够了,而在人性中,这不足够。更正确地说,当使用一种多元化的语言中自由的假象不再足够时,人们就进入社会的社会性的网络。赫勒分析了康德关于逻辑、审美、伦理三种语言自我主义与三种语言多元化,自我主义的共同点在于无视

① Agnes Heller, *A Philosophy of History in Fragments*, Oxford and Cambridge, MA: Blackwell, 1993, p.145.

他者,就审美而言,审美的自我主义就是漠视他人的趣味。而逻辑、审美多元化就是以一种非工具的方式对他人的观点与判断感兴趣。因此作为"社会的社会性"的文化的人性是有关精致的,它是一种全面的多元主义。

赫勒认为,康德在分析作为一种共通感的趣味时,引入了共同的人类理解力的三个原则,即自己思想、站到每个别人的地位思想、时时和自己协和一致。第二个原则是"见地扩大",属于判断力。① 事实上这就是康德所称为的"多元主义"。赫勒认为,趣味多元主义与共同人类理解方面的多元主义是社会的社会性同一文化的两个方面。而且她认为康德的这种"社会的社会性"正是现代社会的特征,是启蒙运动的原则,它强调了自律性、多元性,所以"社会的社会性的文化属于现代"。虽然在封建时代存在多元主义,但是这种多元主义与自我主义没有完全区分,因为个人的"我"与其阶层的"我们"不可分离。而现代的多元主义不同,"正是自由的理想产生了自律思维的原则,正是政治平等的观念要求多元化的思维类型的实践,这种实践预设了人们乐意自己保持独立,而不仅仅是和他们的社会阶层的标准的他者一起思维"②。因此,前现代不需要"社会的社会性"的网络,这种网络也不能得到发展。无限制的自我主义与最精细的人性同时出现。无限欲望的野蛮主义凭借技术的文化生存,不断被快速膨胀的需要所强化,但是意志规训的文化,通过自由而平等的个人交往/对话,能够获得一种前所未有的精致,而这种交往性可以在审美判断中找到根基,这种交往也同时预示了多元主义。

二、康德交往话语文化

如果康德认为审美判断是观众与演员的同一,体现了"社会的社会性",表现出认识世界与占有世界的统一,那么他设想的讨论会(Symposion)正是这种审美判断的具体表现。按照赫勒的理解,康德常常与朋友一起欣赏一顿午餐会(luncheon),这成为交往话语

① (德)康德《判断力批判》(上卷),宗白华等译,北京:商务印书馆 2000 年版,第138 页。

② Agnes Heller, *A Philosophy of History in Fragments*, Oxford and Cambridge, MA: Blackwell, 1993, p. 147.

文化的影像。康德在《实用人类学》中讨论美与崇高时说："在得体的社交聚会上的一餐作为一种情景是无与伦比的，在这种情景中，感受性与理解力统一于长久持续并能够快乐地经常重复的愉快之中。"[1]

赫勒首先分析了康德对成功讨论会的条件。午餐会与社交聚会的优质取决于主人的趣味，主人既要有审美趣味也要有理性的思想，其趣味要具有相对的普遍性。菜品的多样性可以适应各自不同的趣味，同时各位观点也要具有多样性。这种多样性既有私人的又有普遍的判断，这些都进入相互的关系之中。赫勒说："每个人需要为他人的理性、理解与趣味贡献一些东西，以至于他们都共同认为参与了一次高质量的对话。"[2]对康德来说，主人和客人应该具有相对的普遍性，也就是多样性的普遍性，或者在多样性中呈现出普遍性，这不要求达成一种认同，虽然不可能完全排除认同。通过承认差异性，参与者获得了自由，判断具有了多元主义特征。

这种讨论会呈现出的交往的多元主义与趣味判断的多元主义相关。赫勒认为，在《实用人类学》与《判断力批判》中，康德经常回到趣味判断的多元主义的问题。虽然这对他同时代从来无法理解的批评家来说不是一个问题，然而对康德却是一个问题。当某人断言，"X 是美的"时，这个趣味判断实质上是主张普遍的有效性。正如康德所说，"X 是美的"这个表达意味着，"X"不仅仅对"我"来说是美的，而且对每个人来说都是如此。因此，赫勒认为这是一种多元主义，因为"我"的语言说着"我们"的语言。在得体的社交聚会中某人说"X 是美的"，而另一个说"X 是丑的"。在这种判断冲突的情景中，多元主义就要求他们相互尊重彼此的判断，虽然都主张普遍的有效性。相反，如果某人主张只有他的审美判断是美的，而其他人没有趣味，那么这个人扮演着自我主义的方式，成为一个扫兴之人。人们不能与这个偏执的人展开一次高质量的对话。同样，人们也不能与那些只主张纯粹的私人的趣味的人进行成功对话。趣味能够是纯粹私人的，这主要在于缺乏精致与缺乏普遍的

---

① Agnes Heller, *A Philosophy of History in Fragments*, Oxford and Cambridge, MA: Blackwell, 1993, p. 148.

② Agnes Heller, *A Philosophy of History in Fragments*, Oxford and Cambridge, MA: Blackwell, 1993, pp. 148 – 149.

主张。缺乏精致使趣味判断带有粗野而他律的特征。康德支持一种防止人们赞同趣味时尚的内在审查，与只追求最新的人不能进行高质量的对话。这些人看起来是多元主义，但是他们是完全自我主义的，因为他们无视"我"与"我们"的区别。如果某人说"我喜欢它"，另一个人说"它非常好"，并且观点的整个交流以这种论调持续，那么高质量的对话一开始被捣毁了。人们能够在社交聚会中跳舞、听音乐或者玩游戏，但是人们不能进行一次真正的谈话，因为后者要求思想的交流。玩游戏也能够打开无限的自我主义表现的大门。为了进行一次高质量的对话，人们应该设置一些规则。基于此，赫勒概括了康德对一次成功讨论会的条件："一次高质量的对话的三个标准就是自律、多元主义、思想开放，如果这三个标准缺少一个，那么我们也许感到很愉快，但是没有进行一次高质量的对话。"①这三个标准与康德对审美判断的个体性与普遍性、多元主义的特征的理解是一致的。或者说，审美判断奠定了康德的讨论会的根本性的条件。赫勒认为，虚构的桌子与契约相反，正是围绕着象征的桌子，苏格拉底进行了他的对话。拿撒勒的耶稣（Jesus of Nazarerh）偏爱桌子。他提供了大量的鱼肉，喜欢与他的追随者和朋友欣赏桌子的快乐。相反，契约是单个人的联合。一旦人们进入一个契约，它成为束缚人的，契约者被迫遵守。而围绕桌子，不同的纽带被形成。参与契约是相互依靠的，他们从相互依靠中获得利益，但不获得快乐。而对康德来说，不存在非此即彼，而是两者都需要：合法的国家与神秘的统一，这里透视出对话的多元主义。

　　康德午餐会上对话的理想包括讲故事、推理与开玩笑三个阶段，其中推理阶段最为关键，它是热烈讨论的阶段。在此，判断、趣味与观点发生冲突，出现了争论（contestation），但不是论辩（disputation）或者打架。康德认为论辩出现于科学或者哲学概念中，在论辩中，只有一种真实的观点，只有一种可能的解决办法。赫勒认为："对康德来说，在哲学同事或者科学同事中甚至最生动、最令人振奋的论辩也不密切地联系着社会的社会性与人性。论辩不是最

　　① Agnes Heller, *A Philosophy of History in Fragments*, Oxford and Cambridge, MA: Blackwell, 1993, p. 150.

高的社会的、政治的、善的影像，它不是'最高的道德的与身体的善'，因为它的意图是寻找什么是真理，而不是在讨论中欣赏彼此的社交聚会。"①打架是非社会的社会性。然而争论不一样，它是康德著作中经常出现的主题。它是一种在原则上能够解决的然而一直没有解决的冲突。人们争论彼此的判断与趣味，他们不在每样事物中达成共识。赫勒解释说："在争论中，人们不把彼此工具化。"②趣味判断就是典型的表现，它们向争论敞开。所以趣味判断不能论辩，但是能够争论。康德强调，某人无论什么时候进入关于纯粹趣味判断的争论，他就含蓄地提出了一种普遍的主张。所有的争论者都是如此。不管他们作出的判断是不是纯粹的趣味判断、政治判断或者是其他类型的判断，但是在这一场论争中，所有真诚的参与者都会平等地主张他们判断的客观有效性，虽然不必然像纯粹的趣味判断的普遍有效性一样。既然有道德的界线，参与者不在打斗、冲突中获得道德的、审美的、理智的利益。但是在关注他人的过程中，他们以多元主义的态度提升了自己的趣味，深化了自己的判断，领会了新的东西，得到了实践锻炼，从而欣赏论争本身。

赫勒认为，康德午餐会达到了自由与自然的最后的统一。午餐会与法国大革命代表了同样的诺言。康德设计了一个人性的理想世界，一个自由与自然统一的现代理想的乌托邦。赫勒把康德这种交往午餐会视为与现代文化的第一种典型概念即高雅文化不同的第二种典型文化概念即作为话语的文化概念。这个概念是现代性的动力的主要载体。它出现于启蒙运动时代。在现代，不断地出现讨论的浪潮，观点的交流中，出现于现代性的动力深深扎根的知识精英集团的日常生活中。"批判"产生了文化话语。康德在他三个批判中使哲学激进化，批判的文化是文化话语的必然的方面。这种文化概念与高雅文化概念始终存在区别：一方面，文化讨论范围更广；另一方面，这种文化话语没有两极性，没有第一种文化的高雅与低级文化的区别，而且第二种文化具有伦理的规范，而

---

① Agnes Heller, *A Philosophy of History in Fragments*, Oxford and Cambridge, MA: Blackwell, 1993, p.152.

② Agnes Heller, *A Philosophy of History in Fragments*, Oxford and Cambridge, MA: Blackwell, 1993, p.153.

第一种文化可以完全不具备这些。它也不同于现代第三种文化概念即人类学文化概念。赫勒认为，这种文化话语也不同于电视、报纸上的"观点的交流"，后者不是自发的，某人在观看或者聆听，但是不能参与，观者与听者是局外人。真正的交往要求每个人都是参与者，都具有平等的机会，这种自由观点的交流是现代世界的唯一的精神交流，赫勒认为这种交流不能为商业化所触及。因此，"这个文化概念避免了两极化、商业化与商品化，它也避免了第一与第三个文化概念的命运。它不是矛盾的。自由在此也不是矛盾的"①。不过，赫勒也认识到康德的审美判断与文化话语的内在关系，认识到文化话语与高雅文化的内在关系："文化的第二种概念能够容易地关系到第一个概念。毕竟，文化的第一个概念也被第二种理解意义的文化所生产。"②"康德的《判断力批判》对趣味判断的探讨为文化对话提供了最好的模式。纯粹趣味判断的描述，特别是它是无功利的、'无刺激与感动'（Reiz and Rührung）的预设，也可以被解读为一种隐藏的规则。一个严肃地希望他的判断被他人所接受的人，必须从他判断的立场悬置所有与自己的地位与经验相关的东西。"③趣味判断不能被证实或者证伪，然而我们仍然能够宣称这种判断的普遍性。所以，趣味判断能够被论争，但不能论辩。这事实上与赫勒谈及的午餐会是一致的，都强调无功利性、普遍的有效性、论争的交往性、社会的社会性等特征。在赫勒看来，康德把审判判断的模式延伸到文化谈话，文化谈话的世界就是"另一个世界"，是"一种虚构，一种本质的现实"④。这类似于赫勒对高雅文化的界定。但是这是一个在朋友中共享的虚构，所以这在某种意义上是真实的。在这种现实中，本质与现实存在融合在一起，并且，在康德讨论会上，有一种松散的民族精神束缚着参与者，这根除了"浓郁民族精神"，松散的民族精神对赫勒来说恰恰是现代性的特征。⑤ 因此我们认为，赫勒建构了康德的现代文化理想，这种理想是审美判断向午餐会延伸，是审美判断向伦理学、日

宏大叙事批判与多元美学建构

① Agnes Heller, *A Theory of Modernity*, UK：Blackwell Publishers, 1999, p. 132.

② Agnes Heller, *A Theory of Modernity*, UK：Blackwell Publishers, 1999, p. 130.

③ Agnes Heller, *A Theory of Modernity*, UK：Blackwell Publishers, 1999, p. 132.

④ Agnes Heller, *A Theory of Modernity*, UK：Blackwell Publishers, 1999, p. 133.

⑤ Agnes Heller, *General Ethics*, Oxford：Basil Blackwell, 1989, p. 157.

常生活的渗透。赫勒这种建构比较切合康德的文化理想,但是她没有进一步分析康德午餐会的模式与康德的共和国政治理想的关系,虽然她认识到这点,"文化的第二种模式是建立于政治平等的模式基础上的"①。康德在《实用人类学》中非常明显地彰显了其政治理想,个体交往形成的社会的社会性,正是一个世界公民社会的影像:"人类的特性是这样一种特性:他们(作为一个人类整体)被集体地看待,是那些个体相互继承与共存的一个群体,这些个人不能脱离共同的和平共处,但同时却不可避免地处在经常的相互对抗之中。"②因此,康德就是在设计一个从审美到日常伦理再到共和国的文化理想。以此观之,康德美学不仅仅是美学本身的问题,而且是伦理学、政治学的问题,但是,康德的文化理想彰显出现代性的普遍性意识,具有宏大叙事的特征。话语文化与高雅文化、人类学文化一样,都是普遍的概念。如果第一种文化概念提供了规范的普遍,第三种文化提供了经验的普遍,那么第二种文化提供了一种祈愿的普遍,即提供了普遍的平等机会。这样,它在后现代社会必然面临着经验上与理论上的困境,同时也有了生机。

三、康德文化理想的困境与后现代建构

赫勒从经验上和理论上分析了康德文化理想的困境。她带着夸张的语气说,接受康德午餐会的邀请,"至少有一千零三个经验上的(社会上的)困难"③。不同职业的人群不再兴致勃勃地讨论同一个主题或者表达关于同一个艺术作品或者自然美的形式的观点。不同职业的人几乎不能彼此交谈。人们只对自己能力所及的事件感兴趣。即使他们有真正的好奇心,也不能询问相关性的问题,更不用说与专家同等地进行讨论。赫勒认为:"解说取代了讨论。"④人们读不同的书籍,听不同类型的音乐,不再有一种可以讨论的共享经验。人们只能给予或者接收各种信息,即使有讨论的

①　Agnes Heller, *A Theory of Modernity*, UK: Blackwell Publishers, 1999, p. 135.

②　(德)康德:《实用人类学》,邓晓芒译,重庆:重庆出版社 1987 年版,第 244 页。

③　Agnes Heller, *A Philosophy of History in Fragments*, Oxford and Cambridge, MA: Blackwell, 1993, p. 160.

④　Agnes Heller, *A Philosophy of History in Fragments*, Oxford and Cambridge, MA: Blackwell, 1993, p. 160.

事,但是真正的论争不再涉及,真诚性被减弱了。在国家与私人或者亲密关系之间不再有唯一标准化的社会空间。人们不交谈而是吼叫,没有秘密,没有信任。因此,围绕午餐的真正的对话无法产生。赫勒认为,康德自己可能列出了这些经验上的困境。当然,我们也许能够发现不同职业的人能够讨论相同的艺术作品,对同样的问题感兴趣,能够通过他们的意见与判断,能够优雅地进行一场交谈,能够进行论争,等等。不过,赫勒追问,他们如何会相信康德的午餐会的精神,相信一个乌托邦现实的午餐会,相信有自由与幸福能够和谐地融合的最好世界的影像呢? 被邀请到午餐会而不理解康德所谓的"道德－身体的善",事实上等于奸诈,所以康德的文化理想仍然无法实现。

今天的现代认为康德所设想的目的是一种希望,是一种"不能是的目的"(End-that-can-not-be),"而不能实现的事物的影像是无意义的,或者说这是被扭曲的理性主义思维,是启蒙运动时代留下的残羹幻象"①。当自由与幸福的统一被质疑,其乌托邦信息不再确定时,真正的困难就出现了。叔本华的欲望理论对康德的模式进行了挑战。在康德的模式中,超验的自由是自律的,而不驯服的欲望及其源泉是他律的。人们能够颠倒这个模式,即颠倒高级与低级的欲望能力的关系,并且把男男女女视为一个自律的无个性欲望的纯粹容器或者表现。这些欲望脱离了他律的理性。赫勒认为叔本华的挑战虽然经历了许多修正,但是其理论在当代同样具有重要性:"具有'精致的趣味'的许多人把他们彼此视为欲望的机器。他们把他们的自律想象为他们无个性的欲望机器的一种不受妨碍的表现状态。"②但是这是一种扭曲,欲望机器与我们现实的欲望和思维之间的关系被扭曲了,前者成为无意识,一种自在之物。无意识的欲望机器是超验自由的滑稽模仿。在这种局面,正是非理性与非合法的超验的自由通过具体欲望的偶然对象直接地决定我们的意志。因此赫勒认为,即使从来没有读过叔本华、尼采、弗洛伊德、荣格等人的著作的人也会对康德午餐会的参与者的本真

---

① Agnes Heller, *A Philosophy of History in Fragments*, Oxford and Cambridge, MA: Blackwell, 1993, pp. 161–162.

② Agnes Heller, *A Philosophy of History in Fragments*, Oxford and Cambridge, MA: Blackwell, 1993, p. 162.

性提出严肃的疑问。

正是通过康德的模式的颠倒,许多人认为康德的乌托邦是虚假的。这个午餐会上参与者是否真是自由的、幸福的,是否是平等的、互惠的,也是有疑问的。赫勒涉及真正的论争问题。康德对论争中一种整体的对称性的信赖是天真的。斯大林的午餐,是宏观权力的最极端的运用,这种权力也可以通过微观权力被我们感觉到。赫勒借助了福柯的话语权力理论,认为康德的午餐会事实上是一场权力游戏,每场论争也肯定是权力游戏。但是赫勒认识到,在康德午餐会中的交谈应该是一场游戏,一场没有赢家也没有输家的戏剧,在解释中没有将对方杀死,没有衡量"得分"的规则,并且论争是开放的。虽然人们能够把每个交谈描述为在权力场表演的游戏或话语行为,但是对称性互惠能够实现。一个权力场是一个张力的场,并且好的交谈需要张力。

如果午餐会交谈的乌托邦不再被视为自由与幸福的统一允诺,那么我们不想接受康德的邀请。这不是因为这个张力太大,而是因为张力太小。如果所有张力与兴奋消失了,自由就成为无意义的,幸福萎缩到低级标准的娱乐水平而倒塌,最终变得枯燥。所以赫勒看到,进行自由判断的伦理的、审美的分量,同判断者和对话者赋予那个判断的分量成正比。虽然人们无论什么时候说"X是美的",实际上主张其判断的普遍有效性,但是人们也能在这个主张上添上一个离题的反面主张。现在,人们甚至不需要添加这样一个反面的主张,因为公众把一种趣味判断的普遍有效性的主张视为不可接受的夸张。

因此,如果我们想举行康德式的午餐会,就不能避免邀请文化相对主义者。他们认为,所有的标准是统治的靠山,区分精致的趣味与不精致的趣味仅仅是一种暴力行为。每种文化有其自己的标准,没有一种比另一种更优越。昨天丑的事物今天是美的事物。从"过去之井"刚刚浮出的事物获得了美的尊严,并且成为一种展品。所有个人的存在物被合法化,限制与束缚消失了。人们不再戴着镣铐跳舞。在艺术类型之间没有分界线。每天带来一些惊奇,前所未有的怪物被创造,思维平庸的句子戴上引号重新呈现。赫勒认为:"问题不是人们能否仍然普遍地作出趣味判断、审美判断或者反思判断,而是人们作出这些判断是否根本上重要,是为谁、对什么作出的。"①这意味着康德的多元主义,但是赫勒认为它是一种虚假的多元主义和对称性互惠。因为在真正多元主义的情景中,每个人完全自信地表达其自己的趣味判断,这些判断是不同的,不能衡量的,但是它们都很重要。论争一直是开放的,每个人变得更加富有。面对后现代的文化相对主义以及种种审美判断动态性、个体性等特征,回报康德的午餐会面临着巨大的困难。不过,赫勒没有回避这些挑战,而是设法融合康德的多元主义与后现代文化相对主义。

赫勒还进一步从理论上说明康德的文化理想面临的困境,这是从现代哲学的"角色"即文化和意义的动态发展的分析展开的。"文化"和"意义"概念的出现是现代之事,它们进入现代哲学游戏,改变了哲学研究的范式。康德的文化理想面对意义概念的冲击,而意义的危机再一次消解了文化哲学。

康德的"文化"成为社会哲学与人类学的支配性的"角色",但是它没有在其哲学体系中占据主要的"角色"。他维护认识和理性领域,以防止新概念入侵带来哲学的危机。在康德的哲学体系中,虽然古老的形而上学受到怀疑,但是一些古代哲学的概念的绝对性仍然被保护。康德通过维护理性等古代哲学的范畴来对抗各种形式的历史主义。为了达到这种平衡,就要引入"文化"和"意义"概念。后者以形而上学的面孔出现。"意义"作为主要角色的出现产生于康德的《判断力批判》论崇高和目的论判断中。而黑格尔对意义极为重视。绝对精神的领域作为最高的领域是提供意义的场所,包括艺术、宗教、哲学。这个领域的主要原则内在于一切事物中,赋予现实生活的一切事物以统一性。一切事物随着绝对精神领域而变化。由此,黑格尔对康德的文化哲学进行严厉地责难,因为康德的构建忽视对"意义"的强调。不过,黑格尔仍然称赞了康德对崇高的讨论,因为这里与文化问题相关的意义问题出现了。因此,赫勒认为:"当意义已经占据舞台的核心位置以后,将意义问题保持边缘的文化哲学在某种程度上就有缺陷了。"②哲学的古老

① Agnes Heller, *A Philosophy of History in Fragments*, Oxford and Cambridge, MA: Blackwell, 1993, p. 168.

② Agnes Heller, *A Philosophy of History in Fragments*, Oxford and Cambridge, MA: Blackwell, 1993, p. 170.

宏大叙事批判与多元美学建构

术语,诸如存在、理性、真理、善、主体通过意义范畴得到了重新阐释。意义也是多样的,"意义"是许多意义中的一种意义。在康德那儿,"文化"仍然带有"种植"的传统意义。人们愈彻底地培养一个花园,这个场所就更加精美、更加有味、更加美。人们愈加陶冶自己的心灵,人们的趣味、判断与习惯就更加美、更加精致。但是因为培养不赋予花园以意义,所以心灵的陶冶也不赋予心灵以意义。那么是什么赋予心灵以意义呢? 康德没有作为一个问题提出来。有趣味的东西存在,美丽的花朵存在,体面的个人存在,知识存在,那儿有先验的合成判断,并且我们希望世界有所进步,但是希望不是严格意义上的文化问题,而是类似于黑格尔的"和解的需要",这样文化就被意义重新阐释与整合。赫勒认为:"'高雅文化'的术语与'低级文化'的区分随着意义问题的出现获得了一种全新的意义。'高雅文化'现在被视为意义提供者(黑格尔的绝对精神),而'低级文化'被视为意义容器或者意义吸收者,虽然可以认为,意义提供的物质也能够从'下面',即从刚刚被发现(或者发明)的所谓'人民'的低级中出现。"①

　　赫勒认为,意义的问题是现代的,不是因为意义是现代的,而是因为现代社会形式打开了意义问题化的可能性,并且现代人经历了严重的意义缺失,因而产生了对意义解释的深层次的需要。意义问题化与意义解释是紧密联系的。在传统文化中,意义经常被质疑,解释就成为关键性的,因为意义的问题化产生了不确定性的标准。但是只有现代人在意义提供的不间断的运用中掠夺一切事物。意义提供也是意义归属。现代史学与人类学是不断进行意义归属的事业。不过,意义提供者不管是结构主义者还是阐释者,是功能主义者还是马克思主义者,他们都把意义归属为所有过去的与现在的实践。在解释"坏的无限性"中,每个人把意义赋予实践。结果,在这个领域几乎没有什么来掠夺的,不仅仅因为资料被耗尽了,而是因为某种阐释的饱和。一种新的循环应该被打开,重新开始进行意义归属。赫勒认为,伽达默尔的"视域融合"存在某些问题,因为我们不知道视域事实上已经被融合了,仅仅相信它们

　　① Agnes Heller, *A Philosophy of History in Fragments*, Oxford and Cambridge, MA: Blackwell, 1993, p. 171.

已经融合。不过,既然他者始终是死的或者根本不根据我们的意义与解释来思考,认识与信仰确实可以最终融合。从过去的深井中挖掘,汩汩的水喷涌在我们的脸上。即使有人认为从来不会有视域融合,但是也能够进行意义归属,而作为意义归属的意义解释成为最强有力的现代性想象制度。它作为"绝对精神"指引我们,让我们继续前进。赫勒认为这种想象制度直接或间接地表达了我们的偶然意识。前现代人成功地进行了意义提供,然而现代人提供意义的能力出现了危机。如果人们对文化活动的判断不重视了,如果判断形式也几乎没有意义了,这样来举行一场康德式的午餐会邀请康德和黑格尔参加讨论,结果不再是康德所设想的文化境界。赫勒认为:"在此发生的讨论也许使我们想起尤奈库斯的一部戏剧的对话。"①参与者仍然能够进行,至少在适当形式上能够进行,参与者能够顺利地作出趣味判断或者其他判断,虽然他们作不作判断不重要,说不说什么也不重要。他们能够提出普遍的主张,也能够继续论争而不使每个人受伤。他们也会像牵线木偶一样表演,玩着自己不理解的语言游戏,因为没有什么来理解。他们能够在这种语言游戏中培养某些技巧,但是不能培养所谓的"意志",因为他们没有意志或者完全是超然的、未被卷入的。娱乐代替了幸福,差异取代了体面。娱乐与差异的合并始终是一种乌托邦,但是这绝不是康德意义上的乌托邦。

赫勒认为,康德是一个前浪漫主义者。他的主体不是主观的,他没有发现"主观精神",因为这是随着黑格尔的"绝对精神"一起出现的。现代传统认为理性是普遍的,而情感、情绪、兴趣是特殊的、个体的,如果没有受到后者的影响,人们的思考、认识是相同的。超验的哲学不是这种传统的一部分,但是它使这种传统现代化。所以,康德的超验哲学是客观的。哈贝马斯的交往模式维持着康德理性与情感的二元性。但是赫勒进行了后现代的偶然性设想,把现代命运设想为自己存在主义选择的结果。假如作为一个偶然存在物的 X 意识到她的偶然性,她如此地选择自己,她选择她的存在物,她跳越,她成为其所是,也成为一个自律的自由的。就

① Agnes Heller, *A Philosophy of History in Fragments*, Oxford and Cambridge, MA: Blackwell, 1993, p. 173.

宏大叙事批判与多元美学建构

存在主义的选择而言,现代传统的偶然性方面普遍盛行,而理性方面没有盛行。选择自己的个人是自由的,在于她内在地决定自己,但肯定不被理性决定。跳越是一个整体的行为,整体的个人跳越,存在跳越,这样所有的偶然性塑造成为一个单一的命运,这不等于超验性,也不等于经验主体,因为它是自我建构的。通过这种自我建构,她"占有一个世界",这个世界被共享,有根据每个人的世界,这些世界是相同的,但是也是不同的,因此"差异与同一性一起使我们的条件成为现代的"①。占有一个世界的人成为一个主体,同时也认识世界,但是不同地认识世界。赫勒不再把主体视为笛卡儿的"我思故我在"的主体,而是成为一种个性气质:"主体是在现代性条件下解释人类社会与自我经验的个性气质。"②主体就是一个独特的单子,其唯一的质性就是其个性气质,就是其差异。他们不宣称他们审美判断的普遍有效性。如果康德将对他们指出"这是美的",这个陈述就其形式暗示着一个普遍性的主张,那么他们会回答,根据他们,这个句子"这是真的"不必然意味着这样一个普遍性的主张,他们也会质疑这种主张断言无时间的普遍主张。但是不是交往与对话的消解,而是成为多样化的个性化的交往与对话,不再是宏大叙事的交往,而是微型叙事(mini-narrative)的交往:"微型叙事不是封闭的而是开放的;各种叙事彼此冲突,他们参与挑战,甚至对社会变化很敏感。"③处于一个阐释宇宙的视域中,每个人成为一个主体,即每个人居住于一个共享的世界与他自己的世界中。赫勒对南希(Nancy)、福柯等后现代主义者关于主体死亡的论点进行批判,确立了新的主体概念,并以此为基础看到康德的文化理想的困境,但是并没有否定康德的交往互惠性美学思想,但是对后者又进行了后现代的转变与阐释,尤其是把康德不能把别人视为手段而要作为目的本身的伦理交往的理想作为美学与艺术界定的决定性因素。她认为:"艺术品,单一的艺术品不仅是一个

① Agnes Heller, *A Philosophy of History in Fragments*, Oxford and Cambridge, MA: Blackwell, 1993, p.174.

② Agnes Heller, *Can Modernity Survive?*, Cambridge, Berkeley, Los Angeles: Polity Press and University of California Press, 1990, p.77.

③ Agnes Heller, *Can Modernity Survive?*, Cambridge, Berkeley, Los Angeles: Polity Press and University of California Press, 1990, p.78.

物,也是一个人,它被赋予了灵魂。因此为了尊重人的尊严,康德说,一个人不应该被作为纯粹的手段来使用,而是要作为目的本身被使用。如果一件艺术品也是一个人,如果它被赋予了灵魂,那么一件艺术品的尊严可以按照如下方式进行描述。艺术品是一种不能作为纯粹手段使用的物,因为它始终被作为目的本身使用。"①艺术接受中的个体与作品形成了交往的互惠的美:"艺术中的快乐是互惠性的吸引,艺术作品献身于单一的接受者。艺术作品好像就是一个人,因为只有灵魂能互赠我们的爱。当我们爱上一部艺术作品时,它会给互换我们的感情,这是一种互惠的关系。"②

事实上,尽管康德的交往美学思想在后现代面临诸多困境,但是赫勒并没有抛弃它。赫勒的哲学、美学思想十分重视康德。有人将赫勒称为新康德主义者。③ 德斯布瓦(Phillippe Desoix)认为,赫勒1978年出版的《激进哲学》表现出"'康德'的转向"④。沃林(Richard Wolin)也注意到赫勒在《激进哲学》中对康德观点的明显认同。⑤ 康德的交往理论与美学建立于多元主义基础之上,这是有着深厚的伦理价值基础的。这就是对自我与他者的重视,交往主体体现出对称性互惠的原则。在《激进哲学》中,赫勒提出的"激进哲学"的理想范式的观念之一就是哈贝马斯和阿佩尔提出的"没有支配性的交往",这是民主得以实现的条件,每一个人能够自由地参与社会意志的形成过程,"民主的完全实现就是所有支配性的废

① Agnes Heller,Autonomy of Art or the Dignity the Artwork,此文系赫勒教授在复旦大学2007年6月30日举办的"马克思主义文艺理论的当代发展:中国与西方"国际学术研讨会上的发言。

② Agnes Heller,The Role of Emotions in the Reception of Artworks,此文系赫勒于2007年7月2日在西南民族大学的演讲。

③ Tom Bottomore eds. ,*A Dictionary of Marxist Thought*, Cambridge, MA:Harvard University Press, 1983, p.317.

④ Phillippe Desoix,On the Possibility of a Philosophy of Value:A Dialoue within the Budapest School,In *The Social Philosophy of Agnes Heller*,Edited by John Burnheim, Amsterdam:Rodopi, 1994,p.32.

⑤ Simon Tormey, *Agnes Heller*:*Socialism*, *Autonomy and the Postmodern*, Manchester and New York:Manchester University Press, 2001, p.100.

除。因而它涉及权力的平等分配"①。理想之二就是阿佩尔提出的交往社会的道德性问题，就是不能把别人视为自己目的的手段，这就是要认可所有的需要，认可所有需要的满足，"考虑一切潜在的成员的所有潜在的要求"②，而不能对需要进行专政。但是赫勒的设想不同于阿佩尔的力图建立在真理一致性基础上的理想的交往共同体。阿佩尔追求最终的一致性与终极性，"在作为一样理解和作为真理一致性的'主体间解释统一体'中去发现这个'极点'"③。其抛弃了偶然性与多元主义，仍然在以科学哲学意识构建交往的普遍的伦理基础。理想之三就是美的观念，这也以自由价值的道德性为基础，美的哲学理想不能够脱离善的理想，"这种理想不能与最高的善即自由发生矛盾。它应该根据所有涉及自由的价值来进行设想。这就是说，涉及人类需要和能力的所有价值，也必须从价值等级中排除所有这些需要，这些需要涉及把别人作为一种纯粹手段"④。赫勒这种激进哲学的交往美学是实现人的理想存在，构建多元主义的人类生存形式，构建了民主的个人、道德的个人与创造性的个人，这样的个人就是自律与自由的个体，在自由最高价值规范下构建了"价值的多元性和生活形式的多元性"⑤。但是赫

---

① Agnes Heller, *Radical Philosophy*, James Wickham Trans. , England: Basil Black-well, 1984, p. 157. 赫勒并没有完全认同哈贝马斯的交往理论，认为他具有抽象性特征。布达佩斯学派其他成员尤其是马尔库什也不断对哈贝马斯的交往理论进行批判。他认为，哈贝马斯的交往理论误解了马克思的著述，把交往理性作为民主的条件，他和阿佩尔强调了激进目的和主张的普遍可能性，面临着诸多的悖论。事实上最根本上说缺乏多元性特征，"理想的交往共同体表现了参与民主的哲学的阐述与合法化，但是多元性看来在这种体系中没有自己的地位"。参见 György Markus, *Language and Production: A Critique of the Paradigms*, Dordrecht: D. Reidel Publishing Company, 1986, pp. 99 - 100。拉德洛蒂也认为，阿佩尔和哈贝马斯的交往理论追求共识，导致了两种交往的基本限制，"首先是把他者作为纯粹的手段，其次是对他者撒谎"。参见 Sandor Radnoti, A Critical Theory of Communication Agnes Heller's Confession to Philosophy, In *Thesis Eleven*, no. 16, (1987), pp. 104 - 111。

② （德）卡尔-奥托·阿佩尔：《哲学的改造》，孙周兴、陆兴华译，上海：上海译文出版社 1997 年版，第 330 页。

③ （德）卡尔-奥托·阿佩尔：《哲学的改造》，孙周兴、陆兴华译，上海：上海译文出版社 1997 年版，第 315 页。

④ Agnes Heller, *Radical Philosophy*, James Wickham Trans. , England: Basil Black-well, 1984, p. 170.

⑤ Agnes Heller, *Radical Philosophy*, James Wickham Trans. , England: Basil Black-well, 1984, p. 153.

勒的交往美学与康德的交往美学不同,重新在黑格尔的历史性意识、在碎片化的历史哲学的照耀下进行创建,从而形成了具有后现代主义特征的交往美学理论,重新把偶然性融入交往理论,把阐释学的历史偶然性意识纳入到康德的交往理论中,重新在文化与意义范畴之间、在康德与黑格尔之间架起美学的桥梁。无疑,这也使赫勒的美学具有伦理美学的特征,这在她对审美现象的后现代阐释中也彰显了出来。

第四节　审美现象的后现代阐释

一、美的概念与美的人格

交往美学导致自由的确认,这形成了美的影像,美的"最好的优点就是对话"①。赫勒借此形成了美的人格的道德美学,以制衡崇高的性格范式的道德美学。她没有依赖美的形而上学的概念,而是在美的概念的无家可归的现代世界寻找美的可能性,她1998年出版的《美的概念》就试图探讨:如果美不能作为绝对的家,那么是否能够发现美的概念类似物或者一个能够让美生存下来的庇护所? 她认为,在后形而上学的宇宙中,"美仍然是可以找到的"②。她通过对康德的美的交往性的阐释,找到了美与和谐的关系,康德解构了美的形而上学的理念,在知性和理性之间通过美的判断达成一个纽带,认为美就是理解力和想象力的自由的游戏,"自由与游戏赋予美的快乐"。这事实上就把美与和谐联系了起来。即使康德的体系已经崩溃,但是仍然能够在原生的判断、在共通感不断出现的可能性中寻找,"这个空间不是起源或者奠基的地方,它就是我们所有人生存的日常世界,这个世界被美照亮,也就是说被不可还原的判断的多元性所照亮"③。美的家在日常生活的人格中得

---

① David Roberts, Between Home and World: Agnes Heller's the Concept of the Beautiful, In *Thesis Eleven*, no. 59(1999), pp. 95 – 101.

② Tamás Attila, *Könyv a Szépség Problémaköréről: Heller Ágnes: A Szép Fogalma*, http://gizi. dote. hu/ ~ hajnal/alf9812/tamas. html.

③ David Roberts, Between Home and World: Agnes Heller's the Concept of the Beautiful, In *Thesis Eleven*, no. 59(1999), pp. 95 – 101.

到了集中体现①,在美的人格中体现了审美判断的自由性、交往性、和谐互惠性。

赫勒在《个性伦理学》中借助于梅乐的思想把美的性格作为理想的道德美学类型并对这种范式进行了现代性的建构或者阐释。②她认为,美的性格就是和谐的性格。她对和谐的性格的现代性阐释就是对美的性格的现代性阐释。和谐是一个十分传统的、古老的美学概念,它在后现代的语境中不断受到质疑与批判,但是梅乐赋予它新的意义或者是强调了对她有意义的和谐概念。她认为"和谐"这个术语具有多种意义,从类别上看有雕塑的和谐与音乐的和谐。

在歌德或者黑格尔那里,和谐的人格有时等同于"美的心灵"的理想,在青年马克思看来,和谐等同于多面的、普遍的个体,这种个体已经发展了所有的潜力与能力。梅乐说:"为了解释青年马克思,普遍的与普遍上和谐的个体那时是一个整天钓鱼、狩猎、批判、写作、绘画并且合比例地做所有可能的事情的人。"③在这种理想的人格中,理智的、精神的与身体的能力都同等程度地得到发展。这是古希腊人,特别是自由的雅典公民,是尽善尽美(Kalokagathos)的理想化的、程式化的形式。在梅乐看来,这种和谐概念是雕塑的,已经失去了美的意义。身体锻炼与美的意义没有联系,仅成为一种时尚,是人们没有面对死亡的能力所鼓动的。

梅乐强调音乐的和谐的意义:"我称为和谐的是不同——许多,也许甚至一切——类型的开放性、自由的并存。"④和谐是一种自由的感觉,因为赫勒认为,自由首先是"指对未来的一种开放性,指自觉地和有意识地实现尚未实现的新事物的可能性"⑤。在她看来:"每一种美中有自由——想象力的自由游戏、对艺术物质的自

---

① 拉德洛蒂也是强调美的现实性的,他认为肯定了席勒的审美文化的观念,在美与社会性、现实性中建立联系,"席勒的探讨涉及美的生活的可能性"。美不仅属于艺术作品,它也涉及整个生活,人们也把自然的美带入生活。参见 Radnóti Sándor, A Filozófal Bolt, In *Holmi*, 2007 július.

② 参见傅其林:《阿格妮丝·赫勒的审美现代性思想研究》,成都:巴蜀书社 2006 年版,第 291~303 页。

③ Agnes Heller, *An Ethics of Personality*, Cambridge: Basil Blackwell, 1996, p. 237.

④ Agnes Heller, *An Ethics of Personality*, Cambridge: Basil Blackwell, 1996, p. 240.

⑤ Agnes Heller, *On Instincts*, Assen: Van Gorcum, 1979, p. 21.

由处置,等等。"因此,自由是美的一种有机因素,作为自由选择,它又是一种道德物质。[1] 因此和谐、自由、美是内在相关的。梅乐认为,自由的类型颇多,诸如"自律"、作为"自发性的自由"、作为"必然性的确证"、作为"想象的游戏"、作为"自我实现"的自由、作为"存在的选择"的自由、尼采的"权力意志"等,但是这些自由仅仅描述了一个单一过程,因而都是错误的。梅乐和谐的概念意在平衡这些自由,并保持开放性,表现出对和谐概念的现代性的建构,正如后来劳伦斯所说"音乐和谐的模式更加适合现代人的描述"[2]。因为比例的和谐概念是雕塑的、静态的,而平衡的和谐概念是音乐的、动态的,存在失衡与重新平衡的动态性,这种动态性预示了开放性。梅乐确定了和谐的人格或者美的人格的标准。并且,她对和谐的理解更加注重日常感知,她认为:"一个和谐的人格类似于一片和谐的风景(landscape)。"[3] "和谐"类似轻松地跟随好感、愉快、舞蹈、自我确证的模糊感。

　　梅乐所说的和谐人格的自由体验可以被区分为自我体验与观众体验。前者是和谐的人格对自己的体验,后者是作为观察者(observer)对他者(other)的体验。梅乐认为,自我体验即我们自己感受到的自由与观察者体验到的自由是不同类型的情感。如果我感到我自己是自由的,那么自由不是涉及观察而是有关实践行为的。在行为的过程中,我自己的自由的感受是相对的自我确证的情感,体会到强烈的、异质的情感,因为正集中某物。而集中是一种强有力的卷入,梅乐这种认识是赫勒曾说的:"情感意味着卷入某物。"[4] 在梅乐看来,纯粹的行为是纯粹的自发性,这种自发性是行为者不能观察到的,劳伦斯在对话中说"我被迷住了,我跟随我的命运"时表达这种意思。当你被迷住时,你不使你的选择也不使被迷住的经验主题化。你必须停止被迷住才意识到你的自由。当我跳越时,我也许感到快乐或者焦虑或者热情,但是我不"感到自由"。当

　　① Agnes Heller, The Beauty of Friendship, In *South Atlantic Quarterly*, 97:1(1998), pp. 5-22.
　　② Agnes Heller, *An Ethics of Personality*, Cambridge: Basil Blackwell, 1996, p. 244.
　　③ Agnes Heller, *An Ethics of Personality*, Cambridge: Basil Blackwell, 1996, p. 239.
　　④ Agnes Heller, Towards an Anthropology of Feeling, In *Dialectic Anthropology*, Vol. 4, no. 1(1979,March), pp. 1-20.

你停止行动时,你的自我确证成为有关反思的或者观察的。你能够以涉及一朵花或一片风景或另一个人类似的方式涉及你自己,从而感受到自由。梅乐涉及行为与情感中的自由与反思判断中的自由,也就是行动中的自由与行动后的自由,而后者是一种观众体验的自由,也是和谐的自由即美。这样,“我们在行动中不能‘感受到’自己是和谐的、美的”①。因为和谐,以及情感的和谐对判断或者观察而呈现自己,甚至停止行为之后我们也难以感受到自己是和谐的与美的,因为我们从来不能处于纯粹的自我观察或者自我反思之中,所以我们感受到的是他者的和谐。梅乐意味着道德美学应该关注他者,即从一个观察者的角度判断对象,这是梅乐对和谐的性格或者美的性格的基本界定。

梅乐这种界定整合了柏拉图与康德的美的概念。康德认为,美是“悟性与想象力的自由的游戏”②。在康德主义者约希姆看来,体现在悟性与想象力的自由和谐的游戏中的那种自由是美的自由,这种自由与其他自由,特别与意志的自由、选择的自由、超验的自由无关,这些自由都不是美的自由。选择的自由只有通过完美的概念的中介才能涉及美,但是这种美也不是纯粹的美。约希姆意味着纯粹的美的自由与和谐不应该等同于人格的自由与和谐。但是梅乐认为:“美的毕竟是我们喜爱的,我们在原则上喜爱的,我们在色情上喜爱的。我知道这是一种传统的柏拉图的观念,但是我仍然相信它:善的也是美的,并且美的也是善的。我们喜爱善,因为它是美的。”③在解读柏拉图的著作时,赫勒认为:“我们的欲望被美吸引——我们欲求的东西正是美。”④柏拉图认识到音乐的和谐概念,强调了赫拉克利特关于音乐的和谐概念,后者认为,一与它本身相反,复与它本身相协,正如弓弦与竖琴。柏拉图借泡赛尼阿斯(Pausaniass)的话解释说:“由于本来相反的高音与低音现在

---

① Agnes Heller, *An Ethics of Personality*, Cambridge: Basil Blackwell, 1996, p. 241.

② 康德认为审美判断的表象“必须具有想象力,以便把多样的直观集合起来,也必须具有悟性,以便由概念的统一性把诸表象统一起来”,两者应该是相互协调的。请参见(德)康德:《判断力批判》(上卷),宗白华等译,北京:商务印书馆 2000 年版,第 55 页。

③ Agnes Heller, *An Ethics of Personality*, Cambridge: Basil Blackwell, 1996, p. 242.

④ Agnes Heller, The Beauty of Friendship, In *South Atlantic Quarterly*, 97:1(1998), pp. 5 – 22.

协调了,于是音乐的艺术才创造出和谐。"①柏拉图之所以如此重视音乐的和谐是与他的道德美学的观点是一致的,因为这种和谐表达了人的内在与外在的完美的和谐,表达了爱神的最终的目的,也就是为了达到一种完美的好生活,"最美的境界"就是"心灵的优美与身体的优美谐和一致,融成一个整体"。② 梅乐试图把康德的自由与柏拉图的音乐的和谐结合起来,把自由的平衡(balance of freedom)即和谐作为美,正如梅乐的孙女总结的,"无论我什么时候想到美的和谐个人,我会把他们视为幸福的人物,他们持续地在自由的不同方面中恢复被干扰的平衡(disturbed balance),同时跟随他们的方向感,尽管偶尔陷于一些困境(traps)"③。虽然梅乐还缺乏严密的论述,但是她提出和谐或者美的人格这种道德美学的问题,而且以音乐的和谐概念来取代通常的雕塑性的和谐概念,这更新了传统美学的探讨,有助于展开人格美学的研究,因为一种雕塑性的和谐人格就道德美学来说并不必然是美的。并且自由概念的引入也体现出美的性格的现代性特征,因为自由是现代性的主要价值之一,是现代性的价值基础,同时和谐也不是柏拉图的和谐,而是带有现代性特征的和谐。

梅乐具体地阐发了美的性格的现代性特征。首先这种美的性格具有偶然性、个体性特征。菲菲认为,梅乐的尽善尽美是现代的,是一种"扔"。它没有把有助于人们充分地形成身体与心灵的模式的原初认识接受为人们的与生俱来的权力,而是视为开放的。人们选择自己,但是自我选择不是自由唯一的呈现。并且菲菲认为,这种和谐自由的载体最终在于个体。她认为,道德性最终依靠个体的人,只有人们直接表达个体的、道德的个人,谈及作为个体的个体,人们才能真正触及"事物本身"。自由也是个体的。所以菲菲赞同梅乐的美与和谐的个人的观念。只有个体能够是自由的,如果人们爱自由,那么就要热爱个体自由的条件。克尔恺郭尔

---

① 参见柏拉图:《文艺对话集》,朱光潜译,北京:人民文学出版社 1963 年版,第 234 页。

② 参见柏拉图:《文艺对话集》,朱光潜译,北京:人民文学出版社 1963 年版,第 64 页。

③ Agnes Heller *An Ethics of Personality*, Cambridge: Basil Blackwell, 1996, p. 247.

早就认识到："只有作为一个具体的个体,他才是一个自由的个体。"①梅乐对之有清晰的认识,认为莎士比亚中的道德哲学比所有道德哲学家的书籍中的还多,哈姆雷特或者李尔王或者贝特丽丝(Beatrice)与培尼狄克(Benedick)的道德性是严格意义上的个体的。道德性在于他们的性格之中。她对美的性格的偶然性与个体性进一步展开了阐发:"我的美的性格是一种'扔',一个偶然的个人。"这是现代性的偶然性特征的表现,一个现代人的美与和谐不像古希腊的尽善尽美,"柏拉图与所有的柏拉图者的确喜欢谈及心灵的和谐。但是与展示一种民族精神的古希腊音乐相反,现代音乐完全或者主要以'我'的名义言说"②。古代人,其中包括柏拉图、亚里士多德、伊壁鸠鲁、斯多葛等具有一种共同的东西,即他们都相信心灵的和谐与同质性有关,心灵愈同质,它就愈美,因而这种和谐与共同体不可分,是集体性的。在现代存在主义的选择中,个人把他或她的偶然性转变为必然性。必然性可以描述为"命运",但梅乐认为这种命运不消除偶然性,因为个人在整个一生中始终是偶然的,偶然的现代人在死前从来不完全把她的偶然性转变为命运。古代的同质心灵联系着灵魂不朽的观念,是静态的,但是现代和谐的个人从来不是同质的,她丧失平衡并且重新获得它,并变得更加丰富,她自己的主题是演奏自己的变体,表现出动态性。这种偶然性是祸,也是福,正如斯马特(Barry Smart)说:"正是我们在其中活动的'现在'所具有的偶然性特质,提供了我们自我决定的可能性。"③

现代和谐的性格与古代的另一个重要的区别在于和谐元素的等级差别。梅乐认为,古希腊人谈及和谐,指的是不同的人类能力中的和谐。他们都相信人被不同的元素汇集,这些不同的元素彼此是异质的,具有完全不同的起源,诸如内容与形式、理性与感觉、自然与自由,心灵、精神与身体。理想的个人表现出这些元素的和谐,但是理性、精神等最高的元素会控制并渗透到其他低级的元素中。内驱力、情感等低级元素必须服从最高元素的命令。最高元

① Soren Kierkegaard, *Either/Or*. Vol. II. Eds. and trans. , Howard V. Hong and Edna Hong. , Princeton: Princeton University press, 1987, p. 247.

② Agnes Heller, *An Ethics of Personality*, Cambridge: Basil Blackwell, 1996, p. 254.

③ (美)巴里·斯马特:《后现代性》,台北:巨流图书公司1997年版,第136页。

素把秩序带入紊乱,把规则引入无规则,它限制无限的。因此,"在这种传统中,和谐来自一种命令/服从关系。那儿从来没有一种四重奏,在这种四重奏中,四个乐器彼此平等地共同创造一首旋律与和音"①。相反,偶然的现代人能够成为像四重奏的和谐一样的美的性格、和谐的性格。每一个乐器发挥其自己的作用,提供自己的音调与音质。这是没有命令/服从关系的和谐。在一首四重奏中,一把乐器在另一把之后能够具有领导的作用并且演奏旋律,甚至演奏独奏曲。在现代和谐的心灵中,一个乐器能够在一段时间演奏独奏曲,然后另一个会取代它。梅乐认为,如果根据能力之间的和谐而想到和谐,就不能避免等级地设置和谐的模式。但是如果你把和谐想象为所有自由的变体的和谐,那么就使能力的问题保持开放。有时自由来自好的理论的推理,并且如果这种自由居首要位置,那么理性就占据首要位置。但有时自由的判断或者直觉或者爱会占上风,在此刻,理论的推理仅仅充当伴奏,甚至能够沉默。推理、突然的洞见、自我控制与自我抛弃、谨慎、创造性都是自由,人们不能重情感,不能在感情中截割理性。大多数哲学家悬置色彩,只是黑白地写作与思考,即使他们口头谈到音乐的和谐,但是这种和谐的模式是雕塑的和谐,只有雕塑的和谐才能够黑白地被想象,但是"和谐的、美的个人是偶然的,在最深刻的意义上是偶然的——是一个彩色(colour)的个人,因为她在色彩中思考正如她生活在色彩中一样"②。梅乐的分析清楚地表明,美的个人是活生生的、平等的、偶然的、开放的、具有在日常生活呈现之可能性的个体。

梅乐涉及现代性中的没有性格或者具有粗浅性格之人,她称之为"单向度人"(one-dimensional man)、"随俗之人"(other-directed man)。一个单向度人不能是和谐的或者不和谐的,因为他完全是平面的,随俗之人不能重复旧问题,不能询问是否只有他的能力命令他,因为他不在自己能力的支配下,而是遵守完全外在的人与物的支配,这些个人是无性格的。梅乐区别了"是一个性格"(to be a character)与"拥有一个性格"(to have a character)。一个

宏大叙事批判与多元美学建构

---

① Agnes Heller, *An Ethics of Personality*, Cambridge: Basil Blackwell, 1996, p. 255.

② Agnes Heller, *An Ethics of Personality*, Cambridge: Basil Blackwell, 1996, p. 256.

偶然的尽善尽美"是"一个性格,但是一个人愈随俗,他愈"拥有"一个性格,好像他占有了一个性格。梅乐说:"如果一个人是其所是,恰恰是个人气质的、唯一的,那么他就是一个性格。美的性格就如此。"①单向度人与随俗之人是无精打采的与表现的。随俗之人受风俗引导,但是这种风俗不是真正的风俗,而是跟随时尚。这种人"遵守其他人遵守的并且做同样的事情,没有反思、思考,没有询问事物本身是正确或是错误。单向度人的遵守在类型上是实用主义的:他遵守是为了模仿被遵守的行为,这种行为已经是他者行为的模仿:影子的影子"②。既然时尚的模仿放弃了道德考虑,良心萎缩了,主体性变成了多余,日益浅薄。既然情感的丰富取决于卷入的多样性,取决于伴随这些卷入的反思与自我反思的连续性,那么一个随俗之人丧失了他的深度,也就成为了单向度人。③ 因此,梅乐所谓具有一个美的人格是在现代性中获得本真性的性格,是一个丰富的、多面的、和谐的动态个体,这个个体与一个异化的现代个体截然不同。

通过论述可知,梅乐试图建立以美的性格为范式的人格伦理学的道德美学范式。这是具有实质性的道德性因素与审美维度的建构。她认为,就人格伦理学而言,性格成为她所是,成为所是本身是一种审美的特性。尽管它绝不完美,但是它包含自我完善的元素,毕竟这个性格使人愉快,美的性格也自我欣赏,他不是虚无主义者,而是在他者中找到快乐。最重要的是,"这些美的性格不经历一种'审美的生活',因为他们选择他者(正如他们选择自己)作为他们所是;他们不预先制造它们,不把它们搬上舞台,因为他们不设置舞台。对他们而言,生活不是一件艺术作品,他们也不把自己视为艺术作品;他们与艺术作品的类似——正如我重复它一千次——出现于被卷入的、细心周到的观察者"④。"正直(upright)的性格至少能够或者成为一个美的性格。成为正直是美的性格的

---

① Agnes Heller, *An Ethics of Personality*, Cambridge: Basil Blackwell, 1996, p. 257.

② Agnes Heller, *An Ethics of Personality*, Cambridge: Basil Blackwell, 1996, p. 273.

③ 参见傅其林:《后现代消费文化中的时装表演》,载《文艺研究》2003 年第 5 期,第 14~18 页。

④ Agnes Heller, *An Ethics of Personality*, Cambridge: Basil Blackwell, 1996, p. 270.

前提,虽然成为正直为形成这样一种性格不充分。"①这样看来,在道德美学中,美的性格包含了正直的因素。所以,赫勒的美的性格维持了伦理学与审美的限度,是对尼采与康德、马克思伦理学的一种辩证的扬弃。正是个性伦理学的道德与审美维度的存在,使得对人格的道德美学的判断颇为复杂。梅乐认为,一个正直的性格不必然是和谐或者美的性格,"辨认一张好脸比对一种性格的美进行公正的猜测更加容易,因为作一个独立的伦理判断比作一个独立的审美判断更加容易,因为——也许——在道德美学中进行判断是最困难的事情。它要求的不仅仅是善的判断"②。她认为康德对"这朵玫瑰花是美的"的判断是简单的,悟性与想象力是基本的,不复杂的,然而对每个不同的人进行判断并说他们是美的,那么我的悟性与想象力复杂得多。一个好的判断的条件需要生活经验、道德趣味、精致,特别是感情的精致。以梅乐之见,既然一个性格的和谐或者美在情感世界中呈现自己,那么在道德美学中作出一个判断需要发展一种感情的丰富性,一种感情的浓度或者强度,唯有如此,她才能够作出精美的判断。

当然,梅乐的这种建构不是完美的,这受到劳伦斯批判。尤其是梅乐没有解决和谐、美与自由的关系,没有解决美的形而上学与美的反思判断关系。劳伦斯认为,梅乐一方面坚持美善的同一的形而上学的古老观念,一方面立足于康德的反思判断,但是她没有意识到,如果人们采取反思判断的立场,人们会获得几乎与从形而上学的立场遇到的和谐观念无关的一种和谐观念。对康德来说,悟性与想象力的自由游戏在我们的反思判断中,在一种不是情感的宣称普遍性与必然性的情感中。但是在梅乐那里,和谐在绘画、风景中,特别在我们观察的个人中。也就是说,作为自由的合适的平衡的和谐不在我们的判断中。如果你谈及花朵的美,那么康德的趣味的反思判断的策略起作用了。和谐被花朵的纯形式引出,但是它在我们能力之间建立自己。既然我们对一个人的审美判断从来不是纯粹的,那么我们不能以纯粹的反思的趣味判断的模式支持它们的"和谐"。所以劳伦斯说:"如果人是和谐的,那么他以

① Agnes Heller, *An Ethics of Personality*, Cambridge: Basil Blackwell, 1996, p. 253.
② Agnes Heller, *An Ethics of Personality*, Cambridge: Basil Blackwell, 1996, p. 252.

非常不同于一朵花和谐的方式和谐。"①劳伦斯的批判是切中要害的,他意味着梅乐在古老的形而上学与现代的认识论间摇摆,在这两种意义上使用和谐,但又没有很好地阐发。正因为如此,梅乐的思想存在着没有解决的逻辑上的矛盾。不过,戴维德在阐发赫勒的《美的概念》时清楚地涉及康德的反思判断与形而上学的关联,他认为,在康德那儿,反思判断为了支持悟性与想象力的自由的游戏悬置了认识与道德性的功利,"与净化的劳动相反,自由与游戏赋予了美的愉快,一种不被功利、欲望或者情爱触及的经验。审美判断的自发的和谐与对象的自由的肯定是一致的。美重新获得了与和谐、美的爱的古老的联盟"②。

赫勒的对美的概念的重新阐释赋予了美的道德性价值,这种价值与正派之人是联系在一起的,美是正派之人的组成部分之一,是完美自律的人格的内在性因素,因为作为本真性人格的正派之人"如果没有'为他者',没有为他/她的他者们,就不能够成为他自己或者她自己(即正派)"③。虽然崇高的性格涉及自由的最高价值,但是是忽视他者的。美的性格是美、善、幸福的性格,美的性格是幸福的诺言,"美的性格是在一个抛弃上帝的世界中唯一的幸福诺言"④。这种性格体现了善与幸福的统一的可能性,不仅允诺幸福,而且也能够使我们幸福,使非功利的观众幸福。爱也是如此,梅乐认为自己谈及的爱不是仁慈,因为仁慈是一种德性,是有关善的。她谈及的爱更接近幸福,"它是一种愉快的感情。它强化生活,强化我们的生活情感(Lebensgefühl)"⑤。她区别了赫勒早在《论本能》(On Instincts)、《情感理论》中涉及的马斯洛的两种爱,即依靠性(dependent)的 D - 爱(D-love)与存在性(existential)的 B - 爱(B-love)。马斯洛认为 B - 爱就是"对另一个人的存在的爱"。⑥ D - 爱是归属性的,要么是完全的接受要么是完全的拒绝,所以赫

① Agnes Heller, *An Ethics of Personality*, Cambridge: Basil Blackwell, 1996, p. 246.

② David Roberts, Between Home and World: Agnes Heller's the Concept of the Beautiful, In *Thesis Eleven*, no. 59(1999), pp. 95 - 101.

③ Agnes Heller, *General Ethics*, Oxford: Basil Blackwell, 1989, p. 81.

④ Agnes Heller, *An Ethics of Personality*, Cambridge: Basil Blackwell, 1996, p. 276.

⑤ Agnes Heller, *An Ethics of Personality*, Cambridge: Basil Blackwell, 1996, p. 282.

⑥ Abraham H. Maslow, *Toward a Psychology of Being*, D. Van Nostrand, Princeton, 1962, p. 39.

勒称之为特殊性的情感(particularist feeling)。而 B - 爱是为他人之存在而爱,赫勒称为"个体的情感","这种爱不是被称为'我们的'他者而激起,而是由这种事实所唤起,这种事实就是他者在她的质性的基础上值得爱与萌发情感"①。梅乐关注的是 B - 爱,这种爱联系的性情能够称为美感。她认为斯宾诺莎(Spinoza)以及所有的理性主义者虽然知道爱强化力量,提供自由,但是他们忘记了美。她说:"就 B - 爱而言,关系(relation)是美的。如果你首先倾向于与你以 B - 爱(它们存在的爱)爱的东西(人),你与你爱的事物(人群)在关系中会保持平衡(或者和谐)。"②这种平衡是对称性(symmetry)的平衡,爱从最单纯到最崇高而变化,并且对称性具有不同的形式与模式。这种对称性关系是美的,因为在爱者与被爱者之间具有一种平衡。在梅乐看来,对美的爱不是对美的身体形式的爱,对身体的爱与心灵的爱进行区别是一种模棱两可的形而上学的传统,并且这种区别以某种方式联系着过时的能力理论。她说:"既然我不相信能力,既然我正讨论的是自由的平衡而不是理性控制情感或者情感控制理性,那么我在身体之爱与心灵之爱的并列中看不到任何描述性的优点。"③例如,我真正爱我的狗,虽然我的狗不会赢得一场选美比赛,他(he)甚至得不到奖杯,但他是美的,我爱他成为一条狗能够成为的自由。我几乎不设法要求他,但也不屈服于他的冲动。梅乐认为她与狗的关系是美的,人 - 狗的关系是对称的。④ 正是如此,梅乐欣赏克尔恺郭尔论及的婚姻之爱。爱是道德美学的典型体现,梅乐认为:"爱另一个人是伦理的本质的审美方面。"⑤B - 爱既是美的又是伦理的。这种认识明显受到克尔恺郭尔思想的影响。后者探讨了婚姻的审美有效性的问

① Agnes Heller, *A Theory of Feelings*, Assen: Van Gorcum, 1979, pp. 160 - 161.

② Agnes Heller, *An Ethics of Personality*, Cambridge: Basil Blackwell, 1996, p. 282.

③ Agnes Heller, *An Ethics of Personality*, Cambridge: Basil Blackwell, 1996, p. 283.

④ 这类似于赫勒所谈及的友谊之美,"友谊之美是占有与欲求的统一","友谊是最美的情感维度,因为它被自由地选择,被自由地培养;它在互惠性、相互拥有与彼此的自我抛弃中茁壮成长"。参见 Agnes Heller, The Beauty of Friendship, In *South Atlantic Quarterly*, 97:1(1998), pp. 5 - 22。

⑤ Agnes Heller, *An Ethics of Personality*, Cambridge: Basil Blackwell, 1996, p. 284.

题,认为,"婚姻既是伦理的又是审美的"①,"婚姻是一种内在的和谐"②。但是他认为婚姻还是宗教的,并且最终抛弃了审美、伦理阶段,而走向宗教阶段,在宗教中找到幸福,而梅乐却是在爱、美的性格中找到幸福,这带着柏拉图的印记,柏拉图认为:"音乐也可以说就是研究和谐与节奏范围之内的爱情现象的科学。"③"全人类都只有一条幸福之路,就是实现爱情,找到恰好和自己配合的爱人,总之,回原到人的本来性格。"④所以,赫勒承认:"柏拉图也影响了我关于厄洛斯(Eros)与美的整个概念。"⑤美有冷热两种概念,美的冷概念的基本模式不是爱欲,而是和谐。和谐是适当的比例,冷却欲望。这种美的概念是成对的,美的概念不能够脱离其他东西;美的热概念把美和爱欲联系起来,爱欲加热了欲望与情爱,这是从苏格拉底学来的,美是我们所欲求的、所爱的,而不是我们所占有的。⑥赫勒把两种概念整合了起来,美与爱、和谐共成一体,构成具体可感的交往理论,涉及他者与对称性互惠的原则。作为"和谐"的美的范畴就是交往美学的体现之一,认可了多元主义,因为这种美的概念的建构没有排除崇高,认可崇高与自由的关系,与人格的存在主义选择的关系,也认可男性文化的存在的合理性,从而构建了性别和谐存在的审美文化理想。同时,这种交往也融合了历史的偶然性意识和感性欲望、丰富多样的需要,把差异整合到和谐的概念之中,从而赋予了文化政治学以新的内涵,既为美的概念找到了一个家,也找到了一个社会的世界,而不同于哈贝马斯的抽象的交往理性。

---

① Soren Kierkegaard, *Either/Or*. Vol. II. Eds. and trans. , Howard V. Hong and Edna Hong. , Princeton：Princeton University press, 1987, p. 72.

② Soren Kierkegaard, *Either/Or*. Vol. II. Eds. and trans. , Howard V. Hong and Edna Hong. , Princeton：Princeton University press, 1987, p. 62.

③ (古希腊)柏拉图:《文艺对话集》,朱光潜译,北京:人民文学出版社1963年版,第235页。

④ (古希腊)柏拉图:《文艺对话集》,朱光潜译,北京:人民文学出版社1963年版,第243页。

⑤ Simon Tormey, Interviews with Agnes Heller, http://homepage. ntlworld. com/simon. tormey/articles/hellerinterview. html.

⑥ Kalmár Zoltán, König Róbert ' útikönyve ', http://www. argus. hu/1999 _01/ke_ kalmar. html.

二、喜剧现象与后现代性

　　赫勒对喜剧现象是比较重视的,在 1979 年的《情感理论》中赫勒涉及资产阶级情感悖论时谈及了喜剧与理性的现代性关系。在资产阶级时代,目的理性取代价值理性,理性的决定性地位使得喜剧成为现代艺术的重要样式。赫勒认为,在资产阶级社会诞生以前事实上不存在喜剧。亚里士多德认为,小人物是可笑的,伟大人物是悲剧的。但是在资产阶级时代,喜剧不纯粹是小人物的描写,也有高贵人格。赫勒关注的是喜剧的笑与理性的关系。她借鉴麦莎诺斯(István Mészáros)把喜剧界定为以理性为面孔的非理性的突然揭露以及伯格森、普莱斯纳(Plessner)把笑视为"理智的"的认识,认为喜剧揭露的不是罪恶与渺小,而是非理性:"指向喜剧的东西的笑是一种理智的反应。最重要的是,理性嘲笑非理性。"[1]非理性的东西使我们值得可笑。赫勒通过对喜剧的关注揭示了资产阶级的情感与理性的二元对立,从而建构了理性与情感不可分离的理论,是对一个完美的全面发展的马克思的人格的建构,以克服资产阶级时代不断高涨的可计算理性与不断内在化、私人化的自我主义情感世界。1980 年赫勒与费赫尔发表了论文《喜剧与合理性》[2]也是这种思想的继续。在 1993 年的《碎片化的历史哲学》中,赫勒论述康德的午餐讨论会的文化理想时涉及喜剧现象与文化多元主义、交往理论的关系,笑成为建构公共领域的一种文化话语。在 2005 年出版的《永恒的喜剧》中,她把喜剧现象纳入到其历史哲学的视野中,"进行喜剧现象的阐释学的重构"[3],建构了具有后现代主义非确定性、异质性、多元性色彩的喜剧理论。

　　首先赫勒论述了喜剧的非确定性实质。这是与悲剧相对立的,悲剧一直成为哲学研究最重要的对象,亚里士多德建构了悲剧与哲学的内在联系,这种联系仍然被黑格尔、尼采、卢卡奇、海德格尔、阿多诺等哲学美学家所青睐。在《圣经》里,悲剧事件和悲剧人

----

　　① Agnes Heller, *A Theory of Feelings*, Assen: Van Gorcum, 1979, p. 210.

　　② Agnes Heller and F. Feher, Comedy and Rationality, In *Telos*, St. Louis, no. 45, Fall 1980, pp. 160 – 169.

　　③ Agnes Heller, *Immortal Comedy*, Lanham: Rowman& Littlefield Publishers, Inc., 2005, p. 70.

物也被引述与呈现。一切具有古希腊悲剧的情节和主人公特征的东西都可以应用到犹太圣经中讲述的故事与几个人物中。相反，喜剧除柏拉图外几乎没有引起哲学家的注意，哲学是关注崇高的，而喜剧模仿的是比我们低劣之人。赫勒借助于巴赫金对狂欢文化的发掘重新认识到喜剧的重要性。尽管巴赫金的民众主义受到批判，但是赫勒认为："巴赫金仍然是指出被忽视的喜剧现象，指出喜剧一方面与等级秩序的颠倒相关，另一方面喜剧与身体功能直接相关的哲学家。对身体功能的强调也是等级制度、命令与服从的颠覆。"①巴赫金的狂欢化理论有着深刻的文化政治学基础。尼采虽然看重悲剧，但是也在《快乐的科学》与《查拉图斯特拉如是说》中第一次更新了愚人节的主题。因此，随着哲学形而上学的颠覆，人们为喜剧的广泛哲学反思打开了路径。但是反形而上学的哲学家同样把悲剧与真理和自由相联系。尽管如此，最近一些哲学家已经讨论喜剧的各种表现。赫勒是在反形而上学的思路中思考了戏剧现象的。

　　赫勒关注的是喜剧现象是否具有共同性的实质。喜剧现象的呈现是某物的呈现，这个某物应该是什么？她借助于维特根斯坦的家族相似的概念来界定喜剧的实质，"当我说滑稽模仿是喜剧，同样还有反讽、幽默或者讽刺，我没有指向它们具有的某些共同的实质，而是指向它们的家族相似"②。悲剧的经验是同质的，因为这种样式把所有异质的现象同质化，一出悲剧是不可分割的，就像柏拉图的完美的灵魂或者亚里士多德的个体的实体，这使得其优于其他艺术样式。在卢卡奇那里，悲剧使悲剧性主人公的灵魂同质化，这些主人公被一种单一的激情所支配，并不断向一个命运即它们的死亡奔去。在黑格尔那里，悲剧代表了行为的总体性。正是这种同质化的趋势，使悲剧与传统哲学相联系，并为思辨的理解，为后－形而上学的现代哲学家所便捷的掌握。悲剧经验是理智的、精神的或者灵魂的，是稀有的人类经验，也是简单清晰的。但是喜剧经验是极为复杂的。在人类历史上，所有历史时期都有喜

　　① Agnes Heller, *Immortal Comedy*, Lanham：Rowman& Littlefield Publishers, Inc.，2005，p. 3.
　　② Agnes Heller, *Immortal Comedy*, Lanham：Rowman& Littlefield Publishers, Inc.，2005，p. 4.

剧经验,每一个人类共同体都可以发现喜剧现象,喜剧对象是文本、行为、身体、游戏、观点、叙事、言说方式,不可枚举。赫勒认为:"喜剧是骚乱的,像生活本身;它充满了我们的日常生活、娱乐、人类关系;它可以是熟悉与陌生的呈现,是爱与恨、恐惧与羞耻的呈现——事实上是一切事物的呈现。简单地说,喜剧完全、绝对是异质的。而且,根据这种哲学传统,它也是散文化的。"①喜剧、喜剧小说、喜剧绘画、喜剧电影以极为不同的方式成为喜剧,它们或者是讽刺的、幽默的,或者是反讽的、古怪的,从而形成了喜剧的异质性。这种异质性与日常生活的异质性相关,但是又不同于后者,按照赫勒所说,生活的异质性通过主要的同质性媒介被转变为高级喜剧样式的异质性。正如喜剧中的重复不同于日常生活中的重复一样,这种异质性也不同于日常生活的异质性,可以说是第二级的异质性。这种异质性还可以在喜剧现象的接受效果方面得到确证。悲剧的效果根据亚里士多德是净化灵魂,达到情感震撼与治疗的效果。而喜剧没有悲剧情感的震撼,治疗的效果也不是直接的,而是复杂的,有情感的参与,也有非情感的参与,有同情,也有厌恶。它是被反思、理解、理智所调节。在后续效果中,喜剧也具有异质性,不可能普遍化,有时是悲伤,有时是愉快,有时是升华,有时是沮丧。当别林斯基(Belinsky)第一次看见果戈理的《审判者》(Revizor)演出时禁不住大笑,但是演出结束,他经过反思却不免悲叹。通过比较悲剧与喜剧,通过分析喜剧现象与喜剧效果,赫勒认为不能在同一个喜剧家族成员中找到共同的元素。

赫勒从历史性的角度分析了喜剧时间经验与后现代历史意识的内在相关性。她认为:"所有喜剧的经验都是关于绝对现在时间的经验。"②人们甚至嘲笑人们嗅到的气味,杂技小丑在我们眼前搬弄花招,蠢货在国王的耳旁把真理传送,特拉西(Thales)的仆人看见特拉西绊倒在地,都是可笑的。根据博尔赫斯(Borges),喜剧样式是口头的样式。悼念是回顾过去,成为悲剧的构成性因素,人们能够回想喜剧的过去经验,但是这不是喜剧的经验,而是快乐与不

① Agnes Heller, *Immortal Comedy*, Lanham: Rowman& Littlefield Publishers, Inc., 2005, p. 6.

② Agnes Heller, *Immortal Comedy*, Lanham: Rowman& Littlefield Publishers, Inc., 2005, p. 13.

快乐的记忆。喜剧不是面向过去的,也不面向未来,因为喜剧经验不能被想象。喜剧作家需要想象,但是他们的作品本身不是喜剧经验。当然悲剧也是被作为绝对现在的经验被体验的,每一部悲剧都在我们眼前展开,古希腊和罗马的悲剧包含了过去的神学或者半神学人物的悲剧故事。在过去发生的事情,在舞台上演出,但是不能在现在真正发生。莎士比亚的所有悲剧都是如此,莱辛的也不例外。悲剧需要无条件的幻觉,不需要观众参与;而喜剧是对现在的关注,它对现在言说现在,它呈现现在,所以喜剧一直以绝对现在时态发生。既然如此,喜剧就是不可界定的,不可确定的,这是喜剧的实质。赫勒的喜剧理论明显是她的后现代意识的典型体现,其对喜剧理论的后现代阐释也表明了对希望救赎的悲剧美学范式的扬弃,她把喜剧现象普遍化,重新纳入到艺术的界定之中,所有艺术样式具有喜剧或者幽默的图像或者语言游戏,它们都本质上使人发笑,而不是使人哭泣,"所谓的高雅艺术,事实上可以进行无限解释的艺术,都具有喜剧形式,真正逗人笑"①。因为高雅艺术排除了和我们自己、和世界,以及和我们身旁的人的总体的统一化,它排除了对距离的完全的征服,高雅艺术的接受预示距离,这是脱离我们与世界的距离。既然笑预示了这种距离,那么高雅艺术就其内在特征与价值来说,能够唤起笑而不是哭。喜剧的不可同质化似乎又可以同质化,这形成了赫勒喜剧理论的悖论。尽管存在着悖论,但是她对喜剧的异质性的发掘与艺术异质性的思考是适合其后现代的哲学基础的。

立足于喜剧现象的非确定性的理解,赫勒对各种典型的喜剧现象进行了具体分析,主要涉及喜剧、喜剧小说、存在主义喜剧、玩笑、视觉艺术中的喜剧图像等。

喜剧是为舞台演出的戏剧,是为剧场而写的剧本,有着特定的时空限制。如果说悲剧是表现走向死亡的生存,那么喜剧是使我们走向生活,走向日常生活,而对抗死亡。赫勒不认同海德格尔关于喜剧的主要人物是非本真的认识,而主张喜剧人物也是本真的。喜剧不知道理性与感性的矛盾,喜剧人物具有日常性和人类的脆

① Agnes Heller, *Immortal Comedy*, Lanham: Rowman& Littlefield Publishers, Inc., 2005, p. 31.

弱性,是有限存在的人类的文化表达,但是作为一种艺术样式,它具有诗性的高雅性。喜剧的共同的结构元素有智慧的实践、扮演小丑、说双关语、阴谋的使用、欺骗的使用、颠倒、错误的打造、失而复得、对立级的冲突与误解、性之战。喜剧的主要罪恶就是愚钝、虚荣、庸俗、专权、嫉妒、伪善、妒忌、自负等。喜剧的情节的基本结构是错误主题。传统美学认为,在戏剧中的每一个词语与句子必须促进整个作品的行动,但是这不适合喜剧,在喜剧中,几个场景只作为一个目的,就是为了娱乐观众。喜剧中有唱歌、跳舞、合唱、颂诗,这都设想了巴赫金所谓的"狂欢精神"①。喜剧也是关注现在的,体现了"时间是断裂的"历史意识,它在变化的土壤构建起城堡,在狂欢节那天,女人命令周围的男人,奴隶命令他们的主人,臣属统治国王,外行支配神父。赫勒通过大量的喜剧文本分析确立了喜剧的特殊性。

喜剧小说不同于社会历史小说、现实主义小说或者资产阶级小说,尽管后者包含着喜剧因素,这种不同在于喜剧小说有着不同的结构、人物塑造、表现方式、叙事策略和接受特征。就结构特征而言,喜剧小说是较为长的,每一部喜剧小说是冒险的小说,一种流浪汉小说,情节的发展在小说中占据着重要的地位,但是又没有统一的情节。悖论、游戏、玩耍、迷惑、神秘充满了喜剧小说,且不需要完全地被解决。滑稽模仿成为喜剧小说的核心。喜剧小说的主要人物可以是所有类型的人,而在资产阶级小说中,主人公主要是女性,自从奥斯汀开始,妇女在小说发展中体现出重要的地位,而且妇女也是资产阶级小说的热情的读者。喜剧小说的故事是准故事,作者踏着前人所走过的同样的道路。喜剧小说有着所指的关注,不断地指向或者暗示当代社会与政治事件。而资产阶级小说充满了时代精神。人物冒险的特征也不同,在现实主义小说中,冒险是内在的,这种内在性追求在普鲁斯特的小说中达到高峰。而喜剧小说的主要人物在小说中没有改变,他们的性格在一系列的冒险中,甚至在社会转型过程中都保持着稳定性。唐吉诃德、古立维尔(Gulliver)、芬(Huck Finn)、斯维克(Svejk)、克鲁勒(Krull)

---

① Agnes Heller, *Immortal Comedy*, Lanham: Rowman& Littlefield Publishers, Inc., 2005, p. 44.

等都是如此。读者的反应也不同，在现实主义小说中，在熟练的读者与不熟练的读者之间只有轻微的区别，他们都沉溺于整个故事，认同主要人物，都希望他成功，为人物成功而高兴为其失败而沮丧。故事的结束充满着希望，为读者设置了悬念。而在喜剧小说中，通常根本没有结尾。熟练读者与天真读者具有本质的区别，天真读者跟随着冒险，见可笑的情景萌发兴奋，而熟练的读者获得了形而上学的意义，因为"喜剧的解释涉及解密；它本身是理智的冒险，是异质哲学的实践"①。喜剧小说是哲学的，一些喜剧小说家就是哲学家。喜剧小说家不是引导读者，而是让我们持续地处于延宕的状态，让我们等待的不是要点，而是最后的解释。

　　存在主义喜剧的人物不是社会上或者历史上被人所知或者所理解的，其喜剧故事的冲突体现出人类的条件。这种人类的条件一直是赫勒所关注的偶然性的生存条件。赫勒指出，把重要的边缘性呈现为人类条件的载体是存在主义喜剧的特征。虽然所有的喜剧样式都表现人类的条件，但是存在主义喜剧使我们直接面临存在，直面人类条件，即是存在、人类条件本身以喜剧形式呈现。卡夫卡、博尔赫斯（Borges）的小说，贝克特（Beckett）、尤涅斯库（Eugene Ionesco）的荒诞派戏剧就属于这种喜剧样式。存在主义喜剧在 20 世纪中期占据了欧洲知识分子的自我理解中的核心地位，就如超现实主义绘画或者抽象表现主义一样新奇。卡夫卡是开创者。这种喜剧通过奇幻的荒诞的表现扩展了我们对喜剧的感知视野。存在主义喜剧的特征与玩笑的特征相似，不符合逻辑的推论，梦幻似的情节发展，最低限度主义等。每一种事物都可以成为玩笑的对象，一切事物也可以在存在主义喜剧中成为喜剧的，所有喜剧的策略成为意义的载体。玩笑取消形而上学、唯心主义、神秘主义；它们嘲弄追求救赎的欲望，嘲弄家庭、旧时代、障碍以及各种感伤主义。克尔恺郭尔的喜剧概念事实上就是存在主义喜剧，这主要涉及反讽与幽默。存在主义喜剧中的反讽与幽默具有历史性的变化，虽然所有的喜剧都可以具有反讽和幽默，但是"存在主义反

　　① Agnes Heller, *Immortal Comedy*, Lanham：Rowman& Littlefield Publishers, Inc.，2005，p. 74.

讽家和幽默家在主体性的无限性中把反讽和幽默激进化"①。幽默的存在主义实质处于审美领域与宗教领域之间,把每一种在世的努力处置为喜剧的,它根据更高级的上帝领域来衡量但又不能达到这个领域,而讽刺是处于审美与伦理领域之间。幽默与讽刺在存在主义喜剧中不是一种玩弄语词的修辞策略,而是作为存在的领域,"反讽与幽默始终是主体的一种路径或者态度,是个体走向世界,走向内在的与超验的世界的窗口。这种反讽与幽默检测并悬置日常的和科学的确定性;它使之烟消云散"②。世界本身就是荒诞的,存在主义喜剧把荒诞视为理所当然的。赫勒将这种荒诞或幽默称为结构性反讽或者结构性幽默。在卡夫卡、贝克特、尤奈斯库等人的喜剧作品中,这种结构性反讽或者幽默表现为:荒诞的世界是梦幻的、寓言式的。

赫勒涉及的高雅的喜剧的另一种样式是玩笑。这是一种公共的口语的喜剧样式,有讲述者有听众,这形成了哈贝马斯在《公共领域的结构转型》中所描述的现代公共领域。康德也是极为重视的,赫勒对康德的思想进行了阐释,康德列举了在游戏扮演中开玩笑与听玩笑。玩笑是思想的自由游戏,是一种审美判断。作为一种口语文化,玩笑对现实、可能性漠不关心,这被弗洛伊德解释为一种梦,玩笑通过移植、错误推理、荒诞性、逆反的间接表现在梦的工作中重新出现。玩笑的类型多种多样,不一而足。就玩笑的价值与意义而言,赫勒涉及三种理论:一是霍布斯关于笑是优越性权力与统治的体现;二是弗洛伊德的无意识的愿望或者欲望的满足的解放或者缓解理论;三是康德的不调和理论。这三种理论都有各自的合理性,都表明玩笑是对深渊的一次跳跃,虽然深渊仍然还在那里。

视觉艺术中的喜剧图像也具有自身的异质性。喜剧图像所意味的就是对喜剧的视觉方面的同质化,喜剧的事物通过图片集中表达出来,主要是喜剧绘画、雕刻、摄影、建筑、电影等样式。这涉及美的标准问题,喜剧图像起初不被归属为审美的领域,成为一种

① Agnes Heller, *Immortal Comedy*, Lanham: Rowman& Littlefield Publishers, Inc., 2005, p. 100.

② Agnes Heller, *Immortal Comedy*, Lanham: Rowman& Littlefield Publishers, Inc., 2005, p. 102.

宏大叙事批判与多元美学建构

古怪的东西,在 18 世纪成为反艺术,而在 19 世纪成为艺术的一部分,在当代为艺术领域所普遍接受,甚至构成了对艺术的批判。一些绘画与摄影取笑艺术批评家与解释,取笑美的标准,取笑艺术的宗教,取笑符号与所指的关系,取笑对再现的迷醉,取消传统绘画图像的逻辑,取笑纯粹的美的艺术。诸如,毕加索把世界看做是扭曲的,而被赫勒称为"结构性反讽",迪克斯的肖像画是一种重复画法(Palimpses),"重复画法在现代与后现代艺术中,在绘画与文学中被广泛实践"①。现代艺术取消艺术世界,这种取消获得了艺术的力量而不断从边缘向中心位移,"在形而上学和柏拉图主义解构的时代,在'偶像之昏黄'的时代,喜剧样式能够从边缘移向中心,能够被所有破碎的哲学,包括个人哲学,其中之一的理性怀疑主义所激起。所有喜剧小说取消的哲学信条最后也在喜剧图像中被嘲笑:秩序化世界的理想、完满的期盼的理念、忠诚地表达内在的外在理念、建构完美的知识的理念,包括某人自己的知识的理念,确定性的理念,日常推理的理念,真、善、美统一的理念,非反思信仰的理念,总体性的理念,整体和整体论的理念,无条件的理念——所有哲学都变成图像喜剧的对象"②。

赫勒喜剧美学理论与布达佩斯学派对宏大叙事的批判和后现代的多元文化思想保持着内在的一致性。她通过对喜剧现象的细密的剖析,最终回到一个核心的问题:人类条件如何、为何本身是喜剧的? 这不仅仅是一个美学问题、一个美学重构的问题,而是涉及赫勒的哲学基础问题。赫勒在讨论伦理哲学、政治哲学、历史哲学的一个核心的层面就是从人类存在的条件开始的,这就是偶然性。赫勒认为:"我使用'偶然性'这个词语作为一个存在的术语;人们体验和描述为'偶然性'的正是人类的条件。"③人类存在有着遗传和社会两种先验,但是个体以独特的方式与这两种先验发生作用,这两种先验不会完全融合,它们之间存在着张力,存在着不

① Agnes Heller, *Immortal Comedy*, Lanham: Rowman& Littlefield Publishers, Inc., 2005, p. 179.

② Agnes Heller, *Immortal Comedy*, Lanham: Rowman& Littlefield Publishers, Inc., 2005, p. 181.

③ Agnes Heller, *A Philosophy of History in Fragments*, Oxford and Cambridge, MA: Blackwell, 1993, p. 1.

可沟通的深渊,这就是存在的张力和存在的深渊。笑和哭"都是对真正跳过这个深渊之不可能的反应;笑和哭对完全融合社会先验和遗传先验的失败的反应"①。因为人类存在本身就是实质性的不调和,赫勒最终是深深地认同存在主义喜剧的洞见。喜剧现象关注绝对的现在,重视时间性,注重异质性,这不同于宏大叙事,不同于救赎模式,而是在偶然性中与矛盾同在,和复杂性、悖论与共。不过,这不意味着道德性的丧失,而是更为注意现在的伦理责任与善恶的选择。赫勒认为,我们为现在负责,能够为未来负责。这涉及一种价值,一种意义,即阿佩尔所说的"全球性责任"②。"全球性责任"允许我们把过去的重构视为过去 – 现在的时代。这就是赫勒称为"激进的阐释学"的价值基础。赫勒的喜剧的后现代主义重构也存在问题,她把喜剧现象延伸到艺术的普遍界定中,但是悲剧又被排除在外,而事实上不论是卢卡奇还是赫勒,仍把悲剧作为绝对现在的艺术经验。这是其理论内在的阐释矛盾。而且,她关于喜剧的归属人类生活的特征与社会交往性的特征也与柏格森的认识有一致之处,后者认为喜剧现象是人类生活之中的,它要求理智,但是一种理智也联系着其他理智,"如果一个人感到自己脱离了他人,他就几乎欣赏不到喜剧。喜剧似乎需要一种呼应"③。

总之,布达佩斯学派的多元主义美学是挪用后现代主义的诸多话语与思想武器,提倡偶然性、异质性、多元性、自由性,但是他们并不完全认同极端后现代主义的"什么都行"的口号,而是对多元主义美学进行伦理与政治的奠基。马尔库什认为,人类历史发展的多元选择的道路是存在的,但是不意味着"什么都行","不是每种事物一直是可能的,只有少数几种'可能的'事物在社会上是重要的,即表达了现存的或者能够激励的社会要求与尝试"④。托马斯也批判了全球化时代的后法西斯主义特征及其与多元文化主义、流行文化的问题。在当代景观社会,现象与本质一样,两件物

---

① Agnes Heller, *A Philosophy of History in Fragments*, Oxford and Cambridge, MA: Blackwell, 1993, p. 201.

② Agnes Heller, *A Theory of History*, London: Routledge and Kegan Paul, 1982, p. 34.

③ Henri Bergeson, *Laughter: An Essay on the Meaning of the Comic*, Ottawa: eBooksLib, 2004, p. 4.

④ György Markus, *Language and Production: A Critique of the Paradigms*, Dordrecht: D. Reidel Publishing Company, 1986, p. 106.

成为完全相同的,一切显得平和,这实际上就是"和平的法西斯主义",即后法西斯主义。多元文化主义主张各种文化的不可比较与其独特性,走向一种族性主义,把非人性的东西人性化。托马斯认为,这种多元文化主义领域"已经被后-法西斯主义所选择"[1]。后法西斯主义对边缘化的东西持有敌视态度,这是商业流行文化散播的结果,商业文化有助于整合,我们不会排除你,我正好想容纳你。现在无产阶级和资产阶级都愿意观看流行音乐的排行榜和《一九八四年》,都被同样的流行文化所逗乐,"文化理想正走向流行文化浅薄的道德化。如果你不能融入这个温柔的世界,那么你必定是有罪的"[2]。玛丽亚·马尔库什也在当代社会文化的加速转型中意识到一切都在快速地突破传统与规范,一切都在失去规范的基础,但是她重新重视规范性基础,发掘信仰和相互性的价值。[3]赫勒、费赫尔也反对极端的文化相对主义,不赞同那些族性中心主义,或者以一种文化的标准去评价另一种文化,这不存在公正感。"如果不同的、唯一的文化不能以任何方式被比较、被分等级或者分级,那么就没有正义。"[4]布达佩斯学派试图维持一种适度的文化相对主义(modest cultural relativism)或者限制的相对主义(restricted or limited relativism)[5],伽登纳认为:"赫勒与费赫尔实质上试图在相对主义与绝对主义的两个极端找到一种'中间道路',以至于调和'统一'与'差异'。"[6]这种认识是正确的,表明了布达佩斯学派试图解决后现代的"相对主义的幽灵"的困境。[7] 他们在解释中

① Gaspar Miklos Tamas, What is Post-fascism? 14 – 9 – 2001, http://www. opendemocracy. net/people-newright/article_306. jsp.

② Gaspar Miklos Tamas, What is Post-fascism? 14 – 9 – 2001, http://www. opendemocracy. net/people-newright/article_306. jsp.

③ Trust: Better Than Rational? 8 August 2003, http://www. australianreview. net/digest/2003/08/Markus, html.

④ Agnes Heller, *Beyond Justice*, Oxford, Boston: Basil Blackwell, 1988, p. 43. 另参见 Agnes Heller, Can Cultural Patterns Be Compared? In *Dialectical Anthropology*, vol. 8 no. 4(1984 April), pp. 269 –276。

⑤ Agnes Heller, *Can Modernity Survive*?, Cambridge, Berkeley, Los Angeles: Polity Press and University of California Press, 1990, p. 36.

⑥ Michael Gardiner, A Postmodern Utopia? Heller and Fehér's Critique of Messianic Marxism, In *Utopian Studies*, vol. 8, no. 1(1997), pp. 89 –122.

⑦ John A. Hall, Beyond Justice by Agnes Heller, In *The American Journal of Sociology*, vol. 95, no. 5(1990), pp. 1352 –1354.

尽管存在着无限性，但是有着"为我们"的真理，在交往中存在着多元主义审美，但是有着平等互惠的伦理基础。在失范的同时确定规范性基础，在摆脱镣铐的同时戴上镣铐跳舞。从政治理想方面说，多元主义美学与他们对审美自律的批判与重构一样是对极权主义政治与美学的批判，倡导真正有价值意义而又自由的文化政治生活。所以对"需要专政"的批判成为布达佩斯学派的绕不开的美学问题。可以说自由成为布达佩斯学派重构美学思想的最高的价值范畴。尽管多元主义美学表现出与后现代文化价值的紧密关系，但是布达佩斯学派并没有割断现代欧洲文化价值传统，现代性意味着多元主义。诸如赫勒所说："为多元主义的普遍认可的斗争仅仅在现代性的黎明才出现。"①瓦伊达在 1986 年明确地提出，在绘画中以及许多心灵生产其他世界中显示的时代变化不是对资产阶级时代的否决，而是"承认它的不可逾越的自相矛盾的特征"，"今天对我来说，这种承认就是张扬人道主义未来的可能性"②。布达佩斯学派试图在现代性偶然性、个体性与创造性的条件下架起文化的桥梁，正如赫勒在接受采访时所说："现在有如此多的著作出版，有如此多的不同种倾向。每个人有其自己的哲学或者思维方式。不再有风格；例如在绘画上，不再有'主义'。也许在建筑中有，但是在绘画或者音乐中没有。因此，每个人以自己方式作曲。譬如，在音乐方面的所谓的最低限度主义者真正没有共同的风格。在音乐'最低限度主义者'中找到共同的风格是非常困难的。因此，如果你没有听相同的事物，你怎么能够有一个讨论呢？文化不是生产，这是完全的误解。文化是在观众之中，在团聚和讨论中。'你明白这个吗？''你的意见如何？'——这就是文化。如果你没有讨论它，就不存在共同的东西，那么就没有文化。因此，今天拥有文化，你就拥有时尚，因为没有其他选择的标准。"③这就是把交往与后现代价值，把文化和意义进行重新建构。

---

① Agnes Heller, *Beyond Justice*, Oxford, Boston: Basil Blackwell, 1988, p. 16.

② Mihály Vajda, Aesthetic Judgment and the World View in Painting, In *Reconstructing Aesthetics*, Heller, Agnes and F. Fehér, eds. , Oxford: Basil Blackwell. 1986, p.149.

③ Csaba Polony, The Essence is Good but All the Appearance is Evil, An Interview with Agnes Heller, http://www.leftcurve.org/LC22WebPages/heller.html.

结语　布达佩斯学派重构美学对当代马克思主义美学建设的意义

布达佩斯学派从马克思主义"文艺复兴"到后马克思主义与后现代主义的转向既显示出马克思主义美学的危机,同时又彰显出马克思主义美学的当代发展。他们的美学思想对当代中国的马克思主义美学建设具有重要的启示,他们提出的重构思想在某种意义上可以理解为是一种新型的社会主义美学形态,他们在东欧现存社会主义和德国法西斯主义与欧洲文化的传统的链接中思考问题的深刻性与透彻性,对于当代马克思主义美学与文化建设有着借鉴意义。其中,有三个方面尤其值得关注。

一、重构现代性的意义

现代性问题研究现状表明,不能停留在简单的批判现代性与盲目的迎合现代性,而是要认识到,西方当代人的存在不可能超越现代性,他们处于现代性的存在性选择之中。这就是布达佩斯学派的重构现代性与重构美学的思路。这种思路构建了本书的逻辑基础。

布达佩斯学派重建现代性是在反思现代性的宏大叙事和形而上学的基础上展开的,所以重建是充分认识到现代性的弊端,但同时要充分地肯定现代性的潜力。在反思后现代的基础上对现代性的建构既可以说是后现代性,也可以说是新现代性,对试图深入地理解现代性的潜力,对人的存在与社会建构的潜力。因此布达佩斯学派重新反思了欧洲的文化传统,把欧洲经典的现代文化传统与马克思主义、社会主义建设结合起来,形成具有东欧特点的现代性理论与马克思主义理论。就美学而言,布达佩斯学派辩证地涉及具有大写历史哲学的哲学美学和具有经验特色的印象主义批评,重新建立个体性与普遍性的统一问题,实际上再一次在后现代思维中整合偶然性与普遍性问题。这是在尼采美学与康德美学之间的整合,把康德的审美普遍性与尼采的个体伦理学结合起来,确立审美伦理的内容与形式的统一体,从而构建了融合偶然性与个体性的价值伦理政治,"没有尼采的溪流,马克思的人格伦理学会是空洞的、纯粹修辞性的"①。布达佩斯学派的伦理价值基础为马克思主义的人的完满存在的设想注入了实质性的内涵。可以说,这是把欧洲现代性的文化精神融入到马克思主义的美学精神之中。这既是超越马克思主义也是一种对马克思主义的人道主义价值观念的承续。所以布达佩斯学派的新马克思主义美学不再是僵化的马克思主义教条,而是融入了欧洲的深厚的文化价值传统,他们对现代技术理性、个体价值、市场体制、民主政治观念、伦理责任、三权分立等方面加以辩证地思考,而不是如法兰克福学派对现代性的激进主义姿态,也不像卢卡奇的宏大的总体救赎范式,确立了当代文化与马克思主义的强大的现代性的文化与社会基础,这种具有建设性的马克思主义及其文化美学对现存社会主义国家的文化建设与反思是有参考价值的。

布达佩斯学派这种重建现代性的思路对中国马克思主义美学与社会主义文化建设是有重要价值的。中国的美学发展从 19 世纪后期,尤其是从王国维的美学范式中经历了现代性转型,在这个过程中传统美学的范畴与价值也重新焕发出新的意义,在传统与现代的交融整合中催生了具有中国特色的现代美学范式,如宗白华、朱光潜的美学。中国在 100 年的文化实践中形成了特有的而不可能抛弃的现代性,中国美学建设必须面对这一文化事实,否则都可能是浪漫主义的虚无梦想。但是,在中国文化现代性的发展中也出现了诸多问题,就是在传统与现代之间,在西方与中国之间,在中国现代性与西方现代性之间出现了某些困惑。尤其是中国马克思主义美学表现出对文化传统的抛弃或者简单的处理,失去了其伦理价值的民族文化土壤,在某种意义上说谈及马克思主

宏大叙事批判与多元美学建构

① Agnes Heller, *An Ethics of Personality*, Cambridge: Basil Blackwell, 1996, p. 16.

义成为一个具有批判性的否定术语,这带来了马克思主义发展的困惑。中国从新时期以来注重以经济建设为中心,物质财富和生产力得到了快速增长,尤其是 1992 年邓小平南方谈话,奠定了社会主义市场经济制度,使中国人民处于逐步步入消费活动的语境中,全球化的经济化使中国迅速地并入世界经济体系。在短短 30 余年中,中国人民经历了巨大的经济变化,走上了富裕的道路。但是经济的发展也带来了一些问题,如精神信仰的缺失,伦理道德的沦丧,意义的枯竭。文学成为商品,作家沦为码字工人,语言转变为货币。个体的伦理责任与文学表达的伦理情怀在金钱面前显得格外羞涩,一种以货币为普遍标准的生活方式与文学价值评价消解了个体的内在真诚的心灵的交流。伦理范式的人民文学论将直接切入这些文学活动,在经济的现代浪潮中标举伦理价值的尺度,在欲望横行的社会里谈及当代中国人的价值感、意义感、幸福感,在没有责任性的言语行为中表达个体的责任伦理与个体尊严的人格魅力,这些都给人带来了困惑,这些困惑在一定程度上限制了中国当代美学的建设。面对传统美学的独特性的回归,西方本位主义的青睐,后现代主义的极端的盲视,中国当代美学建设理应在当代文化语境基础上思考中国马克思主义美学的建设的有效性问题,这就是要以建设性态度提出传统美学与现代性、后现代的整合问题,从多元化的文化资源中找到中国当代美学的基本命题,并以此建构具有当代中国特色的并能够阐释当代中国美学问题的理论范畴与话语范式。可以说,布达佩斯学派的重构美学可以为我们提供方法论的启示,并可以提供重要的思想资源。

二、审美规范性基础之反思

布达佩斯学派在现代性的潜能中找到现实的乌托邦,确立日常生活的价值基础与美学基础。这不是卢卡奇在原生态的日常生活和现代的异化的日常生活之间进行取舍,而是在现代的日常生活空间探询美学存在的合法性,从现代的文化价值领域思考美学的可能性问题,这是在批判宏大叙事的现代浪漫乌托邦的基础上重构现代性的潜在力量,在意义与文化,在文化与技术,在必然的与自由的,在文化的与自然的碰撞中思考传统现代美学的问题与新的可能性。这就是布达佩斯学派的重构现代性与重构美学的思路。

　　关于美学与文艺领域的规范性思考,青年卢卡奇在《海德堡美学》中就进行过思考,他从"艺术作品存在——它们是如何可能的?"这一问题出发探讨审美规范的可能性,借助于康德的美学研究并通过现象学与存在主义的阐释确定了艺术交往的规范性基础及其必然的误解。布达佩斯学派在卢卡奇的研究基础上再一次检视了审美领域的规范基础,指出现代审美领域的历史哲学基础及其审美自律的合法性问题。在他们看来,审美领域的规范性基础是作为社会理论意义的规范与规则,作为社会领域的独特的规范性,但是这种规范性并不能完全被制度化,而是充满着人道主义的创造性、个体性、偶然性、差异性。这里既有审美的伦理道德的基础,也具有审美自由价值的基础,更具有阐释意义的功能基础。可以说,审美领域的规范性基础并不是唯一的,而是多元的,这既是现代性的必然结果,也是人类理想存在的诉求。这样布达佩斯学派关于审美规范性的思考就为当代美学的规范性反思注入了新的活力与视野。哈贝马斯是比较重视审美领域的规范性阐释的,他从其交往的社会理论出发,认为文化价值合理性的内在逻辑与社会生活中的相应制度为文化领域独立或者自律奠定了基础。审美自律领域呈现为审美价值观念与艺术活动的行动体系制度,其核心规则就是美学实践的合理性的内在逻辑的扩展。审美实践合理性与文学艺术的言语行为话语为主体彼此理解与交往的公共领域奠定了基础。审美领域的合理性在于审美领域的特殊语言类型,其价值有效性就是言语行为的主观的真诚性。但是审美领域的神秘性因素,迷狂、狂欢化的混沌状态导致自由的审美公共领域与合理性交往的消弭;艺术独特性与创造性的追求,对自我孤独的内在主体性的挖掘,导致没有对话的独白;现代主义艺术表现出来的孤独与冷酷,超越了可理解性与共享性,崇高的非理性体验超越了形式的理性把握。即使可以对话与交往,但是所展开的只是表面的浅薄,而无法深入到艺术经验的实质性层面。审美经验的无意识因素、偶然性导致语言规则的无限性。无言之美的中国艺术精神的追求往往超越了语言的界限与规则。① 布达佩斯学派清晰地认识到哈贝马斯的交往美学所具有的宏大叙事与普遍主义的局限性，但是把现代性的偶然性注入交往美学之中，就形成了具有微型话语特征的交往美学，从而为多元主义美学奠定了合法性基础。

布达佩斯学派美学建构联系着德国社会理论家卢曼的差异性社会理论及美学思想。卢曼通过布朗的《形式的规律》的数学运算的悖论理论来阐释现代社会的系统问题，认为不仅偶然性、差异一直在现代社会存在，而且现代性始终是不可克服的悖论。系统分化后又重新进入原来的系统之中，区分本身又"重新进入"区分之中。在卢曼看来，"重新进入是一个隐含性的悖论，因为它处理不同的区分（系统/环境，以及自我指涉/外在指涉），好像这些区分是同样的"②，所以"现代社会是一个悖论性的系统"③。布达佩斯学派社会理论家赫勒也持有类似的观点，认为现代性本身是异质性的，"现代性不应该被视为一个同质化的或者总体化的整体，而应该被视为具有某些开放性但又不是无限可能性的碎片式的世界"④。赫勒在20世纪80年代就邀请了卢曼到澳大利亚参加会议并讲学，涉及的共同问题就是现代性的个体性与偶然性问题，但是赫勒与卢曼超越人道主义的范式不同，汲取了欧洲人道主义的价值伦理传统，所以提出新的人道主义美学的特征，这样审美就存在合法性根据，超越纯粹语言的规范性，但是又是充满悖论与偶然性的，就是在不断的时间性与规范性的碰撞中，艺术与审美成为人的好生活的重要维度。这看似超越马克思主义美学，实则是内在于马克思主义美学之中，因为人的存在才可能为美学的存在提供最终的合法性。作为来自东欧社会主义国家的哲学流派，布达佩斯学派体现了与南斯拉夫"实践派"、波兰的沙夫（Adam Schaff）、科拉科夫斯基（Leszek Kolakowski）等东欧新马克思主义者相同的理论趋向，

---

① 傅其林：《论哈贝马斯关于审美领域的规范性基础的阐释——兼及文艺学规范性之反思》，载《四川大学学报》2010年第1期。

② Niknas Luhmann, *The Reality of the Mass Media*: *Cultural Memory in the Present*, Trans. Kathleen Cross, Standford, Calif: Stanford University Press, 1998, p. 11.

③ Niklas Luhmann, The Autopoiesis of Social System, In *Sociocybernetic Paradoxes*, Felix Geyer and Jahannes, eds., London: Beverly Hills, Calif: Sage Publication Ltd, 1986, pp. 172–192.

④ Agnes Heller, *A Theory of Modernity*, London: Blackwell Publishers, 1999, p. 65.

对人的存在异化的反思与超越。

三、马克思主义美学的批判性与开放性

布达佩斯学派从东欧现存社会主义与法西斯极权主义的现实问题出发思考文化与美学问题,重新回到文化政治学的思考之中,重新提出了文艺与政治、美学与政治的问题,这就提出了马克思主义最为重要的特征之一——"批判性"。这对当代马克思主义美学建设无疑是有启发的。

这就是思考在当代文化语境下如何进行社会主义美学与文化建设。在中国现代文化政治发展中出现了诸多美学与政治体制建设的问题,尤其是把文化、文艺、美学问题视为政治体制的附庸与螺丝钉,要求文艺直接服从于现实的政治体制建设,并以此目标判定文化产品的价值,从而把不利于直接的政治方针的作品给予否定性评价。这在现代中国是不可回避的事实。虽然艺术政治化在特定历史语境中具有现实的意义,但是这种把文艺直接政治化的方式无疑阻碍了文艺的发展,无视了艺术的自律、美学自律的特性,无视了文艺活动参与者的政治权力,同时也损坏了政治的文化功能与文化的政治功能。结果导致的是消除文艺、美学与政治问题的关系。甚至在市场商业文化语境中,文艺寄附于市场,在消费文化的幻象中找到文艺的价值归属。布达佩斯学派对政治美学化与文艺商业化现象进行辩证地批判,从而为文艺、美学与政治民主的问题进行学理论证,为美学确立了民主自由的政治学的伦理基础,同时思考市场在文化建设中的辩证性的意义,反思商业艺术、复制艺术的美学价值。虽然他们批判东欧现存社会主义文化建设,但是实质上在探索一种真正意义上的社会主义文化政治学,这就是相对自律的文化政治学构建以及由此形成的多元主义的美学范式,自由成为文化政治的最高的价值取向,从而走向了一种充满活力的开放的马克思主义,对某些独断式的马克思主义进行批判,显示出社会主义形态的马克思主义的批判性与开放性。这种马克思主义研究范式是东欧新马克思主义的显著特色,正如波兰的新马克思主义者沙夫(Adam Schaff)所认为的,他自己是共产主义持不同政见者,他提出欧洲共产主义模式,坚持"建设社会主义社会

过程中政治和思想上的多元化原则"①。他们的探索对当前的社会主义文化、美学建设无疑具有重要的参照意义。这有助于思考马克思主义美学如何在社会主义文化建设中现实化的问题,在后现代文化语境中反思马克思主义美学,探讨社会主义文化、美学。

尽管布达佩斯学派重构美学具有某些局限性,尤其是对艺术本身缺乏深入细致的辨析,对美学问题还没有进行深入论辩,使得其美学思想多停留于哲学层面和社会理论方面,多是进行美学社会学、政治学、伦理学的分析。而且我们可以明显感受到,他们的美学思想几乎是他们的偶然性、个体性的后现代历史哲学的推演,即使涉及具体的喜剧艺术现象,也脱离不了明显的时间哲学,这就陷入了他们反对的哲学美学的困境之中。另外,由于对现代性的价值的过分地强调,尤其是对偶然性的本体论的看重,其哲学与美学思想已经超越了马克思主义,逐步地失去了马克思主义的基本话语与核心精神,所以赫勒甚至说自己现在是马克思主义者又不是马克思主义者的模棱两可的状态。马克思主义是一种宏大叙事,超越了宏大叙事的话语就脱离了原初的马克思主义话语体系,而走向了后马克思主义。他们对马克思主义的批判也具有激进的特点,这无疑会忽视马克思主义哲学与美学有价值的重要的命题,尤其是近几年在西方国家出现了马克思主义热,说明马克思主义的经典理论仍然焕发社会与思想的活力。尽管如此,布达佩斯学派重新对马克思主义与西方马克思主义美学进行了批判性理解,通过后现代的文化思想的批判性吸收,在传统批判理论的基础上形成了一种新型的批判理论,这是富有建设性的批判理论,这是他们面对现代性批判与后现代主义思想所选择的后马克思主义美学道路。他们思考的严肃性与学术性在世界马克思主义美学潮流中具有不可替代的作用,这种具有东欧特色的后马克思主义美学形态无疑会丰富马克思主义美学。

---

① （波）亚当.沙夫:《论共产主义运动的若干问题》,奚戚等译,北京:人民出版社1983年版,第133页。

参考文献

一、中文文献

（一）著作

[1]（匈）阿格妮丝·赫勒,《日常生活》,衣俊卿译,重庆:重庆出版社 1990 年版。

[2]（匈）阿格妮丝·赫勒,《人的本能》,邵晓光、孙文喜译,沈阳:辽宁大学出版社 1988 年版。

[3]（匈）阿格尼丝·赫勒,《现代性理论》,李瑞华译,北京:商务印书馆 2005 年版。

[4]（德）阿多诺,《美学理论》,王柯平译,成都:四川人民出版社1998 年版。

[5]（斯）阿莱斯·艾尔雅维茨,《图像时代》,胡菊兰、张元鹏译,沈阳:吉林人民出版社 1999 年版。

[6]（苏）巴赫金,《巴赫金全集》第 4 卷,白春仁等译,石家庄:河北教育出版社 1998 年版。

[7]（古希腊）柏拉图,《文艺对话集》,朱光潜译,北京:人民文学出版社 1983 年版。

[8]（英）鲍曼,《立法者与阐释者:论现代性、后现代性与知识分子》,洪涛译,上海:上海人民出版社 2000 年版。

[9]（英）鲍曼,《现代性与大屠杀》,杨渝东、史建华译,南京:译林出版社 2002 年版。

[10]（德）彼得·比格尔,《先锋派理论》,高建平译,北京:商务印书馆 2002 年版。

［11］（法）波德莱尔，《1846年的沙龙:波德莱尔美学论文选》，郭宏安译，桂林:广西师范大学出版社2002年版。

［12］（日）初见基，《卢卡奇物象化》，范景武译，石家庄:河北教育出版社2001年版。

［13］（德）弗里德里希·尼采，《看哪这人:尼采自述》，张念东、凌素心译，北京:中央编译出版社2000年版。

［14］（德）汉斯－格奥尔格·伽达默尔，《真理与方法》下卷，洪汉鼎译，上海:上海译文出版社2004年版。

［15］（德）黑格尔，《精神现象学》，贺麟、王玖兴译，北京:商务印书馆1983年版。

［16］（德）黑格尔，《历史哲学》，王造时译，北京:生活·读书·新知三联书店1956年版。

［17］（德）康德，《判断力批判》，宗白华等译，北京:商务印书馆2000年版。

［18］（德）康德，《论优美感和崇高感》，何兆武译，北京:商务印书馆2003年版。

［19］（德）康德，《实用人类学》，邓晓芒译，重庆:重庆出版社1987年版。

［20］（德）卡尔－奥托·阿佩尔，《哲学的改造》，孙周兴、陆兴华译，上海:上海译文出版社1997年版。

［21］（英）克莱夫·贝尔，《艺术》，周金环、马钟元译，北京:中国文联出版公司1984年版。

［22］（德）马丁·海德格尔，《林中路》，孙周兴译，上海:上海译文出版社1997年版。

［23］（德）马丁·海德格尔，《尼采》，孙周兴译，北京:商务印书馆2002年版。

［24］（德）马丁·海德格尔，《诗·语言·思》，彭富春译，北京:文化艺术出版社1991年版。

［25］（联邦德国）马克斯·霍克海默、特奥多·威·阿多诺，《启蒙辩证法》，洪佩郁、蔺月峰译，重庆:重庆出版社1990年版。

［26］（德）马克斯·韦伯，《新教伦理与资本主义精神》，彭强、黄晓京译，西安:陕西师范大学出版社2002年版。

［27］（英）乔治·奥威尔，《一九八四年》，刘子刚、许卉艳译，北京:

中国致公出版社 2001 年版。

[28]（匈）乔治·卢卡奇,《历史与阶级意识》,张西平译,重庆:重
庆出版社 1989 年版。

[29]（匈）乔治·卢卡奇,《卢卡奇自传》,李渚青、莫立知译,台北:
桂冠图书股份有限公司 1990 年版。

[30]（匈）卢卡契,《审美特性》第 1 卷,徐恒醇译,北京:中国社会
科学出版社 1986 年版。

[31]（匈）卢卡契,《审美特性》第 2 卷,徐恒醇译,北京:中国社会
科学出版社 1991 年版。

[32]（法）让－弗朗索瓦·利奥塔,《非人——时间漫谈》,罗国祥
译,北京:商务印书馆 2001 年版。

[33]（法）让－弗朗索瓦·利奥塔,《后现代道德》,莫伟民等译,上
海:学林出版社 2000 年版。

[34]（美）斯马特,《后现代性》,台北:巨流图书公司 1997 年版。

[35]（德）特奥多·阿多尔诺,《否定的辩证法》,张峰译,重庆:重
庆出版社 1993 年版。

[36]（英）特里·伊格尔顿,《美学意识形态》,王杰等译,桂林:广
西师范大学出版社 1997 年版。

[37]（芬）尤卡·格罗瑙,《趣味社会学》,何建华译,南京:南京大
学出版社 2002 年版。

[38]（德）谢林,《先验唯心论体系》,梁志学、石泉译,北京:商务印
书馆 1977 年版。

[39]（波）亚当·沙夫,《论共产主义运动的若干问题》,奚戚等译,
北京:人民出版社 1983 年版。

[40]（德）尤尔根·哈贝马斯,《交往行动理论》,洪佩郁、蔺菁译,
重庆:重庆出版社 1994 年版。

[41]（德）尤尔根·哈贝马斯,《作为"意识形态"的技术与科学》,
李黎、郭官义译,上海:学林出版社 1999 年版。

[42]（澳）约翰·多克,《后现代主义与大众文化:文化史》,吴松
江、张天飞译,沈阳:辽宁教育出版社 2001 年版。

[43]（德）瓦尔特·本雅明,《德国悲剧的起源》,陈永国译,北京:
文化艺术出版社 2001 年版。

[44]（德）瓦尔特·本雅明,《本雅明文选》,陈永国、马海良编,北

京：中国社会科学出版社1999年版。

［45］（德）瓦尔特·本雅明，《发达资本主义时代的抒情诗人》，张旭东、魏文生译，北京：生活·读书·新知三联书店1989年版。

［46］（德）瓦尔特·本雅明，《经验与贫乏》，王炳钧、杨劲译，天津：百花文艺出版社1999年版。

［47］（德）瓦尔特·本雅明，《迎向灵光消逝的年代》，许绮玲、林志明译，桂林：广西师范大学出版社2004年版。

［48］傅其林，《阿格妮丝·赫勒审美现代性思想研究》，成都：巴蜀书社2006年版。

［49］傅其林，《审美意识形态的人类学阐释》，成都：巴蜀书社2007年版。

［50］郭军编，《论瓦尔特·本雅明：现代性、寓言和语言的种子》，长春：吉林人民出版社2003年版。

（二）论文

［1］（匈）阿格妮丝·赫勒，《对后现代艺术的反思》，傅其林编译，《四川大学学报》2007年第5期。此文系根据赫勒2007年6月29日、7月1日分别在复旦大学、四川大学演讲《什么是后现代——25年之后》编译的。

［2］（匈）阿格妮丝·赫勒，《艺术自律或艺术品的尊严》，傅其林译，《东方丛刊》2007年第4期。

［3］（英）休谟，《论趣味的标准》，吴兴华译，载《古典文艺理论译丛》第5册，古典文艺理论译丛编辑委员会编，北京：人民文学出版社1963年版。

［4］（德）尤金·哈贝马斯，《瓦尔特·本雅明：提高觉悟抑或拯救性批判》，载《论瓦尔特·本雅明：现代性、寓言和语言的种子》，郭军、曹雷雨编，沈阳：吉林人民出版社2003年版。

［5］傅其林，《布达佩斯学派美学——阿格妮丝·赫勒访谈录》，《东方丛刊》2007年第4期。

［6］傅其林，《阿格妮丝·赫勒的美学现代性思想》，《中国图书评论》2007年第3期。

［7］傅其林，《阿格妮丝·赫勒论市场体制对文化传播的影响》，《廊坊师范学院学报》2007年第4期。

[8] 傅其林,《论布达佩斯学派对艺术制度理论的批判》,《中南大学学报》2005 年第 3 期,此文被人大复印资料《文艺理论》2005 年第 10 期全文转载。

[9] 傅其林,《论布达佩斯学派的重构美学思想》,《外国文学研究》2004 年第 2 期。

[10] 张政文、杜桂萍,《艺术:日常与非日常的对话——A. 赫勒的日常生活艺术哲学》,《文艺研究》1997 年第 6 期。

二、外文文献

（一）著作

[1] Heller, Agnes. *Immortal Comedy : the Comic Phenomenon in Art, Literature , and Life.* Lanham , Md : Lexington Books , 2005.

[2] Heller, Agnes. *The Time is out of Joint : Shakespeare as Philosopher of History.* Lanham, Md : Rowman & Littlefield, 2001.

[3] Heller, Agnes. *A Theory of Modernity.* Mass : Blackwell Publishers, 1999.

[4] Heller, Agnes. *An Ethics of Personality.* Oxford, OX, UK : Blackwell, 1996.

[5] Bauböck, Rainer, Agnes Heller, and Aristide R. Zolberg, Eds. , *The Challenge of Diversity : Integration and Pluralism in Societies of Immigration.* Public Policy and Social Welfare, v. 21. Aldershot, England : Avebury, 1996.

[6] Feher, Ferenc, and Agnes Heller. *Biopolitics. Public Policy and Social Welfare.* v. 15. Aldershot : Avebury, 1994.

[7] Heller, Agnes. *A Philosophy of History in Fragments.* Oxford , UK : Blackwell, 1993.

[8] Heller, Agnes, and Ferenc Feher. *The Grandeur and Twilight of Radical Universalism.* New Brunswick, N. J. : Transaction Publishers, 1991.

[9] Heller, Agnes. *Can Modernity Survive?.* Berkeley : Polity Press and University of California Press, 1990.

[10] Heller, Agnes, and Ferenc Feher. *From Yalta to Glasnost : The Dismantling of Stalin's Empire.* Oxford : Basil Blackwell, 1990.

[11]Heller, Agnes. *A Philosophy of Morals*. Oxford, UK: B. Blackwell, 1990.

[12]Heller, Agnes. *General Ethics*. Oxford [Oxfordshire]: B. Blackwell, 1988.

[13]Heller, Agnes, and Ferenc Feher. *The Postmodern Political Condition*. Cambridge: Polity in Association with Basil Blackwell, 1988.

[14]Heller, Agnes. *Beyond Justice*. Oxford: Basil Blackwell, 1987.

[15]Feher, Ferenc, and Ágnes Heller. *Eastern Left-Western Left: Totalitarianism, Freedom and Democracy*. Cambridge: Polity Press, 1987.

[16]Feher, Ferenc, and Ágnes Heller. *Doomsday or Deterrence?: On the Antinuclear Issue*. Armonk, N. Y. : M. E. Sharpe, Inc, 1986.

[17]Heller, Agnes, and Ferenc Feher, Eds. , *Reconstructing Aesthetics: Writtings of the Budapest School*. Oxford: B. Blackwell, 1986.

[18] Heller, Agnes. *The Power of Shame: A Rational Perspective*. London: Routledge & K. Paul, 1985.

[19] Heller, Agnes. *Radical Philosophy*. James Wickham Trans. , England: Basil Blackwell, 1984.

[20]Heller, Agnes. *Everyday Life*. G. L. Campbell trans. , London, Boston, Melbourne and Henley: Routledge & Kegan Paul, 1984.

[21] Heller, Agnes, Eds. *Lukács Revalued*. Oxford, England: B. Blackwell, 1983.

[22]Feher, Ferenc, Agnes Heller, and György Márkus. *Dictatorship over Needs*. New York: St. Martin's Press, 1983.

[23]Feher, Ferenc, and Agnes Heller. *Hungary 1956 Revisited: The Message of a Revolution—a Quarter of a Century After*. London: Allen & Unwin, 1983.

[24]Heller, Agnes. *A Theory of History*. London: Routledge and Kegan Paul, 1982.

[25]Heller, Agnes, and Ferenc Feher. *Marxisme et Democratie*. Petite collection Maspero, 257. Paris: F. Maspero, 1981.

[26] Heller, Agnes. *A Theory of Feelings*, Assen: Van Gorcum,

1979.

[27] Heller, Agnes. *Renaissance Man.* Richard E. Allen Trans. , London, Boston, Henley: Routledge and Kegan Paul, 1978.

[28] Heller, Agnes. *On Instincts.* Assen: Van Gorcum, 1979.

[29] Hegedüs, András. *The Humanisation of Socialism Writings of the Budapest School.* London: Allison & Busby, 1976.

[30] Heller, Agnes. *The Theory of Need in Marx.* New York: ST. Martin's Press, 1976.

[31] Radnóti, Sándor. *The fake: Forgery and its Place in Art.* Trans. Ervin Dunai, Lanham : Rowman & Littlefield Publishers, 1999.

[32] Márkus, György. *Marxism and Anthropology: The Concept of "Human Essence" in the Philosophy of Marx.* Assen: Van Gorcum, 1978.

[33] Márkus, György. *Language and Production: A Critique of the Paradigms.* Dordrecht: D. Reidel Publishing Company, 1986.

[34] Márkus, György, and Mihály Vajda. *A Budapesti Iskola: Tanulmányok Lukács Györgyröl.* Alternatívák. [Budapest] : Argumentum, 1997.

[35] Fodor, Géza. *Zene és Dráma.* Budapest: Magvetö könyvkiadö, 1974.

[36] Vajda, Mihaly. *The State and Socialism.* London: Allision & Busby, 1981.

[37] Burnheim, John, eds. , *The Social Philosophy of Agnes Heller.* Amsterdam: Rodopi, 1994.

[38] Gardiner, Michael. *Critique of Everyday Life.* London and New York: Routledge, 2000.

[39] Tormey, Simon. *Agnes Heller: Socialism, Autonomy and the Postmodern.* Manchester and New York: Manchester University Press, 2001.

[40] Grumley, John, Paul Crittenden and Pauline Johnson, eds. , *Culture and Enlightenment : Essays for Gyorgy Markus.* Ashgate, Aldershot, 2002.

[41] Grumley, John. *Agnes Heller: A Moralist in the Vortex of History.*

London: Pluto Press, 2005.

[42] Adorno, Theodor W. *Philosophy of Modern Music*. Sheed & Ward, London: The Seabury Press, 1994.

[43] Bauman, Zygmunt. *Postmodern Ethics*. Oxford, UK & Cambridge, USA: Blackwell, 1993.

[44] Belting, Hans. *Bild und Kult. Eine Geschichte des Bildes vor dem Zeitalter der Kunst*, Munich: Beck, 1990.

[45] Bernstein, Richard J. *Habermas and Modernity*. Cambridge, Massachusetts: The MIT Press, 1985.

[46] Bourdieu, Pierre. *Distinction: A Social Critique of the Judgement of Taste*. Trans. Richard Nice, London, Melbourne and Henley: Routledge & Kegan Paul, 1984.

[47] Bowie, Andrew. *Aesthetics and Subjectivity: From Kant to Nietzsche*. Manchester and New York: Manchester University Press, 1990.

[48] Buck – Morss, Susan. *The Origin of Negative Dialectics: Theodor W. Adorno, Walter Benjamin, and the Frankfurt Institute*. New York: The Free Press, 1977.

[49] Bürger, Peter. Theory of the Avant – Garde, trans. Jochen Schulte-Sasse. Minneapolis: University of Minnesota press, 1984.

[50] Bürger, Peter. *The Decline of Modernism*. trans. by Nicholas Walker, Cambridge: Polity Press, 1992.

[51] Castoriadis, Cornelius. *The Imaginary Institution of Society*. Cambridge: Polity Press, 1987.

[52] De Man, Paul. *Blindness and Insight: Essays in the Rhetoric of Contemporary Criticism*. Minnesota: University of Minnesota Press, 1983.

[53] Dutton, Denis eds. , *The Forger's Art: Forgery and the Philosophy of Art*. California: University of California Press, 1983.

[54] Eagleton, Terry. *The Ideology of the Aesthetic*. London: Basil Blackwell, 1990.

[55] Eagleton, Terry. *Walter Benjamin or Towards a Revolutionary Criticism*. London: Verson and NLB, 1981.

[56] Eaton, Marcia Muelder. *Merit, Aesthetic and Ethical*. London: Oxford University press, 2001.

[57] Foucault, Michel. *This Is not a Pipe*. James Harkness trans., California: University of California Press, 1983.

[58] Goodman, Nelson. *Languages of Art—An Approch to a Theory of Symbols*. Indianapolis, In: Bobbs-Merrill, 1968.

[59] Habermas, Jürger. *The Philosophical Discourse of Modernity*. trans. Frederick Lawrence, Cambridge: Polity Press, 1987.

[60] Henrich, Dieter. *Aesthetic Judgment and the Moral Image of the World: Studies in Kant*. Sanford, California: Sanford University press, 1992.

[61] Jay, Martin. *Marxism and Totality*. California: University of California Press, 1984.

[62] Johnson, Pauline. *Marxist Aesthetics: the foundations within Everyday Life for an Emancipated Consciousness*. London, Boston, Melbourne and Henley: Routledge & Kagan Paul, 1984.

[63] Kierkegaard, Soren. *Either/Or*. Eds. and trans., Howard V. Hong and Edna Hong, Princeton: Princeton University press, 1987.

[64] Lukács, Georg. *The Theory of the Novel*. Anna Bostock trans, London: Merlin Press, 1971.

[65] Lukács, Georg. *Soul and Form*. Anna Bostock trans, Cambridge, Massachusetts: The MIT Press, 1974.

[66] Lukács, Georg. *The Lukács Reader*. eds., Arpad Kadarkay, Oxford&Cambridge, USA: Blackwell, 1995.

[67] Lyotard, Jean-François. *The Lyotard Reader*. eds., Andrew Benjamin, Oxford: Blackwell Ltd, 1989.

[68] Maslow, Abraham H. *Toward a Psychology of Being*. New York: D. Van Nostrand, Princeton, 1962.

[69] McNay, Lois. *Foucault——A Critical Introduction*. Cambridge: Polity Press, 1994.

[70] Roberts, David. *Art and Enlightenment: Aesthetic theory after Adorno*. Lincoln and London: University of Nebraska press, 1991.

宏大叙事批判与多元美学建构

[71] Schaeffer, Jean-Marice. *Art of the Modern Age: Philosophy of Art from Kant to Heidegger.* trans. Steven Rendall. Princeton, New Jersey: Princeton University Press, 2000.

[72] Wolin, Richard. *Walter Benjamin: An Aesthetic of Redemption.* New York: Columbia University Press, 1982.

[73] Falk, Barbara J. *The Dilemmas of Dissidence in East-Central Europe: Citizen Intellectuals and Philosopher Kings.* Budapest: Central European University Press, 2003.

（二）论文

[1] Heller, Agnes. Autonomy of Art or the Dignity the Artwork, 此文系赫勒教授在复旦大学 2007 年 6 月 30 日举办的"马克思主义文艺理论的当代发展：中国与西方"国际学术研讨会上的发言。

[2] Heller, Agnes. The Role of Emotions in the Reception of Artworks, 此文系赫勒于 2007 年 7 月 2 日在西南民族大学的演讲。

[3] Heller, Agnes. Mi a Modernitás? HTTP://ORIGO. HU/MINDENTUDASEGYETEME/DOC/HEL_NYOMTATHATO. RTF.

[4] Heller, Agnes. Mi a Posztmodern-Húsz év Után. http://www. debrecen. com/alfoldszerkesztoseg/2003/200302/heller. htm

[5] Heller, Agnes. The Unmasking of the Metaphysicians or the Deconstructing of Metaphysics? In *Critical Horizons*, Vol. 5, Num. 1 (2004), pp. 401 – 418.

[6] Heller, Agnes. A tentative Answer to the Question: Has Civil Society Cultural Memory? In *Social Research*, vol. 68, Issue. 4 (2001), pp. 1031 – 1040.

[7] Heller, Agnes. The Absolute Stranger: Shakespeare and the Drama of Failed Assimilation, In *Critical Horizons*, 1:1 (2000), pp. 147 – 167.

[8] Heller, Agnes. *Friction of Bodies, Friction of Minds*, In *Hermeneutics and Science.* Marta Fehir, eds. , Kluwer Academic Publishers, 1999.

[9] Heller, Agnes, Simon Tormey. Post-Marxism and the Ethics of Modernity, In *Radical Philosophy*, no. 94(1999), pp. 29 – 40.

[10] Heller, Agnes. The Essence is Good but All the Appearance is

Evil. An Interview with Agnes Heller by Csaba Polony, http://www. wco. com/⌣leftcurf/lczzwebpages/heller. html. 1997.

[11] Heller, Agnes. *Omnivorous Modernity*, In *Culture*, *Modernity*, *and Revolution*: *Essays in Honour of Zygmunt Bauman*. Richard Kilminster and Ian Varcoe, eds. Routledge, 1996, pp. 102 – 126.

[12] Heller, Agnes. Where are We at Home? In *Thesis Eleven*, no. 41 (1995), pp. 1 – 18.

[13] Heller, Agnes. *Existentialism*, *Alienation*, *and Postmodernism*: *Cultural Movements as Vehicles of Change in the Patterns of Everyday Life*. In *The Postmodern Reader*, Joseph P. Natoli and Linda Hutcheon, eds. , Albany: State University of New York Press, 1993.

[14] Heller, Agnes. Unknown Masterpiece, In *Philosophy and Social Criticism*, vol. 15, no. 3, (1990), pp. 205 – 241.

[15] Heller, Agnes. Can Everyday Life be Endangered? In *Philosophy and Social Criticism*, vol. 13, no. 4(1988), pp. 297 – 315.

[16] Heller, Agnes. Can Cultural Patterns be Compared? In *Dialectical Anthropology*, vol. 8 no. 4(1984 April), pp. 269 – 276.

[17] Heller, Agnes. The Power of Shame, In *Dialectical Anthropology*, no. 6(1982), pp. 215 – 228.

[18] Heller, Agnes. Towards an Anthropology of Feeling, In *Dialectical Anthropology*, vol. 4, no. 1(1979), pp. 1 – 20.

[19] Heller, Agnes. The Necessity and Irreformaility of Aesthetics (with F. Feher), In *The Philosophical Forum*, vol. 7, no. 1 (1977), pp. 1 – 21.

[20] Heller, Agnes. The Two Myths of Technology, In *The New Hungarian Quarterly*, vol. 9, no. 30(1968), pp. 135 – 142.

[21] Heller, Agnes. The Aesthetics of Gyorgy Lukacs, In *The New Hungarian Quarterly*, no. 7(1966), pp. 84 – 89.

[22] Heller, Agnes. Shakespeare Our Contemporary (On Jan Kott's Book), In *New Left Review*, no. 2(1964), pp. 21 – 28.

[23] Heller, Agnes. Living with Kierkegaard, In *Enrahonar*, no. 29

(1998), pp. 73 – 74.

[24] Heller, Agnes. The Beauty of Friendship, In *South Atlantic Quarterly*, 97:1 (1998), pp. 5 – 22.

[25] Heller, Agnes. Shakespear and History, In *New Left Review*, no. 32 (1965), pp. 16 – 23.

[26] Heller, Agnes and F. Feher. Comedy and Rationality, In *Telos*, St. Louis, no. 45, Fall 1980, pp. 160 – 169.

[27] Markus, György. Walter Benjamin or the Commodity as Phantasmagoria. In *New German Critique*, Spring/Summer2001 Issue 83, pp. 3 – 42.

[28] Markus, György. *The Paradigm of Language*: *Wittgenstein*, *Lévi-Strauss*, *Gadamer*, In *The Structural Allegory*. John Fekete, eds., Minneapolis : University of Minnesota Press, 1984.

[29] Markus, György. The Paradoxical Unity of Culture: The Arts and the Sciences , In *Thesis Eleven*, Vol. 75, No. 1, (2003), pp. 7 – 24.

[30] Markus, György. Adorno's Wagner. In *Thesis Eleven*, Vol. 56, No. 1, (1999), pp. 25 – 55.

[31] Markus, György. On Ideology-Critique—Critically. In *Thesis Eleven*. Issue 43. (1995), pp. 66 – 99.

[32] Markus, György. The Hegelian Concept of Culture, In *Praxis International*, vol. 6, no. 2, 1986, pp. 113 – 123.

[33] Markus, György. Adorno and Mass Culture: Autonomous Art agains Culture Industry, In *Thesis Eleven*, no. 86, August, 2006, pp. 67 – 89.

[34] Tamás, G. M. A Legacy of Empire, In *Wilson Quarterly* v. 18 (Winter 1994), pp. 77 – 81.

[35] Tamás, G. M. What is Post-fascism? 14 – 9 – 2001, http:// www. opendemocracy. net/people-newright/article_306. jsp.

[36] Fehér, Ferenc. The Transformation of the Kantian Question in Lukács' Heidelberg Philosophy of Art , In *Duate Faculty Philosophy Journal*, VOLUME 16, NUMBER 2.

[37] Fehér, Ferenc. Lukács, Benjamin, Theatre, In *Theatre Journal*,

Vol. 37, No. 4. (Dec. , 1985), pp. 415 – 425.

[38] Fehér, Ferenc. The Pan-Tragic Vision: The Metaphysics of Trage-
dy, In *New Literary History*, (Winter, 1980), pp. 245 – 254.

[39] Fehér, Ferenc. István Bibó and the Jewish Question in Hungary:
Notes on the Margin of a Classical Essay , In *New German Cri-
tique*, No. 21, Issue 3 (Autumn, 1980), pp. 3 – 46.

[40] Fehér, Ferenc. The Swan Song of German Khrushchevism, with a
Historic Lag: Peter Weiss' Die Ästhetik des Widerstands , In
New German Critique, No. 30, (Autumn, 1983), pp. 157 –
169.

[41] Fehér, Ferenc. Lukács and Benjamin: Parallels and Contrasts, In
New German Critique, No. 34 (Winter, 1985), pp. 125 – 138.

[42] Fehér, Ferenc. Negative Philosophy of Music: Positive Results ,
(with Zoltan Feher), In *New German Critique*, No. 4 (Winter,
1975), pp. 99 – 111.

[43] Fehér, Ferenc. The Last Phase of Romantic Anti-Capitalism:
Lukács' Response to the War , (with Jerold Wikoff), In *New
German Critique*, No. 10 (Winter, 1977), pp. 139 – 154.

[44] Fehér, Ferenc. Review: Grandeur and Decline of a Holistic Phi-
losophy, In *Theory and Society*, Vol. 14, No. 6 (Nov. , 1985),
pp. 863 – 876.

[45] Fehér, Ferenc. Review: Wolin on Benjamin, In *New German Cri-
tique*, No. 28 (Winter, 1983), pp. 170 – 180.

[46] Fehér, Ferenc. Review: Arato-Breines and Löwy on Lukács, In
New German Critique, No. 23 (Spring, 1981), pp. 131 – 139.

[47] Vajda, Mihály. The Limits of the Leninist Opposition: Reply to
David Bathrick, (with Andrew Arato), In *New German Critique*,
No. 19, Special Issue 1 (Winter, 1980), pp. 167 – 175.

[48] Vajda, Mihály. *Aesthetic Judgment and the World View in Paint-
ing*, In *Reconstructing Aesthetics*, Agnes Heller and F. Fehér,
eds. , Oxford: Basil Blackwell. 1986.

[49] Rádnóti, Sándor. Benjamin' Dialectic of Art and Society, In *Phil-
osophical forum*, 15. (1983 – 84). 1 – 2, pp. 158 – 187.

宏大叙事批判与多元美学建构

[50] Rádnóti, Sándor. *Lukács and Bloch*, In *Lukécs Revalued*. Agnes Heller Eds. ,Oxford: Basil Blackwell, 1983.

[51] Rádnóti, Sándor. *Mass Culture*, In *Reconstructing Aesthetics*, Agnes Heller and F. Feher, Eds. ,Oxford: Basil Blackwell, 1986.

[52] Rádnóti, Sándor. A Critical Theory of Communication Agnes Heller's Confession to Philosophy, In *Thesis Eleven* , no. 16, (1987), pp. 104 – 111.

[53] Rádnóti, Sándor. A Filozófiai Bolt, In *Holmi*, 2007 július.

[54] Rádnóti, Sándor. Szabadság a Jelenségben, In *Holmi*, 2007 július.

[55] Benjamin, Walter. *The Paris of the Second Empire in Baudelaire*, In *Selected Writings*. Micheal W. Jennings, eds. , Cambridge, Massachusetts, and London, England: The Belknap press of Harvard University press, 2003.

[56] Jameson, Fredric. *Reflections in Conclusion*, In *Aesthetics and Politics*. Ronald Taylor, eds. , London: NLB, 1977.

[57] Danto, Arthur C. *The End of Art: A Philosophical Defense*, In *History and Theory*, Vol. 37, Num. 4(1998), pp. 127 – 143.

[58] Davies, Stephen. *Definition of Art*, In *Routledge Encyclopedia of Philosophy*. Edward Craig, eds. , Vol. 1. London and New York: Routledge, 1998.

[59] Eagleton, Terry. Capitalism, Modernism and Postmodernism, In *New Left Review*, no. 152(1985), pp. 60 – 73.

[60] Feagin, Susan L. *Institution Theory of Art*, In *The Cambridge Dictionary of Philosophy*. Robert Andi, eds. , Cambridge: Cambridge University Press, 1995.

[61] Guyer, Paul. *Kant, Immanuel*(1724 – 1804), In *Routedge Encyclopedia of Philosophy*. Edward Craig, eds. , vol. 5. London: Routledge, 1998.

[62] Habermas, Jürger. *Modernity versus Postmodernity*, In *The Continental Aesthetics Reader*. Cluvre Cazeaux, eds. , London and New York: Routledge, 2000.

[63] Habermas, Jürger. *On Levelling the Genre Distinction between*

参
考
文
献

Philosophy and Literature, In *Continental Aesthetics*: *Romanticism to Postmodernism*: *An Anthology.* Richard Kearney and David Rasmussen, eds. , London: Blackwell Publishers Inc. /Ltd. , 2001.

[64] Kierkegaard, Soren. *The Difference between a Genius and an Apostle*, In *Without Authority*, Howard V. Hong and Edna H. Hong, eds. And Trans. Princeton: Princeton University press, 1997.

[65] Mackenzie, Ian. Gadamer's Hermeneutics and the Uses of Forgery, In *The Journal of Aesthetics and Art Criticism*, 45, no, 1 (1986) , p. 45.

[66] Scheibler, Ingrid. Effective history and the End of Art: From Nietzsche to Danto, In *Philosophy & Social Criticism*, vol. 25, no. 6 (1999) , pp. 1 – 28.

[67] Arato, Andrew. The Budapest School and Actually Existing Socialism, In *Theory and Society*, no. 16, 1987, pp. 593 – 619.

[68] Bastias-Urra, Manuel H. From Silence to Action: The Political Theory of Agnes Heller, http://wwwlib. global. umi. com/dissertation/fullcit/9024605.

[69] Blechman, Max. Revolutionary Romanticism: A Reply to Agnes Heller, In *Radical Philosophy*, no. 99(2000) , pp. 40 – 43.

[70] Brown, Doug. Karl Polanyi's Influence on the Budapest School, In *Journal of Economic Issues*, Mar 1987, vol. 21, no. 1, pp. 339 – 347.

[71] Coop, Barry. *A Philosophy of History in Fragments*, Agnes Heller, In History of European Ideas, vol. 18, no. 5(1994) , pp. 836 – 837.

[72] Despoix, Phillippe. *On the Possibility of a Philosophy of Values*: *A Dialogue Within the Budapest School*, In *The Social Philosophy of Agnes Heller*. John Burnheim, eds. , Amsterdam: Rodopi, 1994.

[73] Frankel, Serge and Daniel Martin. The Budapest School, In *Telos* 17 (Fall, 1973).

[74] Gardiner, Michael. A postmodern utopiá Heller and Ferenc's Critiqueof Messianic Marxism, In *Utopian Studies*, vol. 8 no. 1

宏
大
叙
事
批
判
与
多
元
美
学
建
构

(1997), pp. 89 – 122.

[75] Gransow, Volker. *Heller, Agnes*, In *Biographical Dictionary of Neo-Marxism*. Robert A. Gorman, eds. , Westport, Connecticut: Greenwood Press, 1985.

[76] Grumley, John. Negotiating the "Double Bind": Heller's Theory of Modernity, In *European Journal of Social Theory*, vol. 3, no. 4(2000), pp. 429 – 447.

[77] Grumley, John. Heller's Paradoxical Cultural Modernity, In *The European Legacy*, Vol. 6, No. 1(2001), pp. 25 – 35.

[78] Grumley, John. From the Agora to the Coffee_House: Heller's Quest for Philosophical Radicalism, In *Critical Horizons*, vol. 2, issue. 2(2001), pp. 255 – 282.

[79] Hall, John A. Beyond Justice by Agnes Heller, In *The American Journal of Sociology*, vol. 95, no. 5(1990), pp. 1352 – 1354.

[80] Harrison, Paul R. The Grandeur and Twilight of Radical Universalism, by Agnes Heller and Ferenc Fehér, In *Contemporary Sciology*, vol. 21, Issue. 4(1992), pp. 539 – 540.

[81] Hell, Judit, Ferenc L. Lendvai and László Perecz. György Lukács, die Lukács-Schule und die Budapester Schule, http:// www. lukacs-gesellschaft. de/forum/online/gyorgy_lukacs. html.

[82] Howard, W. Heller, Agnes, Modernity's Pendulum, In *Thesis Eleven*, 1992, 31, pp. 1 – 13.

[83] Kammas, Anthony. Introducing Agnes Heller: The Radical Imagination of an Unhappy Consciousness, In *East European Politics and Societies*, Vol. 17, Num. 4(2003), pp. 712 – 718.

[84] Köves, Margit. Ferenc Fehér(1933 – 1994), Reflections on a Member of the Lukács School, In *Social Scientist*, Vol. 23, No. 4/6(Apr. – Jun. , 1995), pp. 98 – 107.

[85] Löwy, Michael. *Introduction: Le Bilan Globalement Négatif*, In *Marxisme et démocratie*, Agnes Heller and Ferenc Feher, Anna Libera trans. Paris: Maspero, 1981.

[86] Löwy, Michael. Individuum und Praxis. Positionen der "Budapester Schule" by Georg Lukacs, Agnes Heller, Ferenc Feher ,

In New German Critique, No. 7 (Winter, 1976), pp. 153 – 156.

[87] Lukács, George. The Development of the Budapest School, In *The Times Literary Supplement*, No. 3615 (June 11, 1971).

[88] Murphy, Peter. Agnes Heller and Ferenc Feher, Review of The Grandeur and Twilight of Radical Universalism, In *Theory and Society*, vol. 22, no. 4(1993), pp. 569 – 575.

[89] Nordquist, J. Agnes Heller and the Budapest School: A Bibliography, In *Social Theory*, n. 59, 2000.

[90] Roberts, David. Between Home and World: Agnes Heller's the Concept of the Beautiful, In *Thesis Eleven*, no. 59(1999), pp. 95 – 101.

[91] Roucek, Joseph S. The Humanization of Socialism: Writings of the Budapest School, In *Social Forces*, Vol. 56, No. 3 (Mar. 1978)

[92] Ruffing, Reiner. Heller Ágnes és Lukács György, http://www. swif. uniba. it/lei/scuola/heller. htm.

[93] Ruffing, Reiner. Heller elméletéáfilozófiai diskurzusban, http:// www. c3. hu/ ~ prophil/profi004/RUFF4. html.

[94] Rundell, John. The Postmodern Ethical Condition: A conversation with Agnes Heller, In *Critical Horizons*, vol. 1, no. 1(2000), pp. 136 – 145.

[95] Tamás, Attila. Könyv a Szépség Problémakörérôl: Heller Ágnes: A Szép Fogalma, http://gizi. dote. hu/ ~ hajnal/alf9812/tamas. html.

[96] Tosel, André. Az Idös Lukács és a Budapesti Iskola, http://es-zmelet. freeweb. hu/60/tosel60. html

[97] Turner, Bryan. S. Can Modernity Survive?, By Agnes Heller, In *Contemporary Sociology*, Vol. 21, No. 1 (Jan. 1992), pp. 128 – 130.

[98] Vardys, V. Stanley. The Humanization of Socialism: Writings of the Budapest School. In *The American Political Science Review*, Vol, 73, No. 2(Jun. 1979).

[99] Waller, William . Towards a Radical Democracy: The Political E-
    conomy of the Budapest School by Douglas M. Brown, In *Social
    Science Journal*, 1991, Vol. 28, Issue 4.

[100] Wolin, Richard. Agnes Heller on Everyday Life, In *Theory &
    Society*, Vol. 16, Issue. 2(1987), pp. 295 – 304.

[101] Gaiger, Jason. The Fake: Forgery and its Place in Art by Sándor
    Radnóti. In *British Journal of Aesthetics*, Jul(2001), Vol. 41
    Issue 3.

[102] Shusterman, Rechard. Saving Art from Aesthetics, In *Poetics
    Today*, Vol. 8, No. 3/4, (1987), pp. 651 – 660.

[103] Stalnaker, Nan. The Fake: Forgery and Its Place in Art by
    Sándor Radnóti, In *The Philosophical Quarterly*, Vol. 50, No.
    200 Jul. (2000), pp. 425 – 427.

[104] Wolin, Richard. A Radical Philosophy by Agnes Heller, In *New
    German Critique*, No. 38, (Spring, 1986), pp. 196 – 202.

[105] Zoltán, Kalmár. König Róbert "útikönyve", http://www. argus.
    hu/1999_01/ke_kalmar. html.

后　记

　　此书是根据我在复旦大学完成的博士后工作报告修改而成的，也是我的博士论文《阿格妮丝·赫勒审美现代性思想研究》的延续，这是我近十年来较为全面、深入和系统研究布达佩斯学派美学的一部著作。本书得到国家社科基金青年项目和霍英东教育基金的资助，并有幸能够被纳入衣俊卿教授主编的《东欧新马克思主义研究丛书》，这是对我学术研究的一次很大的激励，在此对衣俊卿教授表达深深的感谢。

　　在博士后科研工作期间，我的博士后合作导师朱立元教授总是对我细心指导、厚爱有加。他严谨的学人品格令人钦佩，宽厚的朋友情怀让我难忘。老师邀请赫勒教授来中国讲学，给我带来终身难觅之良机，我幸甚之至。师母王文英教授的慈祥与善解人意化解了我学术上一道道坚冰与困惑，她那让人如沐春风般的微笑消融了我求学的苦闷与艰辛。在此，对老师和师母表示深深的感谢。

　　近十年来，我的博士生导师冯宪光教授无微不至地关心我，千方百计地支持我，语重心长地鞭策我，让我充满求学历险的勇气与信念，怀清心明净之镜，在纷扰之世鸟瞰栖息心灵之所。学海无涯，恩师授我以识与器；人生苦短，恩师之情却深且浓。

　　此书的完成也离不开阿格妮丝·赫勒教授几年来对我研究的支持。在近百封电子邮件传递中，彼此身在天涯心在咫尺。她于2007年6月欣然接受邀请，不远千里来华讲学，接受我关于布达佩斯学派美学的访谈。陪伴她一周使得我和她与其他布达佩斯学派成员的心接得更近，更能聆听到他们昔日至今的思想之声音，更能

宏大叙事批判与多元美学建构

感受到赫勒那运动的活力与身体的强健。顽强的生活能力与毫不疲倦的思想探索相映成趣，串珠话语之间激荡起智慧的火花，思如醴泉。此书的出版也要感谢赫勒教授的帮助。

黑龙江大学出版社社长、总编辑李小娟编审为本套书的出版提供了良好的学术氛围，《求是学刊》的付洪泉先生为此书提出了宝贵的修改意见，黑龙江大学出版社的杜红艳对此书进行了仔细的加工，使得此书能够顺利面世，为此我致以最诚挚的谢意！

傅其林

2010 年 9 月 26 日

后
记